한·중·일
공용한자
808

문자형성 원리로 배우는
한·중·일 공용한자 808

1판 1쇄 발행 | 2020년 6월 10일

지은이 | 김종혁·바른한자연구회
고　문 | 김학민
펴낸이 | 양기원
펴낸곳 | 학민사

등록번호 | 제10 -142호
등록일자 | 1978년 3월 22일

주소 | 서울시 마포구 토정로 222 한국출판콘텐츠센터 314호(04091)
전화 | 02-3143-3326~7
팩스 | 02-3143-3328

홈페이지 | http://www.hakminsa.co.kr
이메일 | hakminsa@hakminsa.co.kr

ISBN 978-89-7193-257-5 (03710), Printed in Korea
ⓒ김종혁, 2020

이 도서의 국립중앙도서관 출판예정도서목록(CIP)은 서지정보유통지원시스템 홈페이지
(http://seoji.nl.go.kr)와 국가자료종합목록 구축시스템(http://kolis-net.nl.go.kr)에서
이용하실 수 있습니다.
(CIP제어번호 : CIP2020013401)

문자형성 원리로
배우는

한·중·일
공용한자
808

김종혁 · 바른한자연구회

학민사
Hakmin Publishers

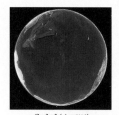

태평양(太平洋)

모공정(毛公鼎)

태평양은 지구의 모든 육지가 통째로 들어가도 남을 만큼 넓다. 그런 태평양 주변 나라들이 지중해시대와 대서양시대를 지나 오늘날 세계를 주도할 문화권을 형성하며 태평양시대를 열고 있다.

태평양시대의 중심축은 바로 한·중·일이다. 이 세 나라는 옛날 제기(祭器)였던 솥의 세 발과 같은 상태에 놓여 있다. 세 발은 길이가 약간 달라도 솥이 쓰러지거나 흔들리지 않으며, 그다지 고르지 않은 바닥에서도 서 있을 수 있다. 따라서 솥의 세 발과 관련해 만들어진 말인 '정족지세(鼎足之勢)'는 여러 나라 또는 여러 집단의 세력이 균형을 이루고 있음을 뜻한다.

이처럼 오늘날 한·중·일은 균형을 이루면서 다방면에 걸쳐 활발하게 교류하며 문화를 공유하고 있다. 세 나라가 문화를 공유하는 데 중요한 역할을 한 것은 한자이다. 한·중·일은 한자를 통해 공존공영(共存共榮)해야 할 하나의 한자문화권에 속하는 나라들인 것이다.

중국은 한자를 전용하고 있고, 일본은 자기들의 언어생활에서 한자를 큰 비중으로 섞어 쓰고 있으며, 한국은 언어의 70%쯤이 한자와 관련되어 있다. 이렇게 세 나라가 공통으로 사용하는 한자는 지구상에서 가장 많은 인구가 사용하는 문자이다.

세계 언어 순위(에스놀로그, 2019)

영어가 만국공통어처럼 쓰이고 있지만, 세계적 언어정보 제공 사이트인 에스놀로그(Ethnologue, http://www.ethnologue.com)에서 발표한 '2019년 세계 언어순위' 자료를 보면, 한자를 문자로 사용하는 중국어와 일본어, 한국어가 각각 1위와 9위, 15위를 차지하고 있다. 중국어만 치더라도 사용자가 13억 1천 1백만 명으로 영어 3억 7천 9백만 명보다 훨씬 많음을 알 수 있다.

세계가 갈수록 국경개념을 초월해 글로벌화 하고 있는 상황에서, 이처럼 많은 사람들이 사용하는 한자에 대한 이해가 있어야 함은 당연하다. 더욱이 한자문화를 공유하는 세 나라는 미래 세대의 교류를 보다 활성화시키기 위해서도 한자의 연구와 학습이 긴요하다. 그래서 2013년 한·중·일 한자 전문가들이 모여 우선 세 나라의 공용한자 808자를 선정한 것이다.

그 후 우리나라에서도 이 808자를 소개한 책들이 여러 권 나왔지만, 문자학을 바탕으로 808자를 제대로 풀이한 책은 눈에 띄지 않았다. 이를 아쉽게 생각한 필자를 비롯한 16명의 집필자들이 2년 여 동안 매주 한 번 모여 공동연구하면서 기획한 결과물이 이 책이다.

이 책에는 십인십색(十人十色)의 다양한 스펙트럼이 펼쳐져 있다. 그 스펙트럼이 아름다운 무지개가 되기 위해서는 우여곡절이 적지 않았다. 많은 어려움을 극복하고 이 책이 세상에 빛을 보게 된 것은 집필진의 열의와 협력 덕분이다. 집필과 교열에 참여하신 모든 분들에게 감사드린다.

집필진이 원고를 교정하는 모습

원고를 컴퓨터로 정리해 주신 주현정 선생과 그 작업의 후반부를 맡아 주신 지연옥 선생, 책의 특징을 드러내는 학습목표를 설정하는 데 기여해 주신 양성모 선생과 이를 검토해 주신 임성자 선생, 한자의 기원과 808자 선정배경의 글을 써 주신 백현우·유혜순 선생, 덧붙이는 말을 써 주신 양성모·이순용 선생, 집필에 적극적으로 참여해 주신 김명옥·엄용숙·유동열·이진남·허문·황수현 선생, 연구 모임의 총무이신 서덕순 선생, 일본어 교정에 애써 주신 김보경 선생, 영어와 관련된 음성학적 정보를 정리해 준 이순용 선생, 그리고 필자와 집필진 사이에 원활한 소통이 이루어지도록 애써 주신 이미영·최희련 선생이 그 분들이다.

영진대학교 중어중문학과 한학중 교수님에게도 감사의 인사를 드린다. 교수님은 중국어의 간체자를 일일이 확인해 주셨다. 그렇게 부족한 부분을 보충하는 등 책의 완성도를 높이기 위해 긴 시간이 소요되어 집필진의 목마른 기다림이 있었다. 그 기다림을 참고 또 참으며 책을 만들어 주신 학민사 여러분에게도 감사의 인사를 전한다.

2020년 봄날에

김 종 혁

일
러
두
기

1   이 책은 한·중·일 공용한자 808자를 쉽게 이해하고 익힐 수 있도록 천지창조(天地創造) 과정을 스토리(story)로 하여 808자를 배열하였다. 곧 하늘·땅과 관련된 한자부터 시작해 식물·동물과 관련된 한자, 이어서 사람과 관련된 한자 순으로 배열하였다.

2   본문은 먼저 해당 한자의 한·중·일 음성학적(音聲學的) 정보를 박스로 처리해 가장 좌측에 한국에서 쓰는 한자를 소개하고, 그 뜻과 음, 부수(部首)와 총획을 표기했다. 그리고 우측에는 중국에서 쓰는 한자와 그 한어병음(漢語拼音)을, 일본에서 쓰는 한자와 그 음독(音讀)과 훈독(訓讀)을 표기했고, 영어와 관련된 정보도 덧붙였다. 아울러 일부 고문자(古文字-갑골문, 금문, 소전)도 담았다.

3   용례로는 일상생활에 흔히 쓰이는 개념어와 학교교육이나 공무원시험 등에 나오는 용어, 사자성어(四字成語)를 소개하였다.

4   이 책은 『부수를 알면 한자가 보인다』, 『한자교육 시험백과』, 『한자 부수 제대로 알면 공부가 쉽다』 등을 참고로 하였으며, 기술(記述)의 책임성을 담보하기 위해 집필자별 담당 한자목록을 표기하였다.

목 차

제1장 자 연

1-1 하늘과 관련된 한자

1-2 땅과 관련된 한자

1-3 식물과 관련된 한자

1-4 동물과 관련된 한자

■ 길짐승

■ 날짐승

제2장 사 람

2-1 사람과 관련된 한자

제3장 사람의 활동

3-1 의식주와 관련된 한자

3-2 생활도구나 무기와 관련된 한자

■ 생활도구

■ 무기

3-3 계급이나 의식과 관련된 한자

■ 계급

■ 의식

한자의 기원과 짜임

1. 한자의 기원

창 힐

한자의 발생 시기에 대해서는 정확하게 추정할 수 없지만 대략 기원전 4000년에서 4500년 정도 되는 것으로 보고 있다. 지금까지 발굴된 자료를 바탕으로 할 때 일반적으로 복희팔괘(伏羲八卦) 기원설, 결승(結繩) 기원설, 창힐(倉頡) 조자설, 암화(巖畵) 기원설, 도부(陶符) 기원설 등이 있다.

그 가운데 창힐과 관련되었다는 견해가 가장 많이 언급되고 있으나 한자는 세상의 대부분 문자처럼 전설적인 어느 한 사람이나 도화(圖畵)에 의해 만들어지기보다 긴 세월을 거치는 동안 수많은 사람들에 의해 자연스럽게 만들어졌다고 보는 것이 더 타당하다 여겨진다.

그렇게 만들어진 한자는 갑골문(甲骨文)에서 보이는 것처럼 자연의 모습을 본뜬 그림이나 사물현상의 모양을 본떠서 만든 상형문자(象形文字)에서 출발하여, 청동기나 돌에 새긴 한자인 금석문(金石文), 주(周)나라 때의 전서(篆書), 한(漢)나라의 예서(隷書)를 거쳐 행서(行書)와 초서(草書)로 거듭 발전해 왔다.

이러한 한자의 발전 과정은 사회가 점점 다기다양해지면서 더 많은 문자의 필요성에 따라 새로운 한자가 발생하고 변화하면서 발전해 온 것으로 볼 수 있다.

갑골문

2. 한자의 짜임

가. 한자의 성격

　한자는 보통 뜻(義)과 음(音)으로 나누어 말하는데, 그것은 한자가 뜻글자이기 때문이다. 한자는 글자가 가지고 있는 모양인 형(形)과 글자가 가지고 있는 뜻인 의(義), 글자가 가지고 있는 소리인 음(音)으로 이뤄져 있다.

모양(形)	人	木	水
소리(音)	인	목	수
뜻 (義)	사람	나무	물

나. 육서(六書)

　육서란 한자가 만들어진 원리를 설명하는 방법으로, 상형자(象形字), 지사자(指事字), 회의자(會意字), 형성자(形聲字), 전주자(轉注字), 가차자(假借字)가 있다.

상형자(象形字)

　자연적으로 존재하는 사물의 모양을 본떠서 만든 글자다. 산 모양을 나타낸 山[메 산]자나 해 모양을 나타낸 日[날 일]자 등이 있다. (보기 : 木, 日, 山, 月)

山자 갑골문

지사자(指事字)

　구체적인 모양으로 나타낼 수 없는 생각이나 뜻을 점(點)이나 선(線) 등을 이용해 독립적인 의미를 갖도록 만든 한자다. 기준선 위에 짧은 선을 두어서 위를 표시한 上[위 상]자나 나무의 뿌리 부분에 점을 찍어 강조하면서 뿌리가 나무의 근본이 됨을 나타낸 本[근본 본]자 등이 있다. (보기 : 上, 下, 本, 末)

上자 갑골문

회의자(會意字)

이미 상형이나 지사 등을 통해 만들어진 글자를 둘 이상 결합하여 새로운 글자를 만들어 새로운 뜻을 가지도록 한 한자다. 이미 만들어진 日[날 일]자와 月[달 월]자가 합쳐서 해[日]와 달[月]이 밝다는 뜻을 나타낸 明[밝을 명]자나 이미 만들어진 人[사람 인]자와 木[나무 목]자가 합쳐져 사람[人= 亻]이 나무[木] 옆에서 쉰다는 休[쉴 휴]자 등이 있다. (보기 : 休, 明, 林, 伏)

休자 갑골문

형성자(形聲字)

이미 만들어진 두 개 이상의 글자를 결합하여 새로운 글자를 만드는 방법으로, 한 글자는 뜻을 나타내고, 다른 한 글자는 음을 나타내는 한자다. 음을 나타내는 豆[콩 두]자와 뜻을 나타내는 頁[머리 혈]자가 합쳐진 頭[머리 두]자나, 음을 나타내는 山[뫼 산]자와 뜻을 나타내는 人[사람 인= 亻]자가 합쳐진 仙[신선 선]자 등이 있다. 오늘날 쓰이는 한자의 80% 이상은 형성자로 이뤄져 있다. (보기 : 頭, 仙, 晴, 花)

頭자 금문

전주자(轉注字)

이미 만들어진 글자에 본래의 뜻을 확대, 유추하여 새로운 뜻을 가지게 된 한자다. 사회가 발달하면서 늘어나는 새로운 사물과 개념 등을 기존의 문자만으로 표현하기 어려워지자 비슷한 음과 뜻을 가진 글자에 새로운 뜻을 붙여 확대해 쓰는 것을 말한다. 樂[풍류 악, 즐거울 락, 좋아할 요]자는 본래 뜻이 옛날 음악을 이르렀던 '풍류'였는데, 후대에 '즐겁다'나 '좋아하다'로 뜻이 확대되면서 음이 '락'이나 '요'로도 읽히고 있다. (보기 : 道, 惡, 樂)

樂자 금문

가차자(假借字)

나타내고자 하는 의미의 글자가 없을 때 기존 글자의 '음'만을 빌려 쓰는 것으로 의성어, 의태어, 외래어 등을 표기하기 위해 글자의 소리를 빌려다 쓴 한자다. (보기 : 亞細亞[Asia], 羅馬[Rome], 佛陀[Buddha])

한·중·일 공용한자 808자에 대해

1. 선정배경

한·중·일 각계 저명인사로 구성된 '한·중·일
30인회'는 2013년 7월 일본 홋카이도(北海
道)에서 열린 제8차 회의에서 3국 공통의 상
용한자 800자를 선정, 발표한 바 있다. 30인
회는, 3국간 과거사·영토·정치 갈등이 심화되
고 있는 가운데 아시아의 공유가치를 확산시
키고, 세 나라 미래세대의 교류를 보다 활성화
하자는 취지에서 비롯됐다고 그 선정배경을
밝혔다.

공용한자 808자 관련 기사(중앙일보)

그 후 10월 23일 중국 쑤저우(蘇州) 인민대학에서 열린 공용한자 국제학술심포지
엄에서 3국 전문가들은 한(韓)·앙(央)·강(强)·개(開)·청(青)·교(教)·리(里)·연(研)·산
(産) 등 29개 한자를 추가하고, 상대적으로 사용빈도가 낮은 갑(甲)·단(丹)·흉(凶)·
묵(墨) 등 21개 한자를 제외하여 최종으로 808자를 선정했다.(중앙일보, 2013년
11월 21일자)

2. 용어의 정의

정자체(正字體)

우리나라와 대만이 사용하고 있는 한자로, 필획을 줄이지 않은 전통한자를 일컫는다. 오늘날 중국에서는 간체자(簡體字)와 대비하여 '번체자(繁體字)'라 하고, 일본에서는 신자체(新字體)와 대비하여 '구자체(舊字體)'라고 있다.

漢 汉 漢

정자체(한국) 간체자(중국) 신자체(일본)

간체자(簡體字)

중국의 문맹률을 낮추기 위해 중국문자개혁위원회가 본래 한자의 필획을 간략하게 만들거나 초서체로 간략하게 만든 글자체다. 가장 많이 쓰이는 한자 2,235자의 필획을 간략하게 만들었다.

신자체(新字體)

일본에서 1949년 필획 일부를 간략화하고, 공식화한 한자를 이른다. 필기체와 인쇄체를 최대한 통일시키는 것이 그 목적으로, 이전부터 축약어로서 널리 쓰여 온 이체자(異體字) 가운데 일부를 공식으로 승격시킨 것이다. 현재는 2,136자가 상용한자로 지정되어 있다.

약자(略字)

본래 한자의 필획을 간략하게 하여 쓰고 읽기 쉽게 한 글자다. 약자는 정자(正字)의 대한 속자(俗字) 성격을 지니는데, 중국의 간체자와 일본의 신자체는 대부분 약자의 일종이다. 예를 들면 国(국)자는 國[나라 국]자의 약자라 할 수 있다. 한데 오늘날은 신자체의 영향으로 国자를 약자로 쓰고 있다.

속자(俗字)

원래 한자보다 획을 간단하게 하거나 아주 새로 만들어 세간 사람들이 널리 쓰는 글자다. 옛날부터 널리 전해 오는 풍속(風俗)처럼 쓰이는 한자이기에 '풍속 속(俗)'자를 써서 '속자'라 한다. 대개 획을 줄여서 쓰거나 기억하기 쉬운 글자로 조합해서 쓴 경우인데, 이에는 竝[나란할 병]자에 대한 並자나 巖[바위 암]자에 대한 岩자 등이 있다.

이체자(異體字)

한자의 뜻과 음은 같으나 자형이 다른 한자를 말한다. 따라서 자형이 다르지만 같은 한자로 여기는 약자나 속자도 이체자의 일종이며, 대부분 약자의 일종인 중국의 간체자와 일본의 신자체도 이체자로 볼 수 있다. 예를 들면 冊(책)자는 册[책 책]자의 이체자면서 동자(同字)라 할 수 있다.

동자(同字)

뜻과 음이 같고 모양만 다른 한자다. 하나의 한자를 달리 썼지만 같은 하나의 글자이기에 '한 가지 동(同)'자를 써서 동자(同字)라 한다. 대개 한자는 두 글자가 합쳐져 좌우나 상하로 조합되는데, 그처럼 쓰인 두 한자가 동자인 경우가 대부분이다. 예를 들면 峰[봉우리 봉]자와 峯(봉)자, 勇[날랠 용]자와 勈(용)자, 群[무리 군]자와 羣(군)자 등이 있다.

본자(本字)

옛날에는 썼으나 오늘날은 쓰이지 않는 한자를 말한다. 하지만 한자를 제대로 이해하려면 옛날에 쓰인 본자를 알아두어야 한다. 한자는 자형이 복잡하기 때문에 사람마다 다른 형태로 쓰는 경우가 많고, 또 시간이 흐르면서 자형이 변화되어 간략하게 쓰이기도 한다. 그렇게 변화되기 전의 한자가 본자이다. 星[별 성]자에 대한 曐(성)자, 雪[눈 설]자에 대한 䨮(설)자, 賣[팔 매]자에 대한 䝼(매)자 등이 있다.

제

1

장

·

자연

·

·

사람이 사는 땅은 지구이고, 지구의 공간을 벗어난 지역을 흔히 하늘이라 한다. 그 하늘에서는 해와 달과 별이 뜨고 지며, 수시로 바람과 구름이 인다. 때로는 비와 눈이 내리기도 하며, 번개가 내려치기도 한다. 사람이 지구에 생존하기 전부터 세상은 그렇게 자연스럽게 이뤄진 존재로 가득했다.

이 장에서는 그렇게 자연스럽게 이뤄진 존재와 관련된 부수인 日[날 일]·月[달 월]·夕[저녁 석]·雨[비 위]·風[바람 풍]·气[기운 기]자 등을 중심으로 한 한자를 살펴본다.

001

日 날 일

日[날 일]부 4획

중 日 [rì]
일 日 음독[じつ・にち]
　　훈독[か・ひ]
영 day

| 갑골문 | 소 전 |

옛 사람이 삼족오(三足烏)라 여기기도 했던 흑점(黑點)이 보이는 둥근 해를 나타낸 글자다. 둥근 해를 나타냈기에 원래 '해'를 뜻했으나 다시 해가 뜨고 지는 하루 동안의 의미인 날과 관련해 결국 그 뜻이 '날'이 되었고, 날과 관련된 '휴일·택일·일기'에서 보듯 그 음이 '일'이 되었다. 후대에 해는 네모의 형태로, 흑점은 선으로 바뀌었다.

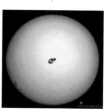

해

용례 休日 휴일 · 擇日 택일 · 日記 일기 · 日出 일출 · 日蝕 일식 · 國慶日 국경일 · 日光浴 일광욕 · 日就月將 일취월장 · 作心三日 작심삼일 · 十日之菊 십일지국 · 一日三秋 일일삼추 · 日暮途遠 일모도원 · 花無十日紅 화무십일홍

002

暮 저물 모

日[날 일]부 15획

중 暮 [mù]
일 暮 음독[ぼ]
　　훈독[くれる・くらす]
영 grow(get) dark

| 갑골문 | 소 전 |

원래 해를 나타낸 日[날 일]자와 풀[艸]이 무성한 모양을 나타낸 茻[풀 무성할 망]자가 합쳐진 莫자로 쓰이면서 해[日]가 풀이 무성한 곳[茻]으로 저문다 하여 '저물다'의 뜻을 지닌 글자였다. 하지만 후에 茻자는 莫(막)자로 간략하게 쓰이고, 그 뜻도 '없다'로 전용되었다. 그러자 다시 그 자형에 日[날 일]자를 덧붙인 暮자가 만들어져 그 뜻 '저물다'를 대신하게 되었다. 음은 원래 '모'로 읽혔던 莫자의 영향을 받아 募[모을 모]자나 慕[사모할 모]자처럼 '모'로 읽히고 있다.

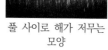

풀 사이로 해가 저무는 모양

용례 歲暮 세모 · 朝令暮改 조령모개 · 朝三暮四 조삼모사 · 日暮途遠 일모도원

003

晴 갤 청

日[날 일]부 12획

- 중 晴 [qíng]
- 일 晴 음독[せい]
  훈독[はらす·はれる]
- 영 become clear

소 전

日[날 일]자와 靑[푸를 청]자가 합쳐졌다. 日자로 인하여 해[日]가 뜬 하늘이 맑게 개었다 하여 그 뜻이 '개다'가 되었고, 靑자로 인하여 淸[맑을 청]자나 請[청할 청]자처럼 그 음이 '청'이 되었다.

용례 快晴 쾌청 · 晴明 청명 · 晴天 청천 · 祈晴祭 기청제

맑게 갠 하늘

004

暗 어두울 암

日[날 일]부 13획

- 중 暗 [àn]
- 일 暗 음독[あん]
  훈독[くらい·やみ]
- 영 dark

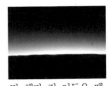

소 전

日[날 일]자와 音[소리 음]자가 합쳐진 글자다. 日자로 인해 해[日]가 져서 어둡다 하여 그 뜻이 '어둡다'가 되었고, 音자로 인해 闇[닫힌 문 암]자나 諳[욀 암]자처럼 그 음이 '음'에서 변하여 '암'이 되었다.

용례 暗黑 암흑 · 暗室 암실 · 暗雲 암운 · 暗殺 암살 · 明暗 명암 · 暗示 암시 · 暗算 암산 · 暗號 암호
· 暗埋葬 암매장 · 暗去來 암거래 · 暗中摸索 암중모색 · 暗行御史 암행어사

막 해가 진 어두운 때

005

早 일찍 조

日[날 일]부 6획

- 중 早 [zǎo]
- 일 早 음독[さっ·そう]
  훈독[はやい·はやまる·
  はやめる]
- 영 early

금 문 | 소 전

원래 해를 나타낸 日[날 일]자와 가시[束]가 많은 나무인 대추나무를 나타낸 棗[대추나무 조]자가 합쳐진 글자였다. 日자로 인해 해[日]가 아침 일찍 떠오른다 하면서 그 뜻이 '일찍'이 되었고, 棗자로 인해 그 음이 '조'가 되었다. 후대에 덧붙여진 棗자는 十의 형태로 간단하게 변화되었다.

용례 早食 조식 · 早退 조퇴 · 早婚 조혼 · 早速 조속 · 早熟 조숙 · 早老 조로 · 早晚間 조만간 · 早生
種 조생종 · 早産兒 조산아 · 早期敎育 조기교육 · 早起蹴球 조기축구 · 早朝割引 조조할인 ·
時機尙早 시기상조 · 早失父母 조실부모

아침 일찍 해가
떠오르는 모양

006

昔 예석
日[날 일]부 8획

중 昔 [xī]
일 昔 음독[しゃく・せき]
　훈독[むかし]
영 ancient

갑골문 ／ 소 전

원래 홍수(洪水)를 의미하는 물결을 나타낸 灻의 형태와 日[날 일]자가 합쳐진 씁자가 본자(本字)다. 재앙(災殃)으로 기억될 만한 큰 홍수[灻의 형태]가 있었던 날[日]인 옛날을 나타낸 데서 그 뜻이 옛날과 같은 말인 '예'가 되었고, '예(옛날)'와 관련된 말인 '석년'이나 '금석지감'에서 보듯 그 음이 '석'이 되었다.

홍수에 물이 넘치는 모양

용례 昔年 석년 · 昔脫解 석탈해 · 今昔之感 금석지감

007

昨 어제 작
日[날 일]부 9획

중 昨 [zuó]
일 昨 음독[きく]
영 yesterday

소 전

日[날 일]자와 乍[잠깐 사, 쪼갤 작]자가 합쳐진 글자다. 시간과 관련된 日자로 인해 그 뜻이 오늘의 하루 전날[日]인 '어제'가 되었고, 乍자로 인해 作[지을 작]·炸[터질 작]·怍[부끄러울 작]자처럼 그 음이 '사'에서 변하여 '작'이 되었다.

비틀스 yesterday

용례 昨年 작년 · 昨今 작금 · 昨日 작일 · 昨醉未醒 작취미성

008

時 때 시
日[날 일]부 10획

중 时 [shí]
일 時 음독[し・じ]
　훈독[とき]
영 time

소 전

日[날 일]자와 寺[절 사, 관청 시]자가 합쳐진 글자다. 日자로 인해 예부터 해[日]나 해의 그림자를 보고 일정한 때를 짐작한 데서 그 뜻이 '때'가 되었고, 寺(사·시)자로 인해 侍[모실 시]자나 詩[시 시]자처럼 그 음이 '시'가 되었다.

해시계

용례 時間 시간 · 時刻 시각 · 時計 시계 · 時調 시조 · 時體 시체 · 時效 시효 · 時點 시점 · 標準時 표준시 · 一時的 일시적 · 時時刻刻 시시각각 · 二十五時 이십오시 · 啐啄同時 줄탁동시 · 今時初聞 금시초문 · 臨時變通 임시변통 · 晩時之歎 만시지탄

009

晚 늦을 만
日[날 일]부 12획

중 晚 [wǎn]
일 晚 음독[ばん]
　훈독[おそい]
영 late

소 전

日[날 일]자와 免[면할 면]자가 합쳐진 글자다. 日자로 인해 해[日]가 지는 늦은 시각을 나타낸 데서 그 뜻이 '늦다'가 되었고, 免자로 인해 娩[해산할 만]·挽[당길 만]·輓[끌 만]자처럼 그 음이 '면'에서 변하여 '만'이 되었다.

용례 晚年 만년 · 晚鐘 만종 · 晚餐 만찬 · 晚婚 만혼 · 晚秋 만추 · 晚産 만산 · 晚期 만기 · 晚福 만복 · 晚學徒 만학도 · 早晚間 조만간 · 晚生種 만생종 · 大器晚成 대기만성 · 晚時之歎 만시지탄

밀레의 만종

010

景 볕 경
日[날 일]부 12획

중 景 [jǐng]
일 景 음독[けい]
　훈독[けしき]
영 sunshine, view, scenery

景
소 전

日[날 일]자와 京[서울 경]자가 합쳐진 글자다. 日자로 인해 해[日]에서 내리 쬐는 따뜻한 기운인 볕과 관련해 그 뜻이 '볕'이 되었고, 京자로 인해 鯨[고래 경]자나 黥[묵형할 경]자처럼 그 음이 '경'이 되었다.

용례 景致 경치 · 背景 배경 · 風景 풍경 · 光景 광경 · 夜景 야경 · 雪景 설경 · 絶景 절경 · 景趣 경취 · 全景 전경 · 景品 경품 · 食後景 식후경 · 景勝地 경승지 · 景福宮 경복궁 · 關東八景 관동팔경 · 晚秋佳景 만추가경 · 眞景山水畫 진경산수화

햇 볕

011

暖 따뜻할 난
日[날 일]부 13획

중 暖 [nuǎn]
일 暖 음독[だん]
　훈독[あたたか·あたたかい·
　あたたまる·あたためる]
영 warm

소 전

日[날 일]자와 爰[당길 원]자가 합쳐진 글자다. 日자로 인해 햇볕[日]이 따뜻하다 하여 그 뜻이 '따뜻하다'가 되었고, 爰자로 인해 煖[따뜻할 난]자처럼 그 음이 '원'에서 변하여 '난'이 되었다. 日자 대신에 火[불 화]자를 덧붙인 煖자는 暖자와 동자(同字)다.

용례 暖流 난류 · 暖房 난방 · 暖風 난풍 · 煖爐 난로 · 冷暖 냉난 · 寒暖 한란 · 暖帶林 난대림 · 異常暖冬 이상난동 · 暖衣飽食 난의포식 · 地球溫暖化 지구온난화

베란다 태양광 발전

012

暑 더울 서

日[날 일]부 13획

중 暑 [shǔ]
일 暑 음독[しょ]
　 훈독[あつい]
영 hot

소 전

日[날 일]자와 者[놈 자]자가 합쳐진 글자다. 日자로 인해 햇볕[日]이 오랫동안 내리쬐어 날씨가 덥다 하여 그 뜻이 '덥다'가 되었고, 者자로 인해 緖[실마리 서]자나 署[관청 서]자처럼 그 음이 '자'에서 변하여 '서'가 되었다.

용례 小暑소서 · 大暑대서 · 避暑피서 · 處暑처서 · 酷暑期혹서기 · 寒來暑往한래서왕

대구의 더위를 표현한
조형물

013

暴 사나울 포

日[날 일]부 15획

중 暴 [bào]
일 暴 음독[ばく・ぼう]
　 훈독[あばく・あばれる]
영 fierce

소 전

日[날 일], 出[날 출], 廾[손 맞잡을 공], 米[쌀 미]자가 합쳐진 暴자가 본자(本字)이다. 해[日]가 나오면[出] 두 손[廾]으로 쌀[米]을 내어 햇볕에 드러내 쬔다 하여 '쬐다'나 '드러내다'의 뜻을 지니게 되었고, 다시 사나움을 드러낸다 하여 '사납다'의 뜻을 지니게 되었다. 그 음은 '사납다'와 관련된 말인 '횡포·흉포·포악'에서 보듯 '포'로 읽히고 있고, 오늘날은 '폭행·난폭·광폭'에서처럼 '폭'으로도 읽히고 있다.

용례 橫暴횡포 · 凶暴흉포 · 暴惡포악 · 暴虐포학 · 暴行폭행 · 亂暴난폭 · 狂暴광폭 · 暴露폭로 · 暴風폭풍 · 暴力輩폭력배 · 暴走族폭주족 · 九蒸九暴구증구폭 · 暴虎馮河포호빙하

나락을 말리는 모양

014

晝 낮 주

日[날 일]부 11획

중 昼 [zhòu]
일 昼 음독[ちゅう]
　 훈독[ひる]
영 daytime

갑골문　소 전

손에 잡은 붓[聿]으로 해[日]를 그리고 있음을 나타낸 글자다. 해가 떠있는 낮을 나타낸 데서 그 뜻이 '낮'이 되었고, 낮과 관련된 말인 '주간·주야·백주'에서 보듯 그 음이 '주'가 되었다. 해를 나타낸 日자는 후에 旦(단)자로 바뀌었다. [약자→昼]

용례 晝夜주야 · 晝間주간 · 白晝백주 · 晝勤주근 · 晝光色주광색 · 晝耕夜讀주경야독 · 晝思夜度주사야탁 · 晝夜長川주야장천 · 不撤晝夜불철주야

해가 떠 있는 낮

015

是 옳을 시

日[날 일]부 9획

중 是 [shì]
일 是 음독[ぜ]
　훈독[これ]
영 right

갑골문　소 전

원래 日[날 일]자와 屮[싹 날 철]자, 止[그칠 지]자가 합쳐진 글자로 보인다. 그러나 후에 屮자와 止자가 합쳐져 正[바를 정]자로 바뀌어, 결국 日자와 正자가 합쳐진 글자가 되었다. 늘 변함이 없는 해[日]와 '바르다'의 뜻을 지닌 글자[正]로 인해 그 뜻이 '옳다'가 된 것으로 보이며, 그 음은 원래 덧붙여져 있었던 止자의 영향을 받아 '지'에서 변하여 '시'가 된 것으로 보인다.

단군상(전북 임실
사선대)

용례 亦是 역시 · 是認 시인 · 是正 시정 · 是非 시비 · 國是 국시 · 本是 본시 · 必是 필시 · 言則是也 언즉시야 · 實事求是 실사구시 · 色卽是空 색즉시공 · 是日也放聲大哭 시일야방성대곡

016

星 별 성

日[날 일]부 9획

중 星 [xīng]
일 星 음독[しょう·せい]
　훈독[ほし]
영 star

갑골문　소 전

원래 하늘의 많은 별이 맑게 빛나는 모양을 나타낸 晶[맑을 정]자와 生[날 생]자를 합친 曐[별 성]자가 본자(本字)다. 후에 日자로 생략해 쓰지만 晶자로 인해 그 뜻이 '별'이 되었고, 生자로 인해 性[성품 성]자나 姓[성씨 성]자처럼 그 음이 '생'에서 변하여 '성'이 되었다.

아름의 별이 빛나는
밤(고흐)

용례 彗星 혜성 · 火星 화성 · 恒星 항성 · 行星 행성 · 流星 유성 · 綺羅星 기라성 · 北極星 북극성 · 北斗七星 북두칠성 · 南十字星 남십자성 · 五星將軍 오성장군

017

月 달 월

月[달 월]부 4획

중 月 [yuè]
일 月 음독[がつ·げつ]
　훈독[つき]
영 moon

갑골문　소 전

이지러진 달에서 비롯된 글자다. 가운데 작은 획은 달 표면의 운석공(隕石孔) 자국을 나타냈다. 그렇게 달 모양에서 비롯되었기 때문에 그 뜻이 '달'이 되었고, 달과 관련된 말인 '월출·월식·공산명월'에서 보듯 그 음이 '월'이 되었다.

달의 변화 과정

용례 月出 월출 · 月蝕 월식 · 歲月 세월 · 月桂樹 월계수 · 月下老人 월하노인 · 空山明月 공산명월 · 康衢煙月 강구연월 · 日就月將 일취월장 · 花容月態 화용월태 · 堂狗風月 당구풍월

018

明 밝을 명

日[날 일]부 8획

중 明 [míng]
일 明 음독[みょう·めい]
　훈독[あかり·あかるい·
　あかるむ·あからむ·あける]
영 bright

갑골문

소 전

日[날 일]자와 月[달 월]자가 합쳐진 글자다. 낮을 밝게 해주는 해[日]와 밤을 밝게 해주는 달[月]을 동시에 나타내면서 그 뜻이 '밝다'가 되었고, '밝다'와 관련된 말인 '명암·불투명·명약관화'에서 보듯 그 음이 '명'이 되었다. 日자 대신에 囧[밝을 경]자를 덧붙인 朙[밝을 명]자는 고자(古字)다.

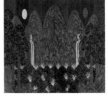

일월오봉도(일월오악도)

용례 明暗 명암 · 分明 분명 · 黎明 여명 · 賢明 현명 · 明瞭 명료 · 說明 설명 · 啓明星 계명성 · 明文化 명문화 · 不透明 불투명 · 明若觀火 명약관화 · 空山明月 공산명월 · 天地神明 천지신명

019

望 바랄 망

月[달 월]부 11획

중 望 [wàng]
일 望 음독[ぼう·もう]
　훈독[のぞむ·もち]
영 hope, watch

갑골문

소 전

원래 눈을 나타낸 臣[신하 신]자와 달을 나타낸 月[달 월]자, 땅 위에 서 있는 사람을 나타낸 壬[줄기 정]자가 합쳐진 𡫗자가 본자(本字)였다. 눈[臣]으로 달[月]을 바라보고 있는 사람[壬]의 모습에서 그 뜻이 '바라다'가 되었고, 臣자 대신에 음의 역할을 하기 위해 훗날 덧붙여진 亡(망)자처럼 그 음이 '망'이 되었다. 따라서 그 자형도 오늘날은 亡자를 덧붙여 望자로 쓰고 있는데, 望자에 덧붙여진 壬의 형태는 壬자로 써야 한다.

달을 바라보는 사람들

용례 希望 희망 · 絶望 절망 · 素望 소망 · 所望 소망 · 物望 물망 · 羨望 선망 · 望鄕歌 망향가 · 望夫石 망부석 · 望遠鏡 망원경 · 得隴望蜀 득롱망촉 · 望洋之嘆 망양지탄

020

期 기약할 기

月[달 월]부 12획

중 期 [qī]
일 期 음독[き·ご]
영 promise

소 전

其[그 기]자와 月[달 월]자가 합쳐진 글자다. 月자로 인해 1년 12달처럼 일정한 기일을 정해 두고 무언가 기약(期約)한다 하여 그 뜻이 '기약하다'가 되었고, 其자로 인해 欺[속일 기]·棋[바둑 기=碁]·麒[기린 기]·基[터 기]자처럼 그 음이 '기'가 되었다.

사람의 일생

용례 時期 시기 · 期間 기간 · 期限 기한 · 期待 기대 · 任期 임기 · 早期 조기 · 無期刑 무기형 · 思秋期 사추기 · 更年期 갱년기 · 黃金期 황금기 · 一世一期 일세일기

021

朝 아침 조

月[달 월]부 12획

중 朝 [zhāo/cháo]
일 朝 음독[ちょう]
　훈독[あさ·あした]
영 morning

갑골문 | 소 전

日[날 일]자와 그 위와 아래에 屮[싹 날 철]자, 그리고 오른쪽에는 月[달 월]자가 쓰인 글자다. 위와 아래의 수풀[屮] 사이로 해[日]가 뜨면서 한편에서 달[月]이 지는 아침을 나타낸 데서 그 뜻이 '아침'이 되었고, '아침'과 관련된 '조반·조회·조간'에서 보듯 그 음이 '조'가 되었다.

용례 朝飯 조반 · 朝餐 조찬 · 朝會 조회 · 朝刊 조간 · 王朝 왕조 · 朝鮮 조선 · 朝夕 조석 · 花朝月夕 화조월석 · 朝三暮四 조삼모사 · 朝令暮改 조령모개

해 뜨고 달 지는 아침

022

夕 저녁 석

夕[저녁 석]부 3획

중 夕 [xī]
일 夕 음독[せき]
　훈독[ゆう]
영 evening

갑골문 | 소 전

이지러진 달을 나타낸 글자다. 밤하늘에 떠 있는 달 가운데 자주 볼 수 있는 이지러진 달을 나타냈는데, 그런 달이 뜨는 때가 저녁이라 하여 그 뜻이 '저녁'이 되었다. 그 음은 '저녁'과 관련된 말인 '석간·석양·칠월칠석'에서 보듯 '석'이 되었다.

용례 夕刊 석간 · 夕陽 석양 · 秋夕 추석 · 朝夕 조석 · 除夕 제석 · 七月七夕 칠월칠석 · 花朝月夕 화조월석 · 朝變夕改 조변석개 · 朝聞夕死 조문석사 · 朝飯夕粥 조반석죽 · 夕刊新聞 석간신문

이지러진 달

023

夜 밤 야

夕[저녁 석]부 8획

중 夜 [yè]
일 夜 음독[や]
　훈독[よ·よる]
영 night

갑골문 | 소 전

원래 亦[또 역]자와 夕[저녁 석]자가 합쳐진 글자다. 夕자로 인해 달[夕]이 뜨는 밤과 관련해 그 뜻이 '밤'이 되었고, 亦자로 인해 그 음이 '역'에서 변하여 '야'가 되었다. 일반적으로 '밤'은 해가 진 뒤부터 해가 뜨기 전까지의 시간을 말한다.

용례 夜景 야경 · 白夜 백야 · 夜學 야학 · 初夜 초야 · 夜食 야식 · 夜光 야광 · 十五夜 십오야 · 熱帶夜 열대야 · 夜盲症 야맹증 · 晝耕夜讀 주경야독 · 夙興夜寐 숙흥야매 · 錦衣夜行 금의야행 · 夜半逃走 야반도주 · 晝夜長川 주야장천

달이 뜨는 밤

024

外 밖 외

夕[저녁 석]부 5획

- 중 外 [wài]
- 일 外 음독[がい·げ]
  훈독[そと·はずす·はずれる·ほか]
- 영 outside

갑골문 | 소 전

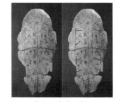

점을 쳤던 갑골

원래 점을 칠 때 밖으로 파열된 무늬를 나타낸 卜[점 복]자가 '밖'의 뜻을 지니기도 했으나 卜자가 '점'의 뜻으로만 전용(專用)되자, 다시 점을 치는 저녁을 나타내는 夕[저녁 석]자를 덧붙여 '밖'을 뜻하게 된 글자다. 그 음은 '밖'과 관련된 말인 '내외·외도·해외동포'에서처럼 '외'로 읽힌다.

[용례] 內外 내외 · 外道 외도 · 外家 외가 · 外託 외탁 · 外國人 외국인 · 門外漢 문외한 · 海外同胞 해외동포 · 治外法權 치외법권 · 出嫁外人 출가외인

025

雨 비 우

雨[비 우]부 8획

- 중 雨 [yǔ]
- 일 雨 음독[う]
  훈독[あま·あめ]
- 영 rain

갑골문 | 소 전

비 내리는 풍경

하늘[一의 형태]에서 뚝뚝 떨어져 내리는 비[점의 형태]를 나타낸 글자다. 그렇게 비를 나타낸 데서 그 뜻이 '비'가 되었고, 비와 관련된 말인 '우산·우의·폭우'에서 보듯 그 음이 '우'가 되었다. 비는 해가 떠 있는 날을 빼고 가장 많이 볼 수 있는 기상현상에서 비롯된 것이다. 따라서 雨자가 덧붙여지는 한자는 그 뜻이 기상현상과 관련이 있다.

[용례] 雨傘 우산 · 暴雨 폭우 · 雨雹 우박 · 穀雨 곡우 · 測雨器 측우기 · 雨天時 우천시 · 降雨量 강우량 · 人工雨 인공우 · 流星雨 유성우 · 祈雨祭 기우제 · 雨後竹筍 우후죽순 · 集中豪雨 집중호우 · 雨露之恩 우로지은 · 雲雨之情 운우지정

026

雲 구름 운

雨[비 우]부 12획

- 중 云 [yún]
- 일 雲 음독[うん]
  훈독[くも]
- 영 cloud

갑골문 | 소 전

구 름

원래 구름을 뜻하는 글자는 云[이를 운]자였다. 하지만 후대에 云자가 '이르다'의 뜻으로 빌려 쓰이게 되자, 다시 기상현상과 관련된 뜻을 지닌 한자에 흔히 덧붙여지는 雨자가 더해진 雲자가 '구름'의 뜻을 지니게 되었다. 그 음은 '구름'과 관련된 '청운·풍운·운무'에서 보듯 '운'이 되었다.

[용례] 靑雲 청운 · 雲霧 운무 · 雲靄 운애 · 暗雲 암운 · 雲集 운집 · 海雲臺 해운대 · 風雲兒 풍운아 · 積亂雲 적란운 · 望雲之情 망운지정 · 籠鳥戀雲 농조연운

027

雪 눈 설

雨[비 우]부 11획

중 雪 [xuě]
일 雪 음독[せつ]
　　훈독[すすぐ · ゆき]
영 snow

 갑골문　 소 전

눈 치우기

원래 雨[비 우]자와 彗[비 혜]자가 어우러진 䨮자가 본자(本字)다. 雨자로 인해 비[雨]가 얼어서 내리는 눈과 관련해 그 뜻이 '눈'이 되었고, 후에 일부가 생략되었지만 彗자로 인해 그 음이 '혜'에서 변하여 '설'이 되었다.

용례 瑞雪 서설 · 暴雪 폭설 · 大雪 대설 · 雪景 설경 · 雪馬→ 썰매 · 雪糖 설탕 · 萬年雪 만년설 · 雪辱戰 설욕전 · 雪上加霜 설상가상 · 嚴冬雪寒 엄동설한 · 螢雪之功 형설지공 · 雪膚花容 설부화용 · 紅爐點雪 홍로점설

028

露 이슬 로

雨[비 우]부 21획

중 露 [lù]
일 露 음독[ろ · ろう]
　　훈독[あらわす · あらわれる · つゆ]
영 dew

 소 전

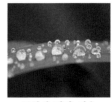
풀잎에 맺힌 이슬

雨[비 우]자와 路[길 로]자가 합쳐진 글자다. 雨자로 인해 비[雨]처럼 기상현상에 의해 발생되는 이슬과 관련하여 그 뜻이 '이슬'이 되었고, 路자로 인해 鷺[해오라기 로]자처럼 그 음이 '로'가 되었다.

용례 朝露 조로 · 露酒 노주 · 綻露 탄로 · 露店 노점 · 露出 노출 · 草露 초로 · 暴露 폭로 · 披露宴 피로연 · 風餐露宿 풍찬노숙

029

申 펼 신

田[밭 전]부 5획

중 申 [shēn]
일 申 음독[しん]
　　훈독[さる · もうす]
영 stretch

 갑골문　소 전

번 개

하늘의 구름과 땅 사이에 번개가 칠 때 번쩍이는 빛이 펼쳐지는 모양을 나타낸 글자다. 따라서 원래 '번개'를 뜻했으나, 후에 기상현상과 관련된 한자에 쓰이는 雨[비 우]자를 덧붙여 변형시킨 電[번개 전]자가 그 뜻을 대신하고, 자신은 번개가 번쩍이며 펼쳐지는 데서 '펴다'의 뜻을 갖게 되었다. 음은 '펴다'와 관련된 말인 '신고 · 상신 · 신청'에서 보듯 '신'으로 읽히고 있다.

용례 申告 신고 · 答申 답신 · 上申 상신 · 申請 신청 · 內申 내신 · 追伸 추신 · 申聞鼓 신문고 · 申申當付 신신당부 · 申師任堂 신사임당

030

電 번개 전

雨[비 우]부 13획

중 电 [diàn]
일 電 음독[でん]
영 lightning, electricity

갑골문 | 소 전

번개를 나타내는 글자는 원래 申[펼 신]자였다. 하지만 후대에 기상현상과 관련된 그 뜻을 더욱 분명히 하기 위해 雨[비 우]자를 덧붙이면서 電자가 '번개'를 대신했다. 그 음은 申자의 영향을 받아 '전'으로 읽히고 있다.

용례 電氣 전기 · 電球 전구 · 節電 절전 · 弔電 조전 · 無電機 무전기 · 電擊戰 전격전 · 電棗木 전조목 · 電子商街 전자상가 · 電光石火 전광석화 · 携帶電話 휴대전화 · 家電製品 가전제품

번개 무기를 들고 있는 제우스

031

風 바람 풍

風[바람 풍]부 9획

중 风 [fēng]
일 風 음독[ふ・ふう]
　　 훈독[かぎ・かぜ]
영 wind

갑골문 | 소 전

눈에 보이지 않는 바람을 나타내기 위해 돛을 나타낸 자형[凡]과 봉황과 관련된 자형[鳥]이 합쳐진 글자였다. 후에 상상 속의 새인 봉황의 자형[鳥] 대신에 바람과 더 밀접하다고 여긴 뱀을 나타낸 虫[벌레 훼]자로 바뀐 風자가 '바람'을 뜻하는 글자가 되었다. 그 음은 '바람'과 관련된 말인 '폭풍·태풍·풍등'에서처럼 '풍'이 되었다.

용례 暴風 폭풍 · 颱風 태풍 · 中風 중풍 · 逍風 소풍 · 風水 풍수 · 風燈 풍등 · 換風機 환풍기 · 貿易風 무역풍 · 偏西風 편서풍 · 風前燈火 풍전등화 · 馬耳東風 마이동풍

검은 구름을 동반한 회오리바람

032

氣 기운 기

气[기운 기]부 10획

중 气 [qì]
일 気 음독[き・け]
영 air

갑골문 | 소 전

원래 겹쳐진 구름을 나타낸 气[기운 기]자가 '기운'을 뜻하는 글자였다. 후에 그 자형에 米[쌀 미]자가 덧붙여져 쌀[米]로 만든 음식을 보낸다는 뜻을 지닌 氣자를 자신의 뜻으로 삼으면서 결국 그 뜻이 '기운'이 되었고, '기운'과 관련된 말인 '기력·기세·기온'에서처럼 그 음이 '기'가 되었다. 氣자의 본래 뜻은 食[밥 식]자를 덧붙인 餼[보낼 희]자가 대신하고 있다.[약자→気]

용례 氣運 기운 · 氣力 기력 · 氣流 기류 · 放氣 방기 · 感氣 감기 · 水蒸氣 수증기 · 雰圍氣 분위기 · 浩然之氣 호연지기 · 和氣靄靄 화기애애 · 氣高萬丈 기고만장 · 同氣一身 동기일신

구름의 기운

1-2. 땅과 관련된 한자

땅은 강이나 바다와 같이 물이 있는 곳을 제외한 흙으로 이뤄진 부분을 이른다. 땅에는 곳곳에 산과 언덕이 펼쳐져 있고, 물이 흐르는 내가 있다. 분만 아니라 어디서나 돌을 볼 수 있으며, 그 속에는 적지 않은 옥이나 쇠가 매장되어 있다. 아울러 추운 곳에서는 언제든지 얼음을 볼 수 있다.

이 장에서는 땅과 관련되어 이뤄진 부수인 土[흙 토]·山[뫼 산]·厂[언덕 한]·阜[언덕 부]·水[물 쉬]·川[내 천]·冫[얼음 빙]·石[돌 석]·玉[구슬 옥]·金[쇠 금]·田[밭 전] 등과 관련된 한자를 살펴본다.

033

土 흙토

土[흙 토]부 3획

중 土 [tǔ]
일 土 음독[と·ど]
　　훈독[つち]
영 soil

갑골문　｜　소 전

땅 위 덩어리진 흙을 나타낸 글자다. 사람은 생존을 위해 먹어야만 한다. 하지만 제대로 먹으려면 그릇이 필요한데, 그렇게 먹는 데 필요한 그릇을 만들기 위해 뭉쳐놓은 흙을 나타낸 글자인 것이다. 덩어리진 흙을 나타냈기에 그 뜻이 '흙'이 되었고, 흙과 관련된 말인 '토지·국토·영토'에서 보듯 그 음이 '토'가 되었다.

흙덩이로 그릇을 만드는 모습

용례 土地 토지 · 土壤 토양 · 黃土 황토 · 領土 영토 · 國土 국토 · 塵土 진토 · 粘土 점토 · 高嶺土 고령토 · 砂礫土 사력토 · 腐葉土 부엽토 · 身土不二 신토불이 · 西方淨土 서방정토 · 捲土重來 권토중래 · 廣開土大王 광개토대왕

034

地 땅지

土[흙 토]부 6획

중 地 [dì/de]
일 地 음독[じ·ち]
　　훈독[つち]
영 earth

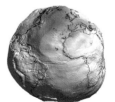

소 전

土[흙 토]자와 也[어조사 야]자가 합쳐진 글자다. 土자로 인해 바다를 제외하고 흙[土]으로 뒤덮인 뭍의 땅과 관련해 그 뜻이 '땅'이 되었고, 也자로 인해 池[못 지]자나 笛[저 이름 지]자처럼 그 음이 '야'에서 변하여 '지'가 되었다.

지구의 본 모양

용례 地球 지구 · 地上 지상 · 地龍 지룡 · 天地 천지 · 土地 토지 · 心地 심지 · 私有地 사유지 · 地動說 지동설 · 高水敷地 고수부지 · 伏地不動 복지부동 · 天圓地方 천원지방

035

均 고를 균

土[흙 토]부 7획

중 均 [jūn]
일 均 음독[きん]
　 훈독[ならす]
영 equal

금 문 | 소 전

土[흙 토]자와 勻[적을 균]자가 합쳐진 글자다. 土자로 인해 흙[土]이 땅 위에 고르게 깔려있다 하여 그 뜻이 '고르다'가 되었고, 勻자로 인해 鈞[서른 근 균]자나 畇[밭 일굴 균]자처럼 그 음이 '균'이 되었다.

용례 均一 균일 · 均等 균등 · 均衡 균형 · 平均 평균 · 無均質 무균질 · 均役法 균역법 · 均田制 균전제 · 陰陽相均 음양상균

흙이 고르게 깔린 땅

036

城 재 성

土[흙 토]부 10획

중 城 [chéng]
일 城 음독[じょう]
　 훈독[しろ]
영 castle

금 문 | 소 전

土[흙 토]자와 成[이룰 성]자가 합쳐진 글자다. 土자로 인해 외부로부터 쳐들어오는 적을 막기 위해 흙[土]을 높이 쌓은 재와 관련해 그 뜻이 '재'가 되었고, 成자로 인해 盛[성할 성]자나 誠[정성 성]자처럼 그 음이 '성'이 되었다.

용례 土城 토성 · 山城 산성 · 城郭 성곽 · 籠城 농성 · 牙城 아성 · 干城 간성 · 不夜城 불야성 · 鐵甕城 철옹성 · 萬里長城 만리장성 · 金城湯池 금성탕지 · 孤城落日 고성낙일 · 億丈之城 억장지성 · 崩城之痛 붕성지통

몽촌토성 복원 모형

037

堅 굳을 견

土[흙 토]부 11획

중 坚 [jiān]
일 堅 음독[けん]
　 훈독[かたい]
영 solid

소 전

臤[단단할 견]자와 土[흙 토]자가 합쳐진 글자다. 土자로 인해 땅 위의 흙[土]이 단단하게 굳었다 하여 그 뜻이 '굳다'가 되었고, 臤자로 인해 掔[끌 견]자, 鋻[강철 견]자, 蚈[누에 견]자처럼 그 음이 '견'이 되었다. [약자→坚]

용례 堅固 견고 · 中堅 중견 · 堅持 견지 · 堅實 견실 · 剛堅 강견 · 堅果類 견과류 · 堅忍不拔 견인불발

굳은 땅

038

基 터 기
土[흙 토]부 11획

중 基 [jī]
일 基 음독[き]
　훈독[もと・もとい・
　　もとづく]
영 foundation

갑골문　｜　소 전

其[그 기]자와 土[흙 토]자가 합쳐진 글자다. 土자로 인해 건축물을 세우기 위해 흙[土]을 다져놓은 터를 나타내면서 그 뜻이 '터'가 되었고, 其자로 인해 期[기약할 기]·旗[깃발 기]·麒[기린 기]자처럼 그 음이 '기'가 되었다.

용례 基礎기초 · 基本기본 · 基盤기반 · 基準기준 · 基金기금 · 基壇기단 · 國基국기 · 基底기저 · 基地局기지국 · 基督敎기독교 · 鹽基性염기성 · 慶基殿경기전 · 基幹産業기간산업 · 基調演說기조연설

집을 짓기 위해
다져놓은 터

039

堂 집 당
土[흙 토]부 11획

중 堂[táng]
일 堂 음독[どう]
영 hall

금 문　｜　소 전

尙[오히려 상=尚]자와 土[흙 토]자가 합쳐진 글자다. 土자로 인해 흙[土]으로 된 토대(土臺)를 다져 지은 집과 관련해 그 뜻이 '집'이 되었고, 尙자로 인해 當[마땅할 당]자나 黨[무리 당]자처럼 그 음이 '상'에서 변하여 '당'이 되었다.

용례 明堂명당 · 天堂천당 · 祠堂사당 · 殿堂전당 · 慈堂자당 · 北堂북당 · 堂叔당숙 · 明倫堂명륜당 · 敬老堂경로당 · 敎會堂교회당 · 正正堂堂정정당당 · 堂狗風月당구풍월

언덕 위의 교회당

040

場 마당 장
土[흙 토]부 12획

중 场 [chǎng]
일 場 음독[じょう]
　훈독[ば]
영 yard

소 전

土[흙 토]자와 昜[볕 양]자가 합쳐진 글자다. 土자로 인해 흙[土]이 고르게 깔려 있는 농사짓지 않는 넓은 마당과 관련해 그 뜻이 '마당'이 되었고, 昜자로 인해 腸[창자 장]자처럼 그 음이 '양'에서 변하여 '장'이 되었다.

용례 市場시장 · 亂場난장 · 罷場파장 · 戰場전장 · 廣場광장 · 漁場어장 · 道場도장→도량 · 運動場운동장 · 禮式場예식장 · 一場春夢일장춘몽 · 阿修羅場아수라장 · 滿場一致만장일치 · 海水浴場해수욕장

텅 비어있는 마당

041	增 더할 증	중	增 [zēng]
	土[흙 토]부 15획	일	增 음독[ぞう]
			훈독[ふえる·ふやす·ます]
		영	add, increase

소 전

土[흙 토]자와 曾[일찍 증]자가 합쳐진 글자다. 土자로 인해 흙[土]을 높이 쌓기 위해 더한다 하여 그 뜻이 '더하다'가 되었고, 曾자로 인해 贈[줄 증]·憎[미워할 증]·甑[시루 증]자처럼 그 음이 '증'이 되었다.[약자 → 増]

용례 急增 급증 · 增加 증가 · 增減 증감 · 漸增 점증 · 累增 누증 · 增殖 증식 · 增進 증진 · 增員 증원 · 增築 증축 · 增廣試 증광시 · 所得增大 소득증대 · 夜間割增 야간할증

흙을 더해 쌓는 모양

042	在 있을 재	중	在 [zài]
	土[흙 토]부 6획	일	在 음독[ざい]
			훈독[ある·います]
		영	exist

소 전

원래 才[재주 재]자와 土[흙 토]자가 어우러진 글자[扗]였다. 土자로 인해 흙[土]으로 막아 물이 멈춰 있게 한다 하여 그 뜻이 '있다'가 되었고, 才자로 인해 그 음이 '재'가 되었다. 후대에 扗자의 자형이 약간 변하여 在자로 쓰이고 있다.

용례 現在 현재 · 存在 존재 · 潛在 잠재 · 在學 재학 · 在職 재직 · 在中 재중 · 在來種 재래종 · 螳螂在後 당랑재후 · 人命在天 인명재천 · 自由自在 자유자재

물이 멈춰 있는 모양

043	山 뫼 산	중	山 [shān]
	山[뫼 산]부 3획	일	山 음독[さん·せん]
			훈독[やま]
		영	mountain

갑골문 | 소 전

여러 산봉우리를 세 개로 줄여서 산을 나타낸 글자다. 그렇게 산을 나타낸 데서 그 뜻이 산을 이르는 옛말인 '뫼'가 되었고, 뫼와 관련된 말인 '설산·산행·백두산'에서 보듯 그 음이 '산'이 되었다. 일부에서는 '뫼'를 예스럽게 이르는 '메'로 지칭하기도 하나 두 말이 쓰일 때는 "원형에 가까운 말을 택한다"는 표준어 규정에 의거해 그 뜻을 '뫼'라고 했다.

용례 泰山 태산 · 山嶽 산악 · 釜山 부산 · 禿山 독산 · 白頭山 백두산 · 北邙山 북망산 · 三水甲山 삼수갑산 · 仁者樂山 인자요산 · 愚公移山 우공이산 · 他山之石 타산지석 · 積土成山 적토성산

서울 삼각산
(도성삼군문분계지도 일부)

044	島 섬도	중	岛 [dǎo]
		일	島 음독[とう]
			훈독[しま]
	山[뫼 산]부 10획	영	island

소 전

원래 鳥[새 조]자와 山[뫼 산]자가 합쳐진 嶋(嶋·嵨)자가 본자(本字)다. 山자로 인해 물 위로 솟아 있는 산인 섬과 관련해 그 뜻이 '섬'이 되었고, 鳥자로 인해 그 음이 '조'에서 변하여 '도'자로 되었다. 嶋자는 후대에 灬의 형태를 생략하여 島자로 쓰이고 있다.

용례 獨島독도 · 半島반도 · 松島송도 · 列島열도 · 間島간도 · 諸島제도 · 韓半島한반도 · 汝矣島여의도 · 三多島삼다도 · 濟州島제주도 · 于山島우산도 · 多島海다도해 · 無人孤島무인고도 · 山間島嶼산간도서

독 도

045	崇 높을숭	중	崇 [chóng]
		일	崇 음독[す·すう]
			훈독[あがめる]
	山[뫼 산]부 11획	영	noble

소 전

山[뫼 산]자와 宗[마루 종]자가 합쳐진 글자다. 山자로 인해 산[山]이 높다 하여 그 뜻이 '높다'가 되었고, 宗자로 인해 그 음이 '종'에서 변하여 '숭'이 되었다.

용례 崇拜숭배 · 崇尙숭상 · 崇高숭고 · 隆崇융숭 · 崇仰숭앙 · 崇山숭산 · 崇嚴숭엄 · 尊崇존숭 · 崇慕숭모 · 追崇추숭 · 崇禮門숭례문 · 崇文館숭문관 · 排佛崇儒배불숭유

에베레스트(초모랑마)

046	原 근원원	중	原 [yuán]
		일	原 음독[げん]
			훈독[はら·もと]
	厂[언덕 한]부 10획	영	hill

금 문　　소 전

厂[언덕 한]자와 泉[샘 천]자가 합쳐져 언덕[厂] 아래 샘[泉]에서 물이 솟아 흐르는 모양을 나타낸 글자다. 그런 샘물은 모든 물줄기의 근원이 된다 하여 그 뜻이 '근원'이 되었고, 다시 덧붙여진 泉자의 영향을 받아 그 음이 '천'에서 변하여 '원'이 되었다. 原자는 후대에 그 자형이 좀 더 간략하게 변하여 原자로 쓰이고 있다.

용례 草原초원 · 原來원래 · 原木원목 · 原料원료 · 高原고원 · 平原평원 · 原本원본 · 復原복원 · 原稿원고 · 原油원유 · 原點원점 · 原則원칙 · 原住民원주민 · 原動力원동력 · 原産地원산지 · 中原逐鹿중원축록 · 燎原之火요원지화

한강 발원지 검룡소

047	嚴 엄할 엄	중	严 [yán]

嚴 엄할 엄
口[입 구]부 19획

중 严 [yán]
일 厳 음독[げん]
　　 훈독[おごそか]
영 severe

금문 | 소전

바위가 널려 있는 모양을 나타낸 吅의 형태와 厥[낭떠러지 암]자가 합쳐진 글자다. 吅의 형태로 인해 널린 바위[吅] 때문에 잘못되지 않도록 엄하게 단속한다 하여 그 뜻이 '엄하다'가 되었고, 厥자로 인해 그 음이 '암'에서 변하여 '엄'이 되었다.[약자→厳]

낭떠러지 위의 바위

용례 嚴峻 엄준 · 嚴格 엄격 · 嚴命 엄명 · 嚴令 엄령 · 嚴守 엄수 · 威嚴 위엄 · 嚴親 엄친 · 嚴肅 엄숙 · 嚴禁 엄금 · 嚴斷 엄단 · 戒嚴令 계엄령 · 嚴妻侍下 엄처시하 · 嚴冬雪寒 엄동설한 · 嚴父出孝子 엄부출효자

危 위태할 위
卩[병부 절]부 6획

중 危 [wēi]
일 危 음독[き]
　　 훈독[あぶない·あやうい]
영 dangerous

소전

언덕을 나타낸 厂[언덕 한]자와 사람을 나타낸 ⺈과 㔾의 형태가 합쳐져 언덕[厂]을 두고 위에 사람[⺈]과 아래에 사람[㔾]이 있는 모양을 나타낸 글자다. 사람이 언덕 위나 아래에 위태롭게 있다는 데서 그 뜻이 '위태하다'가 되었고, '위태하다'와 관련된 말인 '위험·위급·위독'에서 보듯 그 음이 '위'가 되었다.

절벽 위에 선 사람

용례 危殆 위태 · 危險 위험 · 危篤 위독 · 安危 안위 · 危害物 위해물 · 累卵之危 누란지위 · 見危授命 견위수명 · 居安思危 거안사위 · 危機一髮 위기일발

防 막을 방
阜[언덕 부]부 7획

중 防 [fáng]
일 防 음독[ほう·ぼう]
　　 훈독[ふせぐ]
영 defend

소전

阜[언덕 부]자에서 변형된 阝[좌부방]과 方[모 방]자가 합쳐진 글자다. 阜자로 인해 언덕[阜]처럼 높이 흙으로 다져 쌓아 홍수나 적군이 넘어오는 것을 막는다 하여 그 뜻이 '막다'가 되었고, 方자로 인해 訪[찾을 방]·放[놓을 방]·妨[해로울 방]자처럼 그 음이 '방'이 되었다.

제천 의림지도

용례 防禦 방어 · 堤防 제방 · 攻防 공방 · 防築 방축 · 防風林 방풍림 · 防潮堤 방조제 · 自主國防 자주국방 · 衆口難防 중구난방 · 防彈少年團 방탄소년단

050

限 지경 한

阜[언덕 부]부 9획

중 限 [xiàn]
일 限 음독[げん]
　　훈독[かぎる・きり]
영 boundary

| 금문 | 소전 |

초대륙 판게아

阜[언덕 부]자에서 변형된 阝[좌부방]과 艮[그칠 간]자가 합쳐진 글자다. 阜자로 인해 험준한 언덕[阜]에 의해 구분 지어진 땅의 경계인 지경(地境)과 관련해 그 뜻이 '지경'이 되었고, 艮자로 인해 恨[한할 한]자나 狠[개 싸우는 소리 한]자, 佷[고을 이름 한]자처럼 그 음이 '한'이 되었다.

용례 限界 한계 · 限定 한정 · 限度 한도 · 權限 권한 · 制限 제한 · 極限 극한 · 無限大 무한대 · 限終日 한종일 · 最小限 최소한 · 時限爆彈 시한폭탄 · 流通期限 유통기한 · 山情無限 산정무한

051

陸 뭍 륙

阜[언덕 부]부 11획

중 陆 [lù]
일 陸 음독[りく・ろく]
　　훈독[おか・くが]
영 land

| 금문 | 소전 |

오스트레일리아

阜[언덕 부]자에서 변형된 阝[좌부방]과 坴[언덕 륙]자가 합쳐진 글자다. 阜자로 인해 물이 잠기지 않은 언덕[阜]인 뭍과 관련해 그 뜻이 '뭍'이 되었고, 坴자로 인해 稑[올벼 륙]·踛[뛸 륙]·鯥[물고기 이름 륙]자처럼 그 음이 '륙'이 되었다.

용례 大陸 대륙 · 陸橋 육교 · 陸地 육지 · 着陸 착륙 · 離陸 이륙 · 內陸 내륙 · 陸軍 육군 · 陸路 육로 · 連陸橋 연륙교 · 陸海空 육해공 · 水陸兩用 수륙양용 · 陸上競技 육상경기 · 上陸作戰 상륙작전

052

陰 그늘 음

阜[언덕 부]부 11획

중 阴 [yīn]
일 陰 음독[いん・おん]
　　훈독[かげ・かげる]
영 shade

| 금문 | 소전 |

남향집(오지호 작)

원래 今[이제 금]자와 云[이를 운]자가 합쳐져 侌자로 쓰였다. 구름의 기운을 나타낸 云자로 인해 구름[云]이 일어나는 그늘과 관련해 그 뜻이 '그늘'이 되었고, 今자로 인해 吟[읊을 음]자처럼 그 음이 '음'이 되었다. 이 자형은 후에 그 뜻을 더욱 분명히 하기 위해 阜자에서 변형된 阝[좌부방]을 덧붙여 오늘날에 陰자로 쓰이고 있다.

용례 陰地 음지 · 陰陽 음양 · 陰曆 음력 · 陰謀 음모 · 夜陰 야음 · 陰濕 음습 · 陰凶 음흉 · 太陰曆 태음력 · 陰德陽報 음덕양보 · 綠陰芳草 녹음방초 · 一寸光陰 일촌광음 · 陰性反應 음성반응

053

陽 볕 양

阜[언덕 부]부 12획

중 阳 [yáng]
일 陽 음독[よう]
　훈독[ひ·ひなた]
영 sunlight

갑골문 | 소 전

태양의 비호를 받는
이집트왕

원래 햇볕[日]이 제탁[丅의 형태] 아래로 내리쬐는 모양을 나타낸 형태로 쓰다가 그 뜻 '볕'을 더욱 분명히 하기 위해 彡[터럭 삼]자를 덧붙였고, 다시 햇볕이 내리쬐는 남쪽의 언덕[阜]과 관련된 阜[언덕 부=阝]자에서 변형된 阝[좌부방]을 덧붙여 陽자로 쓰이게 되었다. 그 음은 昜자의 영향을 받아 楊[버들 양]자나 揚[오를 양]자처럼 '양'이 되었다.

용례 太陽 태양 · 陽地 양지 · 陰陽 음양 · 陽傘 양산 · 遮陽 차양 · 陽曆 양력 · 漢陽 한양 · 斜陽 사양 · 夕陽 석양 · 重陽節 중양절 · 陽動作戰 양동작전 · 當陽之地 당양지지 · 建陽多慶 건양다경

054

除 덜 제

阜[언덕 부]부 10획

중 除 [chú]
일 除 음독[じ·じょ]
　훈독[のぞく]
영 deduct

소 전

유달산 돌계단

阜[언덕 부]자에서 변형된 阝[좌부방]과 余[나 여]자가 합쳐진 글자다. 阜자로 인해 언덕[阜]을 오르내리기 편하게 하기 위해 만들어진 섬돌을 나타냈으나 후에 '덜다'의 뜻으로 쓰이게 되면서 결국 그 뜻이 '덜다'가 되었고, 余자로 인해 그 음이 '여'에서 변하여 '제'가 되었다.

용례 除去 제거 · 除夜 제야 · 排除 배제 · 除煩 제번 · 削除 삭제 · 解除 해제 · 免除 면제 · 除籍 제적 · 掃除 소제 · 除名 제명 · 控除 공제 · 除草劑 제초제 · 加減乘除 가감승제

055

降 내릴 강

阜[언덕 부]부 9획

중 降 [jiàng]
일 降 음독[こう]
　훈독[おりる·おろす·ふる]
영 descend

갑골문 | 소 전

아래를 향한 두 발

阜[언덕 부]자에서 변형된 阝[좌부방]과 夅[내릴 강]자가 합쳐진 글자다. 언덕[阜] 아래로 두 발이 내려가는[夅] 모습에서 그 뜻이 '내리다'가 되었고, '내리다'와 관련된 말인 '하강·승강·강림'에서처럼 그 음이 '강'이 되었다. 상대에게 자신의 몸을 내려[降] '항복하다'라고 할 때는 그 음을 '항'으로 읽는다.

용례 下降 하강 · 乘降 승강 · 降臨 강림 · 降等 강등 · 降臨 강림 · 降伏 항복 · 投降 투항 · 降將 항장 · 降卒 항졸 · 降水量 강수량 · 昇降機 승강기 · 國旗降下 국기강하

056

師 스승사

巾[수건 건]부 10획

중 师 [shī]
일 師 음독[し]
영 teacher

금문 　 소전

세종대왕 동상

自[언덕 퇴]자와 帀[두를 잡자가 합쳐졌다. 帀자로 인해 사방을 흙으로 뼁 둘러[帀] 싸서 모인 한 집단의 군대를 뜻하면서 다시 군대의 작전을 짜는 사람과 관련해 그 뜻이 '스승'이 되었고, 頧[갓 이름 퇴]·鵗[참새 이름 퇴]·垍[쌓을 퇴]자에 덧붙여지는 自자로 인해 그 음이 '퇴'에서 변하여 '사'가 되었다.[약자→师]

용례 軍師 군사 · 恩師 은사 · 教師 교사 · 講師 강사 · 師事 사사 · 出師表 출사표 · 師團長 사단장 · 師範大學 사범대학 · 君師父一體 군사부일체 · 三人行必有我師 삼인행필유아사

057

水 물수

水[물 수]부 4획

중 水 [shuǐ]
일 水 음독[すい]
　 훈독[みず]
영 water

갑골문 　 소전

흐르는 물

흐르는 물을 나타낸 글자다. 구체적인 형상이 없는 물을 나타내기 위해 흐르는 물로 표현한 데서 그 뜻이 '물'이 되었고, 물과 관련된 말인 '냉수·생수·음료수'에서 보듯 그 음이 '수'가 되었다. 이 자형이 글자 구성에서 왼쪽에 덧붙여질 때는 氵의 형태로 쓰이는데, 이를 '삼수변'이라 한다. 삼수변은 水자의 음인 '수'를 중심으로 그 글자의 형태가 세 개의 획으로 이뤄졌다 하여 三[석 삼]자의 '삼'을 앞에 붙이고, 부수가 자체(字體)의 구성에서 왼쪽에 있을 때의 명칭인 '변'을 덧붙인 것이다.

용례 冷水 냉수 · 生水 생수 · 水泳 수영 · 羊水 양수 · 海水 해수 · 水泳 수영 · 飲料水 음료수 · 水資源 수자원 · 水準器 수준기 · 上善若水 상선약수 · 知者樂水 지자요수

058

泉 샘천

水[물 수]부 9획

중 泉 [quán]
일 泉 음독[せん]
　 훈독[いずみ]
영 spring

갑골문 　 소전

금강의 발원지 뜬봉샘

땅 속에서 물이 솟아 흐르는 샘을 나타낸 글자다. 그렇게 샘을 나타냈기에 그 뜻이 '샘'이 되었고, 샘과 관련된 '원천·온천·간헐천'에서 보듯 그 음이 '천'이 되었다.

용례 源泉 원천 · 溫泉 온천 · 冷泉 냉천 · 寒泉 한천 · 黃泉 황천 · 間歇泉 간헐천 · 思如湧泉 사여용천 · 泉石膏肓 천석고황

059

江 강 강

水[물 수]부 6획

중 江 [jiāng]
일 江 음독[こう]
　훈독[え]
영 river

금 문　소 전

水[물 수]자에서 변형된 氵[삼수변]과 工[장인 공]자가 합쳐진 글자다. 水자로 인해 원래 양자강(揚子江)이란 강물[水]을 뜻했으나 후대에 양자강이 중국에서 가장 긴 강으로 모든 강을 대표한 데서 결국 그 뜻이 '강'이 되었고, 工자로 인해 杠[깃대 강]자나 玒[옥 이름 강]자처럼 그 음이 '공'에서 변하여 '강'이 되었다.

황하(위)와 양자강(아래)

용례 長江 장강 · 江南 강남 · 漢江 한강 · 渡江 도강 · 豆滿江 두만강 · 江湖煙波 강호연파 · 三千里 江山 삼천리강산

060

海 바다 해

水[물 수]부 10획

중 海 [hǎi]
일 海 음독[かい]
　훈독[うみ]
영 sea

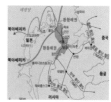

금 문　소 전

水[물 수]자에서 변형된 氵[삼수변]과 每[매양 매]자가 합쳐졌다. 水(氵)자로 인해 짠물[水]이 있는 바다를 나타내면서 그 뜻이 '바다'가 되고, 每자로 인해 그 음이 '매'에서 변하여 '해'가 된 글자다. 같은 뜻을 지닌 洋[큰 바다 양]자보다 작은 바다를 뜻하는 한자다.

한반도 주변 바다와 나라

용례 海洋 해양 · 海邊 해변 · 海女 해녀 · 東海 동해 · 黃海 황해 · 地中海 지중해 · 多島海 다도해 · 海水浴場 해수욕장 · 滄海一粟 창해일속 · 桑田碧海 상전벽해 · 山海珍味 산해진미

061

洋 큰 바다 양

水[물 수]부 9획

중 洋 [yáng]
일 洋 음독[よう]

영 ocean

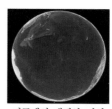

소 전

水[물 수]자에서 변형된 氵[삼수변]과 羊[양 양]자가 합쳐진 글자다. 水자로 인해 짠물[水]이 크게 가득 차 있는 바다와 관련해 그 뜻이 '큰 바다'가 되었고, 羊자로 인해 養[기를 양]자나 痒[가려울 양=癢], 羕[긴 강 양]자처럼 그 음이 '양'이 되었다. 같은 뜻을 지닌 海[바다 해]자보다 더 큰 바다를 뜻하는 한자다.

지구에서 태평양 지역

용례 海洋 해양 · 西洋 서양 · 洋服 양복 · 洋襪 양말 · 洋弓 양궁 · 洋酒 양주 · 五大洋 오대양 · 太平 洋 태평양 · 洋便器 양변기 · 前途洋洋 전도양양 · 望洋之嘆 망양지탄 · 遠洋漁船 원양어선

062

決 터질 결
水[물 수]부 7획

중 決 [jué]
일 決 음독[けつ]
　훈독[きまる・きめる]
영 decide

소 전

水[물 수]자에서 변형된 氵[삼수변]과 夬[깍지 결]자가 합쳐진 글자다. 水자로 인해 둑 등이 무너져 물[水]길이 터졌다 하여 그 뜻이 '터지다'가 되었고, 夬자로 인해 缺[이지러질 결]·訣[이별할 결]·抉[도려낼 결]자처럼 그 음이 '결'이 되었다.

용례 決斷 결단 · 決裁 결재 · 決濟 결제 · 決裂 결렬 · 決斷 결단 · 決定 결정 · 手決 수결 · 判決 판결 · 解決 해결 · 對決 대결 · 否決 부결 · 多數決 다수결 · 代金決濟 대금결제 · 速戰速決 속전속결 · 民族自決 민족자결

둑이 무너져
물길이 터진 모양

063

法 법 법
水[물 수]부 8획

중 法 [fǎ]
일 法 음독[はつ・ほう・ほつ]
　훈독[のつとる・のり]
영 law

금 문 　 소 전

원래 水[물 수]자에서 변형된 氵[삼수변]과 去[갈 거]자와 廌[해태 채(치)]자가 합쳐진 灋자로 쓰인 글자였으나 후에 선악을 판단할 수 있다는 전설의 동물을 뜻하는 廌자가 생략되었다. 水자로 인해 항상 수평을 이루는 물의 속성처럼 공평하게 처리해야 하는 '법'을 뜻하고, 去자의 음 '거'에서 怯[겁낼 겁]자나 劫[위협할 겁]자에서처럼 '겁'으로 변했다가 다시 '법'으로 읽히게 된 글자다.

용례 法則 법칙 · 法律 법률 · 憲法 헌법 · 惡法 악법 · 六法 육법 · 大同法 대동법 · 擬人法 의인법 · 法古創新 법고창신 · 勞動三法 노동삼법 · 法治國家 법치국가 · 罪刑法定主義 죄형법정주의

해치(해태)

064

油 기름 유
水[물 수]부 8획

중 油 [yóu]
일 油 음독[ゆ・ゆう]
　훈독[あぶら]
영 oil

금 문 　 소 전

水[물 수]자에서 변형된 氵[삼수변]과 由[말미암을 유]자가 합쳐진 글자다. 水자로 인해 물[水]의 성질을 지니고 있는 기름과 관련해 그 뜻이 '기름'이 되었고, 由자로 인해 釉[윤 유]자나 柚[유자나무 유]자처럼 그 음이 '유'가 되었다.

용례 豆油 두유 · 石油 석유 · 油價 유가 · 原油 원유 · 燈油 등유 · 油田 유전 · 注油所 주유소 · 揮發油 휘발유 · 潤滑油 윤활유 · 食用油 식용유 · 油槽船 유조선

해저유전 개발 시설

065

泣 울 읍
水[물 수]부 8획

중 泣 [qì]
일 泣 음독[きゅう]
　　훈독[なく]
영 cry

소 전

水[물 수]자에서 변형된 氵[삼수변]과 立[설 립]자가 합쳐진 글자다. 水자로 인해 소리를 내지 않고 눈물[水]을 흘리며 슬프게 운다 하여 그 뜻이 '울다'가 되었고, 立자로 인해 그 음이 '립'에서 변하여 '읍'이 되었다.

용례 泣訴읍소 · 哭泣곡읍 · 泣血읍혈 · 感泣감읍 · 泣諫읍간 · 泣斬馬謖읍참마속 · 狐死兔泣 호사토읍

울고 있는 여인
(피카소 작)

066

注 물 댈 주
水[물 수]부 8획

중 注 [zhù]
일 注 음독[ちゅう]
　　훈독[さす·そそぐ·つぐ]
영 irrigate, focus, emphasize

소 전

水[물 수]자에서 변형된 氵[삼수변]과 主[주인 주]자가 합쳐진 글자다. 水자로 인해 한 곳으로 흐르도록 물[水]을 댄다 하여 그 뜻이 '물 대다'가 되었고, 主자로 인해 住[살 주]·柱[기둥 주]·駐[머무를 주]자처럼 그 음이 '주'가 되었다.

용례 注入주입 · 注目주목 · 注視주시 · 傾注경주 · 注力주력 · 注油所주유소 · 注射器주사기 · 注文生産주문생산

아랫논에 물 대기

067

淨 깨끗할 정
水[물 수]부 11획

중 净 [jìng]
일 浄 음독[じょう]
　　훈독[きよい]
영 clean

금 문 | 소 전

水[물 수]자에서 변형된 氵[삼수변]과 爭[다툴 쟁]자가 합쳐진 글자다. 水자로 인해 물[水]이 깨끗하다 하여 그 뜻이 '깨끗하다'가 되었고, 爭자로 인해 埩[밭갈 정]자나 靜[편안할 정]자처럼 그 음이 '쟁'에서 변하여 '정'이 되었다.[약자→浄]

용례 淨化정화 · 不淨부정 · 淨齋정재 · 淨潔정결 · 明淨명정 · 淨水器정수기 · 洗淨劑세정제 · 清淨水域청정수역 · 自淨作用자정작용 · 西方淨土서방정토 · 上濁下不淨상탁하부정 · 空氣清淨器공기청정기

지리산 뱀사골

漢 한수 한

水[물 수]부 14획

중 汉 [Hàn]
일 漢 음독[かん]
　　훈독[から]
영 Han dynasty

소 전

水[물 수]자에서 변형된 氵[삼수변]과 堇[진흙 근]자가 변형된 莫자가 합쳐진 글자다. 水자로 인해 섬서성 파총산(嶓冢山)에서 발원하는 강물 [水]인 '한수(漢水)'를 뜻하고, 후대에 莫자로 약간 변화되었지만 堇자로 인해 暵[마를 한]자나 熯[말릴 한]자에서처럼 그 음이 '근'에서 변하여 '한'이 되었다. 오늘날 漢자는 한수를 중심으로 유방(劉邦)이 세운 나라 인 '한나라'의 뜻으로 쓰이고 있다.

한수와 주변의 강

용례 漢字 한자 · 漢文 한문 · 前漢 전한 · 東漢 동한 · 漢族 한족 · 漢藥 한약 · 癡漢 치한 · 銀漢 은한 · 漢拏山→한라산 · 門外漢 문외한 · 漢四郡 한사군 · 漢江投石 한강투석 · 滿漢全席 만한전석

069

淺 얕을 천

水[물 수]부 11획

중 浅 [qiǎn]
일 浅 음독[せん]
　　훈독[あさい]
영 shallow

금 문　소 전

水[물 수]자에서 변형된 氵[삼수변]과 戔[해칠 잔]자가 합쳐진 글자다. 水자로 인해 물[水]의 깊이가 얕다 하여 그 뜻이 '얕다'가 되었고, 戔자로 인해 踐[밟을 천]자나 賤[천할 천]자처럼 그 음이 '천'이 되었다.[약자 →浅]

용례 淺薄 천박 · 深淺 심천 · 日淺 일천 · 淺海 천해 · 鄙淺 비천 · 寡聞淺識 과문천식 · 淺學菲才 천학비재

얕은 여울물

070

河 강 이름 하

水[물 수]부 8획

중 河 [hé]
일 河 음독[か·が]
　　훈독[かわ]
영 river

갑골문　소 전

水[물 수]자에서 변형된 氵[삼수변]과 可[옳을 가]자가 합쳐진 글자다. 水자로 인해 여러 강물[水] 가운데 황하(黃河)란 강물을 나타낸 데서 그 뜻이 '강 이름'이 되었고, 可자로 인해 何[어찌 하]자처럼 그 음이 '가'에 서 변하여 '하'가 되었다.

황하(위)와 양자강(아래)

용례 黃河 황하 · 河川 하천 · 運河 운하 · 銀河 은하 · 河水盆 하수분→화수분 · 百年河淸 백년하청 · 大河小說 대하소설 · 口若懸河 구약현하 · 暴虎馮河 포호빙하

071	**泰** 클 태	중	泰 [tài]
	水[물 수]부 10획	일	泰 음독[たい]
			훈독[やすい]
		영	big

소 전

大[큰 대]자와 廾[두 손 맞잡을 공]자, 水[물 수]자에서 변형된 氺의 형태가 합쳐진 글자다. 廾자와 水자로 인해 두 손[廾]을 이용해 물[水]로 쌀이나 사금(砂金) 같은 것을 인다 하는 뜻을 지녔으나 후에 太[클 태]자와 그 음이 같은 데서 '크다'의 뜻으로 빌려 쓰이고, 그 음은 大자로 인해 '태'가 되었다. 본래의 뜻은 汰[일 태]자가 대신하고 있다.

사금을 물에 일어
골라내는 모양

용례 泰山 태산 · 泰平 태평 · 泰國 태국 · 泰斗 태두 · 泰然自若 태연자약 · 國泰民安 국태민안

072	**波** 물결 파	중	波 [bō]
	水[물 수]부 8획	일	波 음독[は]
			훈독[なみ]
		영	wave

소 전

水[물 수]자에서 변형된 氵[삼수변]과 皮[가죽 피]자가 합쳐진 글자다. 水자로 인해 물[水]이 움직여 수면이 올라갔다 내려갔다 하는 물결을 나타낸 데서 그 뜻이 '물결'이 되었고, 皮자로 인해 破[깨뜨릴 파]·頗[치우칠 파]·跛[절뚝발이 파]자처럼 그 음이 '피'에서 변하여 '파'가 되었다.

가나가와 해변의 높은
파도(가츠시카
호쿠사이)

용례 波濤 파도 · 波瀾 파란 · 波及 파급 · 世波 세파 · 寒波 한파 · 電磁波 전자파 · 超音波 초음파 · 平地風波 평지풍파 · 江湖煙波 강호연파 · 萬頃蒼波 만경창파 · 一波萬波 일파만파 · 波狀攻擊 파상공격

073	**洗** 씻을 세	중	洗 [xǐ]
	水[물 수]부 9획	일	洗 음독[せん]
			훈독[あらう]
		영	wash

소 전

水[물 수]자에서 변형된 氵[삼수변]과 先[먼저 선]자가 합쳐진 글자다. 水자로 인해 물[水]로 발을 씻는다 하여 그 뜻이 '씻다'가 되었고, 先자로 인해 그 음이 '선'에서 변하여 '세'가 되었다.

고사탁족도(이경윤 작)

용례 洗手 세수 · 洗面 세면 · 洗顏 세안 · 洗車 세차 · 洗練 세련 · 洗滌 세척 · 洗禮 세례 · 洗劑 세제 · 洗濯機 세탁기 · 水洗式 수세식 · 洗足式 세족식 · 洗腦敎育 세뇌교육

074

活 살 활
水[물 수]부 9획

중 活 [huó]
일 活 음독[かつ]
　훈독[いきる]
영 live, active

소 전

水[물 수]자에서 변형된 氵[삼수변]과 昏[입 막을 괄]자가 합쳐진 湝자가 본자(本字)이다. 水자로 인해 물[水]이 힘차게 흘러 그 모양이 살아 있는 듯하다 하여 그 뜻이 '살다'가 되었고, 昏자로 인해 그 음이 '괄'에서 변하여 '활'이 되었다. 湝자에 덧붙여진 昏자는 후대에 舌의 형태로 바뀌어 오늘날 活자로 쓰이고 있다.

용례 活氣 활기 · 活力 활력 · 活躍 활약 · 復活 부활 · 生活 생활 · 活魚 활어 · 農活 농활 · 活潑 활발 · 死活 사활 · 活人劍 활인검 · 活火山 활화산 · 活性化 활성화 · 活動寫眞 활동사진

황하 호구폭포

075

浪 물결 랑
水[물 수]부 10획

중 浪 [làng]
일 浪 음독[ろう]
　훈독[なみ]
영 wave

소 전

水[물 수]자에서 변형된 氵[삼수변]과 良[어질 량]자가 합쳐진 글자다. 水자로 인해 그 뜻이 물[水]의 표면이 일렁이는 '물결'이 되었고, 良자로 인해 郎[사내 랑]·朗[밝을 랑]·狼[이리 랑]자처럼 그 음이 '량'에서 변하여 '랑'이 되었다.

용례 風浪 풍랑 · 浪人 낭인 · 浪費 낭비 · 激浪 격랑 · 浪說 낭설 · 麥浪 맥랑 · 浮浪兒 부랑아 · 放浪者 방랑자 · 浪漫派 낭만파 · 虛無孟浪 허무맹랑 · 流浪生活 유랑생활 · 波浪注意報 파랑주의보

물 결

076

流 흐를 류
水[물 수]부 10획

중 流 [liú]
일 流 음독[りゅう·る]
　훈독[ながす·ながれる]
영 flow

금 문　소 전

水[물 수]자에서 변형된 氵[삼수변]과 㐬[거꾸로 떠내려갈 돌]자가 합쳐진 㳅자가 본자(本字)이다. 水로 인해 물[水]이 흐르는 모습을 나타내면서 그 뜻이 '흐르다'가 되었고, 㐬(돌)자이지만 琉[유리 류]·旒[깃발 류]·硫[유황 류]자처럼 㐬[깃발 류]자로 쓰이면서 그 음도 '류'가 되었다.

용례 主流 주류 · 寒流 한류 · 韓流 한류 · 流頭 유두 · 流産 유산 · 流行 유행 · 漂流 표류 · 一流大 일류대 · 離岸流 이안류 · 女流作家 여류작가 · 流言蜚語 유언비어 · 落花流水 낙화유수 · 流芳百世 유방백세 · 靑山流水 청산유수 · 漱石枕流 수석침류

흐르는 물(검룡소)

077	浮 뜰 부 水[물 수]부 10획	중	浮 [fú]
		일	浮 음독[ふ] 훈독[うかぶ・うかべる・ うかれる・うく]
		영	float

금 문 　소 전

水[물 수]자에서 변형된 氵[삼수변]과 孚[미쁠 부]자가 합쳐진 글자다. 水자로 인해 물[水]에 뜬다 하여 그 뜻이 '뜨다'가 되었고, 孚자로 인해 孵[알 깔 부]·俘[사로잡을 부]·蜉[하루살이 부]자처럼 그 음이 '부'가 되었다.

용례 浮力 부력 · 浮漂 부표 · 浮袋 부대 · 浮沈 부침 · 浮上 부상 · 浮刻 부각 · 浮屠 부도 · 浮萍草 부평초 · 浮蟻酒 부의주 · 景氣浮揚 경기부양 · 輕佻浮薄 경조부박

부력의 원리를 알아낸 아르키메데스

078	消 사라질 소 水[물 수]부 10획	중	消 [xiāo]
		일	消 음독[しょう] 훈독[きえる・けす]
		영	vanish

소 전

水[물 수]자에서 변형된 氵[삼수변]과 肖[닮을 초]자가 합쳐진 글자다. 水자로 인해 물[水]이 다 말라 사라진다 하여 그 뜻이 '사라지다'가 되었고, 肖자로 인해 逍[거닐 소]·銷[녹일 소]·霄[하늘 소]자처럼 그 음이 '소'가 되었다.

용례 消盡 소진 · 消費 소비 · 消滅 소멸 · 抹消 말소 · 取消 취소 · 解消 해소 · 消耗 소모 · 消毒 소독 · 消極的 소극적 · 消火栓 소화전 · 消防署 소방서 · 終無消息 종무소식 · 消化器官 소화기관

물이 마르는 모양

079	治 다스릴 치 水[물 수]부 8획	중	治 [zhì]
		일	治 음독[じ・ち] 훈독[おさまる・おさめる・なおす・なおる]
		영	govern, rule over

소 전

水[물 수]자에서 변형된 氵[삼수변]과 台[기쁠 이]자가 합쳐졌다. 水자로 인해 옛날 나라에서 백성을 위해 물[水]을 잘 다스린다 하여 그 뜻이 '다스리다'가 되었고, 台자로 인해 耛[김맬 치]자나 齝[새김질할 치]자처럼 그 음이 '이'에서 변하여 '치'가 되었다.

용례 政治 정치 · 自治 자치 · 治安 치안 · 治世 치세 · 難治病 난치병 · 以熱治熱 이열치열 · 治山治水 치산치수 · 萬病通治 만병통치 · 文盲退治 문맹퇴치 · 修己治人 수기치인 · 修身齊家治國平天下 수신제가치국평천하

우왕 치수 관련 화상석

080 潔 깨끗할 결

水[물 수]부 15획

중 洁 [jié]
일 潔 음독[けつ]
　　훈독[いさぎよい]
영 pure

水[물 수]자에서 변형된 氵[삼수변]과 絜[헤아릴 혈]자가 합쳐진 글자다. 水자로 인하여 물[水]이 깨끗하다 하여 그 뜻이 '깨끗하다'가 되었고, 絜자로 인하여 그 음이 '혈'에서 변하여 '결'이 되었다.

용례 簡潔 간결 · 不潔 불결 · 淸潔 청결 · 純潔 순결 · 高潔 고결 · 不潔 불결 · 淨潔 정결 · 潔癖症 결벽증 · 淸廉潔白 청렴결백 · 氷貞玉潔 빙정옥결 · 聖潔敎會 성결교회

소 전

깨끗한 물

081 浴 목욕할 욕

水[물 수]부 10획

중 浴 [yù]
일 浴 음독[よく]
　　훈독[あびせる · あびる]
영 bathe

水[물 수]자에서 변형된 氵[삼수변]과 谷[골 곡]자가 합쳐진 글자다. 水자로 인해 몸을 씻기 위해 물[水]로 목욕한다 하여 그 뜻이 '목욕하다'가 되었고, 谷자로 인해 欲[하고자 할 욕]자나 峪[골 욕]자처럼 그 음이 '곡'에서 변하여 '욕'이 되었다.

용례 沐浴 목욕 · 足浴 족욕 · 浴湯 욕탕 · 混浴 혼욕 · 浴室 욕실 · 浴槽 욕조 · 入浴 입욕 · 浴桶 욕통 · 森林浴 삼림욕 · 日光浴 일광욕 · 冷水浴 냉수욕 · 海水浴場 해수욕장

갑골문 　 소 전

단오풍정(신윤복 작)

082 深 깊을 심

水[물 수]부 11획

중 深 [shēn]
일 深 음독[しん]
　　훈독[ふかい · ふかまる ·
　　ふかめる · み]
영 deep

水[물 수]자에서 변형된 氵[삼수변]과 突[깊을 담]자가 합쳐진 㴱자가 본자(本字)이다. 水자로 인해 물[水]의 밑바닥이 깊다 하여 그 뜻이 '깊다'가 되었고, 突자로 인해 그 음이 '담'에서 변하여 '심'이 되었다. 후에 덧붙여진 突자는 罙의 형태로 간략하게 바뀌어 오늘날 深자로 쓰이고 있다.

용례 水深 수심 · 深淵 심연 · 夜深 야심 · 深化 심화 · 深刻 심각 · 深夜 심야 · 深奧 심오 · 深呼吸 심호흡 · 深深山川 심심산천 · 深山幽谷 심산유곡 · 九重深處 구중심처 · 深思熟考 심사숙고 · 深謀遠慮 심모원려 · 日久月深 일구월심

금 문 　 소 전

깊은 바다의 물 속

淸 맑을 청
水[물 수]부 11획

중 淸 [qīng]
일 淸 음독[しょう·せい]
　훈독[きよい·きよまる·きよめる]
영 clean

소 전

水[물 수]자에서 변형된 氵[삼수변]과 靑[푸를 청]자가 합쳐진 글자다. 水자로 인해 물[水]이 맑다 하여 그 뜻이 '맑다'가 되었고, 靑자로 인해 請[청할 청]자나 晴[갤 청]자처럼 그 음이 '청'이 되었다.

용례 淸濁 청탁 · 淸明 청명 · 淸酒 청주 · 淸潔 청결 · 淸貧 청빈 · 肅淸 숙청 · 淸掃夫 청소부 · 淸白吏 청백리 · 淸心丸 청심환 · 淸廉潔白 청렴결백 · 淸淨水域 청정수역 · 百年河淸 백년하청 · 淸風明月 청풍명월

지리산 뱀사골

084

混 섞일 혼
水[물 수]부 11획

중 混 [hùn]
일 混 음독[こん]
　훈독[まざる·まじる·まぜる]
영 mix

소 전

水[물 수]자에서 변형된 氵[삼수변]과 昆[함께 곤]자가 합쳐진 글자다. 水자로 인해 많은 물[水]이 서로 섞여 흐른다 하여 그 뜻이 '섞이다'가 되었고, 昆자로 인해 焜[빛날 혼]·諢[꾀할 혼]·餛[떡 혼]자처럼 그 음이 '곤'에서 변하여 '혼'이 되었다.

용례 混沌 혼돈 · 混亂 혼란 · 混線 혼선 · 混食 혼식 · 混濁 혼탁 · 混宿 혼숙 · 混浴 혼욕 · 混用 혼용 · 混合 혼합 · 混戰 혼전 · 混血兒 혼혈아 · 混繼泳 혼계영 · 玉石混淆 옥석혼효 · 混成競技 혼성경기 · 混聲合唱團 혼성합창단 · 一魚混全川 일어혼전천

황하 유가협

085

減 덜 감
水[물 수]부 12획

중 減 [jiǎn]
일 減 음독[げん]
　훈독[へらす·へる]
영 decrease, reduce

갑골문　소 전

水[물 수]자에서 변형된 氵[삼수변]과 咸[다 함]자가 합쳐진 글자다. 水자로 인해 물[水]의 양을 조금씩 덜어내며 줄인다 하여 그 뜻이 '덜다'가 되었고, 咸자로 인해 感[느낄 감]자처럼 그 음의 '함'에서 변하여 '감'이 되었다.[약자→減]

용례 加減 가감 · 減量 감량 · 增減 증감 · 減縮 감축 · 削減 삭감 · 減少 감소 · 減免 감면 · 急減 급감 · 減殺 감쇄 · 加減 가감 · 輕減 경감 · 減俸 감봉 · 蕩減 탕감 · 十年減壽 십년감수 · 減價償却費 감가상각비

온실에 찬 물을 퍼서 덜어내는 모양

湖 호수 호
水[물 수]부 12획

중 湖 [hú]
일 湖 음독[こ]
　　훈독[みずうみ]
영 lake

소 전

水[물 수]자에서 변형된 氵[삼수변]과 胡[오랑캐 호]자로 이뤄진 글자다. 水자로 인해 넓은 땅에 물[水]이 괴어 있는 호수에서 유추되어 그 뜻이 '호수'가 되었고, 胡자로 인해 糊[풀 호]자나 蝴[나비 호]자처럼 그 음이 '호'가 되었다.

용례 湖水 호수 · 湖畔 호반 · 湖南 호남 · 湖西 호서 · 潟湖 석호 · 鹽湖 염호 · 火口湖 화구호 · 牛角湖 우각호 · 淡水湖 담수호 · 氷河湖 빙하호 · 江湖之氣 강호지기 · 江湖煙波 강호연파 · 畿湖地方 기호지방

카스피해

溫 따뜻할 온
水[물 수]부 13획

중 温 [wēn]
일 温 음독[おん]
　　훈독[あたたか・あたたかい・あたたまる・あたためる]
영 warm

소 전

水[물 수]자에서 변형된 氵[삼수변]과 昷[어질 온]자가 합쳐진 글자다. 水자로 인해 물[水]이 따뜻하다 하여 그 뜻이 '따뜻하다'가 되었고, 昷자로 인해 慍[성낼 온]자나 縕[헌솜 온]자처럼 그 음이 '온'이 되었다.[약자→温]

용례 溫情 온정 · 體溫 체온 · 溫泉 온천 · 氣溫 기온 · 溫度 온도 · 溫突房 온돌방 · 微溫的 미온적 · 三寒四溫 삼한사온 · 溫室效果 온실효과 · 冬溫夏淸 동온하정 · 高溫多濕 고온다습 · 地球溫暖化 지구온난화

온 천

滿 찰 만
水[물 수]부 14획

중 满 [mǎn]
일 満 음독[まん]
　　훈독[みたす・みちる]
영 full

소 전

水[물 수]자에서 변형된 氵[삼수변]과 㒼[평평할 만]자가 합쳐졌다. 水자로 인해 물[水]이 넘치도록 가득 차 있다 하여 그 뜻이 '차다'가 되었고, 㒼자로 인해 瞞[속일 만]자처럼 그 음이 '만'이 되었다. [약자→満]

용례 肥滿 비만 · 圓滿 원만 · 滿喫 만끽 · 滿足 만족 · 不滿 불만 · 滿天下 만천하 · 餘裕滿滿 여유만만 · 滿場一致 만장일치 · 滿身瘡痍 만신창이 · 滿山紅葉 만산홍엽 · 滿朝百官 만조백관 · 喜色滿面 희색만면

약 수

089	涼 서늘할 **량**	중	涼 [liáng]
		일	涼 음독[りょう]
			훈독[すずしい・すずむ]
	水[물 수]부 11획	영	cool

소 전

水[물 수]자와 京[서울 경]자가 합쳐진 글자다. 水(氵)로 인해 물[水]이 서늘하다 하여 그 뜻이 '서늘하다'가 되었고, 京자로 인해 諒[믿을 량]자처럼 그 음이 '경'에서 변하여 '량'이 되었다.[속자, 약자→凉]

용례 凄涼 처량 · 荒涼 황량 · 納涼物 납량물 · 淸涼飮料 청량음료 · 炎涼世態 염량세태

청량음료

090	漁 고기 잡을 **어**	중	漁 [yú]
		일	漁 음독[ぎょ・りょう]
			훈독[あさる・すなどる]
	水[물 수]부 14획	영	fishing

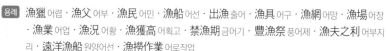

금 문 　 소 전

원래 魚[물고기 어]자가 '물고기'를 뜻하면서 다시 그 물고기를 잡는다 하여 '고기 잡다'의 뜻을 지니기도 했다. 하지만 '고기 잡다'의 뜻은 후대에 水[물 수]자에서 변형된 氵[삼수변]과 魚자를 덧붙인 漁자가 대신하였다. 따라서 漁자는 그 뜻이 '고기 잡다'가 되었고, 다시 魚자의 영향을 받아 그 음이 '어'가 되었다.

용례 漁獵 어렵 · 漁父 어부 · 漁民 어민 · 漁船 어선 · 出漁 출어 · 漁具 어구 · 漁網 어망 · 漁場 어장 · 漁業 어업 · 漁況 어황 · 漁獲高 어획고 · 禁漁期 금어기 · 豊漁祭 풍어제 · 漁夫之利 어부지리 · 遠洋漁船 원양어선 · 漁撈作業 어로작업

고대인이 물고기 잡는 모습

091	酒 술**주**	중	酒 [jiǔ]
		일	酒 음독[しゅ]
			훈독[さか・さけ]
	酉[닭 유]부 10획	영	liquor

갑골문 　 소 전

水[물 수]자에서 변형된 氵[삼수변]과 酉[닭 유]자가 합쳐진 글자다. 술을 담는 그릇을 나타낸 酉자가 원래 '술'을 뜻했으나 후에 酉자가 '열째 지지(닭)'를 나타내는 뜻으로 빌려 쓰이자 氵[삼수변]을 덧붙여 그 뜻 '술'을 더욱 분명히 하고, 다시 酉자의 영향을 받아 睭[사람 이름 주]자처럼 그 음이 '유'에서 변하여 '주'가 되었다.

용례 藥酒 약주 · 毒酒 독주 · 燒酒 소주 · 淸酒 청주 · 麥酒 맥주 · 紅酒 홍주 · 穀酒 곡주 · 洋酒 양주 · 葡萄酒 포도주 · 浮蟻酒 부의주 · 爆彈酒 폭탄주 · 酒池肉林 주지육림 · 斗酒不辭 두주불사 · 木壚酒店 목로주점 · 唯酒無量 유주무량

옛날의 술병

092 永 길 영

水[물 수]부 5획

중 永 [yǒng]
일 永 음독[えい]
　　훈독[ながい]
영 long

갑골문 │ 소 전

갈라져 흐르는 물이 보일 정도로 길게 흐르는 강물을 나타낸 글자다. 그렇게 길게 흐르는 강물을 나타낸 데서 그 뜻이 '길다'가 되었고, '길다'와 관련된 말인 '영구·영겁·영원'에서처럼 그 음이 '영'이 되었다.

용례 永久 영구 · 永劫 영겁 · 永眠 영면 · 永遠 영원 · 永訣式 영결식 · 永續性 영속성 · 靑丘永言 청구영언 · 永生不滅 영생불멸 · 永樂大王 영락대왕 · 永世中立國 영세중립국

길게 흐르는 물

093 川 내 천

川[내 천]부 3획

중 川 [chuān]
일 川 음독[せん]
　　훈독[かわ]
영 stream

갑골문 │ 소 전

뱀이 땅을 기어가는 것처럼 물이 길게 흐르는 내의 모양을 나타낸 글자다. 내를 나타냈기에 그 뜻이 '내'가 되었고, 내와 관련된 말인 '산천·하천·주야장천'에서 보듯 그 음이 '천'이 되었다.

용례 山川 산천 · 河川 하천 · 川獵 천렵 · 防川 방천 · 支川 지천 · 天井川 천정천 · 淸溪川 청계천 · 蛇行川 사행천 · 晝夜長川 주야장천 · 一魚混全川 일어혼전천

옛날의 청계천

094 回 돌 회

囗[에울 위]부 6획

중 回 [huí]
일 回 음독[え·かい]
　　훈독[かえる·まわす·まわる·めぐる]
영 return

금 문 │ 소 전

물이 소용돌이를 쳐서 도는 모양을 나타낸 글자다. 물이 도는 모양을 나타냈기에 그 뜻이 '돌다'가 되었고, '돌다'와 관련된 '회전·회복·선회'에서 보듯 그 음이 '회'가 되었다.

용례 回轉 회전 · 回甲 회갑 · 旋回 선회 · 回軍 회군 · 回送 회송 · 回復 회복 · 回春 회춘 · 回歸 회귀 · 回顧 회고 · 一回用 일회용 · 起死回生 기사회생

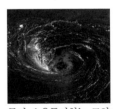

물이 소용돌이치는 모양

095

氷 얼음 빙

水[물 수]부 5획

중 冰 [bīng]
일 氷 음독[ひょう]
　　훈독[こおり·ひ]
영 ice

금문 | 소전

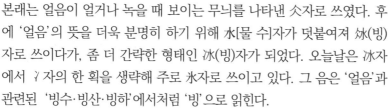

본래는 얼음이 얼거나 녹을 때 보이는 무늬를 나타낸 仌자로 쓰였다. 후에 '얼음'의 뜻을 더욱 분명히 하기 위해 水[물 수]자가 덧붙여져 冰(빙)자로 쓰이다가, 좀 더 간략한 형태인 冰(빙)자가 되었다. 오늘날은 冰자에서 冫자의 한 획을 생략해 주로 氷자로 쓰이고 있다. 그 음은 '얼음'과 관련된 '빙수·빙산·빙하'에서처럼 '빙'으로 읽힌다.

용례 氷山 빙산 · 氷河 빙하 · 氷板 빙판 · 解氷 해빙 · 結氷 결빙 · 樹氷 수빙 · 氷裂 빙렬 · 氷菓類 빙과류 · 石氷庫 석빙고 · 氷醋酸 빙초산 · 氷肌玉骨 빙기옥골 · 氷姿玉質 빙자옥질 · 如履薄氷 여리박빙 · 凍氷寒雪 동빙한설 · 氷炭不相容 빙탄불상용

096

冷 찰 랭

冫[얼음 빙]부 7획

중 冷 [lěng]
일 冷 음독[れい]
　　훈독[さます·さめる·つめたい·ひえる·ひやひやかす·ひやす]
영 cold

소전

찬 얼음 조각

冫[얼음 빙]자와 令[명령할 령]자가 합쳐진 글자다. 冫자로 인해 얼음[冫]이 차다 하여 그 뜻이 '차다'가 되었고, 令자로 인해 그 음이 '령'에서 변하여 '랭'이 되었다.

용례 急冷 급랭 · 冷麵 냉면 · 冷凍 냉동 · 冷笑 냉소 · 冷徹 냉철 · 冷戰 냉전 · 冷情 냉정 · 冷房 냉방 · 冷水 냉수 · 冷藏庫 냉장고 · 高冷地 고랭지 · 冷水浴 냉수욕 · 寒冷前線 한랭전선

097

石 돌 석

石[돌 석]부 5획

중 石 [shí]
일 石 음독[こく·しゃく·せき]
　　훈독[いし]
영 stone

갑골문 | 소전

돌도끼

언덕[厂] 아래에 돌[口]이 있는 모양을 형상화한 글자라고 하나 고문자를 살펴보면 사람이 도구로 사용하기 위해 모서리를 예리하게 만든 모난 돌[厂]과 네모난 돌[口]을 나타낸 글자로 보인다. 사람이 도구로 사용하기 위한 돌을 나타낸 데서 그 뜻이 '돌'이 되었고, '돌'과 관련된 말인 '운석·암석·반석'에서처럼 그 음이 '석'이 되었다.

용례 隕石 운석 · 石榴 석류 · 齒石 치석 · 寶石 보석 · 結石 결석 · 膽石 담석 · 大理石 대리석 · 黑曜石 흑요석 · 石硫黃 석류황 · 金剛石 금강석 · 誕生石 탄생석 · 望夫石 망부석 · 他山之石 타산지석 · 以卵投石 이란투석 · 下石上臺 하석상대

098

破 깨뜨릴 **파**

石[돌 석]부 10획

중 破 [pò]
일 破 음독[は]
　　훈독[やぶる·やぶれる]
영 break

소 전

石[돌 석]자와 皮[가죽 피]자가 합쳐진 글자다. 石자로 인해 돌[石]을 이용해 무언가 깨뜨린다 하여 그 뜻이 '깨뜨리다'가 되었고, 皮자로 인해 波[물결 패]자나 頗[치우칠 패]자처럼 그 음이 '피'에서 변하여 '파'가 되었다.

용례 擊破 격파 · 破壞 파괴 · 破産 파산 · 破損 파손 · 破綻 파탄 · 破字 파자 · 破鏡 파경 · 突破口 돌파구 · 破竹之勢 파죽지세 · 破顏大笑 파안대소 · 破廉恥漢 파렴치한 · 破邪顯正 파사현정

차력사의 돌깨기

099

研 갈 **연**

石[돌 석]부 11획

중 研 [yán]
일 研 음독[けん·げん]
　　훈독[とぐ]
영 grind

소 전

石[돌 석]자와 干[방패 간]자를 나란히 쓰인 幵[평평할 견]자가 합쳐진 글자다. 石자로 인해 돌[石]에 간다 하여 그 뜻이 '갈다'가 되었고, 幵자로 인해 姸[고울 연]자처럼 그 음이 '견'에서 변하여 '연'이 되었다.[약자→研]

용례 研究 연구 · 研磨 연마 · 研修 연수 · 研子磨 연자마→연자매

연자방아

100

玉 구슬 **옥**

玉[구슬 옥]부 5획

중 玉 [yù]
일 玉 음독[ぎょく]
　　훈독[たま]
영 gem, jade

갑골문　　소 전

끈에 꿰어 놓은 여러 구슬을 나타낸 글자다. 따라서 그 뜻이 '구슬'이 되었고, 구슬과 관련된 말인 '패옥·백옥·옥석'에서처럼 그 음이 '옥'이 되었다. 후에 王[임금 왕]자와 그 자형이 비슷하기 때문에 이를 구별하기 위해 그 자형에 점이 덧붙여져 玉자로 쓰이고 있지만, 다른 글자에 덧붙여질 때는 珠[구슬 주]자처럼 점이 없이 王의 형태로 쓰이고 있다. 王의 형태는 항상 왼쪽 변(邊)에 덧붙여져 쓰이므로 '구슬옥변'이라 한다.

용례 佩玉 패옥 · 白玉 백옥 · 玉石 옥석 · 黃玉 황옥 · 碧玉 벽옥 · 玉碎 옥쇄 · 玉璽 옥새 · 玉童子 옥동자 · 玉蜀黍 옥촉서→옥수수 · 金枝玉葉 금지옥엽 · 纖纖玉手 섬섬옥수

그림 속의 구슬

101	球 공구	중	**球** [qiú]
	玉[구슬 옥]부 11획	일	**球** 음독[きゅう]
			훈독[たま]
		영	ball

소 전

실에 꿴 구슬을 나타낸 玉[구슬 옥]자의 원래 형태인 王[구슬옥변]과 갖옷을 만들기 위해 가죽을 구한다의 뜻을 지닌 求[구할 구]자가 합쳐진 글자다. 玉자로 인해 둥근 옥[玉]을 뜻하면서 다시 같은 모양의 둥근 공과 관련되어 그 뜻이 '공'이 되었고, 求자로 인해 裘[갖옷 구]·救[구원할 구]·逑[짝 구]자처럼 그 음이 '구'가 되었다.

용례 地球 지구 · 蹴球 축구 · 籠球 농구 · 野球 야구 · 排球 배구 · 卓球 탁구 · 眼球 안구 · 電球 전구 · 直球 직구 · 撞球 당구 · 庭球 정구 · 水球 수구 · 送球 송구 · 牽制球 견제구 · 白血球 백혈구 · 全力投球 전력투구 · 球技種目 구기종목

여러 종류의 공

102	理 다스릴 리	중	**理** [lǐ]
	玉[구슬 옥]부 11획	일	**理** 음독[り]
			훈독[おさめる·ことわり]
		영	rule

소 전

玉[구슬 옥]자의 원래 형ㅂ태인 王[구슬옥변]과 里[마을 리]자가 합쳐진 글자다. 玉자로 인해 옥돌로 만든 구슬[玉]의 고운 결이 잘 드러나도록 다스린다 하여 그 뜻이 '다스리다'가 되었고, 里자로 인해 裏[속 리=裡]자나 鯉[잉어 리]자처럼 그 음이 '리'가 되었다.

용례 理由 이유 · 管理 관리 · 總理 총리 · 處理 처리 · 順理 순리 · 道理 도리 · 連理枝 연리지 · 安保理 안보리 · 理想鄕 이상향 · 空理空論 공리공론 · 非理剔抉 비리척결 · 理判事判 이판사판 · 黑白論理 흑백논리 · 一事不再理 일사부재리

옥을 다스리는 모습

103	現 나타날 현	중	**現** [xiàn]
	玉[구슬 옥]부 11획	일	**現** 음독[げん]
			훈독[あらわす·あらわれる·
			うつつ]
		영	appear

해당 글자는
고문자 없음

玉[구슬 옥]자의 원래 형태인 王[구슬옥변]과 見[볼 견]자가 합쳐진 글자다. 玉자로 인해 옥을 잘 다듬고 갈아서 고운 빛깔을 나타낸다 하여 그 뜻이 '나타나다'가 되었고, 見자로 인해 峴[고개 현]자처럼 그 음이 '견'에서 변하여 '현'이 되었다.

용례 發現 발현 · 表現 표현 · 現代 현대 · 現夢 현몽 · 現像 현상 · 現住所 현주소 · 自我實現 자아실현 · 現地踏査 현지답사 · 現物去來 현물거래 · 現場不在證明 현장부재증명

여러 빛깔이 나타나는 옥

104

全 온전할 전

入[들 입]부 6획

중	全 [quán]
일	全 음독[ぜん]
	훈독[まったく]
영	perfect

소 전

위를 덮어서[入] 그 아래에 구슬[王]을 아무 흠도 없이 온전하게 보관하고 있음을 나타낸 글자다. 그렇게 구슬을 온전히 보관한 데서 그 뜻이 '온전하다'가 되었고, '온전하다'와 관련된 '전체·만전·보전'에서 보듯 그 음이 '전'이 되었다.

용례 萬全 만전 · 保全 보전 · 全家福 전가복 · 全心全力 전심전력 · 全人教育 전인교육 · 全知全能 전지전능 · 完全無缺 완전무결 · 一魚混全川 일어혼전천

옥으로 꾸며진
무덤(홍산문화)

105

金 쇠금

金[쇠 금]부 8획

중	金 [jīn]
일	金 음독[きん·こん]
	훈독[かな·かね]
영	gold

금 문   소 전

두 개의 쇳덩이를 이용해 쇠로 된 물건을 만들기 위한 틀, 또는 그 틀에서 만들어진 쇠로 된 물건을 나타낸 글자로 보인다. 그 자형이 쇠와 관련된 데서 그 뜻이 '쇠'가 되었고, 쇠와 관련된 말인 '순금·황금·금자탑'에서 보듯 그 음이 '금'이 되었다. 그 뜻이 '성'으로 쓰일 때는 '김'으로도 읽는다. 성으로 金을 쓴 것은 그 시조인 김알지와 김수로왕이 금(金)으로 된 궤짝에서 탄생했다고 여겼기 때문이다. '김포(金浦)'나 '김제(金堤)'처럼 지명으로 쓰일 때도 '김'으로 읽힌다.

용례 純金 순금 · 黃金 황금 · 金言 금언 · 金浦 김포 · 金字塔 금자탑 · 金閼智 김알지 · 金一封 금일봉 · 一攫千金 일확천금 · 拜金主義 배금주의

금궤도(조속 작)

106

針 바늘 침

金[쇠 금]부 10획

중	针 [zhēn]
일	針 음독[しん]
	훈독[はり]
영	needle

소 전

원래 金[쇠 금]자와 咸[다 함]자가 합쳐진 鍼(침)자를 썼다. 金자로 인해 쇠[金]로 만든 도구인 바늘을 나타낸 데서 그 뜻이 '바늘'이 되었고, 咸자로 인해 그 음이 '함'에서 변하여 '침'이 되었다. 그러나 후에 바늘 모양에서 비롯된 十형태를 덧붙인 針자로 바꿔 쓰이게 되었다. 오늘날 鍼자는 주로 '치료용 바늘'을, 針자는 '바늘처럼 생긴 물체'를 나타낸다.

용례 鍼灸 침구 · 鍼術 침술 · 蜂鍼 봉침 · 針母 침모 · 避雷針 피뢰침 · 羅針盤 나침반 · 針葉樹 침엽수 · 手指鍼 수지침 · 針小棒大 침소봉대 · 頂門一鍼 정문침

수지침 혈자리

107

銀 은은

金[쇠 금]부 14획

중 银 [yín]
일 銀 음독[ぎん]
훈독[しろがね]
영 silver

소 전

金[쇠 금]자와 艮[그칠 간]자가 합쳐진 글자다. 金자로 인해 광택이 나는 쇠[金]의 일종인 은과 관련해 그 뜻이 '은'이 되었고, 艮자로 인해 垠[지경 은]자나 齦[잇몸 은]자처럼 그 음이 '간'에서 변하여 '은'이 되었다.

용례 銀行 은행 · 銀杏 은행 · 銀塊 은괴 · 水銀 수은 · 洋銀 양은 · 銀匙箸 은시저 · 銀婚式 은혼식 · 銀河水 은하수 · 金銀寶貨 금은보화

은 괴

108

錢 돈전

金[쇠 금]부 16획

중 钱 [qián]
일 錢 음독[せん]
훈독[ぜに]
영 money

소 전

金[쇠 금]자와 戔[해칠 잔]자가 합쳐진 글자다. 金자로 인해 물건을 매매하는 데 매개물이 되는 쇠[金]로 만든 돈과 관련해 그 뜻이 '돈'이 되었고, 戔자로 인해 餞[전별할 전]자처럼 그 음이 '잔'에서 변하여 '전'이 되었다.[약자→銭]

용례 葉錢 엽전 · 銅錢 동전 · 金錢 금전 · 換錢 환전 · 口錢 구전 · 本錢 본전 · 急錢 급전 · 當百錢 당백전 · 明刀錢 명도전 · 守錢奴 수전노 · 無錢取食 무전취식 · 有錢無罪 유전무죄

엽전 만드는 모양

109

鐵 쇠철

金[쇠 금]부 21획

중 铁 [tiě]
일 鉄 음독[てつ]
훈독[くろがね]
영 iron

소 전

金[쇠 금]자와 戴[클 철]자를 간략하게 쓴 𢧜(철)자가 합쳐진 글자다. 金자로 인해 검은빛을 지닌 쇠[金]와 관련해 그 뜻이 '쇠'가 되었고, 𢧜자로 인해 그 음이 '철'이 되었다. 음의 역할을 하는 𢧜(戴)자는 大[큰 대]자와 𢧜[날카로울 절]자가 합쳐진 글자고, 𢧜자는 창을 나타낸 戈[창 과]자와 모루를 나타낸 𢧜의 형태가 합쳐진 글자다.[약자→鉄]

대장간(김홍도 작)

용례 鐵筋 철근 · 鐵道 철도 · 鐵鋼 철강 · 銑鐵 선철 · 古鐵 고철 · 鐵分 철분 · 地下鐵 지하철 · 鐵條網 철조망 · 鐵面皮 철면피 · 鐵甕城 철옹성 · 鐵器時代 철기시대 · 寸鐵殺人 촌철살인 · 金城鐵壁 금성철벽 · 鐵石肝腸 철석간장

110

鐘 쇠북 종

金[쇠 금]부 20획

중 钟 [zhōng]
일 鐘 음독[しょう]
　　훈독[かね]
영 bell

금문 / 소전

金[쇠 금]자와 童[아이 동]자가 합쳐진 글자다. 金자로 인해 쇠[金]로 만들어 북처럼 치는 쇠북과 관련해 그 뜻이 '쇠북'이 되었고, 童자로 인해 그 음이 '동'에서 변하여 '종'이 되었다. 오늘날은 술잔을 뜻하는 鍾[술잔 종]자와 바꿔 쓰기도 한다.

용례 梵鐘 범종 · 編鐘 편종 · 鐘路 종로 · 鐘閣 종각 · 警鐘 경종 · 時鐘 시종 · 打鐘 타종 · 晚鐘 만종 · 自鳴鐘 자명종 · 大鐘賞 대종상 · 鐘鼓之樂 종고지락 · 掛鐘時計 괘종시계

우리나라에서 가장
오래된 쇠북

111

田 밭 전

田[밭 전]부 5획

중 田 [tián]
일 田 음독[でん]
　　훈독[た]
영 field

갑골문 / 소전

경계가 분명한 농토의 모양을 나타낸 글자다. 원래 논과 밭을 포함한 모든 농토를 뜻했으나 물[水]을 많이 쓰는 논농사가 발달된 우리나라에서는 水[물 수]자를 덧붙인 畓[논 답]자가 '논'의 뜻으로 전용(專用)되었다. 오늘날 田자는 '밭'을 뜻하는 글자로만 쓰이고 있다. 그 음은 농토나 밭과 관련된 말인 '화전·전답·전원'에서 보듯 '전'으로 읽히고 있다.

용례 火田 화전 · 田畓 전답 · 鹽田 염전 · 油田 유전 · 丹田 단전 · 田獵 전렵 · 菜麻田 채마전 · 井田法 정전법 · 我田引水 아전인수 · 泥田鬪狗 이전투구 · 桑田碧海 상전벽해 · 南田北畓 남전북답 · 田園生活 전원생활 · 瓜田不納履 과전불납리

화전으로 일군 밭
(안반데기)

112

界 지경 계

田[밭 전]부 9획

중 界 [jiè]
일 界 음독[かい]
　　훈독[さかい]
영 boundary

소전

田[밭 전]자와 介[끼일 개]자가 합쳐진 글자다. 田자로 인해 두 밭[田]의 경계가 되는 지경(地境)과 관련해 그 뜻이 '지경'이 되었고, 介자로 인해 그 음이 '개'에서 변하여 '계'가 되었다.

용례 境界 경계 · 世界 세계 · 視界 시계 · 他界 타계 · 財界 재계 · 學界 학계 · 外界人 외계인 · 法曹界 법조계 · 臨界點 임계점 · 各界各層 각계각층 · 軍事分界線 군사분계선

돌담으로 경계가 이뤄진
제주도의 밭

113	留 머무를 류	중	留 [liú]
	田[밭 전]부 10획	일	留 음독[りゅう·る]
			훈독[とどまる·とどめる·とまる·とめる]
		영	stay

금문 　　소전

卯[넷째 지지 묘]자와 田[밭 전]자가 합쳐진 글자다. 田자로 인해 농사를 짓기 위해 밭[田]에 머무른다 하여 그 뜻이 '머무르다'가 되었고, 卯자로 인해 柳[버들 류]자나 鉚[쇠 류=鎏]자에서처럼 그 음이 '묘'에서 변하여 '류'가 되었다.

용례 押留 압류 · 挽留 만류 · 滯留 체류 · 留學 유학 · 留宿 유숙 · 抑留 억류 · 拘留 구류 · 殘留 잔류 · 留置場 유치장 · 停留場 정류장 · 人死留名 인사유명 · 虎死留皮 호사유피

하동 평사리 들녘과 섬진강

114	當 마땅할 당	중	当 [dāng]
	田[밭 전]부 13획	일	当 음독[とう]
			훈독[あたる·あてる]
		영	undertakem right

소전

尙[오히려 상=尚]자와 田[밭 전]자가 합쳐진 글자다. 田자로 인해 밭[田]이 다른 밭과 아귀가 딱 들어맞아 마땅히 어울린다 하면서 그 뜻이 '마땅하다'가 되었고, 尙자로 인해 堂[집 당]자나 黨[무리 당]자처럼 그 음이 '당'이 되었다.[약자→当]

용례 當然 당연 · 抵當 저당 · 當籤 당첨 · 當身 당신 · 堪當 감당 · 至當 지당 · 瓦當 와당 · 坏當 평당 · 當選 당선 · 當事者 당사자 · 一當百 일당백 · 正當防衛 정당방위 · 耕當問奴 경당문노 · 一騎當千 일기당천 · 千不當萬不當 천부당만부당

하동 평사리 들녘

1-3. 식물과 관련한 한자

　식물은 초본식물(草本植物)과 목본식물(木本植物)로 나뉜다. 초본식물의 '초'는 한자로 '풀 초'이며, 목본식물의 '목'은 '나무 목'이다. 따라서 식물은 크게 보면 풀과 나무를 이르는 말이다. 사전에 식물을 "세균식물이나 균류를 제외하고 일반적으로 엽록소를 가지고 있어 광합성으로 영양을 보충하고 꽃과 홀씨주머니 따위의 생식기관이 있다"라고 한 것도 바로 풀과 나무를 들어서 설명한 것이다.

　이 장에서는 식물을 소재로 하는 부수인 艸[풀 초]·生[날 생]·木[나무 목]·片[조각 편]·氏[성씨 씨]·禾[벼 화]·香[향기 향]·麥[보리 맥]·竹[대 죽]·小[작을 소] 자 등으로 이뤄진 한자를 살펴본다.

---

115 | 草 풀초
艸[풀 초]부, 10획

중 草 [cǎo]
일 草 음독[そう]
　　 훈독[くさ]
영 grass

소전　소전

세상에서 가장 큰 풀

원래는 나란히 자라고 있는 풀을 나타낸 艸[풀 초]자로 쓰였다. 후대로 내려오면서 그 음을 나타내기 위해 早[이를 조]자를 덧붙이면서 간략하게 변해 오늘날은 草자가 되었다. 그 뜻은 자라고 있는 풀을 나타낸 데서 '풀'이 되었고, 그 음은 早자의 '조'에서 변하여 '초'가 되었다.

용례 草木초목 · 花草화초 · 雜草잡초 · 甘草감초 · 不老草불로초 · 勿忘草물망초 · 結草報恩결초보은 · 三顧草廬삼고초려

---

116 | 華 빛날화
艸[풀 초]부 12획

중 华 [huá]
일 華 음독[か·け·げ]
　　 훈독[はな]
영 brilliant

금문　소전

꽃이 핀 능소화

꽃이 피는 긴 줄기의 나무를 나타낸 글자로 보인다. 그런 나무에 피는 꽃이 아름답게 빛난다 하여 뜻이 '빛나다'가 되었고, '빛나다'와 관련된 말인 '호화·화려·영화'에서처럼 그 음이 '화'가 되었다. 후대에 그 의미가 확대되어 나무뿐만 아니라 풀꽃도 관련되면서 그 자형에 풀을 뜻하는 艸[풀 초]자에서 변형된 ++[초두]가 덧붙여졌다.

용례 中華중화 · 華僑화교 · 華麗화려 · 散華산화 · 華燭화촉 · 華甲화갑 · 昇華승화 · 華婚화혼 · 豪華호화 · 華奢화사 · 井華水정화수 · 富貴榮華부귀영화 · 拈華示衆염화시중 · 外華內貧외화내빈

117

花 꽃화
艸[풀 초]부 8획

중 花 [huā]
일 花 음독[か·け]
　훈독[はな]
영 flower

소 전

艸[풀 초]자에서 변형된 ++[초두]와 化[화할 화]자가 합쳐진 글자다. 艸자로 인해 풀[艸]과 같은 식물에 피는 꽃과 관련해 그 뜻이 '꽃'이 되었고, 化자로 인해 貨[재화 화]자나 靴[신 화]자처럼 그 음이 '화'가 되었다. 본래 꽃을 뜻하는 데는 華[빛날 화]자를 썼다. 그러나 華자는 '빛나다'의 뜻으로 전의(轉義)되었고, 후대에 다시 꽃을 뜻하는 花자가 만들어져 쓰이게 되었다.

무궁화

용례 花草 화초 · 開花 개화 · 造花 조화 · 國花 국화 · 石花 석화 · 花中王 화중왕 · 無窮花 무궁화 · 花柳界 화류계 · 解語花 해어화 · 路柳墙花 노류장화 · 錦上添花 금상첨화 · 雪膚花容 설부화용

118

茶 차 다(차)
艸[풀 초]부 10획

중 茶 [chá]
일 茶 음독[さ·ちゃ]
영 tea

소 전

艸[풀 초]자에서 변형된 ++[초두]와 余[나 여]자가 합쳐진 茶가 본자(本字)이다. 하지만 후대에 茶자는 '씀바귀'를 뜻하는 글자로 전용(專用)되었고, 그 자형의 일부를 생략한 茶자는 '차'를 뜻하는 글자가 되었다. 그 음은 차와 관련된 말인 '다방·다과·다기'에서처럼 '다'로도 읽히고, '녹차·홍차·쌍화차'에서처럼 '차'로도 읽힌다.

녹차밭(보성)

용례 綠茶 녹차 · 紅茶 홍차 · 穀茶 곡차 · 茶房 다방 · 茶菓 다과 · 茶禮 차례 · 喫茶 끽다 · 茶器 다기 · 茶道 다도 · 雀舌茶 작설차 · 雙和茶 쌍화차 · 雨前茶 우전차 · 茶飯事 다반사 · 烏龍茶 오룡차 · 茶啖床 다담상 · 茶褐色 다갈색

119

苦 쓸고
艸[풀 초]부 9획

중 苦 [kǔ]
일 苦 음독[く]
　훈독[くるしい·くるしむ·
　くるしめる·にがい·にがる]
영 bitter

소 전

艸[풀 초]자에서 변형된 ++[초두]와 古[예 고]자가 합쳐진 글자다. 艸자로 인해 여러해살이풀[艸]인 씀바귀를 뜻했으나 씀바귀가 그 맛이 매우 쓰기 때문에 그 뜻이 '쓰다'가 되었고, 古자로 인해 故[일 고]·固[굳을 고]·姑[시어미 고]자처럼 그 음이 '고'가 되었다.

씀바귀

용례 苦悶 고민 · 苦痛 고통 · 産苦 산고 · 苦生 고생 · 苦杯 고배 · 四苦 사고 · 苦椒→고추 · 生活苦 생활고 · 甘呑苦吐 감탄고토 · 良藥苦於口 양약고어구

120	**英** 꽃부리 영	중	英 [yīng]
	艹[풀 초]부 9획	일	英 음독[えい]
			훈독[はなぶき]
		영	corolla

금 문 | 소 전

艹[풀 초]자에서 변형된 ++[초두]와 央[가운데 앙]자가 합쳐진 글자다. 艹자로 인해 초목[艹]에 피는 꽃의 꽃잎으로 이뤄진 가장 아름다운 부분인 꽃부리와 관련해 그 뜻이 '꽃부리'가 되었고, 央자로 인해 映[비칠 영]자처럼 그 음이 '앙'에서 변하여 '영'이 되었다.

용례 英敏 영민 · 英特 영특 · 英雄 영웅 · 英才 영재 · 英顯 영현 · 英國 영국 · 石英 석영 · 紫雲英 자운영 · 育英事業 육영사업 · 殉國英靈 순국영령 · 英字新聞 영자신문 · 富貴英達 부귀영달

나리꽃

121	**菜** 나물 채	중	菜 [cài]
	艹[풀 초]부 12획	일	菜 음독[さい]
			훈독[な]
		영	potherb

소 전

艹[풀 초]자에서 변형된 ++[초 두]와 采[캘 채]자가 합쳐진 글자다. 艹자로 인해 풀[艹] 가운데 사람이 먹을 수 있는 나물과 관련해 그 뜻이 '나물'이 되었고, 采자로 인해 採[캘 채]자나 彩[채색 채]자처럼 그 음이 '채'가 되었다.

용례 菜蔬 채소 · 菜食 채식 · 雜菜 잡채 · 生菜 생채 · 山菜 산채 · 花菜 화채 · 冷菜 냉채 · 白菜 백채 →배추 · 蕩平菜 탕평채 · 五辛菜 오신채 · 菜根譚 채근담 · 菜麻田 채마전 · 木末菜 목말채 · 前菜料理 전채요리

여러 가지 봄나물

122	**落** 떨어질 락	중	落 [luò]
	艹[풀 초]부 13획	일	落 음독[らく]
			훈독[おちる·おとす]
		영	fall

소 전

艹[풀 초]자에서 변형된 ++[초두]와 洛[강 이름 락]자로 이뤄진 글자다. 艹자로 인해 풀[艹]의 잎이 떨어진다 하여 그 뜻이 '떨어지다'가 되었고, 各(각)자가 덧붙여진 洛자로 인해 그 음이 '락'이 되었다.

용례 落葉 낙엽 · 脫落 탈락 · 墜落 추락 · 墮落 타락 · 那落 나락 · 落榜 낙방 · 落書 낙서 · 淪落 윤락 · 漏落 누락 · 落下傘 낙하산 · 烏飛梨落 오비이락 · 難攻不落 난공불락

떨어지는 은행잎

123

藥 약 약
艸[풀 초]부 19획

중 药 [yào]
일 藥 음독[やく]
　훈독[くすり]
영 medicine

금문　소전

艸[풀 초]자에서 변형된 ++[초두]와 樂[풍류 악(락·요)]자로 이뤄진 글자다. 艸자로 인해 병을 치료하는 데 약으로 쓸 수 있는 만큼 효과가 있는 풀[艸]과 관련해 그 뜻이 '약'이 되었고, 樂자로 인해 그 음이 '악'에서 바뀌어 '약'이 되었다.[약자→薬]

용례 藥草 약초 · 毒藥 독약 · 藥菓 약과 · 藥食 약식 · 藥房 약방 · 痲藥 마약 · 媚藥 미약 · 彈藥 탄약 · 農藥 농약 · 丸藥 환약 · 蛔蟲藥 회충약 · 食藥同源 식약동원 · 藥膳料理 약선요리 · 萬病通治藥 만병통치약

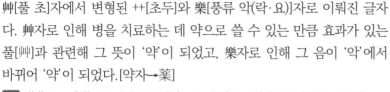

여러 가지 약초

124

藝 재주 예
艸[풀 초]부 19획

중 艺 [yì]
일 芸 음독[げい]
　훈독[うえる·わざ]
영 talent

갑골문　소전

원래 사람이 두 손으로 초목(草木)을 심는 모습을 나타낸 글자였다. 후에 土[흙 토]자를 덧붙여 埶[재주 예]자로 쓰다가 다시 그 뜻을 더욱 분명히 하기 위해 초목과 관련이 있는 艸[풀 초]자에서 변형된 ++[초두]와 사람의 구부린 다리를 나타낸 云의 형태를 덧붙여 藝자로 쓰이게 되었다. 그 뜻은 나무를 재주 있게 심는다는 데서 '재주'가 되었고, '재주'와 관련된 '예술·공예·무예'에서 보듯 그 음이 '예'가 되었다.[약자→芸]

용례 藝術 예술 · 工藝 공예 · 武藝 무예 · 書藝 서예 · 陶藝 도예 · 藝名 예명 · 藝能 예능 · 六藝 육예 · 園藝師 원예사 · 演藝人 연예인 · 曲藝師 곡예사 · 貪賂無藝 탐뢰무예 · 文藝復興 문예부흥

육예도(六藝圖)

125

葉 잎사귀 엽
艸[풀 초]부 13획

중 叶 [yè]
일 葉 음독[よう]
　훈독[は]
영 leaf

금문　소전

여러 잎사귀[世의 형태]가 모진 나무[木]의 가지에서 움트는 모양을 나타낸 枼[모진 나무 엽]자로 '잎사귀'를 뜻했다. 후에 그 뜻을 분명히 하기 위해 艸[풀 초]자에서 변형된 ++[초두]를 덧붙였다. 그 음은 잎사귀와 관련된 말인 '지엽·낙엽·엽서'에서 보듯 '엽'으로 읽히고 있다.

용례 枝葉 지엽 · 落葉 낙엽 · 葉書 엽서 · 葉酸 엽산 · 末葉 말엽 · 針葉樹 침엽수 · 三葉蟲 삼엽충 · 一葉知秋 일엽지추 · 金枝玉葉 금지옥엽 · 觀葉植物 관엽식물

활엽수와 침엽수

126	著 드러날 저		중	著 [zhù]

著 드러날 저
艹[풀 초]부 13획

중 著 [zhù]
일 著 음독[ちゃく·ちょ]
　 훈독[あらわす·いちじるしい]
영 emerge

금문

소전

艹[풀 초]자에서 변형된 ++[초두]와 者[놈 자]자가 합쳐진 글자다. 艹자로 인해 땅에 붙어 자라는 풀[艹]이 겉으로 잘 드러나 보인다 하여 그 뜻이 '드러나다'가 되었고, 者자로 인해 箸[젓가락 저]·猪[돼지 저]·楮[닥나무 저]자처럼 그 음이 '자'에서 변하여 '저'가 되었다. '붙다'의 뜻으로 쓰일 때는 '착'으로도 읽힌다.

용례 顯著 현저 · 著述 저술 · 著書 저서 · 著者 저자 · 共著 공저 · 名著 명저 · 力著 역저 · 編著 편저 · 論著 논저 · 抽著 졸저 · 著作權 저작권 · 著名人士 저명인사

강의하는 이 책의 책임저자

127

着 붙을 착
目[눈 목]부 11획

중 着 [zhe·zhuó·zháo·zhāo]
일 着 음독[じゃく·ちゃく]
　 훈독[きせる·きる·
　 つく·つける]
영 stick

소전

원래 艹[풀 초]자에서 변형된 ++[초두]와 者[놈 자]자가 합쳐진 著[드러날 저, 붙을 착]자가 본자(本字)이다. 艹자로 인해 드러나 있는 풀[艹]은 땅에 붙어 자란다 하여 그 뜻이 '붙다'가 되었고, 者자로 인해 그 음이 '자'에서 변하여 '착'이 되었다. 이 자형은 후대에 ++[초두]와 者자가 어우러져 간략하게 되면서 着자로 쓰였고, 본래의 글자인 著자는 주로 '드러나다'의 뜻으로 쓰이면서 '저'의 음으로 읽힌다.

용례 愛着 애착 · 執着 집착 · 密着 밀착 · 着陸 착륙 · 主着 주착 · 定着 정착 · 接着劑 접착제 · 着服式 착복식 · 自家撞着 자가당착 · 膠着狀態 교착상태 · 政經癒着 정경유착

땅에 붙어 자라는 풀

128

生 날 생
生[날 생]부 5획

중 生 [shēng]
일 生 음독[しょう·せい]
　 훈독[いかす·いきる·いける·
　 うまれる·うむ·おう·き·なま]
영 born, live

갑골문

소전

초목(草木)의 싹이 땅 위로 움터 나는 모양을 본뜬 글자다. 그렇게 싹이 움터 나는 모양을 나타냈기에 그 뜻이 '나다'가 되었고, '나다'와 관련된 말인 '생산·발생·야생'에서처럼 그 음이 '생'이 되었다.

용례 生産 생산 · 誕生 탄생 · 發生 발생 · 野生 야생 · 出生 출생 · 生日 생일 · 殺生 살생 · 先生 선생 · 門下生 문하생 · 十長生 십장생 · 九死一生 구사일생 · 生不如死 생불여사

싹이 나는 모습

129

産 낳을 산
生[날 생]부 11획

중 产 [chǎn]
일 産 음독[さん]
　　훈독[うぶ·うまれる·うむ]
영 give birth to

소 전

彦[선비 언]자에서 彡[터럭 삼]자를 생략한 형태와 生[날 생]자를 합한 産자가 본자(本字)이다. 生자로 인해 자식을 낳는다[生] 하여 그 뜻이 '낳다'가 되었고, 彡이 생략되었지만 彦자로 인해 그 음이 '언'에서 변하여 '산'이 되었다. 오늘날 통용되고 있는 産자는 속자(俗字)이다.

용례 出産 출산 · 生産 생산 · 産母 산모 · 倒産 도산 · 財産 재산 · 産業 산업 · 畜産 축산 · 遺産 유산 · 破産 파산 · 畜産 축산 · 不動産 부동산 · 産兒制限 산아제한 · 産婦人科 산부인과 · 家産蕩盡 가산탕진 · 無恒産無恒心 무항산무항심

알을 낳는 닭

130

木 나무 목
木[나무 목]부 4획

중 木 [mù]
일 木 음독[ぼく·もく]
　　훈독[き·こ]
영 tree

갑골문

소 전

계절에 따라 변화가 있는 잎을 제외하고 나무의 본질이 되는 뿌리와 줄기와 가지만으로 나무를 나타낸 글자다. 그렇게 나무를 나타냈기에 그 뜻이 '나무'가 되었고, 나무와 관련된 말인 '수목·목재·목수'에서 보듯 그 음이 '목'이 되었다.

용례 樹木 수목 · 木手 목수 · 巨木 거목 · 木蘭 목란 · 木棉 목면 · 朱木 주목 · 植木日 식목일 · 木掌匣 목장갑 · 緣木求魚 연목구어 · 十伐之木 십벌지목 · 朽木不可彫 후목불가조

나 무

131

果 열매 과
木[나무 목]부 8획

중 果 [guǒ]
일 果 음독[か]
　　훈독[はたす·はて·はてる]
영 fruit

갑골문

소 전

처음에는 나무[木]에 달린 많은 열매를 세 개로 줄여 나타낸 글자였다. 후에 그 열매를 하나로 줄이면서 田의 형태로 나타냈다. 그렇게 나무의 열매를 나타냈기에 그 뜻이 '열매'가 되었고, 열매와 관련된 말인 '과실·결과·사과'에서처럼 그 음이 '과'가 되었다.

용례 果實 과실 · 結果 결과 · 成果 성과 · 沙果 사과 · 藥果 약과 · 果糖 과당 · 果粉 과분 · 果刀 과도 · 果樹園 과수원 · 無花果 무화과 · 果菜類 과채류 · 五穀百果 오곡백과 · 因果應報 인과응보

감나무 열매

林 수풀 림

木[나무 목]부 8획

중 林 [lín]
일 林 음독[りん]
　　훈독[はやし]
영 forest

갑골문 | 소 전

나무 모양에서 비롯된 木[나무 목]자가 나란히 쓰인 글자다. 나무[木] 두 그루로 나타냈지만 많은 나무가 늘어선 모양을 두 그루로 줄여서 표현하면서 그 뜻이 많은 나무가 늘어서 있는 '수풀'이 되었고, 수풀과 관련된 말인 '산림·밀림·원시림'에서처럼 그 음이 '림'이 되었다.

용례 山林산림 · 森林삼림 · 密林밀림 · 儒林유림 · 杏林행림 · 造林조림 · 原始林원시림 · 東伯林동백림 · 翰林院한림원 · 處女林처녀림 · 人工林인공림 · 熱帶林열대림 · 酒池肉林주지육림 · 綠林豪客녹림호객 · 竹林七賢죽림칠현

소나무 숲

末 끝 말

木[나무 목]부 5획

중 末 [mò]
일 末 음독[ばつ・まつ]
　　훈독[すえ]
영 end

금 문 | 소 전

나무[木]를 바탕으로 그 줄기 위쪽에 강조된 짧은 한 선(線)을 나타낸 글자다. 강조된 줄기 부분은 나무의 끝이 되는 부분이라 하여 그 뜻이 '끝'이 되었고, 끝과 관련된 말인 '말세·연말·세기말'에서 보듯 그 음이 '말'이 되었다. 이 자형에 붙여진 강조된 짧은 선은 후에 더욱 더 강조되어 긴 선으로 바뀌면서 오늘날의 末자가 되었다.

용례 末世말세 · 年末연말 · 週末주말 · 末葉말엽 · 末期말기 · 終末종말 · 綠末녹말 · 粉末분말 · 世紀末세기말 · 舊韓末구한말 · 斷末魔단말마 · 末梢神經말초신경 · 本末顚倒본말전도

나 무

未 아닐 미

木[나무 목]부 5획

중 未 [wèi]
일 未 음독[び・み]
　　훈독[いまだ・ひつじ]
영 not

갑골문 | 소 전

나무[木] 줄기 위에 미처 자라지 아니한 가지를 나타낸 글자다. 줄기 위의 가지가 아직 크게 자라지 아니했다 하여 그 뜻이 '아니다'가 되었고, '아니다'와 관련된 말인 '미래·미완·미숙'에서와 같이 그 음이 '미'가 되었다.

용례 未來미래 · 未完미완 · 未熟미숙 · 未達미달 · 未曾有미증유 · 未亡人미망인 · 前代未聞전대미문 · 前人未踏전인미답

135	本 근본 본	중 本 [běn]

本 근본 본
木[나무 목]부 5획

중 本 [běn]
일 本 음독[ほん]
　　훈독[もと]
영 origin, root

금문　소전

나무[木]를 바탕으로 그 뿌리 부분을 강조하여 굵게 나타낸 글자다. 강조된 뿌리 부분이 나무의 근본이 되는 부분이라 하여 그 뜻이 '근본'이 되었고, 근본과 관련된 말인 '본말·본관·원본'에서 보듯 그 음이 '본'이 되었다. 이 자형은 후에 강조된 뿌리 부분이 하나의 짧은 선으로 바뀌어 오늘날 本자가 되었다.

나무의 뿌리

용례 本末 본말 · 根本 근본 · 本貫 본관 · 原本 원본 · 本質 본질 · 本人 본인 · 本夫人 본부인 · 人本主義 인본주의 · 同姓同本 동성동본 · 拔本塞源 발본색원 · 本第入納 본제입납 · 追遠報本 추원보본

朱 붉을 주
木[나무 목]부 6획

중 朱 [zhū]
일 朱 음독[しゅ]
　　훈독[あか·あけ]
영 red

갑골문　소전

나무[木]의 줄기 부위를 강조하여 점으로 나타낸 글자다. 점으로 줄기를 강조했기 때문에 원래 '줄기'를 뜻했으나 후에 줄기 색깔이 인상적인 주목(朱木)의 붉은 줄기와 관련해 그 뜻이 '붉다'가 되었고, '붉다'와 관련된 말인 '주목·주홍색·인주'에서 보듯 그 음이 '주'가 되었다. 본래의 뜻인 '줄기'를 나타내는 데는 다시 木[나무 목]자를 덧붙인 株[그루 주]자가 대신하고 있다.

주 목

용례 朱木 주목 · 朱砂 주사 · 印朱 인주 · 紫朱 자주 · 朱黃 주황 · 朱雀 주작 · 朱蒙 주몽 · 朱紅色 주홍색 · 朱子學 주자학 · 近朱者赤 근주자적

材 재목 재
木[나무 목]부 7획

중 材 [cái]
일 材 음독[ざい]
영 lumber

소 전

木[나무 목]자와 才[재주 재]자가 합쳐진 글자다. 木자로 인하여 건물을 지을 때 나무[木]를 재목으로 사용한다 하여 그 뜻이 '재목'이 되었고, 才자로 인하여 財[재물 재]자처럼 그 음이 '재'가 되었다.

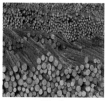
목 재

용례 木材 목재 · 人材 인재 · 藥材 약재 · 敎材 교재 · 資材 자재 · 材質 재질 · 材木 재목 · 素材 소재 · 材料 재료 · 惡材 악재 · 材料費 재료비 · 適材適所 적재적소 · 棟樑之材 동량지재

138 村 마을 촌

木[나무 목]부 7획

- 중 村 [cūn]
- 일 村 음독[そん]
  훈독[むら]
- 영 village

소 전

木[나무 목]자와 寸[마디 촌]자가 합쳐진 글자다. 木자로 인해 원래 나무[木]의 이름과 관련된 뜻을 지녔으나 후에 같은 음으로 읽히는 邨[마을 촌]자를 대신해 그 뜻이 '마을'이 되었고, 寸자로 인해 그 음이 '촌'이 되었다. 본래 마을을 뜻했던 邨자는 오늘날 거의 쓰이지 않는다.

용례 村里촌리 · 村落촌락 · 農村농촌 · 漁村어촌 · 富村부촌 · 歸村귀촌 · 江村강촌 · 山村산촌 · 民俗村민속촌 · 地球村지구촌 · 長壽村장수촌 · 選手村선수촌 · 寺下村사하촌 · 千村萬落천촌만락 · 山間僻村산간벽촌

지리산 산기슭 마을 운봉

139 松 소나무 송

木[나무 목]부 8획

- 중 松 [sōng]
- 일 松 음독[しょう]
  훈독[まつ]
- 영 pine tree

금 문 　 소 전

木[나무 목]자와 公[공평할 공]자가 합쳐진 글자다. 木자로 인해 사철 늘 잎이 푸른 나무[木]인 소나무와 관련해 그 뜻이 '소나무'가 되었고, 公자로 인해 訟[송사할 송]자나 頌[기릴 송]자처럼 그 음이 '공'에서 변하여 '송'이 되었다.

용례 松栮송이 · 松津송진 · 美松미송 · 白松백송 · 松魚송어 · 松板송판 · 瓦松와송 · 矮松왜송 · 松蟲송충 · 松花송화 · 松鶴송학 · 金剛松금강송 · 五葉松오엽송 · 落葉松낙엽송 · 松竹梅송죽매 · 落落長松낙락장송 · 正二品松정이품송

속리산 정이품송

140 枝 가지 지

木[나무 목]부 8획

- 중 枝 [zhī]
- 일 枝 음독[し]
  훈독[えだ]
- 영 branch

소 전

木[나무 목]자와 支[지탱할 지]자가 합쳐진 글자다. 木자로 인해 나무[木]의 줄기에서 갈라져 나온 가지와 관련해 그 뜻이 '가지'가 되었고, 支자로 인해 肢[사지 지]자처럼 그 음이 '지'가 되었다.

용례 幹枝간지 · 枝葉지엽 · 剪枝전지 · 椄枝접지 · 楊枝양지 · 一枝梅일지매 · 連理枝연리지 · 三枝槍삼지창 · 內向枝내향지 · 金枝玉葉금지옥엽 · 三枝九葉草삼지구엽초 · 四枝選多型사지선다형

연리지

141

校 학교 교
木[나무 목]부 10획

중 校 [xiào/jiào]
일 校 음독[きょう·こう]

영 school

소 전

木[나무 목]자와 交[사귈 교]자가 합쳐진 글자다. 木자로 인해 나무[木]로 울타리를 치고 사람을 가르치는 '학교'를 뜻하고, 交자로 인해 較[비교할 교], 郊[성 밖 교], 狡[교활할 교]자처럼 '교'의 음으로 읽히게 되었다.

용례 校長 교장 · 校友 교우 · 將校 장교 · 鄕校 향교 · 登校 등교 · 下校 하교 · 入校 입교 · 校門 교문 · 休校 휴교 · 校帽 교모 · 校閱 교열 · 校正 교정 · 小學校 소학교 · 大學校 대학교 · 出身校 출신교 · 初等學校 초등학교

소학교 전경(1908)

142

根 뿌리 근
木[나무 목]부 10획

중 根 [gēn]
일 根 음독[こん]
　　훈독[ね]

영 root

소 전

木[나무 목]자와 艮[그칠 간]자가 합쳐진 글자다. 木자로 인해 나무[木]의 뿌리와 관련해 그 뜻이 '뿌리'가 되었고, 艮자로 인해 哏[우스울 근]자나 跟[발꿈치 근]자처럼 그 음이 '간'에서 변하여 '근'이 되었다.

용례 根幹 근간 · 根性 근성 · 根氣 근기 · 唐根 당근 · 蓮根 연근 · 葛根 갈근 · 球根 구근 · 根本 근본 · 根絶 근절 · 根源 근원 · 禍根 화근 · 葛根湯 갈근탕 · 赤根菜 적근채 · 草根木皮 초근목피 · 事實無根 사실무근

나무의 뿌리

143

案 책상 안
木[나무 목]부 10획

중 案 [àn]
일 案 음독[あん]

영 table

소 전

安[편안할 안]자와 木[나무 목]자로 이뤄진 글자다. 木자로 인해 나무[木]로 만들어 책을 읽거나 글을 쓰기 위해 만든 책상을 나타낸 데서 그 뜻이 '책상'이 되었고, 安자로 인해 鞍[안장 안]자나 按[누를 안]자처럼 그 음이 '안'이 되었다.

용례 案前 안전 · 敎案 교안 · 案內 안내 · 懸案 현안 · 勘案 감안 · 草案 초안 · 妙案 묘안 · 議案 의안 · 酒案床 주안상 · 答案紙 답안지 · 學案齊眉 거안제미 · 螢窓雪案 형창설안 · 實用新案 실용신안

옛날의 책상

144 栽 심을 재

木[나무 목]부 10획

중 栽 [zāi]
일 栽 음독[さい]
　　훈독[うえる]
영 plant

갑골문 / 소 전

음의 역할을 하는 才[재주 재]자와 뜻의 역할을 하는 戈[창 과]자가 어우러진 㦮[손상할 재]자에서 변형된 𢦏자와 木[나무 목]자가 합쳐진 글자다. 木자로 인해 나무[木]를 심는다 하여 그 뜻이 '심다'가 되었고, 𢦏자로 인해 哉[어조사 재]·載[실을 재]·裁[마를 재]자처럼 그 음이 '재'가 되었다.

용례 栽培 재배 · 盆栽 분재 · 植栽 식재

나무를 심는 모양

145 植 심을 식

木[나무 목]부 12획

중 植 [zhí]
일 植 음독[しょく]
　　훈독[うえる·うわる]
영 plant

소 전

直[곧을 직]자와 木[나무 목]자가 합쳐진 글자다. 木자로 인해 나무[木]를 곧게 심는다 하여 그 뜻이 '심다'가 되었고, 直자로 인해 殖[번성할 식]자처럼 그 음이 '직'에서 변하여 '식'이 되었다.

용례 植物 식물 · 移植 이식 · 植栽 식재 · 密植 밀식 · 植木日 식목일 · 植民地 식민지 · 腐植土 부식토 · 紀念植樹 기념식수

195,60년대의 식목일
나무 심기

146 極 다할 극

木[나무 목]부 12획

중 极 [jí]
일 極 음독[きょく·ごく]
　　훈독[きわまる·きわみ·
　　きわめる]
영 exhaust

소 전

木[나무 목]자와 亟[빠를 극]자가 합쳐진 글자다. 木자로 인해 집을 지을 때 가장 높은 곳에 위치한 나무[木]와 관련해 용마루를 뜻하면서 다시 용마루가 집의 맨 위에 끝이 다하는 부분에 놓인다 하여 그 뜻이 '다하다'가 되었고, 亟자로 인해 殛[죄줄 극], 悈[경망할 극], 鞭[중해질 극]자처럼 그 음이 '극'이 되었다.

용례 極甚 극심 · 至極 지극 · 極樂 극락 · 極致 극치 · 南極 남극 · 極盛 극성 · 極力 극력 · 消極的 소극적 · 兩極化 양극화 · 北極星 북극성 · 太極旗 태극기 · 極大化 극대화 · 極惡無道 극악무도 · 昊天罔極 호천망극 · 極限狀況 극한상황

맨 위에 용마루가
놓인 집

147 橋 다리 교

木[나무 목]부 16획

중 桥 [qiáo]
일 橋 음독[きょう]
　　훈독[はし]
영 bridge

소 전

木[나무 목]자와 喬[높을 교]자가 합쳐진 글자다. 木자로 인해 사람이나 동물이 다닐 수 있도록 나무[木]로 만들어 놓은 다리와 관련해 뜻이 '다리'가 되었고, 喬자로 인해 驕[교만할 교]·嬌[아리따울 교]·矯[바로잡을 교]자처럼 그 음이 '교'가 되었다.

용례 橋梁 교량 · 架橋 가교 · 橋脚 교각 · 浮橋 부교 · 棧橋 잔교 · 踏橋 답교 · 鐵橋 철교 · 橋頭堡 교두보 · 善竹橋 선죽교 · 烏鵲橋 오작교 · 連陸橋 연륙교 · 禁川橋 금천교 · 跳開橋 도개교 · 漢江大橋 한강대교

땔나무로 만든 다리(섶다리)

148 樹 나무 수

木[나무 목]부 16획

중 树 [shù]
일 樹 음독[じゅ]
　　훈독[き·たてる]
영 plant

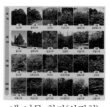
소 전

木[나무 목]자와 尌[세울 주]자가 합쳐진 글자다. 木자로 인해 살아서 자라고 있는 나무[木]와 관련해 그 뜻이 '나무'가 되었고, 尌자로 인해 그 음이 '주'에서 변하여 '수'가 되었다.

용례 樹木 수목 · 樹立 수립 · 果樹 과수 · 樹液 수액 · 闊葉樹 활엽수 · 針葉樹 침엽수 · 花樹會 화수회 · 街路樹 가로수 · 常綠樹 상록수 · 神檀樹 신단수 · 椰子樹 야자수 · 月桂樹 월계수 · 庭園樹 정원수 · 風樹之嘆 풍수지탄 · 紀念植樹 기념식수

내 나무 찾기(산림청)

149 權 권세 권

木[나무 목]부 22획

중 权 [quán]
일 権 음독[けん·ごん]
영 authority

소 전

木[나무 목]자와 雚[황새 관]자가 합쳐진 글자다. 木자로 인하여 나무[木]로 된 저울을 뜻하면서 다시 그 저울이 어느 한쪽으로 기울어지지 않는 것처럼 사람을 한쪽으로 기울어지지 않게 다스리는 권세가 있다 하여 그 뜻이 '권세'가 되었고, 雚자로 인하여 勸[권할 권]자처럼 그 음이 '관'에서 변하여 '권'이 되었다.[약자→权, 権]

용례 勸力 권력 · 債權 채권 · 主權 주권 · 越權 월권 · 權輿 권여 · 人權 인권 · 大權 대권 · 敎權 교권 · 有權者 유권자 · 肖像權 초상권 · 著作權 저작권 · 三權分立 삼권분립 · 權不十年 권불십년

정의의 여신상(대법원)

柔 부드러울 유

木[나무 목]부 9획

중 柔 [róu]
일 柔 음독[じゅう・にゅう]
　　훈독[やわらか・やわらかい]
영 soft

소 전

矛[창 모]자와 木[나무 목]자가 합쳐진 글자다. 木자로 인해 나무[木]가 펴졌다 굽혀졌다 할 수 있을 정도로 부드럽다 하여 그 뜻이 '부드럽다'가 되었고, 矛자로 인해 그 음이 '모'에서 변하여 '유'가 되었다.

용례 柔道 유도 · 溫柔 온유 · 懷柔 회유 · 柔弱 유약 · 柔順 유순 · 優柔體 우유체 · 優柔不斷 우유부단 · 柔能制剛 유능제강 · 外柔內剛 외유내강 · 內柔外剛 내유외강 · 柔術競技 유술경기 · 纖維柔軟劑 섬유유연제

부드럽게 휘는 나무

151

榮 영화 영

木[나무 목]부 14획

중 荣 [róng]
일 栄 음독[えい]
　　훈독[さかえる・はえ・はえる]
영 glory

금 문 　 소 전

엇걸린 풀줄기 끝에 꽃이 무성하게 핀 모양을 나타낸 𤇾자가 본자(本字)이다. 꽃이 무성하게 핀 것처럼 영화롭다 하여 그 뜻이 '영화'가 되었고, '영화'와 관련된 말인 '영광·영욕·번영'에서처럼 그 음이 '영'이 되었다. 이 자형은 후에 꽃이 무성한 엇걸린 풀줄기가 炊과 冖의 형태로 바뀌고, 그 뜻을 더욱 넓히기 위해 다시 木자가 덧붙여져 榮자로 쓰이고 있다.[약자→栄]

용례 榮華 영화 · 榮光 영광 · 榮辱 영욕 · 繁榮 번영 · 榮轉 영전 · 榮譽 영예 · 光榮 광영 · 榮達 영달 · 榮落 영락 · 榮利 영리 · 虛榮心 허영심 · 人類共榮 인류공영 · 榮枯盛衰 영고성쇠

복사꽃이 무성한 나무

152

乘 탈 승

ノ[삐칠 별]부 10획

중 乘 [chéng]
일 乘 음독[じょう]
　　훈독[のせる・のる]
영 ride

갑골문 　 소 전

사람이 나무를 타고 올라가 두 발로 딛고 서있는 모습을 나타낸 글자다. 나무를 타고 올라가 서있는 상황에서 그 뜻이 '타다'가 되었고, '타다'와 관련된 말인 '승객·승마·승용차'에서처럼 그 음이 '승'이 되었다.[약자→乗]

용례 乘客 승객 · 乘馬 승마 · 搭乘 탑승 · 合乘 합승 · 換乘 환승 · 乘船 승선 · 乘用車 승용차 · 乘務員 승무원 · 大乘的 대승적 · 乘勝長驅 승승장구 · 萬乘之國 만승지국 · 小乘佛敎 소승불교 · 無賃乘車 무임승차

나무에 오른 사람

153

片 조각 **편**

片[조각 편]부 4획

중 片 [piàn]
일 片 음독[へん]
　훈독[かた・きれ・ひれ]
영 piece

갑골문 | 소 전

침상(寢牀)을 나타낸 글자다. 마찬가지로 침상을 나타낸 뉘[조각 장]자의 자형을 좌우로 바꾼 형태인데, 뉘자처럼 설문해자에서 나무를 둘로 가른 조각을 나타내었다고 한 데서 그 뜻이 '조각'이 되었다. 그 음은 조각과 관련된 말인 '편육·파편·화편'에서 보듯 '편'으로 읽힌다.

벽화로 본 옛날 침상

용례 片肉 편육 · 破片 파편 · 阿片 아편 · 片鱗 편린 · 花片 화편 · 片道 편도 · 片薑 편강 · 片麻巖 편마암 · 斷片的 단편적 · 片側痲痹 편측마비 · 一片丹心 일편단심 · 一葉片舟 일엽편주

154

氏 성씨 **씨**

氏[성씨 씨]부 4획

중 氏 [shì]
일 氏 음독[し]
　훈독[うじ]
영 name of family

갑골문 | 소 전

뿌리가 움트는 씨(씨앗)를 나타낸 글자로 보인다. 씨(씨앗)에서 이어진 뿌리처럼 한 시조에서 나와 뿌리가 같은 혈통으로 이어져 같은 성씨를 쓰는 종족과 관련되어 그 뜻이 '성씨'가 되었고, 씨(씨앗)와 관련된 '씨가축(氏家畜)'이나 '씨과실(氏果實)'에서 보듯 그 음이 '씨'가 되었다. 대월지(大月氏)에서처럼 나라 이름으로 쓰일 때는 '지'로도 읽힌다. 方相氏(방상시)에서는 여전히 본음(本音)인 '시'로도 읽힌다.

씨앗이 자라는 모양

용례 姓氏 성씨 · 宗氏 종씨 · 氏族 씨족 · 氏譜 씨보 · 攝氏 섭씨 · 氏家畜 씨가축 · 氏果實 씨과실 · 無名氏 무명씨 · 大月氏 대월지 · 方相氏 방상시 · 創氏改名 창씨개명

155

私 사사로울 **사**

禾[벼 화]부 7획

중 私 [sī]
일 私 음독[し]
　훈독[ひそかに・
　わたくし・わたし]
영 private

금 문 | 소 전

원래 보습을 나타냈다고 여겨지는 厶[사사로울 새]자는 '사사롭다'의 뜻을 지닌 글자였다. 후에 그 뜻을 더욱 분명히 하기 위해 사람이 가장 사사롭게 여기는 '벼'를 뜻하는 禾[벼 화]자를 덧붙여 私자로 쓰게 되었고, '사사롭다'와 관련된 말인 '사적·사견·사립'에서처럼 그 음이 '사'가 되었다.

고대의 돌보습

용례 私的 사적 · 私見 사견 · 私立 사립 · 私學 사학 · 私淑 사숙 · 私席 사석 · 私心 사심 · 私生活 사생활 · 私教育 사교육 · 私組織 사조직 · 私利私慾 사리사욕 · 滅私奉公 멸사봉공

156 秀 빼어날 수
禾[벼 화]부 7획

중 秀 [xiù]
일 秀 음독[しゅう]
　훈독[ひいでる]
영 distinguished

소 전

빼어나게 자란 벼

벼과의 곡식을 나타낸 禾[벼 화]자와 그 벼의 튼실한 뿌리를 나타낸 乃의 형태가 합쳐져 벼[禾]에 튼실한 뿌리[乃]가 있음을 나타낸 글자다. 벼가 튼실한 뿌리로 인해 잘 자라게 되면 열매가 풍성하게 열리게 되면서 그 모양이 보기 좋을 정도로 빼어나다 하여 그 뜻이 '빼어나다'가 되었고, '빼어나다'와 관련된 '준수·수려·우수'에서 보듯 그 음이 '수'가 되었다.

용례 俊秀 준수 · 秀麗 수려 · 優秀 우수 · 秀才 수재 · 秀越 수월 · 閨秀 규수 · 秀作 수작 · 秀魚 수어
→숭어 · 麥秀之嘆 맥수지탄 · 秀優美良可 수우미양가

157 科 조목 과
禾[벼 화]부 9획

중 科 [kē]
일 科 음독[か]
　훈독[しな·とが]
영 subject

소 전

싸전(민속촌)

禾[벼 화]자와 斗[말 두]자가 합쳐진 글자다. 斗자로 인해 곡식 등을 말[斗]로 헤아리며 품질에 따라 나눈다 하면서 다시 나누어진 조목(條目)과 관련해 그 뜻이 '조목'이 되었고, 禾자로 인해 그 음이 '화'에서 변하여 '과'가 되었다.

용례 科目 과목 · 科擧 과거 · 科學 과학 · 科程 과정 · 學科 학과 · 前科 전과 · 內科 내과 · 文科 문과
· 敎科書 교과서 · 小兒科 소아과 · 産婦人科 산부인과 · 金科玉條 금과옥조 · 整形外科 정형
외과 · 泌尿器科 비뇨기과

158 移 옮길 이
禾[벼 화]부 11획

중 移 [yí]
일 移 음독[い]
　훈독[うつす·うつる]
영 transfer

소 전

모를 옮겨 심는 모내기
모습

禾[벼 화]자와 多[많을 다]자가 합쳐진 글자다. 禾자로 인해 어린 벼[禾]를 다른 곳으로 옮겨 심는다 하여 그 뜻이 '옮기다'가 되었고, 多자로 인해 黟[검을 이]자나 栘[산이스랏나무 이]자처럼 그 음이 '다'에서 변하여 '이'가 되었다.

용례 移徙 이사 · 移動 이동 · 移民 이민 · 移職 이직 · 移秧期 이앙기 · 愚公移山 우공이산 · 怒甲移
乙 노갑이을

159

稅 구실 세
禾[벼 화]부 12획

중 税 [shuì]
일 税 음독[ぜい]
영 tax

소 전

禾[벼 화]자와 兌[바꿀 태]자가 합쳐진 글자다. 禾자로 인해 나라에서 백성에게 곡물[禾]로 받아들이는 '조세'를 뜻했는데 옛날에는 이를 구실이라 한 데서 결국 그 뜻이 '구실'이 되었고, 兌자로 인해 遊說(유세)의 說[말씀 설, 달랠 세]자처럼 그 음이 '태'에서 변하여 '세'가 되었다.

용례 租稅 조세 · 稅金 세금 · 關稅 관세 · 脫稅 탈세 · 血稅 혈세 · 課稅 과세 · 人頭稅 인두세 · 有名稅 유명세 · 讓渡稅 양도세 · 稅務所 세무소 · 國稅廳 국세청 · 免稅店 면세점 · 納稅義務 납세의무 · 勤勞所得稅 근로소득세

구실을 바치는 소작농

160

種 씨 종
禾[벼 화]부 14획

중 种 [zhǒng]
일 種 음독[しゅ]
　　　 훈독[たね]
영 seed

소 전

禾[벼 화]자와 重[무거울 중]자가 합쳐진 글자다. 禾자로 인해 벼[禾]와 같은 곡물의 씨와 관련해 그 뜻이 '씨'가 되었고, 重자로 인해 腫[부스럼 종]·踵[발꿈치 종]·鍾[술잔 종]자처럼 그 음이 '중'에서 변하여 '종'이 되었다.

용례 種子 종자 · 種苗 종묘 · 播種 파종 · 亡種 망종 · 芒種 망종 · 土種 토종 · 末種 말종 · 職種 직종 · 種族 종족 · 種痘法 종두법 · 外來種 외래종 · 黃人種 황인종 · 豫防接種 예방접종 · 種豆得豆 종두득두 · 種瓜得瓜 종과득과

여러 종류의 볍씨

161

穀 곡식 곡
禾[벼 화]부 15획

중 穀 / 谷 [gǔ]
일 穀 음독[こく]
영 grain

소 전

殼[껍질 각]자의 본자(本字)인 㱿[껍질 각]자와 禾[벼 화]자가 합쳐진 글자다. 禾자로 인해 벼[禾]가 낱알이 달린 모든 곡식을 대표한 데서 그 뜻이 '곡식'이 되었고, 㱿자로 인해 穀[뿔잔 곡]자나 轂[수레 곡]자처럼 그 음이 '각'에서 변하여 '곡'이 되었다.[약자→穀]

용례 穀雨 곡우 · 穀物 곡물 · 穀食 곡식 · 穀間 곡간 · 白穀 백곡 · 穀酒 곡주 · 糧穀 양곡 · 五穀 오곡 · 還穀 환곡 · 米穀商 미곡상 · 脫穀器 탈곡기 · 秋穀收買 추곡수매 · 一年之計莫如樹穀 일년지계막여수곡

여러 곡식의 이삭

162 **年** 해 년 干[방패 간]부 6획	중 年 [nián] 일 年 음독[ねん] 훈독[とし] 영 year

갑골문 | 소 전

벼를 짊어진 사람

벼를 나타낸 禾[벼 화]자와 사람을 나타낸 人[사람 인]자가 합쳐진 글자였다. 人자로 인해 벼[禾]를 심어 사람[人]이 수확하는 일은 한 해의 과정을 통해 이뤄진다 하여 그 뜻이 '해'가 되었고, 해와 관련된 '명년·풍년·내년'에서 보듯 그 음이 '년'이 되었다. 후에 '해'가 일년(一年)의 과정을 거쳐 이뤄지므로 一[한 일]자를 人자에 덧붙이면서 秊[해 년]자로 쓰기도 하다가 다시 간략하게 오늘날과 같은 형태가 되었다.

용례 明年 명년 · 豊年 풍년 · 來年 내년 · 芳年 방년 · 成年 성년 · 編年體 편년체 · 生年月日 생년월일 · 百年偕老 백년해로 · 謹賀新年 근하신년

163 **香** 향기 향 香[향기 향]부 9획	중 香 [xiāng] 일 香 음독[きょう·こう] 훈독[か·かおり·かおる· こうばしい] 영 fragrance

소 전

기장밥

기장을 나타낸 黍[기장 서]자와 그릇을 나타낸 曰의 형태가 합쳐진 좁자가 본자(本字)이다. 먹을 것이 중요한 옛날 사람들에게 기장[黍]이 익었을 때 나는 냄새가 향기롭게 여겨졌기 때문에 그 뜻이 '향기'가 되었고, 향기와 관련된 말인 '향기·향취·향수'에서처럼 그 음이 '향'이 되었다. 덧붙여진 黍자는 후대에 간략하게 禾[벼 화]자로 변화되어 오늘날 香자로 쓰이고 있다.

용례 香氣 향기 · 香臭 향취 · 香水 향수 · 墨香 묵향 · 麝香 사향 · 香油 향유 · 香爐 향로 · 香奠 향전 · 焚香所 분향소 · 香辛料 향신료 · 芳香劑 방향제 · 龍涎香 용연향 · 合成香料 합성향료

164 **麥** 보리 맥 麥[보리 맥]부 11획	중 麦 [mài] 일 麦 음독[ばく] 훈독[むぎ] 영 barley

갑골문 | 소 전

대맥(보리)과 소맥(밀)의 이삭

원래 꼿꼿한 이삭이 있는 보리를 나타낸 글자는 來[올 래]자였다. 그러나 후대에 來자가 '오다'의 뜻으로 빌려 쓰이게 되자, 뿌리를 나타낸 夂의 형태를 덧붙인 麥(맥)자가 새롭게 만들어져 그 뜻 '보리'를 대신하였다. 그 음은 '보리'와 관련된 말인 '숙맥·할맥·맥주'에서 보듯 '맥'으로 읽힌다.[약자→麦]

용례 大麥 대맥 · 菽麥 숙맥 · 割麥 할맥 · 麥酒 맥주 · 麥類 맥류 · 麥嶺 맥령 · 小麥粉 소맥분 · 麥芽糖 맥아당 · 麥飯石 맥반석 · 麥門冬 맥문동 · 麥藁帽子 맥고모자 · 麥秀之嘆 맥수지탄

165	來 올래 人[사람 인]부 8획	중 来 [lái] 일 来 음독[らい] 훈독[きたす·きたる·くる] 영 come

갑골문 | 소 전

자라고 있는 보리

원래 보리를 나타낸 글자였다. 그러나 보리가 자생(自生)한 곡물이 아닌 다른 지역에서 온 곡물이라 하여 '오다'의 뜻으로 빌려 쓰이고, '오다'와 관련된 말인 '왕래·거래·미래'에서 보듯 '래'의 음으로 읽히게 되었다. 후에 보리를 뜻하는 글자는 왕성한 뿌리를 나타낸 夊의 형태를 덧붙인 麥[보리 맥]자가 만들어져 쓰이고 있다.[약자→来]

용례 去來 거래 · 未來 미래 · 往來 왕래 · 來往 내왕 · 來日 내일 · 原來 원래 · 外來語 외래어 · 苦盡甘來 고진감래 · 捲土重來 권토중래 · 興盡悲來 흥진비래 · 笑門萬福來 소문만복래 · 空手來空手去 공수래공수거

166	竹 대죽 竹[대 죽]부 6획	중 竹 [zhú] 일 竹 음독[ちく] 훈독[たけ] 영 bamboo

갑골문 | 소 전

대나무

아래로 늘어진 가지의 댓잎을 나타낸 글자다. 그렇게 댓잎이 아래로 늘어진 대를 나타냈기에 그 뜻이 '대'가 되었고, 대와 관련된 말인 '죽창·죽염·죽순'에서처럼 그 음이 '죽'이 되었다. '대'는 여러해살이풀이므로 나무라 할 수 없으나 예부터 나무로 여겨졌기에 '대나무'라 하기도 한다.

용례 烏竹 오죽 · 爆竹 폭죽 · 竹筍 죽순 · 竹槍 죽창 · 竹鹽 죽염 · 竹防簾 죽방렴 · 竹瀝膏 죽력고 · 竹夫人 죽부인 · 竹馬故友 죽마고우 · 破竹之勢 파죽지세

167	等 무리등 竹[대 죽]부 12획	중 等 [děng] 일 等 음독[とう] 훈독[など·ひとしい] 영 crowd, throng

소 전

대나무쪽 책(죽간)

竹[대 죽]자를 간략하게 쓴 ⺮[대죽머리]와 寺[절 사]자가 합쳐진 글자다. 竹자로 인해 옛날 종이가 없었던 시절에 글을 기록하는 데 사용되었던 대[竹]쪽을 여러 개 똑같은 모양으로 평평하게 깎아 무리를 지어 책을 만든 데서 그 뜻이 '무리'가 되었고, 寺자로 인해 그 음이 변화가 크지만 '사'에서 변하여 '등'이 되었다.

용례 平等 평등 · 等分 등분 · 等神 등신 · 均等 균등 · 等身大 등신대 · 劣等感 열등감 · 等閑視 등한시 · 初等學校 초등학교 · 其他等等 기타등등

168	筆 붓 필	중	笔 [bǐ]
		일	筆 음독[ひつ]
			훈독[ふで]
	竹[대 죽]부 12획	영	writing brush

소 전

원래 댓가지에 털이 달려있는 붓을 손으로 잡고 있는 모양을 나타낸 聿
[붓 율]자가 '붓'을 뜻하는 글자였다. 후에 그 뜻을 더욱 분명히 하기 위
해 붓을 만드는 데 중요한 재료가 되는 대(대나무)를 뜻하는 竹[대 죽]자
의 생략된 형태인 ⺮[대죽머리]를 덧붙인 筆자가 만들어져 붓을 대신하
였다. 그 음은 붓과 관련된 말인 '필통·연필·지필연묵'에서 보듯 '필'이
되었다.

용례 筆筒 필통 · 鉛筆 연필 · 擱筆 각필 · 名筆 명필 · 筆鋒 필봉 · 隨筆 수필 · 萬年筆 만년필 · 筆
寫本 필사본 · 紙筆硯墨 지필연묵 · 大書特筆 대서특필 · 一筆揮之 일필휘지 · 春秋筆法 춘추
필법 · 能書不擇筆 능서불택필

붓

169	算 셈 산	중	算 [suàn]
		일	算 음독[さん]
			훈독[かぞえる]
	竹[대 죽]부 14획	영	count

소 전

竹[대 죽]자와 산가지를 묶어 놓은 모양을 나타낸 目의 형태와 廾[손 맞
잡을 공]자가 합쳐진 글자로 보인다. 대[竹]로 만든 산가지[目]를 늘어놓
고 두 손[廾]으로 셈을 센다 하여 그 뜻이 '셈'이 되었고, 셈과 관련된
'계산·주산·산수'에서 보듯 그 음이 '산'이 되었다.

용례 計算 계산 · 籌算 주산 · 算數 산수 · 算筒 산통 · 豫算 예산 · 淸算 청산 · 決算 결산 · 誤算 오산
· 加算點 가산점 · 追更豫算 추경예산 · 利害打算 이해타산

산가지

170	節 마디 절	중	节 [jié]
		일	節 음독[せち·せつ]
			훈독[ふし]
	竹[대 죽]부 13획	영	joint

금 문 소 전

卩[병부 절]자가 '병부'의 뜻으로 사용되다가 후에 그 뜻을 더욱 분명히
하기 위해 竹[대 죽]자가 덧붙여지면서 대[竹]로 만든 패를 뜻하게 되었
고, 다시 글자의 틀을 갖추기 위해 即[곧 즉]자가 덧붙여졌다. 대로 만든
패는 대의 한마디를 잘라 만들기에 결국 그 뜻이 '마디'가 되었고, 음은
卩자의 영향을 받아 '절'이 되었다.[약자→節]

용례 符節 부절 · 關節 관절 · 節約 절약 · 節氣 절기 · 季節 계절 · 換節期 환절기 · 傲霜孤節 오상고
절 · 節肢動物 절지동물 · 歲寒孤節 세한고절

옛날의 부절

171 第 차례 제

중	第 [dì]
일	第 음독[だい·てい]
영	order, sequence

竹[대 죽]부 11획

소 전

竹[대 죽]자를 간략하게 쓴 ⺮[대죽머리]와 弟[아우 제]자가 합쳐진 글자다. 竹자로 인해 대[竹]로 엮은 책의 앞뒤 차례와 관련되어 그 뜻이 '차례'가 되었고, 후대에 그 자형 일부가 생략되어 쓰인 弟자로 인해 그 음이 '제'가 되었다.

용례 及第 급제 · 落第 낙제 · 第一 제일 · 次第 차제 · 第三者 제삼자 · 第三世界 제삼세계 · 本第入納 본제입납

차례대로 묶은 죽간

172 答 대답할 답

중	答 [dá]
일	答 음독[とう]
	훈독[こたえ·こたえる]
영	answer

竹[대 죽]부 12획

소 전

竹[대 죽]자를 간략하게 쓴 ⺮[대죽머리]와 合[합할 합]자로 이뤄진 글자다. 대[竹]로 만든 죽간에 쓰여 있는 질문에 대해 대답한다 하여 그 뜻이 '대답하다'가 되었고, 合자로 인해 荅[팥 답]자처럼 그 음이 '합'에서 변하여 '답'이 되었다.

용례 對答 대답 · 問答 문답 · 正答 정답 · 答狀 답장 · 答辯 답변 · 應答 응답 · 解答 해답 · 答案紙 답안지 · 愚問賢答 우문현답 · 東問西答 동문서답 · 自問自答 자문자답 · 黙黙不答 묵묵부답 · 笑而不答 소이부답

글이 쓰여 있는 죽간

173 不 아닐 불

중	不 [bù]
일	不 음독[ふ·ぶ]
영	not

一[한 일]부 4획

갑골문 소 전

꽃잎이 떨어지고 부푼 씨방과 꽃받침이 아래를 향한 모양을 나타낸 글자로 보인다. 모양이 원래 꽃잎이 붙어 있다가 떨어져 있지 아니하다 하여 그 뜻이 '아니다'가 되었고, '아니다'와 관련된 '불안·불법·불황'에서 보듯 그 음이 '불'이 되었다. 우리말에서는 不자 다음에 오는 말의 초성(初聲)에 ㄷ이나 ㅈ이 오면 '부'로 읽고 있다. 예외로 不實은 '불실'과 '부실'로 함께 읽는다.

용례 不法 불법 · 不惑 불혹 · 不正 부정 · 不當 부당 · 不實 불실/부실 · 不動心 부동심 · 不待接 부대접 →푸대접 · 不知不識 부지불식 · 君子不器 군자불기 · 過猶不及 과유불급 · 目不識丁 목불식정 · 魚魯不辨 어로불변 · 權不十年 권불십년 · 表裏不同 표리부동

연꽃의 씨방과 꽃받침

174

否 아닐 부

口[입 구]부 7획

중 否 [fǒu/pǐ]
일 否 음독[ひ]
　　훈독[いな]
영 not

금문　소전

부인(否認)하는 표정

不[아닐 불]자와 口[입 구]자가 합쳐진 글자다. 口자로 인해 입[口]으로 분명하게 사리에 맞지 아니하다고 말한다 하여 그 뜻이 '아니다'가 되었고, 不자로 인해 그 음이 '불'에서 변하여 '부'가 되었다. 否塞(비색)에서처럼 그 뜻이 '막히다'와 관련될 때는 '비'로 읽힌다.

용례 否認 부인 · 拒否 거부 · 與否 여부 · 否決 부결 · 安否 안부 · 否塞 비색 · 否定的 부정적 · 適否審 적부심 · 可否同數 가부동수 · 曰可曰否 왈가왈부

175

喪 잃을 상

口[입 구]부 12획

중 喪 [sàng]
일 喪 음독[そう]
　　훈독[も]
영 lose

갑골문　소전

경직도

원래 뽕나무를 나타낸 桑[뽕나무 상]자와 뽕나무 잎을 담는 바구니를 나타내는 口의 형태가 몇 개 덧붙여진 글자였다. 뽕나무[桑]의 뽕잎을 따 바구니[口]에 담다 보면 결국 뽕나무가 잎을 다 잃게 된다 하여 그 뜻이 '잃다'가 되었고, 다시 桑자의 영향을 받아 음이 '상'이 되었다.

용례 喪主 상주 · 喪失 상실 · 問喪 문상 · 初喪 초상 · 好喪 호상 · 喪妻 상처 · 喪家 상가 · 喪輿 상여 · 喪服 상복 · 喪心 상심 · 國喪 국상 · 三年喪 삼년상 · 父母喪 부모상 · 冠婚喪祭 관혼상제 · 喪家之狗 상가지구 · 喪明之痛 상명지통

176

小 작을 소

小[작을 소]부 3획

중 小 [xiǎo]
일 小 음독[しょう]
　　훈독[お·こ·ちいさい]
영 small

갑골문　소전

작은 곡물의 알갱이

곡물의 알갱이(알맹이) 같은 작은 형태를 셋으로 줄여 작은 선으로 나타낸 글자로 보인다. 그처럼 작은 형태를 나타낸 데서 그 뜻이 '작다'가 되었고, '작다'와 관련된 말인 '소인·왜소·대소'에서 보듯 그 음이 '소'가 되었다.

용례 小人 소인 · 大小 대소 · 小說 소설 · 小食 소식 · 小兒病的 소아병적 · 積小成大 적소성대 · 小貪大失 소탐대실 · 大同小異 대동소이 · 能小能大 능소능대 · 針小棒大 침소봉대

갑골문 | 소 전

177	少 적을 소	중 少 [shǎo]
小[작을 소]부 4획		일 少 음독[しょう]
		훈독[すくない·すこし]
		영 little

원래 작은 물체를 작은 선(점)으로 세 개 나타낸 데서 비롯된 小[작을 소]자가 '작다'를 뜻하면서 다시 작은 것은 그 양이 적다고 하여 '적다'의 뜻을 동시에 의미했다. 그러나 小자가 후대에 크기와 관련된 '작다'의 뜻으로 전용되자, 다시 작은 선(점) 하나를 더 붙인 少자는 '적다'의 뜻을 지니게 되었다. 그 음은 小자와 똑같이 '소'로 읽힌다.

쌀 알맹이

용례 多少 다소 · 些少 사소 · 少將 소장 · 少尉 소위 · 少女 소녀 · 少數 소수 · 少額 소액 · 僅少 근소 · 少量 소량 · 年少者 연소자 · 老少同樂 노소동락 · 一笑一少 일소일소 · 食少事煩 식소사번

1-4. 동물과 관련한 한자

지구상의 생물은 크게 동물과 식물로 나뉜다. 그 중 동물은 한자로 '움직일 동(動)'를 쓴 데서 알 수 있듯 일반적으로 움직이는 생물을 말한다. 사람도 움직이는 생물이니 동물에 속하나 오늘날은 사람을 제외한 길짐승, 날짐승, 물짐승 따위를 통틀어 이르는 말로 쓰이고 있다. 지구가 탄생되고 난 뒤 사람이 존재하기 전까지 지구의 주인은 바로 그런 동물들이었다. 이 장에서는 바로 그런 동물과 관련한 부수인 牛[소 우]·皮[가죽 피]·革[가죽 혁]·角[뿔 각]·犬[개 견]·羊[양 양]·毛[터럭 모]· 彡[터럭 삼]·馬[말 마]·虍[범의 문채 호]·虫[벌레 훼]·鳥[새 조]·飛[날 비]·非[아닐 비]·魚[물고기 어]·貝[조개 패]자 등으로 이뤄진 한자를 살펴본다.

● 길짐승 ●))

---

178 牛 소우
牛[소 우]부 4획

중 牛 [niú]
일 牛 음독[ぎゅう·ご]
　　훈독[うし]
영 ox, cow

갑골문 | 소 전

소의 특징을 잘 드러내는 큰 뿔과 귀가 있는 머리를 나타낸 글자다. 큰 뿔과 귀가 있는 머리만으로 소를 나타내 그 뜻이 '소'가 되었고, 소와 관련된 '농우·투우·우유'에서 보듯 그 음이 '우'가 되었다. 이 자형(字形)의 바탕이 된 소는 물소다. 한자는 중국문화 속에서 만들어진 문자이므로 중국에서 흔하게 볼 수 있는 물소로 그 자형이 이뤄진 것이다.

중국의 물소

용례 農牛 농우 · 韓牛 한우 · 鬪牛 투우 · 牛黃 우황 · 牛乳 우유 · 狂牛病 광우병 · 牛馬車 우마차 · 碧昌牛 벽창우 · 矯角殺牛 교각살우 · 牛步千里 우보천리 · 馬行處牛亦去 마행처우역거

---

179 物 만물 물
牛[소 우]부 8획

중 物 [wù]
일 物 음독[ぶつ·もつ]
　　훈독[もの]
영 substance

갑골문 | 소 전

牛[소 우]자와 勿[말 물]자가 합쳐진 글자다. 牛자로 인해 원래 얼룩소[牜]를 뜻했으나 얼룩소의 몸에 여러 문양이 있다는 데서 '많다'의 뜻을 지니면서 다시 세상의 존재하는 많은 만물과 관련해 그 뜻이 '만물'이 되었고, 勿자로 인해 沕[아득할 물]자나 岉[산 높은 물]자처럼 그 음이 '물'이 되었다.

얼룩소

용례 物件 물건 · 人物 인물 · 膳物 선물 · 萬物 만물 · 退物 퇴물 · 物色 물색 · 特産物 특산물 · 物物交換 물물교환 · 見物生心 견물생심 · 無用之物 무용지물

180	特 특별할 특	중	特 [tè]
	牛[소 우]부 10획	일	特 음독[とく]
		영	ox, special

소 전

牛[소 우]자와 寺[절 사]자가 합쳐진 글자다. 牛자로 인해 옛날 신에게 지내는 큰 제사의 희생물로 특별히 큰 수소[牛]를 바친 데서 그 뜻이 '수 컷'이면서 다시 '특별하다'가 되었고, 寺자로 인해 그 음의 변화가 크지 만 '사'에서 '특'이 되었다.

용례 特權 특권 · 特效 특효 · 獨特 독특 · 特徵 특징 · 特技 특기 · 特産物 특산물 · 特別市 특별시 · 大書特筆 대서특필

희생물로 사용된 소머리

181	半 반 반	중	半 [bàn]
	十[열 십]부 5획	일	半 음독[はん]
			훈독[なかば]
		영	half

금 문 | 소 전

나누는 모양에서 비롯된 八[여덟 팔]자와 소를 뜻하는 牛[소 우]자가 합 쳐진 글자다. 가축들 중에 가장 몸집이 큰 소[牛]를 잡아 반으로 나누는 [八] 모양을 나타낸 데서 그 뜻이 '반'이 되었고, 반과 관련된 말인 '절 반·반도·태반'에서처럼 그 음이 '반'이 되었다. 덧붙여진 牛자는 후대에 ノ이 생략된 형태로 변해 쓰이고 있다.

용례 折半 절반 · 半分 반분 · 半島 반도 · 太半 태반 · 過半 과반 · 半白 반백 · 半偏 반편 · 半熟 반숙 · 半導體 반도체 · 半萬年 반만년 · 夜半逃走 야반도주 · 半身不隨 반신불수 · 半信半疑 반신 반의 · 一言半句 일언반구 · 割半之痛 할반지통

소를 반으로 각을 뜬 모양

182	皮 가죽 피	중	皮 [pí]
	皮[가죽 피]부 5획	일	皮 음독[ひ]
			훈독[かわ]
		영	leather

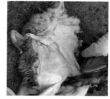

금 문 | 소 전

잡아서 옆으로 눕힌 길짐승의 가죽을 손으로 벗기는 모습을 나타낸 글 자다. 벗겨낸 것이 길짐승의 가죽인 데서 그 뜻이 '가죽'이 되었고, 가죽 과 관련된 말인 '피혁·모피·호사유피'에서처럼 그 음이 '피'가 되었다. 길짐승의 몸에서 막 벗겨내었기에 같은 뜻을 지닌 革[가죽 혁]자와 달리 털이 있는 가죽이다.

용례 皮革 피혁 · 毛皮 모피 · 脫皮 탈피 · 陳皮 진피 · 彈皮 탄피 · 鹿皮 녹피/→녹비 · 楡根皮 유근피 · 鐵面皮 철면피 · 剝皮術 박피술 · 虎死留皮 호사유피 · 棘皮動物 극피동물 · 皮骨相接 피골 상접 · 草根木皮 초근목피

가죽을 벗기는 모습

183	革 가죽 혁	중 革 [gé]

革 가죽 혁

革[가죽 혁]부 9획

중 革 [gé]
일 革 음독[かく]
　훈독[かわ]
영 leather

금문 | 소전

짐승 몸에서 벗겨내어 털을 제거한 뒤에 펼쳐 말리는 가죽을 나타낸 글자다. 말리고 있는 털이 없는 가죽을 나타낸 데서 그 뜻이 '가죽'이 되었고, 가죽와 관련된 '피혁·혁대·마혁과시'에서 보듯 그 음이 '혁'이 되었다. 털을 제거한 것은 원래 상태를 고친 것이므로 '개혁·변혁·소인혁면'에서처럼 '고치다'의 뜻을 지니기도 한다.

짐승의 가죽

용례 皮革 피혁 · 貫革 관혁→과녁 · 革帶 혁대 · 革命 혁명 · 革新 혁신 · 改革 개혁 · 革筆畫 혁필화
· 馬革裹屍 마혁과시 · 小人革面 소인혁면

角 뿔 각

角[뿔 각]부 7획

중 角 [jiǎo]
일 角 음독[かく]
　훈독[かど·すみ·つの]
영 horn

갑골문 | 소전

속이 텅 비어 있으면서 겉이 딱딱한 뿔을 옛날에는 도구로 사용했다. 그렇게 도구로 사용한 위가 뾰족하고 아래는 각질(角質)의 무늬가 보이는 소의 뿔을 나타낸 글자다. 따라서 그 뜻이 '뿔'이 되었고, 뿔과 관련된 말인 '녹각·두각·각자무치'에서 보듯 그 음이 '각'이 되었다.

소의 뿔

용례 鹿角 녹각 · 頭角 두각 · 角逐 각축 · 角木 각목 · 總角 총각 · 角膜 각막 · 骨角器 골각기 · 三角
形 삼각형 · 角者無齒 각자무치 · 蝸角之爭 와각지쟁

解 풀 해

角[뿔 각]부 13획

중 解 [jiě]
일 解 음독[かい·げ]
　훈독[とかす·とく·
　とける·ほどく]
영 solve

갑골문 | 소전

원래는 두 손[臼]으로 소[牛]의 뿔[角]을 뽑고 있는 모양을 나타낸 글자였다. 후에 두 손 대신 칼로 바꾸어 결국 角[뿔 각]자와 刀[칼 도], 牛[소우]자가 합쳐진 글자가 되었다. 소[牛]의 뿔[角]을 칼[刀]로 풀어 헤친다 하여 그 뜻이 '풀다'가 되었고, 풀다와 관련된 말인 '해체·해부·분해'에서처럼 그 음이 '해'가 되었다.

뿔이 잘린 소

용례 解體 해체 · 解剖 해부 · 分解 분해 · 解酲 해정 · 曲解 곡해 · 解弛 해이 · 解決 해결 · 解約 해약 · 解釋 해석 · 和解 화해 · 解語花 해어화 · 結者解之 결자해지 · 解衣推食 해의추식

186

犬 개견

犬[개 견]부 4획

중 犬 [quǎn]
일 犬 음독[けん]
　훈독[いぬ]
영 dog

갑골문 | 소 전

진돗개

머리와 몸체, 두 다리와 꼬리가 있는 개를 나타낸 글자다. 개를 나타낸 데서 그 뜻이 '개'가 되었고, 개와 관련된 말인 '견공·애완견·반려견'에서 보듯 그 음이 '견'이 되었다. 그 자형이 글자 구성에서 왼쪽에 덧붙여질 때는 犭의 형태로 쓰이는데, 이를 '개사슴록변'이라 한다.

용례 犬公 견공 · 犬主 견주 · 珍島犬 진도견 · 豊山犬 풍산견 · 愛玩犬 애완견 · 伴侶犬 반려견 · 狂犬病 광견병 · 犬猿之間 견원지간 · 犬馬之勞 견마지로 · 蜀犬吠日 촉견폐일 · 邑犬群吠 읍견군폐 · 虎父犬子 호부견자

187

獨 홀로독

犬[개 견]부 16획

중 独 [dú]
일 独 음독[どく]
　훈독[ひとり]
영 alone

소 전

외로운 늑대

犬[개 견]자에서 변형된 犭[개사슴록변]과 蜀[벌레 촉]자가 합쳐진 글자다. 犬자로 인해 개[犬]과에 속하는 짐승이 대개 무리를 짓지 않고 홀로 행동한다 하여 그 뜻이 '홀로'가 되었고, 蜀자로 인해 그 음이 '촉'에서 변하여 '독'이 되었다.[약자→独]

용례 愼獨 신독 · 孤獨 고독 · 獨身 독신 · 獨立 독립 · 獨白 독백 · 獨逸 독일 · 獨自的 독자적 · 獨不將軍 독불장군 · 獨也靑靑 독야청청 · 獨守空房 독수공방 · 唯我獨尊 유아독존 · 鰥寡獨孤 환과독고 · 無男獨女 무남독녀

188

羊 양양

羊[양 양]부 6획

중 羊 [yáng]
일 羊 음독[よう]
　훈독[ひつじ]
영 sheep

갑골문 | 소 전

가축이 된 양(무플론)

큰 뿔과 귀가 있는 머리만으로 자형이 이뤄진 牛[소 우]자처럼 뿔이 아래로 굽은 양 머리로 그 자형이 이루어진 글자다. 양 머리로 양을 대표해 나타낸 데서 그 뜻이 '양'이 되었고, 양과 관련된 '양모·면양·산양'에서 보듯 그 음이 '양'이 되었다.

용례 山羊 산양 · 緬羊 면양 · 羊毛 양모 · 羊水 양수 · 羚羊 영양 · 犧牲羊 희생양 · 九折羊腸 구절양장 · 羊頭狗肉 양두구육 · 亡羊補牢 망양보뢰 · 多岐亡羊 다기망양 · 亡羊之歎 망양지탄 · 讀書亡羊 독서망양

189	善 착할 선 口[입 구]부 12획	중 善 [shàn] 일 善 음독[ぜん] 　 훈독[よい] 영 kindhearted

갑골문　소 전

羊[양 양]자와 誩[다투어 말할 경]자가 합쳐진 譱자가 본자(本字)이다. 순한 양[羊]처럼 앞 다투어 말하는[誩] 모습이 보기 좋을 뿐만 아니라 착하다 하여 그 뜻이 '착하다'가 되었고, 착하다와 관련된 말인 '최선·독선·선행'에서 보듯 그 음이 '선'이 되었다.

용례 最善 최선 · 獨善 독선 · 善行 선행 · 善導 선도 · 善心 선심 · 眞善美 진선미 · 勸善懲惡 권선징악 · 改過遷善 개과천선 · 多多益善 다다익선 · 善男善女 선남선녀 · 急行無善步 급행무선보

190	毛 터럭 모 毛[터럭 모]부 4획	중 毛 [máo] 일 毛 음독[もう] 　 훈독[け] 영 hair, fur

금 문　소 전

긴 깃대에 짧은 여러 깃가지를 줄여 터럭을 나타낸 글자다. 하늘을 나는 새의 깃에 나있는 터럭을 나타낸 것이다. 그렇게 터럭을 나타낸 데서 그 뜻이 '터럭'이 되었고, 터럭과 관련된 말인 '모피·모발·순모'에서 보듯 그 음이 '모'가 되었다.

깃대의 터럭

용례 毛皮 모피 · 毛髮 모발 · 羊毛 양모 · 脫毛 탈모 · 絨毛 융모 · 根毛 근모 · 不毛地 불모지 · 二毛作 이모작 · 毛囊蟲 모낭충 · 九牛一毛 구우일모 · 毛遂自薦 모수자천 · 毛骨悚然 모골송연 · 吹毛覓疵 취모멱자

191	尾 꼬리 미 尸[주검 시]부 7획	중 尾 [wěi] 일 尾 음독[び] 　 훈독[お] 영 tail

소 전

사람을 나타낸 尸와 毛[터럭 모]자가 합쳐진 글자다. 사람[尸]이 동물의 가죽을 뒤집어 쓴 모양에서 드러난 꼬리의 터럭[毛]과 관련해 그 뜻이 '꼬리'가 되었고, 꼬리와 관련된 말인 '미골·말미·후미'에서 보듯 그 음이 '미'가 되었다.

신라박(사자춤의 일종)

용례 尾骨 미골 · 後尾 후미 · 大尾 대미 · 尾行 미행 · 尾蔘 미삼 · 尾扇 미선 · 尾括式 미괄식 · 九尾狐 구미호 · 燕尾服 연미복 · 首尾相應 수미상응 · 去頭截尾 거두절미 · 龍頭蛇尾 용두사미 · 尾生之信 미생지신

192	形 형상 형	중 形 [xíng]
	彡[터럭 삼]부 7획	일 形 음독[ぎょう·けい]
		훈독[かた·かたち]
		영 form

소 전

우물을 나타낸 井[우물 정]자와 장식하는 데 쓰인 터럭을 나타낸 彡[터럭 삼]자가 합쳐진 形자가 본자(本字)이다. 彡자로 인해 여러 모양으로 장식된 형상과 관련해 그 뜻이 '형상'이 되었고, 井자로 인해 刑[형벌 형 =刑]자처럼 그 음이 '정'에서 변하여 '형'이 되었다. 덧붙여진 井자는 후에 开의 형태로 변하여 오늘날 形자로 쓰이고 있다.

여러 가지 형상

용례 形態형태 · 形狀형상 · 小形소형 · 人形인형 · 字形자형 · 畸形기형 · 地形지형 · 體形체형 · 三角形삼각형 · 形聲字형성자 · 橢圓形타원형 · 形形色色형형색색 · 成形手術성형수술 · 輪形動物윤형동물 · 無形文化財무형문화재

193	修 닦을 수	중 修 [xiū]
	人[사람 인]부 9획	일 修 음독[しゅ·しゅう]
		훈독[おさまる·おさめる]
		영 repair, cultivate

소 전

攸[바 유]자와 彡[터럭 삼]자가 합쳐진 글자다. 彡자로 인해 터럭[彡]으로 장식하듯 예쁘게 하기 위해 닦는다 하여 그 뜻이 '닦다'가 되었고, 攸자로 인해 脩[포 수]자처럼 그 음이 '유'에서 변하여 '수'가 되었다.

옛날의 서당

용례 修繕수선 · 修行수행 · 修道수도 · 研修연수 · 再修재수 · 修能수능 · 修交수교 · 修辭法수사법 · 修己治人수기치인 · 修身齊家治國平天下수신제가치국평천하

194	馬 말 마	중 马 [mǎ]
	馬[말 마]부 10획	일 馬 음독[ば·め]
		훈독[うま·ま]
		영 horse

갑골문 · 소 전

길쭉한 머리에 큰 눈, 그리고 몸체의 갈기, 발과 꼬리가 보이는 말을 세워 형성화한 글자다. 말의 가장 특징적인 부위들을 나타낸 데서 그 뜻이 '말'이 되었고, 말과 관련된 '거마·경마·백마'에서처럼 그 음이 '마'가 되었다. 고대에는 세로로 길쭉한 죽간(竹簡)에 글자를 썼기 때문에 魚[물고기 어]·虎[범 호]·龜[거북 귀]자처럼 馬자도 세워서 나타냈다.

서 있는 말 그림

용례 車馬거마 · 競馬경마 · 馬力마력 · 白馬백마 · 駿馬준마 · 出馬출마 · 馬牌마패 · 愛馬애마 · 鐵馬철마 · 海馬해마 · 千里馬천리마 · 赤兔馬적토마 · 擺撥馬파발마 · 騎馬戰기마전 · 竹馬故友죽마고우 · 天高馬肥천고마비

195

驚 놀랄 경
馬[말 마]부 23획

중 惊 [jīng]
일 驚 음독[きょう]
　　훈독[おどろかす・おどろく]
영 surprise

소 전

敬[공경할 경]자와 馬[말 마]자가 합쳐진 글자다. 馬자로 인해 말[馬]이
놀란다 하여 그 뜻이 '놀라다'가 되었고, 敬자로 인해 警[경계할 경]·擎
[들 경]·檠[도지개 경]자처럼 그 음이 '경'이 되었다.

용례 驚氣 경기 · 驚蟄 경칩 · 驚愕 경악 · 驚歎 경탄 · 勿驚 물경 · 夜驚症 야경증 · 驚異的 경이적 ·
大驚失色 대경실색 · 驚天動地 경천동지 · 驚弓之鳥 경궁지조

번개에 놀란 말
(들라크루아 작)

196

虎 범호
虍[범의 문채 호]부 8획

중 虎 [hǔ]
일 虎 음독[こ]
　　훈독[とら]
영 tiger

갑골문 ｜ 소 전

크게 벌린 입과 머리, 줄이 진 몸체와 다리, 꼬리가 있는 범을 나타낸 글
자다. 그렇게 범을 나타냈기에 그 뜻이 '범'이 되었고, 범과 관련된 말인
'백호·맹호·호피'에서처럼 그 음이 '호'가 되었다. 흔히 범을 호랑이라
한다. 호랑이는 '호랑'에 명사형 접미사 '이'를 덧붙인 말이다. 호랑의
'호'는 虎자이지만 '랑'은 狼[이리 랑]자와 관련이 있다. 호랑이는 원래
범과 이리와 같은 사나운 짐승을 총칭했는데, 짐승 가운데 범이 대표가
된 데서 결국 '범'을 이르는 말로 쓰이게 된 것이다.

용례 白虎 백호 · 猛虎 맹호 · 虎皮 호피 · 飛虎 비호 · 虎胸背 호흉배 · 虎死留皮 호사유피 · 狐假虎
威 호가호위 · 三人成虎 삼인성호

근역강산맹호기상도

197

處 곳처
虍[범의 문채 호]부 11획

중 处 [chǔ]
일 処 음독[しょ]
　　훈독[ところ]
영 place

금 문 ｜ 소 전

虎[범 호]자의 일부가 생략된 虍[범의 문채 호]자와 夂[뒤져 올 치]자와
几[안석 궤]자가 합쳐진 글자다. 夂자와 几자로 인해 사람이 발[夂]을
멈추고 안석[几]에 기대는 곳과 관련해 그 뜻이 '곳'이 되었고, 虍자로
인해 그 음이 '호'에서 변하여 '처'가 되었다.[약자→処]

용례 處身 처신 · 處地 처지 · 居處 거처 · 近處 근처 · 對處 대처 · 傷處 상처 · 處世術 처세술 · 九重
深處 구중심처 · 應急措處 응급조처

안석에 기대어 머무른
모양

198

虛 빌 허

虍[범의 문채 호]부 12획

중 虚 [xū]
일 虚 음독[きょ·こ]
　　훈독[むなしい]
영 empty

소 전

虍[범의 문채 호]자와 丘[언덕 구]자에서 변형된 형태가 합쳐진 글자다. 丘자로 인해 언덕[丘] 사이가 비어 있다는 데서 그 뜻이 '비다'가 되었고, 虍자로 인해 그 음이 '호'에서 변하여 '허'가 되었다. 虛자는 동자(同字)이다.[약자→虚]

용례 虛無 허무 · 謙虛 겸허 · 虛點 허점 · 虛偽 허위 · 虛影廳 허영청 · 虛禮虛飾 허례허식 · 虛心坦懷 허심탄회 · 虛張聲勢 허장성세 · 虛送歲月 허송세월 · 名不虛傳 명불허전

제주 이달오름

199

能 능할 능

肉[고기 육]부 10획

중 能 [néng]
일 能 음독[のう]
　　훈독[あたう·よく]
영 be able to

금 문　　소 전

큰 대가리와 긴 주둥이, 육중한 몸체, 튼실한 발의 곰을 나타낸 글자다. 원래 '곰'을 뜻했으나 곰처럼 힘이 세서 모든 일에 능하다 하여 결국 그 뜻이 '능하다'가 되었고, '능하다'와 관련된 말인 '능력·기능·본능'에서 보듯 그 음이 '능'이 되었다. 본래의 뜻인 곰은 火[불 화]자에서 변형된 灬[연화발]을 덧붙여 熊[곰 웅]자로 쓰이고 있다.

용례 能力 능력 · 有能 유능 · 本能 본능 · 能通 능통 · 藝能 예능 · 能耳 능이=能栮 · 放射能 방사능 · 知能指數 지능지수 · 能小能大 능소능대 · 黃金萬能 황금만능 · 能書不擇筆 능서북택필

곰

200

蟲 벌레 충

虫[벌레 훼]부 18획

중 虫 [chóng]
일 虫 음독[ちゅう]
　　훈독[むし]
영 insect

소 전

虫[벌레 훼]자가 세 개 합쳐진 글자다. 같은 한자가 세 개 쓰이면 森[빽빽할 삼]자나 品[물건 품]자처럼 그 의미가 '많다'와 관련이 있다. 세상에는 많은 벌레가 있기 때문에 '벌레'를 뜻하는 한자도 虫자 세 개를 합친 蟲자로 쓰고 있다. 그 음은 벌레와 관련된 '곤충·해충·유충'에서 보듯 '충'으로 읽힌다. 虫자는 몸이 긴 벌레인 뱀을 나타낸 글자인데, 뱀이 모든 벌레를 대표한 데서 그 뜻이 '벌레'가 되었다.[약자→虫]

용례 昆蟲 곤충 · 害蟲 해충 · 益蟲 익충 · 幼蟲 유충 · 蟲齒 충치 · 食蟲 식충 · 無骨蟲 무골충 · 爬蟲類 파충류 · 蟲垂炎 충수염 · 冬蟲夏草 동충하초 · 十二指腸蟲 십이지장충

따리를 틀고 있는 뱀

201

番 차례 번

田[밭 전]부 12획

중 番 [fān]
일 番 음독[ばん]
　 훈독[つがい·つがう]
영 sequence, order in series

금 문　소 전

짐승의 발자국을 나타낸 釆[분별할 변]자와 田의 형태가 합쳐진 글자다. 땅에 찍힌 짐승의 발자국[田]을 분별해보면[釆] 그 짐승이 지나간 차례를 알 수 있다고 하여 그 뜻이 '차례'가 되었고, 다시 釆자의 영향을 받아 그 음이 '변'에서 '번'이 되었다.

용례 番地 번지 · 學番 학번 · 當番 당번 · 非番 비번 · 缺番 결번 · 券番 권번 · 番號版 번호판 · 十八番 십팔번 · 不寢番 불침번 · 番外競技 번외경기

닭의 발자국

● 날짐승 ●)

202

鳥 새 조

鳥[새 조]부 11획

중 鳥 [niǎo]
일 鳥 음독[ちょう]
　 훈독[とり]
영 bird

갑골문　소 전

옆에서 본 새를 나타낸 글자다. 새의 머리와 날개깃, 다리를 비교적 자세하게 나타낸 데서 그 뜻이 '새'가 되었고, 새와 관련된 '백조·조류·불사조'에서 보듯 그 음이 '조'가 되었다.

용례 白鳥 백조 · 鳥葬 조장 · 鳥類 조류 · 不死鳥 불사조 · 鳥瞰圖 조감도 · 九官鳥 구관조 · 反哺鳥 반포조 · 寒苦鳥 한고조 · 八色鳥 팔색조 · 比翼鳥 비익조 · 一石二鳥 일석이조

까 치

203

雄 수컷 웅

隹[새 추]부 12획

중 雄 [xióng]
일 雄 음독[ゆう]
　 훈독[お·おす]
영 male

소 전

厷[팔뚝 굉]자와 隹[새 추]자가 합쳐진 글자다. 隹자로 인해 새[隹]의 수컷과 관련된 데서 그 뜻이 '수컷'이 되었고, 厷자로 인해 그 음이 '굉'에서 변하여 '웅'이 되었다.

용례 雌雄 자웅 · 英雄 영웅 · 奸雄 간웅 · 雄飛 웅비 · 雄大 웅대 · 雄辯 웅변 · 聖雄 성웅 · 雄據地 웅거지 · 大雄殿 대웅전 · 戰國七雄 전국칠웅 · 群雄割據 군웅할거

까투리(암컷)와
장끼(수컷)

204	集 모일 집 隹[새 추]부 12획	중	集 [jí]
		일	集 음독[しゅう] 훈독[あつまる·あつめる·つどう]
		영	gather

금문 | 소 전

雥[새 떼 지어 모일 잡]자와 木[나무 목]자가 합쳐진 雧자가 본자(本字)이다. 많은 새[雥]들이 나무[木] 위에 모여 앉아 있는 모습을 나타낸 데서 그 뜻이 '모이다'가 되었고, '모이다'와 관련된 말인 '집회·집산·모집'에서 보듯 그 음이 '집'이 되었다. 雥자는 후대에 隹(추)자로 간략하게 바뀌면서 雧자는 오늘날 集자로 바뀌 쓰이고 있다.

나무 위의 새떼

용례 集會 집회 · 募集 모집 · 採集 채집 · 詩集 시집 · 蒐集 수집 · 集團 집단 · 召集 소집 · 密集 밀집 · 集大成 집대성 · 集賢殿 집현전 · 集示法 집시법 · 集小成大 집소성대

205	難 어려울 난 隹[새 추]부 19획	중	难 [nán]
		일	難 음독[なん] 훈독[かたい·むずかしい]
		영	difficult

금문 | 소 전

堇[진흙 근]자에서 변형된 䏍자와 隹[새 추]자가 합쳐진 글자다. 隹자로 인해 본래 '새 이름[隹]'과 관련된 뜻을 지녔으나 艱難(간난)의 艱[어려울 간]자와 함께 쓰이면서 그 영향을 받아 결국 '어렵다'는 뜻을 지니게 되었고, 자형이 변형되었지만 堇자로 인해 음이 '근'에서 바뀌어 '난'이 되었다. 難자는 음조를 부드럽게 하기 위해 모음이나 ㄴ의 뒤에 연결될 때는 '란'으로도 읽힌다.

재난 관련 공익광고

용례 災難 재난 · 避難 피난 · 苦難 고난 · 困難 → 곤란 · 論難 → 논란 · 難治病 난치병 · 住宅難 주택난 · 白骨難忘 백골난망 · 孤掌難鳴 고장난명 · 難兄難弟 난형난제

206	舊 예구 臼[절구 구]부 18획	중	旧 [jiù]
		일	旧 음독[きゅう] 훈독[ふるい]
		영	old

갑골문 | 소 전

바른 舊자

귀깃[艹]이 있는 새[隹]인 수리부엉이를 나타낸 萑[수리부엉이 환]자와 臼[절구 구]자가 합쳐진 글자다. 萑자로 인해 원래 새[隹]의 일종인 부엉이를 뜻했으나 음이 古[예고]자와 서로 통한 데서 그 뜻 '예'로 빌려 쓰이게 되었고, 臼자로 인해 舅[시아비 구]자처럼 그 음이 '구'가 되었다.[약자→旧]

수리부엉이

용례 親舊 친구 · 舊式 구식 · 舊臘 구랍 · 舊正 구정 · 舊石器 구석기 · 舊世代 구세대 · 勳舊派 훈구파 · 舊態依然 구태의연 · 送舊迎新 송구영신 · 一面如舊 일면여구 · 原狀復舊 원상복구

207	飛 날비	중	飞 [fēi]
		일	飛 음독[ひ]
	飛[날 비]부 9획		훈독[とばす · とぶ]
		영	fly

소 전

새가 양쪽 날개를 쭉 펴고 하늘 위로 나는 모양을 본뜬 글자다. 새가 나는 모양을 본떴기에 그 뜻이 '날다'가 되었고, '날다'와 관련된 말인 '비상·비행기·풍비박산'에서 보듯 그 음이 '비'가 되었다.

용례 飛翔 비상 · 飛躍 비약 · 飛虎 비호 · 飛閣 비각 · 鵬飛 붕비 · 飛行機 비행기 · 飛蚊症 비문증 · 風飛雹散 풍비박산 · 飛沫感染 비말감염 · 流言飛語 유언비어 · 魂飛魄散 혼비백산

하늘을 나는 새

208	非 아닐비	중	非 [fēi]
		일	非 음독[ひ]
	非[아닐 비]부 8획		훈독[あらず]
		영	not

갑골문 │ 소 전

새가 날 때 펼쳐진 양쪽 날개를 나타낸 글자다. 펼쳐진 양쪽 날개의 방향이 같지 아니한 데서 그 뜻이 '아니다'가 되었고, '아니다'와 관련된 말인 '비리·비상·시비'에서처럼 그 음이 '비'가 되었다.

용례 非理 비리 · 非常 비상 · 非情 비정 · 非婚 비혼 · 非公式 비공식 · 兩非論 양비론 · 非對稱 비대칭 · 非常時 비상시 · 是是非非 시시비비 · 非一非再 비일비재 · 非行少年 비행소년

두 날개가 펼쳐진 모양

209	習 익힐습	중	习 [xí]
		일	習 음독[しゅう]
	羽[깃 우]부 11획		훈독[ならう]
		영	exercise

갑골문 │ 소 전

羽[깃 우]자와 日[날 일]자가 합쳐진 글자였다. 어린 새가 날개깃[羽]을 반복해 활개치며 해[日]가 떠 있는 하늘을 날 수 있도록 익힌다 하여 그 뜻이 '익히다'가 되었고, '익히다'와 관련된 말인 '습관·습성·학습'에서처럼 그 음이 '습'이 되었다. 후에 日은 白(백)으로 바뀌었다.

용례 習慣 습관 · 習性 습성 · 學習 학습 · 實習 실습 · 自習 자습 · 習得 습득 · 慣習 관습 · 豫習 예습 · 練習 연습 · 風習 풍습 · 弊習 폐습 · 惡習 악습 · 常習犯 상습범 · 見習生 견습생 · 習近平 습근평 →시진핑 · 學而時習 학이시습

새가 하늘을 나는 모양

210 魚 물고기 어	중	鱼 [yú]
	일	魚 음독[ぎょ]
		훈독[うお・さかな]
魚[물고기 어]부 11획	영	fish

갑골문 / 소 전

대가리와 지느러미, 꼬리가 완전하게 갖춰진 물고기를 세워서 나타낸 글자다. 그렇게 물고기를 나타냈기 때문에 뜻이 '물고기'가 되었고, 물고기와 관련된 말인 '은어·어뢰·활어'에서 보듯 그 음이 '어'가 되었다.

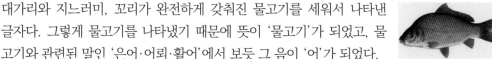

붕 어

용례 銀魚 은어 · 長魚 장어 · 鮒魚 부어→붕어 · 鯉魚 이어→잉어 · 秀魚 수어→숭어 · 香魚 향어 · 洪魚 홍어 · 活魚 활어 · 黃石魚 황석어 · 汽水魚 기수어 · 鰍魚湯 추어탕 · 緣木求魚 연목구어 · 林延壽魚 임연수어 · 魚頭肉尾 어두육미 · 水魚之交 수어지교

211 鮮 고울 선	중	鲜 [xiān]
	일	鮮 음독[せん]
		훈독[あざやか]
魚[물고기 어]부 17획	영	fresh

금 문 / 소 전

魚[물고기 어]자와 羊[양 양]자가 합쳐진 글자다. 물고기[魚]나 양고기[羊]가 상하지 않아 '신선하다' 하면서 다시 신선한 것은 '곱다' 하여 그 뜻이 '곱다'가 되었다. '신선하다'나 '곱다'와 관련된 말인 '신선·선명·선혈'에서처럼 그 음이 '선'이 되었다.

신선한 생선

용례 生鮮 생선 · 新鮮 신선 · 鮮明 선명 · 鮮血 선혈 · 鮮度 선도 · 鮮魚 선어 · 鮮紅色 선홍색 · 古朝鮮 고조선 · 內鮮一體 내선일체 · 不逞鮮人 불령선인

212 貝 조개 패	중	贝 [bèi]
	일	貝 음독[はい・ばい]
		훈독[かい]
貝[조개 패]부 7획	영	shell

갑골문 / 소 전

옛날에 화폐로 사용했던 자패(紫貝)인 조개를 나타낸 글자다. 조개를 나타냈기 때문에 그 뜻이 '조개'가 되었고, 조개와 관련된 '패물·자패·패총'에서처럼 그 음이 '패'가 되었다. 貝자는 옛날 화폐로 사용했던 귀한 조개인 자패에서 비롯되었기 때문에 그 자형이 덧붙여지는 한자는 '귀한 재물'과 관련된 뜻을 지닌다.

옛날 화폐로 사용된 조개

용례 紫貝 자패 · 貝貨 패화 · 貝物 패물 · 寶貝 보패→보배 · 貝塚 패총 · 貝殼 패각 · 種貝 종패 · 貝柱 패주 · 魚貝類 어패류 · 貝類毒素 패류독소

213

財 재물 재

貝[조개 패]부 10획

중 財 [cái]
일 財 음독[さい・ざい]
　　훈독[たから]
영 property, wealth

소 전

貝[조개 패]자와 才[재주 재]자가 합쳐진 글자다. 貝자로 인해 화폐[貝]처럼 값나가는 모든 재물과 관련해 그 뜻이 '재물'이 되었고, 才자로 인해 材[재목 재]자나 釚[날카로울 재]자처럼 그 음이 '재'가 되었다.

용례 財物 재물 · 財産 재산 · 財閥 재벌 · 理財 이재 · 財源 재원 · 私財 사재 · 文化財 문화재 · 代替財 대체재 · 財團法人 재단법인 · 不正蓄財 부정축재 · 家財道具 가재도구

금은보화

214

貧 가난할 빈

貝[조개 패]부 11획

중 貧 [pín]
일 貧 음독[ひん・びん]
　　훈독[まずしい]
영 poor

소 전

分[나눌 분]자와 貝[조개 패]자가 합쳐진 글자다. 貝자로 인해 화폐와 같은 재물[貝]이 없어 가난하다 하여 그 뜻이 '가난하다'가 되었고, 分자로 인해 그 음이 '분'에서 변하여 '빈'이 되었다.

용례 貧困 빈곤 · 貧血 빈혈 · 貧弱 빈약 · 淸貧 청빈 · 極貧者 극빈자 · 安貧樂道 안빈낙도 · 外華內貧 외화내빈 · 貧富貴賤 빈부귀천 · 家貧則思良妻 가빈즉사양처 · 貧益貧富益富 빈익빈부익부

빈부격차(멕시코)

215

責 꾸짖을 책

貝[조개 패]부 11획

중 責 [zé]
일 責 음독[しゃく・せき]
　　훈독[せめる]
영 reprove

갑골문

소 전

朿[가시 자]자와 貝[조개 패]자가 합쳐진 責자가 본자(本字)였다. 貝자로 인해 돈[貝]과 같은 재물을 빚으로 빌린다 하면서 '빚'을 뜻했으나 人[사람 인]자에서 변형된 亻[인변]을 덧붙인 債[빚 채]자가 그 뜻을 대신하고, 자신은 그 빚을 갚지 못해 꾸짖음을 받는다 하여 결국 뜻이 '꾸짖다'가 되었다. 그 음은 朿자로 인해 策[꾀 책]자처럼 '자'에서 변하여 '책'이 되었다. 그러나 후대에 朿자는 龶의 형태로 간략하게 바뀌어 오늘날 責자로 쓰이고 있다.

빚과 관련한 공익광고

용례 叱責 질책 · 詰責 힐책 · 問責 문책 · 責務 책무 · 責任 책임 · 責望 책망 · 譴責 견책 · 職責 직책 · 自責 자책 · 呵責 가책 · 重責 중책 · 責禍 책화 · 組織責 조직책 · 免責特權 면책특권

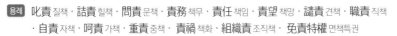

216

貨 재화 화

貝[조개 패]부 11획

중 货 [huò]
일 貨 음독[か]
영 goods

소 전

化[화할 화]자와 貝[조개 패]자가 합쳐진 글자다. 貝자로 인해 화폐[貝]처럼 값을 지닌 모든 물건인 재화와 관련해 그 뜻이 '재화'가 되었고, 化자로 인해 花[꽃 화]자나 靴[신 화]자처럼 그 음이 '화'가 되었다.

용례 貨幣 화폐 · 外貨 외화 · 鑄貨 주화 · 銅貨 동화 · 銀貨 은화 · 通貨 통화 · 寶貨 보화 · 財貨 재화 · 貨物 화물 · 円貨 원화→엔화 · 惡貨 악화 · 百貨店 백화점 · 雜貨店 잡화점 · 小貨物 소화물 · 金銀寶貨 금은보화 · 奇貨可居 기화가거

화 폐

217

貴 귀할 귀

貝[조개 패]부 12획

중 贵 [guì]
일 貴 음독[き]
　　훈독[たっとい·たっとぶ·
　　とうとい·とうとぶ]
영 precious

소 전

臾[잠깐 유]자와 貝[조개 패]자가 합쳐진 臾자가 본자(本字)이다. 貝자로 인해 화폐처럼 귀한 재물[貝]과 관련하여 그 뜻이 '귀하다'가 되었고, 臾자로 인해 그 음이 '유'에서 변하여 '귀'가 되었다. 후에 臾자가 虫의 형태로 바뀌면서 오늘날 貴자로 쓰이고 있다.

용례 貴下 귀하 · 貴中 귀중 · 貴重 귀중 · 稀貴 희귀 · 高貴 고귀 · 貴金屬 귀금속 · 楊貴妃 양귀비 · 貴公子 귀공자 · 貴婦人 귀부인 · 貧富貴賤 빈부귀천 · 富貴在天 부귀재천 · 富貴榮華 부귀영화 · 洛陽紙價貴 낙양지가귀

귀금속

218

買 살 매

貝[조개 패]부 12획

중 买 [mǎi]
일 買 음독[ばい]
　　훈독[かう]
영 buy

갑골문　　소 전

그물을 나타내는 网[그물 망]자를 달리 쓴 罒(망)자와 화폐를 나타내는 貝[조개 패]자로 이뤄진 글자다. 그물[网]에 갈무리 해둔 화폐[貝]로 물건을 산다 하여 그 뜻이 '사다'가 되었고, '사다'와 관련된 '매입·매매·매점매석'에서 보듯 그 음이 '매'가 되었다.

용례 買入 매입 · 買賣 매매 · 購買 구매 · 買收 매수 · 買價 매가 · 買票 매표 · 競買 경매 · 強買 강매 · 密買 밀매 · 都買 도매 · 買切 매절 · 仲買人 중매인 · 買占賣惜 매점매석 · 不買運動 불매운동 · 秋穀收買 추곡수매

팔고 사고

219

賣 팔 매

貝[조개 패]부 15획

중 卖 [mài]
일 売 음독[ばい·まい]
　　훈독[うる·うれる]
영 sell

소 전

出[날 출]자와 買[살 매]자가 합쳐진 賣자가 본자(本字)이다. 出자로 인해 물건을 내어[出] 판다 하면서 그 뜻이 '팔다'가 되었고, 買자로 인해 음이 '매'가 되었다. 후에 賣자에 붙여진 出자는 士의 형태로 바뀌어 오늘날 賣자로 쓰이게 되었다.[약자→売]

용례 販賣 판매 · 賣店 매점 · 賣盡 매진 · 賣出 매출 · 賣物 매물 · 賣國奴 매국노 · 賣票所 매표소 · 損切賣 손절매 · 小賣店 소매점 · 薄利多賣 박리다매 · 賣官賣職 매관매직 · 買占賣惜 매점매석 · 立稻先賣 입도선매

물건을 팔고 사는 옛날 시장

220

貯 쌓을 저

貝[조개 패]부 12획

중 贮 [zhù]
일 貯 음독[ちょ]
　　훈독[たくわえる]
영 store up

갑골문　　소 전

상자[宁]에 귀한 재물[貝]을 담아 쌓은 모양을 나타낸 글자다. 상자에 재물을 담아 쌓는 모양을 나타낸 데서 그 뜻이 '쌓다'가 되었고, 다시 宁(저)자로 인해 苧[모시풀 저]자나 佇[우두커니 설 저]자처럼 그 음이 '저'가 되었다.

용례 貯蓄 저축 · 貯金 저금 · 貯藏 저장 · 貯積倉 저적창 · 貯炭場 저탄장 · 貯水池 저수지 · 貯油施設 저유시설

돈을 담고 있는 저금통

221

賞 상줄 상

貝[조개 패]부 15획

중 赏 [shǎng]
일 賞 음독[しょう]
　　훈독[ほめる·めでる]
영 praise

금 문　　소 전

尚[오히려 상=尙]자와 貝[조개 패]자가 합쳐진 글자다. 貝자로 인해 공을 세운 사람을 기리기 위해 귀한 재물[貝]로 상을 준다 하여 그 뜻이 '상 주다'가 되었고, 尚자로 인해 常[항상 상]·裳[치마 상]·嘗[맛볼 상]자처럼 그 음이 '상'이 되었다.

용례 賞狀 상장 · 賞品 상품 · 受賞 수상 · 褒賞 포상 · 施賞 시상 · 大賞 대상 · 賞金 상금 · 鑑賞 감상 · 觀賞用 관상용 · 皆勤賞 개근상 · 敢鬪賞 감투상 · 懸賞金 현상금 · 論功行賞 논공행상 · 信賞必罰 신상필벌

황금열쇠 상품과 상장

222

質 바탕 질
貝[조개 패]부 15획

중 质 [zhì]
일 質 음독[しつ・しち・ち]
　　훈독[ただす]
영 quality

소 전

옛 사람이 귀중하게 여겼던 도끼[斤] 두 자루를 나타낸 斦[도끼 은]자와 화폐로 사용되었던 조개를 나타낸 貝[조개 패]자가 합쳐진 글자다. 도끼[斦]와 조개[貝]가 물건을 교환하는 데 기본이 되어주는 것이라 하여 그 뜻이 '바탕'이 되었고, 바탕과 관련된 '인질·본질·물질'에서 보듯 그 음이 '질'이 되었다.[약자→貭]

> **용례** 人質 인질 · 言質 언질 · 品質 품질 · 水質 수질 · 性質 성질 · 變質 변질 · 體質 체질 · 氣質 기질 · 素質 소질 · 質朴 질박 · 蛋白質 단백질 · 琺瑯質 법랑질 · 惡質分子 악질분자 · 氷姿玉質 빙자옥질

물물교환

223

賢 어질 현
貝[조개 패]부 15획

중 贤 [xián]
일 賢 음독[けん]
　　훈독[かしこい・さかしい・
　　まさる]
영 sage

금 문 | 소 전

臣[신하 신]자와 又[또 우]자가 어우러진 臤[단단할 견]자와 貝[조개 패]자가 합쳐진 글자다. 貝자로 인해 재물[貝]을 사람들에게 나누어 주는 모습이 어질다 하여 그 뜻이 '어질다'가 되었고, 臤자로 인해 그 음이 '견'에서 변하여 '현'이 되었다.[약자→賢]

> **용례** 賢明 현명 · 賢者 현자 · 聖賢 성현 · 先賢 선현 · 賢人 현인 · 集賢殿 집현전 · 賢夫人 현부인 · 賢母良妻 현모양처 · 竹林七賢 죽림칠현 · 愚問賢答 우문현답

율곡 이이와 신사임당

224

賀 하례할 하
貝[조개 패]부 12획

중 贺 [hè]
일 賀 음독[が]
영 congratulate

금 문 | 소 전

加[더할 가]자와 貝[조개 패]자가 합쳐진 글자다. 貝자로 인해 귀한 재물[貝]로 축하의 예를 행한다 하여 뜻이 '하례하다'가 되었고, 加자로 인해 음이 '가'에서 변하여 '하'가 되었다.

> **용례** 祝賀 축하 · 致賀 치하 · 賀客 하객 · 慶賀 경하 · 年賀狀 연하장 · 謹賀新年 근하신년 · 新年賀禮會 신년하례회

축하 카드

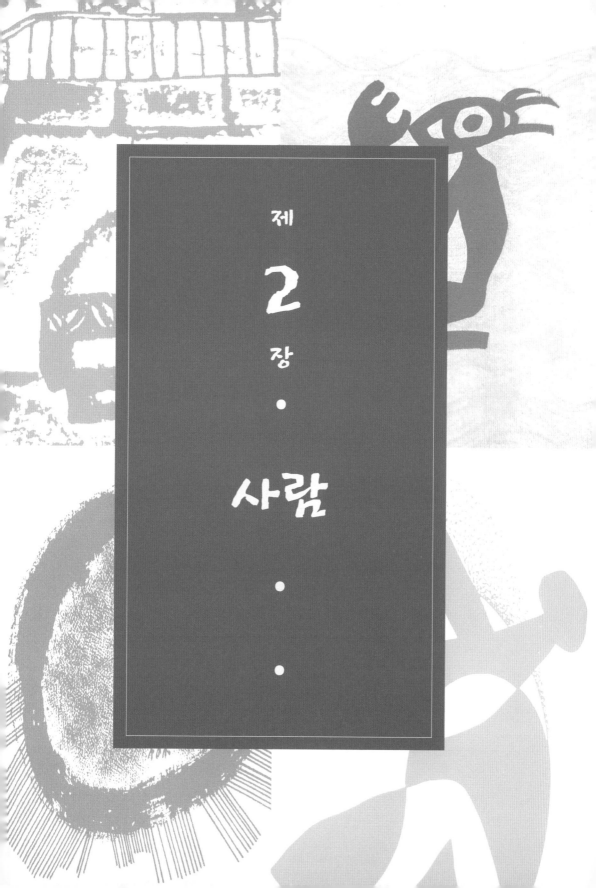

제

2

장

•

사람

•

•

2-1. 사람과 관련된 한자

태초에 지구가 생기고 나서 한참 시간이 흐른 뒤 미미한 생명체들이 출현했고, 그 뒤에 또 다른 생명체인 사람이 탄생하게 되었다. 오늘날 사람은 스스로 '만물의 영장'이라 칭하며 지구의 주인처럼 살고 있다. 사람이 그렇게 살 수 있었던 것은 직립을 하여 손으로는 도구를 사용하고, 발로는 자유롭게 활동할 수 있었기 때문이다. 이 장에서는 사람의 모습과 관련된 부수인 人[사람 인]·儿[어진 사람 인]·立[설립]·大[큰 대]·老[늙을 로]·長[긴 장]·子[아들 자]·身[몸 신]·骨[뼈 골]·欠[하품 흠]·頁[머리 혈]·比[견줄비]·文[글월 문]·女[계집 녀]자 등으로 형성된 한자를 살펴본다.

• 사람 일반 •

225

人 사람 인
人[사람 인]부 2획

중 人 [rén]
일 人 음독[じん·にん]
　　훈독[ひと]
영 people

갑골문 ｜ 소 전

도구를 잘 사용하는 팔과 똑바로 서 있을 수 있게 한 다리가 분명하게 드러나는 옆으로 본 사람을 나타낸 글자다. 그렇게 사람을 나타냈기에 그 뜻이 '사람'이 되었고, 사람과 관련된 말인 '인간·인삼·부인'에서 보듯 그 음이 '인'이 되었다.

용례 人間 인간 · 達人 달인 · 盲人 맹인 · 美人 미인 · 聖人 성인 · 小人 소인 · 支那人 지나인 · 令夫人 영부인 · 張本人 장본인 · 査夫人 사부인 · 福婦人 복부인 · 未亡人 미망인 · 人山人海 인산인해 · 出嫁外人 출가외인

사람의 진화과정

226

仁 어질 인
人[사람 인]부 4획

중 仁 [rén]
일 仁 음독[じん·に·にん]

영 humane

금 문 ｜ 소 전

人[사람 인]자와 二[두 이]자가 합쳐진 글자다. '가까이 하는 두[二] 사람[人]은 어진 관계로 맺어야 한다'고 하여 그 뜻이 '어질다'가 되었고, '어질다'와 관련된 '인술·인군·살신성인'에서 보듯 그 음이 '인'이 되었다.

용례 仁術 인술 · 仁君 인군 · 仁政 인정 · 仁兄 인형 · 杏仁 행인 · 酸棗仁 산조인 · 殺身成仁 살신성인 · 仁者樂山 인자요산 · 仁義禮智 인의예지 · 仁者無敵 인자무적 · 宋襄之仁 송양지인

인(仁)을 중심사상으로
내세운 공자

227

信 믿을 신
人[사람 인]부 9획

중 信 [xìn]
일 信 음독[しん]
　　훈독[まこと]
영 believe

소 전

문자도 信자

人[사람 인]자에서 변형된 亻[인변]과 言[말씀 언]자가 합쳐진 글자다. 言자로 인해 성실하게 전하는 말[言]을 믿는다 하여 그 뜻이 '믿다'가 되었고, 人자로 인해 그 음이 '인'에서 변하여 '신'이 되었다.

용례 信賴 신뢰 · 信用 신용 · 所信 소신 · 盲信 맹신 · 自信感 자신감 · 信憑性 신빙성 · 朋友有信 붕우유신 · 孝悌忠信 효제충신 · 無信不立 무신불립 · 尾生之信 미생지신 · 交友以信 교우이신 · 信賞必罰 신상필벌

228

休 쉴 휴
人[사람 인]부 6획

중 休 [xiū]
일 休 음독[きゅう]
　　훈독[やすまる·やすむ·
　　やすめる]
영 rest

갑골문 | 소 전

人[사람 인]자에서 변형된 亻[인변]과 木[나무 목]자가 합쳐진 글자다. 사람[人]이 나무[木] 옆의 그늘진 곳에서 쉬고 있는 모양을 나타낸 데서 그 뜻이 '쉬다'가 되었고, '쉬다'와 관련된 말인 '휴식·휴일·연중무휴'에서 보듯 그 음이 '휴'가 되었다.

용례 休息 휴식 · 休日 휴일 · 休講 휴강 · 休職 휴직 · 連休 연휴 · 休業 휴업 · 休暇 휴가 · 休學 휴학 · 休火山 휴화산 · 休紙桶 휴지통 · 休戰線 휴전선 · 休憩所 휴게소 · 年中無休 연중무휴 · 萬事休矣 만사휴의

쉬고 있는 여자

229

仙 신선 선
人[사람 인]부 5획

중 仙 [xiān]
일 仙 음독[せん]
영 hermit

소 전

人[사람 인]자에서 변형된 亻[인변]과 罨[높은 곳에 오를 선]자가 합쳐진 僊자가 본자(本字)이다. 人자로 인해 속세를 초월해 산에서 사는 사람[人]인 신선과 관련해 그 뜻이 '신선'이 되었고, 罨자로 인해 그 음이 '선'이 되었다. 그러나 후에 음의 역할을 하기 위해 덧붙여진 罨자는 뜻에도 영향을 미치는 山(산)으로 바꿔 仙자로 쓰이고 있다.

용례 仙女 선녀 · 詩仙 시선 · 謫仙 적선 · 酒仙 주선 · 仙藥 선약 · 仙果 선과 · 水仙花 수선화 · 仙人掌 선인장 · 鳳仙花 봉선화 · 儒佛仙 유불선 · 仙遊島 선유도 · 仙風道骨 선풍도골 · 羽化登仙 우화등선 · 玉骨仙風 옥골선풍

신선도(김홍도 작)

230

他 다를 타

人[사람 인]부 5획

중 他 [tā]
일 他 음독[た]
　　훈독[ほか]
영 other

소 전

人[사람 인]자에서 변형된 亻[인변]과 也[어조사 야]자가 합쳐진 글자다. 人자로 인해 자신과 다른 사람[人]인 남을 가리킨 데서 그 뜻이 '다르다'나 '남'이 되었고, 也자로 인해 地[끌 타]자나 牠[뿔 없는 소 타]자처럼 그 음이 '야'에서 변하여 '타'가 되었다.

> **용례** 他人 타인 · 他鄉 타향 · 他界 타계 · 他地 타지 · 出他 출타 · 排他的 배타적 · 他山之石 타산지석 · 自他共認 자타공인

서로 다른 사람들

231

代 대신할 대

人[사람 인]부 5획

중 代 [dài]
일 代 음독[たい·だい]
　　훈독[かえる·かわる·しろ·よ]
영 substitute

소 전

人[사람 인]자에서 변형된 亻[인변]과 弋[주살 익]자가 합쳐진 글자다. 人자로 인해 다른 사람[人]의 일을 대신한다 하여 그 뜻이 '대신하다'가 되었고, 弋자로 인해 貣[달 대]자처럼 그 음이 '익'에서 변하여 '대'가 되었다.

> **용례** 代身 대신 · 代替 대체 · 交代 교대 · 時代 시대 · 世代 세대 · 代表 대표 · 代辯人 대변인 · 代代孫孫 대대손손 · 前代未聞 전대미문 · 絶代佳人 절대가인 · 太平聖代 태평성대 · 子孫萬代 자손만대 · 一生一代 일생일대

사람의 일을 대신하는 말뚝

232

伐 칠 벌

人[사람 인]부 6획

중 伐 [fá]
일 伐 음독[ばつ]
　　훈독[うつ·きる]
영 attack

갑골문 | 소 전

人[사람 인]자에서 변형된 亻[인변]과 戈[창 과]자가 합쳐진 글자다. 사람[人]의 목을 창[戈]으로 치는 모양을 나타낸 데서 그 뜻이 '치다'가 되었고, '치다'와 관련된 '정벌·벌초·벌목공'에서 보듯 그 음이 '벌'이 되었다.

> **용례** 征伐 정벌 · 討伐 토벌 · 伐草 벌초 · 殺伐 살벌 · 伐採 벌채 · 盜伐 도벌 · 濫伐 남벌 · 間伐 간벌 · 侵伐 침벌 · 選伐 선벌 · 放伐 방벌 · 伐木工 벌목공 · 十伐之木 십벌지목 · 南征北伐 남정북벌

창으로 적을 공격하는 모양

233

伏 **엎드릴 복**

人[사람 인]부 6획

중 伏 [fú]
일 伏 음독[ふく·ぶく]
　훈독[ふす·ふせる]
영 prostrate

갑골문　　소 전

人[사람 인]자에서 변형된 亻[인변]과 犬[개 견]자가 합쳐진 글자다. 人자로 인해 사람[人] 옆에 개[犬]가 배를 땅에 대고 엎드려 있다고 하여 그 뜻이 '엎드리다'가 되었고, '엎드리다'와 관련된 말인 '복병·항복·복지부동'에서처럼 그 음이 '복'이 되었다.

용례 伏兵 복병 · 伏線 복선 · 三伏 삼복 · 庚伏 경복 · 末伏 말복 · 越伏 월복 · 降伏 항복 · 埋伏 매복 · 屈伏 굴복 · 潛伏 잠복 · 說伏 설복 · 伏魔殿 복마전 · 伏地不動 복지부동 · 哀乞伏乞 애걸복걸

짚신 삼는 사람
(김득신 작)

234

仰 **우러를 앙**

人[사람 인]부 6획

중 仰 [yǎng]
일 仰 음독[ぎょう·こう]
　훈독[あおぐ·おおせ]
영 respect

소 전

원래 서 있는 사람을 꿇어앉은 사람이 우러르는 모습을 나타낸 卬[우러를 앙]자로 쓰였던 글자였다. 후에 人[사람 인]자에서 변형된 亻[인변]을 덧붙여 그 뜻 '우러르다'를 더욱 분명히 했고, 다시 卬자로 인해 昂[오를 앙]이나 柳[말뚝 앙]자에서처럼 그 음이 '앙'이 되었다.

용례 推仰 추앙 · 崇仰 숭앙 · 仰祝 앙축 · 仰望 앙망 · 仰騰 앙등 · 尊仰 존앙 · 信仰心 신앙심 · 仰天大笑 앙천대소 · 仰釜日晷 앙부일구 · 仰釜日影 앙부일영 · 俛仰亭歌 면앙정가 · 仰不愧於天 앙불괴어천

예수를 우러르는 모양

235

佛 **부처 불**

人[사람 인]부 7획

중 佛 [fó]
일 仏 음독[ふつ·ぶつ]
　훈독[ほとけ]
영 Buddha

소 전

人[사람 인]자에서 변형된 亻[인변]과 弗[아닐 불]자가 합쳐진 글자다. 人자로 인해 범어(梵語)에서 깨달은 사람[人]인 Buddha를 음역(音譯)한 말인 佛陀(불타→부처)의 약칭으로 쓰이게 되면서 결국 그 뜻이 '부처'가 되었고, 弗자로 인해 拂[떨 불]자나 彿[비슷할 불]자처럼 그 음이 '불'이 되었다.[약자→仏]

용례 生佛 생불 · 念佛 염불 · 佛敎 불교 · 佛語 불어 · 成佛 성불 · 佛家 불가 · 佛堂 불당 · 佛舍 불사 · 佛經 불경 · 佛陀 불타 · 佛蘭西 불란서 · 彌勒佛 미륵불 · 抑佛崇儒 억불숭유 · 南無阿彌陀佛 나무아미타불

석가모니 고행상

236

偉 클 위

人[사람 인]부 11획

중 伟 [wěi]
일 偉 음독[い]
　　훈독[えらい]
영 great

소 전

人[사람 인]자에서 변형된 亻[인변]과 韋[다룬 가죽 위]자가 합쳐진 글자다. 人자로 인해 사람[人]이 체구가 크다 하여 그 뜻이 '크다'가 되었고, 韋자로 인해 圍[에울 위]·違[어길 위]·衛[지킬 위]자처럼 그 음이 '위'가 되었다.

용례 偉人 위인 · 偉大 위대 · 偉力 위력 · 偉業 위업 · 偉容 위용

이순신 동상

237

位 자리 위

人[사람 인]부 7획

중 位 [wèi]
일 位 음독[い]
　　훈독[くらい]
영 position

소 전

人[사람 인]자에서 변형된 亻[인변]과 立[설 립]자가 합쳐진 글자다. 옛날 조정에서처럼 사람[人]이 서[立] 있을 때는 마땅히 서 있어야 할 자리가 있다 하여 그 뜻이 '자리'가 되었고, 자리와 관련된 '위치·위상·고위층'에서 보듯 그 음이 '위'가 되었다.

용례 品位 품위 · 位置 위치 · 位相 위상 · 地位 지위 · 首位 수위 · 王位 왕위 · 單位 단위 · 位牌 위패 · 順位 순위 · 水位 수위 · 職位 직위 · 高位層 고위층 · 不遷位 불천위 · 三位一體 삼위일체 · 尸位素餐 시위소찬 · 南面之位 남면지위

2010 동계올림픽 피겨 시상식

238

作 지을 작

人[사람 인]부 7획

중 作 [zuò]
일 作 음독[さ·さく]
　　훈독[つくる]
영 make

갑골문　소 전

人[사람 인]자에서 변형된 亻[인변]과 乍[잠깐 새]자가 합쳐진 글자다. 人자로 인해 사람[人]이 옷 등을 짓는다 하여 그 뜻이 '짓다'가 되었고, 乍자로 인해 昨[어제 작]자나 炸[터질 작]자처럼 그 음이 '사'에서 변하여 '작'이 되었다.

용례 製作 제작 · 始作 시작 · 作業 작업 · 作名 작명 · 作亂 작란 · 作文 작문 · 作家 작가 · 作者 작자 · 遺作 유작 · 作品 작품 · 會心作 회심작 · 作爲的 작위적 · 作心三日 작심삼일 · 磨斧作鍼 마부작침 · 述而不作 술이부작 · 隨處作主 수처작주

저고리의 구조

239

低 낮을 저

人[사람 인]부 7획

중 低 [dī]
일 低 음독[てい]
훈독[ひくい・ひくまる・
ひくめる]
영 low

소 전

人[사람 인]자에서 변형된 亻[인변]과 氏[근본 저]자가 합쳐진 글자다. 人자로 인해 신분이 낮은 사람[人]이 자신의 몸을 낮춘다 하여 그 뜻이 '낮다'가 되었고, 氏자로 인해 底[밑 저]·抵[막을 저]·邸[큰 집 저]자처럼 그 음이 '저'가 되었다.

용례 高低 고저 · 最低 최저 · 低質 저질 · 低俗 저속 · 低價 저가 · 低廉 저렴 · 低下 저하 · 低劣 저열 · 低姿勢 저자세 · 低氣壓 저기압 · 低評價 저평가 · 低出産 저출산 · 東高西低 동고서저 · 眼高手低 안고수저 · 四低食品 사저식품

수산리 고구려 고분벽화

240

住 살 주

人[사람 인]부 7획

중 住 [zhù]
일 住 음독[じゅう]
훈독[すまう・すむ]
영 dwell

소 전

人[사람 인]자에서 변형된 亻[인변]과 主[주인 주]자가 합쳐진 글자다. 人자로 인해 사람[人]이 일정한 곳에 머물러 산다 하여 그 뜻이 '살다'가 되었고, 主자로 인해 注[물 댈 주]·柱[기둥 주]·駐[머무를 주]자처럼 그 음이 '주'가 되었다.

용례 住宅 주택 · 住所 주소 · 移住 이주 · 入住 입주 · 衣食住 의식주 · 永住權 영주권 · 居住地 거주지 · 原住民 원주민 · 常住人口 상주인구 · 住居施設 주거시설 · 住民登錄證 주민등록증

고대인의 주거지

241

何 어찌 하

人[사람 인]부 7획

중 何 [hé]
일 何 음독[か]
훈독[なに・なん]
영 how

갑골문 소 전

원래 사람이 도끼자루를 짊어진 모습을 표현하여 '짊어지다'나 짊어진 '짐'을 뜻하는 글자였다. 후에 다시 艸[풀 초]자에서 변형된 ++[초두]를 덧붙인 荷(하)자가 '짊어지다'나 '짐'을 뜻하게 되었고, 자신은 사람[人]의 동작과 관련이 있는 '어찌'의 뜻을 지니게 되었다. 음은 덧붙여진 可[옳을 가]자로 인해 河[강 이름 하]자처럼 '가'에서 변하여 '하'가 되었다.

용례 何必 하필 · 誰何 수하 · 何如歌 하여가 · 何首烏 하수오 · 如何間 여하간 · 抑何心情 억하심정 · 六何原則 육하원칙 · 不知何歲月 부지하세월 · 精神一到何事不成 정신일도하사불성

도끼를 멘 사람

242

例 법식 **례**

人[사람 인]부 8획

중 例 [lì]
일 例 음독[れい]
　　훈독[たとえる]
영 example

소 전

人[사람 인]자에서 변형된 亻[인변]과 列[벌일 렬]자가 합쳐진 글자다. 人자로 인해 사람[人]이 일정한 법식에 따라 늘어선 데서 뜻이 '법식'이 되었고, 列자로 인해 蛪[바질 례]자처럼 음이 '렬'에서 변하여 '례'가 되었다.

용례 例示예시 · 例外예외 · 次例차례 · 類例유례 · 前例전례 · 依例의례 · 事例사례 · 慣例관례 · 例年예년 · 判例판례 · 實例실례 · 例文예문 · 一例일례 · 異例的이례적 · 特例法특례법 · 比例代表비례대표

줄을 선 아이들

243

依 의지할 **의**

人[사람 인]부 8획

중 依 [yī]
일 依 음독[い·え]
　　훈독[よる]
영 depend

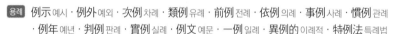

소 전

人[사람 인]자에서 변형된 亻[인변]과 衣[옷 의]자가 합쳐진 글자다. 人자로 인해 사람[人]이 무언가에 의지한다 하여 그 뜻이 '의지하다'가 되었고, 衣자로 인해 그 음이 '의'가 되었다.

용례 依支의지 · 憑依빙의 · 依賴의뢰 · 依存의존 · 依託의탁 · 歸依귀의 · 依他心의타심 · 山川依舊산천의구 · 舊態依然구태의연 · 赤貧無依적빈무의 · 依願免職의원면직

서로 의지해 길을 가는
노부부

244

保 지킬 **보**

人[사람 인]부 9획

중 保 [bǎo]
일 保 음독[ほ]
　　훈독[たもつ·やすんずる]
영 protect

갑골문　소 전

사람[人]이 손을 등 뒤로 돌려 아이[子]를 업은 모습을 본뜬 글자다. 등에 아이를 업고 잘 보살피면서 지킨다 하여 그 뜻이 '지키다'가 되었고, '지키다'와 관련된 말인 '보호·보장·안보' 등에서 보듯이 그 음이 '보'가 되었다. 오늘날 이 자형 가운데 사람은 人[사람 인]자에서 변형된 亻[인변]으로 쓰이고 있고, 그 사람의 손과 아이를 나타낸 부분은 서로 어우러져 못의 형태로 쓰이고 있다.

용례 保護보호 · 保佑보우 · 保全보전 · 保姆보모 · 保險보험 · 安保안보 · 確保확보 · 擔保담보 · 保存보존 · 保健보건 · 保證人보증인 · 保守的보수적 · 明哲保身명철보신 · 國家保安法국가보안법

아기 업은 소녀
(박수근 작)

245

俗 풍속 속

人[사람 인]부 9획

중 俗 [sú]
일 俗 음독[ぞく]
영 public morals

금문 | 소전

人[사람 인]자에서 변형된 亻[인변]과 谷[골 곡]자가 합쳐진 글자다. 人자로 인해 많은 사람[人]에 의해 생긴 풍속과 관련해 그 뜻이 '풍속'이 되었고, 谷자로 인해 그 음이 '곡'에서 변하여 '속'이 되었다.

용례 俗談 속담 · 民俗 민속 · 俗世 속세 · 俗人 속인 · 俗說 속설 · 歸俗 귀속 · 還俗 환속 · 低俗 저속 · 俗離山 속리산 · 土俗的 토속적 · 美風良俗 미풍양속 · 世俗五戒 세속오계

단오풍정(신윤복 작)

246

使 부릴 사

人[사람 인]부 8획

중 使 [shǐ]
일 使 음독[し]
　 　 훈독[つかう]
영 make a person work

금문 | 소전

人[사람 인]자에서 변형된 亻[인변]과 吏[벼슬아치 리]자가 합쳐진 글자다. 人자로 인해 사람[人]을 부린다 하여 그 뜻이 '부리다'가 되었고, 吏자로 인해 그 음이 '리'에서 변하여 '사'가 되었다.

용례 使臣 사신 · 天使 천사 · 勞使 노사 · 使嗾 사주 · 特使 특사 · 驅使 구사 · 大使館 대사관 · 冬至上使 동지상사 · 暗行御史 암행어사 · 咸興差使 함흥차사 · 判官使令 판관사령

조선통신사 행렬도

247

個 낱 개

人[사람 인]부 10획

중 个 [gè]
일 個 음독[か·こ]
영 piece

해당 글자는
고문자 없음

人[사람 인]자에서 변형된 亻[인변]과 固[굳을 고]자가 합쳐진 글자다. 人자로 인해 원래 사람[人]을 세는 단위였으나 나중에 모든 물건을 세는 단위로 쓰이게 되면서 물건 하나하나를 이르는 '낱'과 관련되어 결국 그 뜻이 '낱'이 되었고, 固자로 인해 음이 '고'에서 변하여 '개'가 되었다. [동자→箇, 약자→个]

용례 個數 개수 · 個體 개체 · 個月 개월 · 個性 개성 · 別個 별개 · 個當 개당 · 半個 반개 · 個個人 개개인 · 個人的 개인적 · 個個服招 개개복초 · 各個戰鬪 각개전투 · 個別指導 개별지도 · 五個年計劃 오개년계획

서있는 사람들

248	借 빌릴 차	중	借 [jiè]
		일	借 음독[しゃく]
	人[사람 인]부 10획		훈독[かりる]
		영	borrow

소 전

人[사람 인]자에서 변형된 亻[인변]과 昔[예 석]자가 합쳐진 글자다. 人자로 인해 사람[人]이 남의 것을 빌린다 하여 그 뜻이 '빌리다'가 되었고, 昔자로 인해 嗟[탄식할 차]자처럼 그 음이 '석'에서 변하여 '차'가 되었다.

용례 借名차명 · 賃借임차 · 借用차용 · 借款차관 · 借入차입 · 假借가차 · 借用證차용증 · 賃貸借임대차 · 借力士차력사 · 書不借人서불차인 · 借刀殺人차도살인 · 借名計座차명계좌 · 貸借對照表대차대조표

불법 사채 광고 명함

249	假 거짓 가	중	假 [jiǎ/jià]
		일	仮 음독[か·け]
	人[사람 인]부 11획		훈독[かり]
		영	falsehood

소 전

人[사람 인]자에서 변형된 亻[인변]과 叚[빌릴 가]자가 합쳐진 글자다. 人자로 인해 다른 사람[人]에게 무언가 임시로 빌린다는 뜻을 지니면서 임시로 빌리는 것은 거짓으로 빌리는 것이 되니 다시 그 뜻이 '거짓'이 되었고, 叚자로 인해 暇[겨를 가]자처럼 그 음이 '가'가 되었다.[약자→仮]

거짓 얼굴과 진짜 얼굴

용례 假借가차 · 假面가면 · 假名가명 · 假定가정 · 假飾가식 · 假縫가봉 · 假說가설 · 假稱가칭 · 假髮가발 · 假家가가→가게 · 假傳體가전체 · 假釋放가석방 · 假建物가건물 · 狐假虎威호가호위 · 征明假道정명가도 · 弄假成眞농가성진

250	停 머무를 정	중	停 [tíng]
		일	停 음독[てい]
	人[사람 인]부 11획		훈독[とまる·とめる]
		영	stay

소 전

人[사람 인]자에서 변형된 亻[인변]과 亭[정자 정]자가 합쳐진 글자다. 人자로 인해 사람[人]이 길을 가다가 쉬기 위해 정자에 머무른다 하여 그 뜻이 '머무르다'가 되었고, 다시 亭자의 영향을 받아 그 음이 '정'이 되었다.

용례 停止정지 · 停滯정체 · 停電정전 · 停職정직 · 停會정회 · 停學정학 · 調停조정 · 停刊정간 · 停留所정류소 · 停車場정거장/정차장 · 停年退職정년퇴직 · 停戰協定정전협정

에베레스트의 정체

251

便 편할 편

人[사람 인]부 9획

중 便 [biàn]
일 便 음독[びん·べん]
　훈독[すなわち·たより]
영 convenience

금문 　 소 전

人[사람 인]자에서 변형된 亻[인변]과 更[고칠 경]자가 합쳐진 글자다. 사람[人]에게 불편한 것을 고쳐서[更] 편하게 만든다 하여 그 뜻이 '편하다'가 되었고, '편하다'와 관련된 '편리·편안·편법'에서 보듯 그 음이 '편'이 되었다.

용례 便利 편리 · 便安 편안 · 便法 편법 · 方便 방편 · 不便 불편 · 男便 남편 · 郵便 우편 · 便祕 변비 · 便器 변기 · 便所 변소 · 大小便 대소변 · 便宜店 편의점 · 臨時方便 임시방편 · 排便訓鍊 배변훈련 · 採便封套 채변봉투

가마 요강

252

備 갖출 비

人[사람 인]부 12획

중 备 [bèi]
일 備 음독[び]
　훈독[そなえる·そなわる]
영 assort

갑골문 　 소 전

원래 화살집에 화살을 갖춰 놓은 모양을 나타낸 글자였다. 화살집에 화살이 갖춰진 모양에서 그 뜻이 '갖추다'가 되었고, '갖추다'와 관련된 '준비·대비·비치'에서 보듯 그 음이 '비'가 되었다. 후에 화살을 사용하는 사람을 나타내기 위해 人[사람 인]자에서 변형된 亻[인변]을 덧붙여 그 뜻 '갖추다'를 더욱 분명히 하면서 備자로 쓰이고 있다.

용례 準備 준비 · 對備 대비 · 裝備 장비 · 備置 비치 · 守備 수비 · 警備 경비 · 整備 정비 · 具備 구비 · 防備 방비 · 差備 차비→채비 · 備忘錄 비망록 · 豫備軍 예비군 · 有備無患 유비무환 · 文武兼備 문무겸비

화살을 갖춘 모양

253

傷 상할 상

人[사람 인]부 13획

중 伤 [shāng]
일 傷 음독[しょう]
　훈독[いたむ·いためる·きず]
영 be injured

소 전

人[사람 인]자에서 변형된 亻[인변]과 矢[화살 시]자가 생략된 𠂉의 형태와 昜[볕 양]자가 합쳐진 글자로 보인다. 人자와 矢자로 인해 사람[人]이 화살[矢]과 같은 무기로 인해 상했다 하여 그 뜻이 '상하다'가 되었고, 昜자로 인해 觴[잔 상]자처럼 그 음이 '양'에서 변하여 '상'이 되었다.

용례 火傷 화상 · 傷處 상처 · 傷心 상심 · 傷痕 상흔 · 食傷 식상 · 凍傷 동상 · 外傷 외상 · 損傷 손상 · 殺傷 살상 · 負傷 부상 · 破傷風 파상풍 · 感傷的 감상적 · 致命傷 치명상 · 傷痍軍人 상이군인 · 中傷謀略 중상모략 · 不敢毀傷 불감훼상

화살에 다친 모습

254 傳 전할 전
人[사람 인]부 13획

중 传 [chuán/zhuàn]
일 伝 음독[てん·でん]
　　훈독[つたう·つたえる·つたわる]
영 transmit

| 갑골문 | 소 전 |

人[사람 인]자에서 변형된 亻[인변]과 專[오로지 전]자가 합쳐진 글자다. 人자로 인해 사람[亻]에게 무언가 전한다 하여 그 뜻이 '전하다'가 되었고, 專자로 인해 轉[구를 전]자처럼 그 음이 '전'이 되었다.[약자→伝]

용례 口傳 구전 · 傳道 전도 · 傳授 전수 · 訛傳 와전 · 遺傳 유전 · 宣傳 선전 · 傳達 전달 · 傳播 전파 · 傳說 전설 · 傳書鳩 전서구 · 父傳子傳 부전자전 · 敎外別傳 교외별전 · 以心傳心 이심전심 · 名不虛傳 명불허전 · 傳家寶刀 전가보도

이어달리기

255 價 값 가
人[사람 인]부 15획

중 价 [jià]
일 価 음독[か]
　　훈독[あたい]
영 price

소 전

人[사람 인]자에서 변형된 亻[인변]과 賈[장사 고, 성 가]자가 합쳐진 글자다. 人자로 인해 사람[亻]이 합당하다고 여겨 정한 물건의 값과 관련해 그 뜻이 '값'이 되었고, 賈자로 인해 그 음이 '가'가 되었다.[약자→価]

용례 物價 물가 · 代價 대가 · 評價 평가 · 價値 가치 · 歇價 헐가 · 特價品 특가품 · 鑑定價 감정가 · 兩價的 양가적 · 上終價 상종가 · 同價紅裳 동가홍상 · 公示地價 공시지가

우리나라에서 가장 땅 값이 비싼 곳(명동)

256 化 화할 화
匕[비수 비]부 4획

중 化 [huà]
일 化 음독[か·け]
　　훈독[ばかす·ばける]
영 change, turn

| 갑골문 | 소 전 |

한 사람은 똑바로 서 있는 데 반해 다른 한 사람은 거꾸로 서 있는 모습을 표현한 글자다. 똑바로 선 자세가 반대로 화한 모습을 나타낸 데서 그 뜻이 '화하다'가 되었고, '화하다'와 관련된 '변화·문화·화석'에서처럼 그 음이 '화'가 되었다.

용례 變化 변화 · 文化 문화 · 化石 화석 · 强化 강화 · 醇化 순화 · 化身 화신 · 開化 개화 · 陽性化 양성화 · 萬化方暢 만화방창 · 白化現象 백화현상 · 橘化爲枳 귤화위지 · 羽化登仙 우화등선 · 激化一路 격화일로 · 千變萬化 천변만화

공중 뒤돌기 과정의 모습

257

兄 맏 형

儿[어진 사람 인]부 5획

중 兄 [xiōng]
일 兄 음독[きょう・けい]
　　훈독[あに]
영 eldest brother

갑골문　소 전

口[입 구]자와 儿[어진 사람 인]자가 합쳐져 입[口]을 벌려 사람[儿]이 조상에게 무언가 비는 모습을 나타낸 글자다. 그렇게 비는 일은 주로 한 집안의 맏이가 한다 하여 그 뜻이 '맏'이 되었고, '맏'과 관련된 '장형·학부형'에서 보듯 그 음이 '형'이 되었다.

용례 長兄 장형 · 兄弟 형제 · 兄夫 형부 · 姊兄 자형 · 妹兄 매형 · 妻兄 처형 · 老兄 노형 · 學父兄 학부형 · 同腹兄 동복형 · 難兄難弟 난형난제 · 王兄佛兄 왕형불형 · 兄友弟恭 형우제공 · 呼父呼兄 호부호형 · 呼兄呼弟 호형호제

축을 읽는 제주

258

兒 아이 아

儿[어진 사람 인]부 8획

중 儿 [ér]
일 児 음독[じ・に]
　　훈독[こ]
영 child

갑골문　소 전

아직 숨구멍이 여물지 않은 큰 머리의 아이를 나타낸 글자다. 아이를 나타내기에 그 뜻이 '아이'가 되었고, 아이와 관련된 '영아·아동·유아'에서 보듯 그 음이 '아'가 되었다.[약자→児]

용례 嬰兒 영아 · 兒童 아동 · 迷兒 미아 · 孤兒 고아 · 兒名 아명 · 蕩兒 탕아 · 健兒 건아 · 寵兒 총아 · 麒麟兒 기린아 · 風雲兒 풍운아 · 問題兒 문제아 · 小兒痲痺 소아마비

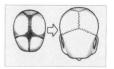

성장시 두개골의 변화

259

元 으뜸 원

儿[어진 사람 인]부 4획

중 元 [yuán]
일 元 음독[がん・げん]
　　훈독[はじめ・もと]
영 first, principal

금 문　소 전

머리를 강조해 나타낸 二의 형태와 사람을 나타낸 儿[어진 사람 인]자가 합쳐진 글자다. 원래 사람[儿]의 머리[二]를 뜻했으나 그 머리가 몸에서 정신을 관장하는 으뜸이 되는 부분이라 하여 결국 그 뜻이 '으뜸'이 되었고, 으뜸과 관련된 '원수·원조·장원'에서처럼 그 음이 '원'이 되었다.

용례 元首 원수 · 元祖 원조 · 壯元 장원 · 元來 원래 · 天元 천원 · 還元 환원 · 元旦 단단 · 元金 원금 · 元年 원년 · 紀元前 기원전 · 元嗔煞 원진살 · 國家元老 국가원로 · 元山爆擊 원산폭격 · 稱帝建元 칭제건원

인간 두뇌의 발달과정

260

充 찰충

儿[어진 사람 인]부 6획

중 充 [chōng]
일 充 음독[じゅう]
　　훈독[あてる]
영 be full

소 전

머리를 아래로 향하며 태어나는 아이를 나타낸 厶[아이 낳을 톨]자와 사람을 나타낸 儿[어진 사람 인]자가 합쳐진 充자가 본자(本字)이다. 머리를 아래로 향하며 태어난 아이[厶]를 부족함이 없는 사람[儿]으로 채워 잘 기른다 하여 그 뜻이 '차다'가 되었고, '차다'와 관련된 '충분·보충·충전'에서 보듯 그 음이 '충'이 되었다.

임신 상태의 태아

용례 充分충분 · 補充보충 · 充滿충만 · 充員충원 · 充實충실 · 擴充확충 · 充足충족 · 充當충당 · 充電충전 · 充積충적 · 充血충혈 · 充塡物충전물 · 自充手자충수 · 汗牛充棟한우충동

261

光 빛광

儿[어진 사람 인]부 6획

중 光 [guāng]
일 光 음독[こう]
　　훈독[ひかり·ひかる]
영 light

갑골문　소 전

火[불 화]자와 儿[어진 사람 인]자가 합쳐진 글자[炗]다. 불[火]을 머리 위에 들고 있는 사람[儿]이 불빛을 비추고 있는 데서 그 뜻이 '빛'이 되었고, 빛과 관련된 '광명·각광·섬광'에서처럼 그 음이 '광'이 되었다. 후대에 火(화)자의 人의 형태가 儿의 형태가 되면서 儿(인)자와 어울려 光자로 쓰이게 되었다.

청동 촛대

용례 光速광속 · 光明광명 · 脚光각광 · 閃光섬광 · 曙光서광 · 光陰광음 · 觀光客관광객 · 曳光彈예광탄 · 九十春光구십춘광 · 電光石火전광석화 · 一寸光陰일촌광음 · 九十春光구십춘광

262

先 먼저 선

儿[어진 사람 인]부 6획

중 先 [xiān]
일 先 음독[せん]
　　훈독[さき]
영 previous

갑골문　소 전

발을 나타낸 止[그칠 지]자와 사람을 나타낸 儿[어진 사람 인]자가 합쳐진 글자다. 발[止]이 사람[儿] 앞에 먼저 나아감을 나타내면서 그 뜻이 '먼저'가 되었고, '먼저'와 관련된 말인 '선배·선친·선생'에서처럼 그 음이 '선'이 되었다. 止자는 후대에 ⺧의 형태로 바뀌어 오늘날 先자로 쓰이고 있다.

스타트 하는 달리기 선수들

용례 先輩선배 · 先親선친 · 先生선생 · 機先기선 · 先塋선영 · 先手선수 · 先入觀선입관 · 先順位선순위 · 先進國선진국 · 先公後私선공후사 · 先則制人선즉제인 · 先行學習선행학습 · 率先垂範솔선수범 · 立稻先賣입도선매

263

免 면할 면

儿[어진 사람 인]부 7획

중 免 [miǎn]
일 免 음독[めん]
　　훈독[まぬかれる·ゆるす]
영 avoid

갑골문 | 소 전

투구를 쓰고 있는 사람의 모습을 본뜬 글자로 보인다. 투구가 전장(戰場)에서 상대의 공격으로부터 죽음을 면하게 해주기 때문에 그 뜻이 '면하다'가 되었고, '면하다'와 관련된 말인 '면제·면허·파면'에서 보듯 그 음이 '면'이 되었다.

> **용례** 免稅 면세 · 免許 면허 · 放免 방면 · 免疫 면역 · 減免 감면 · 免除 면제 · 赦免 사면 · 謀免 모면 · 罷免 파면 · 免避 면피 · 免罪符 면죄부 · 納粟免賤 납속면천 · 依願免職 의원면직 · 免責特權 면책특권

투구를 쓴 무사

264

立 설 립

立[설 립]부 5획

중 立 [lì]
일 立 음독[りつ·りゅう]
　　훈독[たつ·たてる]
영 stand

갑골문 | 소 전

사람이 두 다리를 땅 위에 딛고 서 있는 모습을 나타낸 글자다. 지구에서 살아 움직이는 동물 가운데 사람만큼 반듯하게 서서 활동할 수 있는 존재는 없다. 따라서 사람을 본떠서 그 자형이 이뤄졌는데, 사람이 서 있는 모습에서 뜻이 '서다'가 되었다. 그 음은 '서다'와 관련된 '기립·병립·자립'에서 보듯 '립'이 되었다. '입지'나 '입추'에서처럼 立자가 앞에 쓰일 때는 '입'으로도 읽힌다.

> **용례** 起立 기립 · 竝立 병립 · 而立 이립 · 自立 자립 · 立志 입지 · 立錐 입추 · 直立人 직립인 · 立候補 입후보 · 立春大吉 입춘대길 · 立身揚名 입신양명 · 獨立運動 독립운동

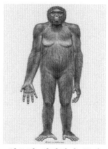

최초의 직립인간 루시

265

端 바를 단

立[설 립]부 14획

중 端 [duān]
일 端 음독[たん]
　　훈독[は·はし·はした·はた]
영 correct

소 전

立[설 립]자와 耑[끝 단]자가 합쳐진 글자다. 立자로 인해 서[立] 있는 모습이 바르다 하여 그 뜻이 '바르다'가 되었고, 耑자로 인해 湍[여울 단]자처럼 그 음이 '단'이 되었다.

> **용례** 尖端 첨단 · 端役 단역 · 端正 단정 · 端雅 단아 · 大端 대단 · 事端 사단 · 端午 단오 · 極端的 극단적 · 異端者 이단자 · 正襟端坐 정금단좌 · 首鼠兩端 수서양단 · 惹端法席 야단법석

줄을 바르게 서서 조회하는 학생들

266

大 큰대

大[큰 대]부 3획

중 大 [dà]
일 大 음독[たい・だい]
　　훈독[おお・おおいに・おおきい]
영 big

갑골문

소 전

사람이 정면을 향해 두 팔과 다리를 크게 벌리고 있는 모습을 나타낸 글자다. 그렇게 크게 벌리고 있는 모습에서 뜻이 '크다'가 되었고, '크다'와 관련된 '대인·대물·대개'에서처럼 그 음이 '대'가 되었다. 추상적인 '크다'를 표현하기 위해 만물의 영장인 사람을 들어 그 자형을 만들었는데, 그렇기 때문에 아이보다 어른, 여자보다 남자를 들어 나타냈다.

비투르비우스 인체비례

용례 大人 대인 · 大物 대물 · 大家 대가 · 大舶 대박 · 膽大 담대 · 尨大 방대 · 大學 대학 · 大捷 대첩 · 大蝦 대하 · 偉大 위대 · 大尾 대미 · 大家族 대가족 · 大食家 대식가 · 大器晩成 대기만성 ·

● 사람사이의 관계 ● 🌙

267

夫 지아비 부

大[큰 대]부 4획

중 夫 [fū/fú]
일 夫 음독[ふ・ふう]
　　훈독[おっと]
영 husband

갑골문

소 전

혼례를 치른 남자가 머리에 상투를 틀고 동곳을 꽂은 모습을 나타낸 글자다. 머리에 상투를 틀고 동곳을 꽂은 남자는 지아비가 된 사람이므로 그 뜻이 '지아비'가 되었고, 지아비와 관련된 '부군·유부녀·일부종사'에서 보듯 그 음이 '부'가 되었다.

중국 드라마 속의 공자

용례 夫君 부군 · 夫婦 부부 · 夫人 부인 · 有夫女 유부녀 · 一夫從事 일부종사 · 匹夫匹婦 필부필부 · 夫唱婦隨 부창부수

268

天 하늘 천

大[큰 대]부 4획

중 天 [tiān]
일 天 음독[てん]
　　훈독[あま・あめ]
영 sky

금 문

소 전

사람의 머리 부분을 강조한 글자다. 따라서 원래 머리와 관련된 뜻을 지닌 글자였으나, 후대에 머리가 몸에서 가장 높은 곳에 있는 것처럼 다시 세상에서 가장 높은 곳인 하늘과 관련되면서 그 뜻이 '하늘'이 되었고, 하늘과 관련된 말인 '천지 · 승천 · 천동설'에서 보듯 그 음이 '천'이 되었다.

중국 신화의 형천

용례 天地 천지 · 昇天 승천 · 天子 천자 · 九天 구천 · 天然 천연 · 天國 천국 · 國天 형천 · 天動說 천동설 · 知天命 지천명 · 天生配匹 천생배필 · 不俱戴天 불구대천 · 天壤之差 천양지차

269

太 클태

大[큰 대]부 4획

중 太 [tài]
일 太 음독[た・たい]
　　훈독[ふとい・ふとる]
영 big, large

갑골문 | 소 전

사람이 두 팔과 다리를 크게 벌리고 있는 모습을 나타낸 大[큰 대]자가 위아래에 나란히 쓰였던 형태의 글자였다. 후에 아래의 大자를 생략하면서 二[두 이]자로 대신[즈]했다가 다시 점으로 바뀌었지만 여전히 그 뜻은 '크다'였다. '크다'와 관련된 '태양·태자·태평양'에서 보듯 그 음은 '태'로 읽는다.

태극기 그리는 아이들

용례 太陽 태양 · 太祖 태조 · 太子 태자 · 明太 명태 · 太極 태극 · 太半 태반 · 太平洋 태평양 · 太不足 태부족 · 姜太公 강태공 · 鼠目太 서목태 · 太平聖代 태평성대 · 萬事太平 만사태평

270

美 아름다울 미

羊[양 양]부 9획

중 美 [měi]
일 美 음독[び・み]
　　훈독[うつくしい]
영 beautiful

갑골문 | 소 전

위엄을 더하기 위해 깃털[羊의 형태]로 머리를 아름답게 장식한 한 집단의 군장이나 제사장과 같은 사람[大]을 나타낸 글자다. 그렇게 장식한 사람의 모습이 아름답다 하여 그 뜻이 '아름답다'가 되었고, '아름답다'와 관련된 말인 '미인·미술·미용사'에서처럼 그 음이 '미'가 되었다.

고조선 제사장 상상도

용례 美人 미인 · 美男 미남 · 美姬 미희 · 美感 미감 · 美術 미술 · 美國 미국 · 美德 미덕 · 美柳밀류→미루 · 美醜 미추 · 審美眼 심미안 · 有終之美 유종지미 · 美辭麗句 미사여구

271

老 늙을로

老[늙을 로]부 6획

중 老 [lǎo]
일 老 음독[ろう]
　　훈독[おいる・ふける]
영 old

갑골문 | 소 전

머리를 갈무리할 수 없을 정도로 늙은 사람을 나타낸 글자다. 그렇게 늙은 사람을 나타낸 데서 뜻이 '늙다'가 되었고, '늙다'와 관련된 '원로·촌로·불로초'에서 보듯 음이 '로'가 되었다. 老人(노인)에서처럼 말의 앞이나, 男女老少(남녀노소)에서처럼 두 말이 합쳐질 때 뒤에 오는 말 앞에서는 '노'로 읽는다. 이 자형이 편방으로 쓰일 때는 일부가 생략되어 耂의 형태가 되는데, 이를 '늙을로엄'이라 한다.

지팡이를 짚은 노인

용례 元老 원로 · 村老 촌로 · 老鍊 노련 · 老化 노화 · 不老草 불로초 · 敬老席 경로석 · 老益壯 노익장 · 借老同穴 해로동혈 · 生老病死 생로병사 · 老萊之戱 노래지희

272

考 상고할 고
老[늙을 로]부 6획

중 考 [kǎo]
일 考 음독[こう]
　　훈독[かんがえる]
영 consider

갑골문 | 소 전

老[늙을 로]자에서 생략된 耂[늙을로엄]과 丂[공교할 교]자가 합쳐진 글자다. 老자로 인해 늙은이[耂]는 연륜과 경험이 많아 모든 일에 깊은 생각으로 상고한다 하여 그 뜻이 '상고하다'가 되었고, 丂자로 인해 그 음이 '교'에서 변하여 '고'가 되었다.

용례 考慮 고려 · 參考 참고 · 思考 사고 · 熟考 숙고 · 考證 고증 · 考察 고찰 · 考古學 고고학 · 深思熟考 심사숙고 · 玼吝考妣 자린고비

지팡이를 짚은 할머니

273

孝 효도 효
子[아들 자]부 7획

중 孝 [xiào]
일 孝 음독[こう]
영 filial piety

금 문 | 소 전

老[늙을 로]자에서 생략된 耂[늙을로엄]과 子[아들 자]자가 합쳐진 글자다. 거동이 불편한 늙은[耂] 부모가 짚고 다니는 지팡이를 대신해 자식[子]이 직접 부축하며 효도를 행하는 모습을 나타낸 데서 그 뜻이 '효도'가 되었고, 효도와 관련된 '효행·효부·효녀'에서 보듯 그 음이 '효'가 되었다.

용례 孝行 효행 · 孝婦 효부 · 孝女 효녀 · 孝心 효심 · 忠孝 충효 · 不孝 불효 · 孝誠 효성 · 孝經 효경 · 孝孫 효손 · 三不孝 삼불효 · 反哺之孝 반포지효 · 事親以孝 사친이효 · 父慈子孝 부자자효 · 孝悌忠信 효제충신

지게 효도

274

壽 목숨 수
士[선비 사]부 14획

중 寿 [shòu]
일 寿 음독[じゅ]
　　훈독[ことぶき·ことほぐ]
영 life span

금 문 | 소 전

老[늙을 로]자에서 생략된 耂[늙을로엄]과 疇[밭두둑 주]자의 고자(古字)인 𡕨자가 합쳐진 글자다. 耂으로 인해 목숨이 긴 늙은 사람[耂]과 관련하여 그 뜻이 '목숨'이 되었고, 𡕨자로 인해 그 음이 '주'에서 변하여 '수'가 되었다. 耂과 𡕨자는 합쳐지면서 간략하게 변화되어 오늘날 壽자로 쓰이고 있다.[약자→寿]

용례 壽命 수명 · 長壽 장수 · 天壽 천수 · 壽宴 수연 · 米壽 미수 · 喜壽 희수 · 傘壽 산수 · 卒壽 졸수 · 白壽 백수 · 壽衣 수의 · 天壽 천수 · 福壽草 복수초 · 十年減壽 십년감수 · 萬壽無疆 만수무강 · 壽則多辱 수즉다욕

백수도(百壽圖)

275

長 긴장

長[긴 장]부 8획

중 长 [cháng/zhǎng]
일 長 음독[ちょう]
　　훈독[おさ・ながい]
영 long

갑골문

소 전

옛날 사람들은 머리를 자르지 않고 길렀는데, 그런 시절에 산발한 긴 머리털을 하고 있는 어른의 모습을 나타낸 글자다. 그렇게 긴 머리털을 한 어른을 나타낸 데서 그 뜻이 '길다'나 '어른'이 되었고, '길다'나 '어른'과 관련된 '장단·장어·가장·장유유서'에서 보듯 그 음이 '장'이 되었다.

용례 長髮 장발 · 長短 장단 · 長魚 장어 · 家長 가장 · 長安 장안 · 助長 조장 · 什長 십장 · 甲長 갑장 · 家父長 가부장 · 長蛇陣 장사진 · 十長生 십장생 · 敎學相長 교학상장 · 長幼有序 장유유서 · 絶長補短 절장보단

인도 수행자 긴 머리털

276

子 아들자

子[아들 자]부 3획

중 子 [zǐ]
일 子 음독[し・す]
　　훈독[こ]
영 son

금 문

소 전

큰 머리에 두 팔과 다리가 있는 아이를 나타내어 원래 '아이'를 뜻했던 글자다. 후에 그 의미가 축소되어 남자아이인 '아들'이 되었고, 아들과 관련된 '부자·모자·손자'에서 보듯 그 음이 '자'가 되었다.

용례 娘子 낭자 · 女子 여자 · 內子 내자 · 父子 부자 · 母子 모자 · 孫子 손자 · 子息 자식 · 子女 자녀 · 子正 자정 · 獅子 사자 · 子婦 자부 · 五味子 오미자 · 遺傳子 유전자 · 子子孫孫 자자손손

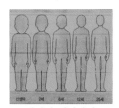
사람의 성장과정

277

字 글자자

宀[집 면]부 6획

중 字 [zì]
일 字 음독[じ]
　　훈독[あざ・あざな]
영 a character

금 문

소 전

宀[집 면]자와 子[아들 자]자가 합쳐진 글자다. 宀자로 인해 집[宀]에 자식이 생겨나는 것처럼 파생되어 만들어지는 것이 글자라 하여 그 뜻이 '글자'가 되었고, 子자로 인해 仔[자세할 재]자처럼 그 음이 '자'가 되었다.

용례 漢字 한자 · 數字 수자→숫자 · 文字 문자 · 銜字 함자 · 退字 퇴자 · 赤字 적자 · 破字 파자 · 金字塔 금자탑 · 十字架 십자가 · 簡體字 간체자 · 新字體 신자체 · 一字無識 일자무식 · 四柱八字 사주팔자 · 識字憂患 식자우환 · 同音異字 동음이자

갓 태어난 아이 모습

278

存 있을존

子[아들 자]부 6획

중 存 [cún]
일 存 음독[そん·ぞん]
영 exist

소 전

才[재주 재]자와 子[아들 자]자가 합쳐진 글자다. 子자로 인해 아이[子]가 잘 있다 함을 나타낸 데서 그 뜻이 '있다'가 되었고, 후대에 才의 형태로 그 자형이 약간 변했지만 才자로 인해 그 음이 '재'에서 변하여 '존'이 되었다. 설문해자에서도 '从子才聲'이라 하여 才자가 음의 역할을 하는 글자로 보고 있다.

`용례` 存在 존재 · 共存 공존 · 依存 의존 · 旣存 기존 · 現存 현존 · 存亡 존망 · 生存 생존 · 存廢 존폐 · 常存 상존 · 惠存 혜존 · 適者生存 적자생존 · 父母俱存 부모구존 · 存亡之秋 존망지추

갓 태어난 아이 모습

279

孫 손자손

子[아들 자]부 10획

중 孙 [sūn]
일 孫 음독[そん]
　　훈독[まご]
영 grandson, grandchild

갑골문　　소 전

원래 아이[子]와 실타래[幺]를 나타냈으나 후에 子[아들 자]자와 系[이을 계]자가 합쳐진 글자가 되었다. 이어진[系] 실로 이뤄진 실타래처럼 아이[子]에서 이어진 손자와 관련해 그 뜻이 '손자'가 되었고, 손자와 관련된 '손녀·손부·외손'에서 보듯 그 음이 '손'이 되었다.

`용례` 孫女 손녀 · 孫婦 손부 · 祖孫 조손 · 高孫 고손 · 玄孫 현손 · 外孫 외손 · 宗孫 종손 · 長孫 장손 · 後孫 후손 · 王世孫 왕세손 · 皇太孫 황태손 · 孫悟空 손오공 · 子孫萬代 자손만대 · 代代孫孫 대대손손

조부모와 손자

280

學 배울학

子[아들 자]부 16획

중 学 [xué]
일 学 음독[がく]
　　훈독[まなぶ]
영 learn

갑골문　　소 전

두 손을 나타낸 臼[깍지 낄 국(거)]자와 산가지가 엇걸린 모양을 나타낸 爻[점괘 효], 집을 나타낸 冖 형태와 아이를 나타낸 子[아들 자]자가 합쳐진 글자다. 두 손[臼]으로 산가지[爻]를 가지고 집[冖]에서 아이[子]가 수(數)를 배운다 하여 그 뜻이 '배우다'가 되었고, '배우다'와 관련된 '학문·지학·대학'에서 보듯 그 음이 '학'이 되었다.[약자→学]

`용례` 學問 학문 · 志學 지학 · 大學 대학 · 學生 학생 · 學力 학력 · 學父母 학부모 · 爲己之學 위기지학 · 教學相長 교학상장 · 曲學阿世 곡학아세 · 博學多識 박학다식 · 學如不及 학여불급

글을 배우는 아이들

281

身 몸신
身[몸 신]부 7획

중 身 [shēn]
일 身 음독[しん]
　　훈독[み]
영 body

갑골문　　소 전

아이를 임신하고 있는 여자의 배부른 몸을 나타낸 글자다. 아이를 배고 있으면 몸을 더욱 소중히 하는데, 그런 몸을 나타낸 데서 그 뜻이 '몸'이 되었다. 음은 몸과 관련된 말인 '신체·신장·팔등신'에서처럼 '신'이 되었다.

빌렌도르프 비너스

용례 六身 육신 · 身體 신체 · 身長 신장 · 等身 등신 · 出身 출신 · 焚身 분신 · 八等身 팔등신 · 身土不二 신토불이 · 身言書判 신언서판 · 粉骨碎身 분골쇄신 · 立身揚名 입신양명

282

骨 뼈골
骨[뼈 골]부 9획

중 骨 [gǔ]
일 骨 음독[こつ]
　　훈독[ほね]
영 bone

갑골문　　소 전

금이 간 뼈를 나타낸 冎[살 바를 과]자와 몸과 관련이 있는 肉[고기 육]자에서 변형된 月[육달월]이 합쳐진 글자다. 원래 금이 간 뼈[冎]로만 나타냈으나 그 뼈가 몸[肉] 속에 있는 뼈라 하여 月[육달월]을 덧붙이면서 결국 뜻이 '뼈'가 되었고, 뼈와 관련된 말인 '해골·골자·골절'에서 보듯 음이 '골'이 되었다.

여러 형태의 뼈

용례 骸骨 해골 · 骨子 골자 · 喉骨 후골 · 骨折 골절 · 叛骨 반골 · 尾骨 미골 · 頭蓋骨 두개골 · 骨品制 골품제 · 膝蓋骨 슬개골 · 骨生員 골생원 · 刻骨難忘 각골난망 · 鷄卵有骨 계란유골 · 換骨奪胎 환골탈태 · 粉骨碎身 분골쇄신 · 骨肉相殘 골육상잔

283

體 몸체
骨[뼈 골]부 22획

중 体 [tǐ]
일 体 음독[たい·てい]
　　훈독[からだ]
영 body

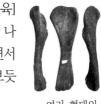

소 전

骨[뼈 골]자와 豊[굽 높은 그릇 례]자가 합쳐진 글자다. 骨자로 인해 머리에서 발끝까지 뼈[骨]로 이뤄진 몸과 관련해 그 뜻이 '몸'이 되었고, 豊자로 인해 軆[부드러울 체]자처럼 그 음이 '례'에서 변하여 '체'가 되었다.[약자→体]

사람 몸의 뼈

용례 裸體 나체 · 主體 주체 · 體軀 체구 · 體得 체득 · 下體 하체 · 肉體 육체 · 全體 전체 · 體脂肪 체지방 · 絶體絶命 절체절명 · 一心同體 일심동체 · 生體實驗 생체실험 · 君師父一體 군사부일체

284

歌 노래 가
欠[하품 흠]부 14획

중 歌 [gē]
일 歌 음독[か]
　　훈독[うた・うたう]
영 song

소 전

可[옳을 가]자를 위아래로 붙인 哥[형 가]자가 원래 '노래'를 뜻하는 글자였다. 그러나 후에 그 뜻을 분명히 하기 위해 입을 크게 벌린 모습에서 비롯된 欠[하품 흠]자를 덧붙인 歌[노래 가]자가 '노래'를 대신하자, 哥자는 '형'을 뜻하는 한자가 되었다. 歌자는 그 자형에 덧붙여진 可자나 哥자처럼 '가'로 읽는다.

용례 歌謠 가요 · 歌手 가수 · 歌王 가왕 · 謳歌 구가 · 軍歌 군가 · 校歌 교가 · 輓歌 만가 · 愛國歌 애국가 · 飮酒歌舞 음주가무 · 四面楚歌 사면초가 · 高聲放歌 고성방가 · 我歌査唱 아가사창

장갑을 낀 여가수
(드가 작)

285

歡 기뻐할 환
欠[하품 흠]부 22획

중 欢 [huān]
일 歓 음독[かん]
　　훈독[よろこぶ]
영 joyful

소 전

雚[황새 관]자와 欠[하품 흠]자가 합쳐진 글자다. 欠자로 인해 입을 크게 벌리고[欠] 기뻐하는 모습에서 그 뜻이 '기뻐하다'가 되었고, 雚자로 인해 그 음이 '관'에서 변하여 '환'이 되었다.[약자→欢]

용례 歡迎 환영 · 歡待 환대 · 歡送 환송 · 歡喜 환희 · 歡心 환심 · 哀歡 애환 · 歡待 환대 · 歡呼聲 환호성 · 歡樂街 환락가 · 合歡酒 합환주 · 交歡競技 교환경기 · 歡呼雀躍 환호작약

기쁨의 찬가
(뤼시앙 르비 뒤르메 작)

286

次 버금 차
欠[하품 흠]부 6획

중 次 [cì]
일 次 음독[し・じ]
　　훈독[つぎ・つぐ]
영 secondary

금 문　　소 전

二[두 이]자와 입을 크게 벌려 하품하는 모습을 나타낸 欠[하품 흠]자가 합쳐진 글자다. 사람이 입을 크게 벌려 숨을 내쉴 때 나오는 기운을 나타낸 것으로 보이나 나중에 기운의 형태가 二자로 바뀌면서 둘째[二]의 의미인 '버금'의 뜻을 지니게 되었고, 버금과 관련된 말인 '차남·차례·차석'에서처럼 그 음이 '차'가 되었다.

용례 次男 차남 · 次例 차례 · 次席 차석 · 次元 차원 · 次官 차관 · 再次 재차 · 屢次 누차 · 節次 절차 · 次長 차장 · 目次 목차 · 席次 석차 · 次善策 차선책 · 維歲次 유세차 · 次世代 차세대 · 順次無事 순차무사

숨을 내쉬는 모습의 이미지

287

欲 하고자 할 욕

欠[하품 흠]부 11획

중 欲 [yù]
일 欲 음독[よく]
　훈독[ほしい・ほつする]
영 desire

소 전

谷[골 곡]자와 欠[하품 흠]자가 합쳐진 글자다. 欠자로 인하여 입을 벌려 [欠] 음식을 먹으려 하고자 한다 하여 그 뜻이 '하고자 하다'가 되었고, 谷자로 인하여 浴[목욕할 욕]자처럼 그 음이 '곡'에서 변하여 '욕'이 되었다.

용례 欲求 욕구 · 私欲 사욕 · 欲望 욕망 · 欲心 욕심 · 欲情 욕정 · 意欲 의욕 · 欲速不達 욕속부달 · 從心所欲 종심소욕 · 樹欲靜而風不止 수욕정이풍부지 · 己所不欲勿施於人 기소불욕물시어인

음식을 먹으려 하는 모습

288

頭 머리 두

頁[머리 혈]부 16획

중 头 [tóu]
일 頭 음독[ず・と・とう]
　훈독[あたま・かしら]
영 head

금 문　　소 전

豆[콩 두]자와 頁[머리 혈]자가 합쳐진 글자다. 頁자로 인해 신체의 맨 위에 있으면서 사지를 관할하는 머리[頁]와 관련해 그 뜻이 '머리'가 되었고, 豆자로 인해 荳[콩 두]자나 痘[천연두 두]자처럼 그 음이 '두'가 되었다.

용례 沒頭 몰두 · 念頭 염두 · 話頭 화두 · 頭腦 두뇌 · 頭痛 두통 · 饅頭 만두 · 擡頭 대두 · 蘆頭 노두 · 白頭山 백두산 · 斷頭臺 단두대 · 佛頭花 불두화 · 頭東尾西 두동미서 · 去頭截尾 거두절미 · 百尺竿頭 백척간두 · 羊頭狗肉 양두구육

여러 동물의 머리

289

頂 정수리 정

頁[머리 혈]부 11획

중 顶 [dǐng]
일 頂 음독[ちょう]
　훈독[いただき・いただく]
영 pate

소 전

丁[장정 정]자와 頁[머리 혈]자가 합쳐진 글자다. 頁자로 인해 머리[頁] 위의 숫구멍이 있는 부분인 정수리와 관련해 그 뜻이 '정수리'가 되었고, 丁자로 인해 亭[정자 정]자나 訂[바로잡을 정]자처럼 그 음이 '정'이 되었다.

용례 頂上 정상 · 頂點 정점 · 登頂 등정 · 絶頂 절정 · 山頂 산정 · 丹頂鶴 단정학 · 摩頂放踵 마정방종 · 頂門一鍼 정문일침

정수리 모습

290

順 순할 순
頁[머리 혈]부 12획

중 順 [shùn]
일 順 음독[じゅん]
　　훈독[したがう]
영 obedient

갑골문　소 전

川[내 천]자와 頁[머리 혈]자가 합쳐진 글자다. 頁자로 인해 머리[頁]를 조아리며 공손하게 행동하는 모양이 순하다 하여 그 뜻이 '순하다'가 되었고, 川자로 인해 馴[길들일 순]자나 紃[끈 순]자처럼 그 음이 '천'에서 변하여 '순'이 되었다.

노상소원도(김득신 작)

용례 順從 순종 · 順序 순서 · 耳順 이순 · 順坦 순탄 · 順風 순풍 · 柔順 유순 · 順理 순리 · 順應 순응 · 順番 순번 · 歸順 귀순 · 筆順 필순 · 先着順 선착순 · 順機能 순기능 · 順次的 순차적 · 優先順位 우선순위 · 順次無事 순차무사

291

須 모름지기 수
頁[머리 혈]부 12획

중 须 [xū]
일 須 음독[しゅ・す]
　　훈독[すべからく]
영 by all means

갑골문　소 전

사람 얼굴에 수염이 나 있는 모습으로 나타냈으나 후에 彡[터럭 삼]자와 頁[머리 혈]자가 합쳐진 형태로 만들어진 글자다. 머리[頁]에 있는 터럭[彡]인 '수염'을 뜻했으나 후에 髟[머리 늘어질 표]자를 덧붙인 鬚[수염 수]자가 그 뜻을 대신하고, 자신은 '모름지기'의 뜻으로 빌려 쓰이게 되었다. 그 음은 '남아는 모름지기 다섯 수레의 책을 읽어야 한다'는 뜻인 '남아수독오거서(男兒須讀五車書)'에서 보듯 '수'가 되었다.

수염을 기른 노인

용례 必須 필수 · 須臾 수유 · 須彌山 수미산 · 男兒須讀五車書 남아수독오거서

292

領 거느릴 령
頁[머리 혈]부 14획

중 领 [lǐng]
일 領 음독[りょう・れい]
　　훈독[えり]
영 lead

소 전

令[명령할 령]자와 頁[머리 혈]자가 합쳐진 글자다. 頁자로 인해 머리[頁]에 이어진 목과 관련해 '목'을 뜻하면서 다시 목에 묶어 거느린다 하여 '거느리다'의 뜻을 지니게 되었고, 令자로 인해 齡[나이 령]·零[떨어질 령]·鈴[방울 령]자처럼 '령'의 음으로 읽히게 되었다.

저고리의 옷깃 부분

용례 首領 수령 · 頭領 두령 · 領土 영토 · 領海 영해 · 領域 영역 · 占領 점령 · 領相 영상 · 領有 영유 · 領收證 영수증 · 領導者 영도자 · 韓國領 한국령 · 領議政 영의정 · 領官級 영관급 · 團領衣 단령의 · 大統領 대통령 · 領袖會談 영수회담

293

題 제목 제

頁[머리 혈]부 18획

중 題 [tí]
일 題 음독[だい]
영 title

소 전

是[옳을 시]자와 頁[머리 혈]자가 합쳐진 글자다. 頁자로 인해 머리[頁]의 한 부분인 이마를 나타내면서 다시 지면에서 이마가 되는 부분에 흔히 제목을 덧붙인다 하여 그 뜻이 '제목'이 되었고, 是자로 인해 提[들 제]자나 堤[둑 제]자처럼 그 음이 '시'에서 변하여 '제'가 되었다.

용례 題目 제목 · 課題 과제 · 問題 문제 · 宿題 숙제 · 主題 주제 · 出題 출제 · 議題 의제 · 難題 난제 · 話題 화제 · 無題 무제 · 命題 명제 · 論題 논제 · 副題 부제 · 標題字 표제자 · 謎題事件 미제사건

얼굴의 3분의 1을 차지하는 이마

294

願 원할 원

頁[머리 혈]부 19획

중 愿 [yuàn]
일 願 음독[がん·げん]
　　훈독[ねがう]
영 want

소 전

原[언덕 원]자와 頁[머리 혈]자가 합쳐진 글자다. 頁자로 인해 머리[頁]를 끄덕여서 원한다 하여 그 뜻이 '원하다'가 되었고, 原자로 인해 源[근원 원]자처럼 그 음이 '원'이 되었다.

용례 祈願 기원 · 願望 원망 · 所願 소원 · 念願 염원 · 出願 출원 · 民願 민원 · 祈願 기원 · 願納錢 원납전 · 固所願 고소원 · 入社願書 입사원서 · 依願免職 의원면직 · 憲法訴願 헌법소원

원하는 것을 이뤄준다는 마법 램프

295

比 견줄 비

比[견줄 비]부 4획

중 比 [bǐ]
일 比 음독[ひ]
　　훈독[くらべる]
영 compare

갑골문　　소 전

원래 두 사람이 오른쪽을 향해, 또는 왼쪽을 향해 나란히 서서 서로 견주는 모습을 나타낸 글자였다. 후대에 오른쪽을 향한 두 사람이 서로 견주는 모습으로 자형이 이뤄지면서 그 뜻이 '견주다'가 되었고, '견주다'와 관련된 '비교·즐비·비유법'에서 보듯 그 음이 '비'가 되었다.

용례 比較 비교 · 櫛比 즐비 · 比肩 비견 · 對比 대비 · 比重 비중 · 比例 비례 · 性比 성비 · 比等 비등 · 比喩 비유 · 比翼鳥 비익조 · 比丘尼 비구니 · 黃金比率 황금비율 · 比翼連理 비익연리 · 强大無比 강대무비

고구려 고분벽화

296	皆 다개 白[흰 백]부 9획	중 皆 [jiē] 일 皆 음독[かい] 훈독[みな] 영 all

금문 | 소 전

원래 의식을 행하는 두 사람을 나타낸 比[견줄 비]자와 '말하다'의 뜻을 지닌 曰[가로 왈]자가 합쳐진 글자였다. 의식을 행하는 두 사람[比]이 함께 주문(呪文)의 말[曰]을 다 한다 하면서 그 뜻이 '다'가 되었고, '다'와 관련된 '개근·개골산·개기일식'에서 보듯 그 음이 '개'가 되었다. 후에 曰자는 告白(고백)이나 獨白(독백)에서처럼 '말하다'의 뜻을 지니기도 하는 白[흰 백]자로 바뀌어 오늘날 皆자로 쓰이고 있다.

의식을 행하는 두 사람

용례 皆勤 개근 · 擧皆 거개 · 皆骨山 개골산 · 皆旣日蝕 개기일식 · 擧世皆濁 거세개탁 · 國民皆兵 국민개병

297	文 글월문 文[글월 문]부 4획	중 文 [wén] 일 文 음독[ぶん·もん] 훈독[あや·ふみ] 영 literature

갑골문 | 소 전

사람 가슴에 문신의 그림이 새겨진 모습을 나타낸 글자다. 그런 그림에서 비롯된 것이 글인데, 옛날에는 글을 글월이라 했기에 결국 '글월'의 뜻을 지니게 되었다. 그 음은 글월과 관련된 말인 '문신·문자·문장'에서처럼 '문'으로 읽힌다.

문신이 새겨진 사람

용례 文身 문신 · 文字 문자 · 文章 문장 · 漢文 한문 · 論文 논문 · 古文 고문 · 甲骨文 갑골문 · 千字文 천자문 · 文房四友 문방사우 · 沙鉢通文 사발통문 · 死後藥方文 사후약방문 · 車同軌書同文 거동궤서동문

298	交 사귈교 亠[돼지해머리]부 6획	중 交 [jiāo] 일 交 음독[こう] 훈독[かう·かわす·まざる· まじえる·まじる·まじわる] 영 intercourse

갑골문 | 소 전

사람의 두 다리가 서로 엇걸린 모습을 나타낸 글자다. 다리가 엇걸린 모습에서 '엇걸리다'의 뜻을 지녔으나 다시 사람이 엇걸려 사귄다 하여 그 뜻이 '사귀다'가 되었고, '사귀다'와 관련된 말인 '절교·교제·외교'에서 보듯 그 음이 '교'가 되었다.

다리가 엇걸린 모습

용례 交叉 교차 · 交感 교감 · 絶交 절교 · 交際 교제 · 外交 외교 · 國交 국교 · 交集合 교집합 · 水魚之交 수어지교 · 芝蘭之交 지란지교 · 金石之交 금석지교 · 斷金之交 단금지교

299 **笑** **웃을 소**

竹[대 죽]부 10획

중 **笑** [xiào]
일 **笑** 음독[しょう]
훈독[えむ·わらう]
영 laugh

소 전

竹[대 죽]자와 사람이 머리를 젖힌 모습을 나타낸 夭의 형태가 합쳐진 글자다. 대[竹]가 바람에 휘듯 사람이 머리를 젖히고[夭] 웃는다 하여 그 뜻이 '웃다'가 된 것으로 보이며, '웃다'와 관련된 말인 '미소·폭소·냉소'에서처럼 그 음이 '소'가 되었다.

모나리자(레오나르도 다빈치 작)

용례 微笑 미소 · 談笑 담소 · 嘲笑 조소 · 爆笑 폭소 · 哄笑 홍소 · 冷笑 냉소 · 一笑一少 일소일소 · 仰天大笑 앙천대소 · 呵呵大笑 가가대소 · 笑而不答 소이부답 · 拍掌大笑 박장대소

300 **若** **같을 약**

艸[풀 초]부 9획

중 **若** [ruò]
일 **若** 음독[じゃく·にゃく]
훈독[もし·もしくは·わかい]
영 like, same as

갑골문

소 전

산발한 머리를 한 잡힌 여자가 순종의 표시로 두 손을 들고 있는 모습을 나타낸 글자로 보인다. 순종하며 명령하는 바와 같게 행한다 하여 그 뜻이 '같다'가 되었고, '만약·약간·명약관화'에서 보듯 그 음이 '약'이 되었다. 般若心經(반야심경)에서처럼 불교에서는 '야'로도 읽는다.

머리를 매만지는 여인

용례 萬若 만약 · 若干 약간 · 明若觀火 명약관화 · 傍若無人 방약무인 · 泰然自若 태연자약 · 口若懸河 구약현하 · 大巧若拙 대교약졸 · 上善若水 상선약수 · 般若心經 반야심경

301 **異** **다를 이**

田[밭 전]부 11획

중 **异** [yì]
일 **異** 음독[い]
훈독[こと]
영 different

갑골문

소 전

사람이 두 손을 들어 머리에 가면을 쓰는 모습을 나타낸 異자가 본자(本字)이다. 쓰고 있는 가면 모습이 원래 모습과 다르다 하여 그 뜻이 '다르다'가 되었고, '다르다'와 관련된 '차이·이상·이견'에서 보듯 그 음이 '이'가 되었다. 이 자형은 후대에 共의 형태가 덧붙여진 異자로 바뀌 쓰이고 있다.

가면을 쓴 사람

용례 差異 차이 · 異常 이상 · 異見 이견 · 特異 특이 · 異性 이성 · 異端 이단 · 智異山 →지리산 · 人事異動 인사이동 · 大同小異 대동소이 · 同床異夢 동상이몽 · 異口同聲 이구동성

302

衆 무리중

血[피 혈]부 12획

중 众 [zhòng]
일 衆 음독[しゅ・しゅう]
영 crowd

갑골문 | 소 전

태양 아래 무리지어 일하는 사람을 셋으로 줄여 나타낸 글자다. 태양 아래 사람이 무리지어 일하는 데서 그 뜻이 '무리'가 되었고, 무리와 관련된 '군중·대중·민중'에서 보듯 그 음이 '중'이 되었다. 후에 태양을 나타낸 형태는 血자로 바뀌었고, 세 사람은 乑의 형태로 바뀌 쓰였다.

용례 群衆 군중 · 大衆 대중 · 民衆 민중 · 衆生 중생 · 出衆 출중 · 聽衆 청중 · 衆智 중지 · 合衆國 합중국 · 衆口鑠金 중구삭금 · 衆人環視 중인환시 · 衆口難防 중구난방 · 衆寡不敵 중과부적 · 拈華示衆 염화시중 · 衆目所視 중목소시

서울시청 광장의
군중(1987년)

303

病 병병

疒[병들 녁]부 10획

중 病 [bing]
일 病 음독[びょう・へい]
　　훈독[やまい・やむ]
영 disease

소 전

疒[병들 녁]자와 丙[셋째 천간 병]자가 합쳐진 글자다. 疒자로 인해 정상적인 활동을 못 할 정도로 병[疒]이 들었다 하여 그 뜻이 '병'이 되었고, 丙자로 인해 柄[자루 병]자처럼 그 음이 '병'이 되었다.

용례 疾病 질병 · 病院 병원 · 病身 병신 · 癩病 나병 · 染病 염병 · 黑死病 흑사병 · 成人病 성인병 · 難治病 난치병 · 糖尿病 당뇨병 · 病入膏肓 병입고황 · 同病相憐 동병상련 · 無病長壽 무병장수

전염병의 치료

304

死 죽을사

歹[뼈 앙상할 알]부 6획

중 死 [sǐ]
일 死 음독[し]
　　훈독[しぬ]
영 die

갑골문 | 소 전

죽은 사람의 뼈를 나타낸 歹[뼈 앙상할 알]자와 죽은 사람의 몸을 나타낸 匕의 형태가 합쳐진 글자다. 죽은 사람[歹와 匕]과 관련된 두 자형을 나타낸 데서 그 뜻이 '죽다'가 되었고, '죽다'와 관련된 말인 '사망·횡사·사활'에서 보듯 그 음이 '사'가 되었다.

용례 死亡 사망 · 橫死 횡사 · 死活 사활 · 生死 생사 · 溺死 익사 · 突然死 돌연사 · 尊嚴死 존엄사 · 孤獨死 고독사 · 疑問死 의문사 · 義死者 의사자 · 兔死狗烹 토사구팽 · 鯨戰蝦死 경전하사 · 瀕死狀態 빈사상태

고대의 장례 모습
(고창고인돌박물관)

305

久 오랠 구

ノ[삐칠 별]부 3획

중 久 [jiǔ]
일 久 음독[きゅう・く]
　　훈독[ひさしい]
영 long

소 전

옆으로 누워있는 사람을 나타낸 ク의 형태와 뜸을 뜨고 있음을 나타낸 \의 형태가 어우러진 글자다. 그렇게 뜸 뜨는 모습에서 원래 '뜸'을 뜻했으나 후에 火[불 화]자를 덧붙인 灸[뜸 구]자가 그 뜻을 대신하고, 자신은 뜸을 뜨는 데 시간이 오래 걸린다 하여 '오래다'의 뜻을 지니게 되었다. 그 음도 '오래다'와 관련된 말인 '장구·영구·유구'에서 보듯 '구'로 읽히고 있다.

다리에 뜸을 뜨는 모습

용례 長久 장구 · 永久 영구 · 悠久 유구 · 彌久 미구 · 許久 허구 · 耐久性 내구성 · 持久力 지구력 · 恒久的 항구적 · 日久月深 일구월심

306

居 살 거

尸[주검 시]부 8획

중 居 [jū]
일 居 음독[きょ]
　　훈독[いる・おる]
영 live

금 문 　 소 전

사람이 몸을 구부리고 있는 尸의 형태와 古[예 고]자가 합쳐진 글자다. 尸의 형태로 인해 사람[尸]이 한 곳에 오랫동안 머물러 산다 하여 그 뜻이 '살다'가 되었고, 古자로 인해 姑[살 거]자처럼 그 음이 '고'에서 변하여 '거'가 되었다.

옛날 사람의 거처

용례 居住 거주 · 居處 거처 · 同居 동거 · 別居 별거 · 蟄居 칩거 · 隱居 은거 · 居室 거실 · 居留 거류 · 寄居 기거 · 居士 거사 · 穴居 혈거 · 居之半 거지반 · 夏安居 하안거 · 居安思危 거안사위 · 奇貨可居 기화가거 · 獨居老人 독거노인

307

重 무거울 중

里[마을 리]부 9획

중 重 [zhòng/chóng]
일 重 음독[じゅう・ちょう]
　　훈독[え・おもい・かさねる・おもんずる・かさなる]
영 heavy

금 문 　 소 전

사람[人]이 등에 무거운 자루[東]를 지고 서있는 모습을 나타낸 글자다. 무거운 자루를 지고 있는 데서 그 뜻이 '무겁다'가 되었고, 다시 東자의 영향을 받아 그 음이 '동'에서 변하여 '중'이 되었다. 이 자형은 후에 맨 아래에 土[흙 토]자가 덧붙여졌다.

무거운 자루를 진 자로

용례 輕重 경중 · 重量 중량 · 肉重 육중 · 重要 중요 · 尊重 존중 · 鄭重 정중 · 所重 소중 · 重金屬 중금속 · 重武裝 중무장 · 愛之重之 애지중지 · 隱忍自重 은인자중 · 捲土重來 권토중래

308	印 도장 인	중 印 [yìn]
	ㄗ[병부 절]부 6획	일 印 음독[いん]
		훈독[しるし]
		영 stamp

갑골문 | 소 전

손으로 사람을 누르는 모습을 나타낸 글자다. 사람을 누르듯이 도장을 눌러 찍는다 하여 그 뜻이 '도장'이 되었고, 도장과 관련된 말인 '인쇄·인장·봉인'에서 보듯 그 음이 '인'이 되었다.

[용례] 印朱 인주 · 印刷 인쇄 · 印章 인장 · 封印 봉인 · 烙印 낙인 · 捺印 날인 · 拇印 무인 · 印象 인상 · 油印物 유인물 · 印紙稅 인지세 · 心心相印 심심상인 · 西印度諸島 서인도제도

사람을 누르는 모습

309	卷 책 권	중 卷 [juǎn]
	ㄗ[병부 절]부 8획	일 卷 음독[かん·けん]
		훈독[まき·まく]
		영 volume

금 문 | 소 전

밥을 두 손으로 말아 만드는 모습에서 비롯된 𢍏[주먹밥 권]자와 사람이 몸을 구부린 모습인 ㄗ[병부 절]자가 변형된 㔾의 형태가 합쳐진 글자다. 㔾의 형태로 인해 사람이 몸을 구부린 모습[㔾]처럼 구부려 말다 하면서 다시 다 읽은 후에 구부려 말았던 옛날 책과 관련해 그 뜻이 '책'이 되었고, 𢍏 자로 인해 券[문서 권]자나 拳[주먹 권]자처럼 그 음이 '권'이 되었다.

[용례] 壓卷 압권 · 席卷 석권 · 卷數 권수 · 全卷 전권 · 前卷 전권 · 下卷 하권 · 卷煙 →궐련 · 萬卷堂 만권당 · 卷頭言 권두언 · 手不釋卷 수불석권 · 開卷有益 개권유익 · 卷末附錄 권말부록

죽간을 읽는 모습

• 여성 •

310	女 계집 녀	중 女 [nǚ]
	女[계집 녀]부 3획	일 女 음독[じょ·にょ·にょう]
		훈독[おんな·め]
		영 woman

갑골문 | 소 전

두 손을 모아 옷 만드는 일을 하고 있는 여자의 모습을 나타낸 글자다. 따라서 그 뜻이 여자와 관련되었는데, 옛날에는 여자를 계집이라 한 데서 그 뜻이 '계집'이 되었다. 그 음은 계집과 관련된 '선녀·미녀·웅녀'에서 보듯 '녀'가 되었다. 말의 앞 올 때는 '여'로 읽힌다.

[용례] 仙女 선녀 · 美女 미녀 · 魔女 마녀 · 孝女 효녀 · 熊女 웅녀 · 女王 여왕 · 有夫女 유부녀 · 女丈夫 여장부 · 善男善女 선남선녀 · 男尊女卑 남존여비 · 男左女右 남좌여우 · 女必從夫 여필종부 · 窈窕淑女 요조숙녀

꿇어 앉아 일하는 여자

311

妙 묘할 묘

女[계집 녀]부 7획

중 妙 [miào]
일 妙 음독[みょう]
　　훈독[たえ]
영 strange

소 전

묘령 妙齡 [묘·령] ◁))
명사 스무 살 안팎의 여자 나이.
유의어 묘년² 방령⁴ 방년
표준국어대사전

묘령의 뜻

女[계집 녀]자와 少[적을 소]자가 합쳐진 글자다. 女자로 인해 여자[女]의 모습이나 행동이 묘하다 하여 그 뜻이 '묘하다'가 되었고, 少자로 인해 眇[애꾸눈 묘]자나 吵[울 묘]자처럼 그 음이 '소'에서 변하여 '묘'가 되었다. 秒[까끄라기 묘, 초 초]자도 본음이 '묘'였다. 玅[묘할 묘]자나 竗[묘할 묘]자는 妙자와 동자(同字)이다.

용례 妙技 묘기 · 微妙 미묘 · 妙齡 묘령 · 妙味 묘미 · 妙手 묘수 · 妙案 묘안 · 奇奇妙妙 기기묘묘

312

姓 성씨 성

女[계집 녀]부 8획

중 姓 [xìng]
일 姓 음독[しょう·せい]
　　훈독[かばね]
영 family name

갑골문　　소 전

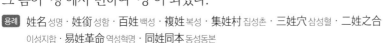

우리나라 10대
성씨(2015년)

女[계집 녀]자와 生[날 생]자가 합쳐진 글자다. 女자로 인해 옛날 모계사회에서 한 여자[女]로부터 태어난 같은 혈족이 사용했던 성씨와 관련해 그 뜻이 '성씨'가 되었고, 生자로 인해 性[성품 성]자나 星[별 성]자처럼 그 음이 '생'에서 변하여 '성'이 되었다.

용례 姓名 성명 · 姓銜 성함 · 百姓 백성 · 複姓 복성 · 集姓村 집성촌 · 三姓穴 삼성혈 · 二姓之合 이성지합 · 易姓革命 역성혁명 · 同姓同本 동성동본

313

威 위엄 위

女[계집 녀]부 9획

중 威 [wēi]
일 威 음독[い]
　　훈독[おどす]
영 dignity

금 문　　소 전

전쟁에서 붙잡힌 포로

뾰족한 날이 달린 창[戈]과 관련된 戌[열한째 지지 술]자와 女[계집 녀]자가 합쳐진 글자다. 창[戌]으로 여자[女]를 으르며 위엄을 드러내 보인다 하여 그 뜻이 '위엄'이 되었고, 위엄과 관련된 말인 '위력·권위·위세'에서처럼 그 음이 '위'가 되었다.

용례 威力 위력 · 權威 권위 · 示威 시위 · 威勢 위세 · 猛威 맹위 · 威脅 위협 · 威容 위용 · 威壓感 위압감 · 狐假虎威 호가호위 · 威風堂堂 위풍당당 · 國威宣揚 국위선양 · 威化島回軍 위화도회군

314

始 처음 시

女[계집 녀]부 8획

중 始 [shǐ]
일 始 음독[し]
　훈독[はじまる・はじめる]
영 begin

| 금문 | 소전 |

女[계집 녀]자와 台[기뻐할 이(태)]자가 합쳐진 글자다. 女자로 인해 사람은 누구나 여자[女]인 어머니로부터 태어나는 것이 세상을 사는 데 처음이 된다 하여 그 뜻이 '처음'이 되었고, 台자로 인해 그 음이 '이'에서 변하여 '시'가 되었다.

용례 始作 시작 · 始初 시초 · 開始 개시 · 創始 창시 · 始務式 시무식 · 始皇帝 시황제 · 始終一貫 시종일관

아이와 엄마

315

婚 혼인할 혼

女[계집 녀]부 11획

중 婚 [hūn]
일 婚 음독[こん]

영 marry

소전

女[계집 녀]자와 昏[어두울 혼]자가 합쳐진 글자다. 女자로 인해 여자[女]에게 남자가 장가가는 혼인을 한다 하여 그 뜻이 '혼인하다'가 되었고, 昏자로 인해 惛[어리석을 혼]자나 溷[흐릴 혼]자처럼 그 음이 '혼'이 되었다.

용례 婚姻 혼인 · 結婚 결혼 · 卒婚 졸혼 · 婚期 혼기 · 離婚 이혼 · 婚禮 혼례 · 再婚 재혼 · 晚婚 만혼 · 婚需 혼수 · 事實婚 사실혼 · 近親婚 근친혼 · 金婚式 금혼식 · 未婚女性 미혼여성 · 新婚旅行 신혼여행 · 冠婚喪祭 관혼상제

장가가는 날(김준근 작)

316

好 좋을 호

女[계집 녀]부 6획

중 好 [hǎo]
일 好 음독[こう]
　훈독[このむ・すく]
영 like

| 갑골문 | 소전 |

어머니가 되는 여자를 나타낸 女[계집 녀]자와 자식을 나타낸 子[아들 자]자가 합쳐진 글자다. 어머니[女]와 자식[子]이 함께 있을 때가 가장 좋다고 하여 그 뜻이 '좋다'가 되었고, '좋다'와 관련된 말인 '호감·호인·호재'에서 보듯 그 음이 '호'가 되었다. 𡥀자는 好자와 동자(同字)이다.

용례 好惡 호오 · 好感 호감 · 好材 호재 · 良好 양호 · 友好 우호 · 好喪 호상 · 同好人 동호인 · 好奇心 호기심 · 好事多魔 호사다마 · 嗜好食品 기호식품 · 好衣好食 호의호식 · 勿失好機 물실호기

성모자(라파엘로 작)

317 如 같을 여

女[계집 녀]부 6획

중 如 [rú]
일 如 음독[じょ·にょ]
　 훈독[ごとし]
영 like, same as

갑골문　소 전

女[계집 녀]자와 口[입 구]자가 합쳐진 글자다. 口자로 인해 입[口]으로 말하는 것처럼 행동을 같게 한다 하여 그 뜻이 '같다'가 되었고, 女자로 인해 汝[물 이름 여]자처럼 그 음이 '여'가 되었다.

용례 如干 여간 · 如前 여전 · 如實 여실 · 缺如 결여 · 如意珠 여의주 · 如反掌 여반장 · 生不如死 생불여사 · 見善如渴 견선여갈 · 學如不及 학여불급 · 大智如愚 대지여우 · 一日如三秋 일일여삼추 · 百聞不如一見 백문불여일견

옛날 여인들의 행락도

318 要 중요할 요

襾[덮을 아]부 9획

중 要 [yào]
일 要 음독[よう]
　 훈독[いる·かなめ]
영 request

금 문　소 전

양손을 허리에 대고 있는 여인의 모습을 나타낸 글자로 보인다. 허리는 신체의 중요한 부분이라서 '중요하다'의 뜻으로 쓰이고, '중요하다'의 뜻과 관련된 '주요·필요·요직'에서 보듯 그 음이 '요'가 되었다. 고문자인 금문을 보면 중요한 일을 행하기 전에 머리를 꾸미고 있는 모습으로 보이기도 한다.

원더 우먼

용례 必要 필요 · 重要 중요 · 要求 요구 · 要請 요청 · 要職 요직 · 要塞 요새 · 要點 요점 · 強要 강요 · 要地 요지 · 需要 수요 · 要衝地 요충지 · 不要不急 불요불급 · 要視察人 요시찰인 · 要式行爲 요식행위 · 要領不得 요령부득

319 姊 누이 자

女[계집 녀]부 8획

중 姊 [zǐ]
일 姊 음독[し]
　 훈독[あね]
영 elder sister

금 문　소 전

女[계집 녀]자와 朿[성장을 그칠 자]자가 합쳐진 글자다. 女자로 인해 남매 중에서 남자보다 여자[女]가 위인 손위누이를 나타내면서 그 뜻이 '누이'가 되었고, 朿자로 인해 秭[용량단위 자]자처럼 그 음이 '자'가 되었다.[속자→姉]

손위누이와 함께한 동학들

용례 姊妹 자매 · 姊夫 자부 · 姊兄 자형 · 姊氏 자씨 · 姊母會 자모회 · 姊妹結緣 자매결연

320

妹 누이 매

女[계집 녀]부 8획

중 妹 [mèi]
일 妹 음독[まい]
　　훈독[いもうと]
영 younger sister

갑골문 ｜ 소 전

女[계집 녀]자와 未[아닐 미]자가 합쳐진 글자다. 女자로 인해 손아래누이인 여자[女]와 관련해 그 뜻이 '누이'가 되었고, 未자로 인해 昧[어두울 매]자나 魅[도깨비 매]자처럼 그 음이 '미'에서 변하여 '매'가 되었다.

용례 姉妹 자매 · 男妹 남매 · 妹夫 매부 · 妹兄 매형 · 妹弟 매제 · 祭亡妹歌 제망매가

손아래누이들

321

婦 지어미 부

女[계집 녀]부 11획

중 妇 [fù]
일 婦 음독[ふ]
　　훈독[おんな]
영 daughter-in-law, wife

갑골문 ｜ 소 전

女[계집 녀]자와 帚[비 추]자가 합쳐진 글자다. 비[帚]로 집 안을 청결하게 하기 위해 청소하는 여자[女]인 지어미를 나타낸 데서 그 뜻이 '지어미'가 되었고, 지어미와 관련된 '부부·부인·청상과부'에서 보듯 그 음이 '부'가 되었다.

집안을 청소하는 모습

용례 夫婦 부부 · 婦女 부녀 · 婦人 부인 · 新婦 신부 · 淸掃婦 청소부 · 姙産婦 임산부 · 慰安婦 위안부 · 家政婦 가정부 · 婦女子 부녀자 · 家庭主婦 가정주부 · 靑孀寡婦 청상과부 · 樵童汲婦 초동급부 · 匹夫匹婦 필부필부 · 夫唱婦隨 부창부수

322

妻 아내 처

女[계집 녀]부 8획

중 妻 [qī]
일 妻 음독[さい]
　　훈독[つま]
영 wife

갑골문 ｜ 소 전

긴 머리털을 풀어 헤치고 꿇어앉은 여자와 손을 나타낸 글자다. 풀어 헤친 긴 머리털을 손으로 가지런히 하여 모양을 꾸미는 여자가 아내가 되는 이라 하여 그 뜻이 '아내'가 되었고, 아내와 관련된 '처남·애처가·조강지처'에서처럼 그 음이 '처'가 되었다.

용례 惡妻 악처 · 妻男 처남 · 妻家 처가 · 喪妻 상처 · 後妻 후처 · 妻妾 처첩 · 愛妻家 애처가 · 妻子息 처자식 · 糟糠之妻 조강지처 · 賢母良妻 현모양처 · 一夫一妻制 일부일처제 · 家貧思良妻 가빈사양처

미인도(김홍도 작)

323

母 어미 모

毋[말 무]부 5획

중 母 [mǔ]
일 母 음독[ぼ・も]
　 훈독[はは]
영 mother

갑골문 │ 소 전

두 손을 모으고 다소곳이 앉은 어미의 모습에 두 점(點)을 덧붙여 젖을 나타낸 글자다. 젖으로 아이를 기르는 어미를 나타냈기에 그 뜻이 '어미'가 되었고, 어미와 관련된 '모친·모자·모성애'에서 보듯 그 음이 '모'가 되었다.

용례 母親 모친 · 母子 모자 · 母國 모국 · 父母 부모 · 丈母 장모 · 聘母 빙모 · 母情 모정 · 食母 식모 · 姨母 이모 · 母性愛 모성애 · 未婚母 미혼모 · 乳母車 유모차 · 母國語 모국어 · 母系社會 모계사회 · 孟母三遷 맹모삼천

아이 있음을 드러낸
조선의 여인

324

每 매양 매

毋[말 무]부 7획

중 每 [měi]
일 每 음독[まい]
　 훈독[ごと・ごとに]
영 every

갑골문 │ 소 전

여인이 매일 아침 비녀로 머리를 모양내어 꾸미는 모습을 나타낸 글자다. 여인이 비녀로 머리를 모양내어 꾸미는 모습은 아침마다 매양(每樣)하는 일인 데서 그 뜻이 '매양'이 되었고, 매양과 관련된 '매일·매주·매사'에서 보듯 그 음이 '매'가 되었다.

용례 每日 매일 · 每週 매주 · 每月 매월 · 每年 매년 · 每事 매사 · 每樣 매양 · 每常 매상 · 每番 매번 · 每時間 매시간 · 每必起立 매필기립 · 每事不成 매사불성

머리를 단장한 여인

2-2. 인체와 관련된 한자

　생명체 중에서 몸의 대부분을 체계적으로 사용하는 고등동물이 사람이다. 사람이 그처럼 고등동물이 된 것은 직립하면서 두 손이 자유로워지고, 자유로워진 두 손을 이용해 도구를 만들어 사용하면서 손의 자극이 머리를 발달시켰기 때문이다.　이 장에서는 사람 몸과 관련된 부수인 目[눈 목]·見[볼 견]·自[스스로 자]·鼻[코 비]·口[입 구]·甘[달 감]·齒[이 치]·舌[혀 설]·言[말씀 언]·音[소리 음]·耳[귀 이]·面[낯 면]·首[머리 수]·肉[고기 육]·心[마음 심]·血[피 혈]·手[손 수]·爪[손톱 조]·又[또 우]·屮[왼손 좌]·攴[칠 복]·殳[칠 수]·寸[마디 촌]·止[그칠 지]·足[발 족]·走[달아날 주]·辵[쉬엄쉬엄 갈 착]자 등을 중심으로 한 한자를 살펴본다.

• 머리 •

325

目　눈목

目[눈 목]부 5획

중　目 [mù]
일　目 음독[ぼく·もく]
　　훈독[ま·め]
영　eye

갑골문　소 전

　눈동자가 보이는 눈을 나타낸 글자다. 따라서 뜻이 '눈'이 되었고, 눈과 관련된 말인 '주목·두목·목도'에서 보듯 음이 '목'이 되었다. 종이가 없었던 시절에 세로로 길쭉한 죽간(竹簡)에 글자를 썼기 때문에 오늘날 그 자형은 세워진 형태로 표현되고 있다.

화장한 눈

용례 注目 주목 · 頭目 두목 · 目睹 목도 · 目禮 목례 · 目的 목적 · 眞面目 진면목 · 目擊者 목격자 · 目不忍見 목불인견 · 一目瞭然 일목요연 · 刮目相對 괄목상대 · 西施矉目 서시빈목

326

眼　눈안

目[눈 목]부 11획

중　眼 [yǎn]
일　眼 음독[がん·げん]
　　훈독[まなこ·め]
영　eye

소 전

　目[눈 목]자와 艮[그칠 간]자가 합쳐진 글자다. 目자로 인해 물체를 살펴볼 수 있는 감각기관인 눈[目]을 나타낸 데서 그 뜻이 '눈'이 되었고, 艮자로 인해 그 음이 '간'에서 변하여 '안'이 되었다.

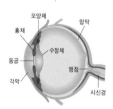

눈의 구조

용례 眼目 안목 · 眼鏡 안경 · 老眼 노안 · 碧眼 벽안 · 血眼 혈안 · 千里眼 천리안 · 白眼視 백안시 · 瞥眼間 별안간 · 眼下無人 안하무인 · 眼透紙背 안투지배 · 口眼喎斜 구안괘사→구안와사

327

看 볼 간

目[눈 목]부 9획

중 看 [kàn]
일 看 음독[かん]
　　훈독[みる]
영 watch

소 전

손[手]을 눈[目] 위에 얹고 무언가 자세하게 살펴보는 모습을 나타낸 글자다. 그렇게 자세하게 살펴보는 모습을 나타낸 데서 그 뜻이 '보다'가 되었고, '보다'와 관련된 말인 '간판·간과·간파' 등에서 보듯 그 음이 '간'이 되었다.

용례 看護 간호 · 看過 간과 · 看做 간주 · 看板 간판 · 看守 간수 · 看破 간파 · 看病人 간병인 · 走馬看山 주마간산

328

眠 잠잘 면

目[눈 목]부 10획

중 眠 [mián]
일 眠 음독[みん]
　　훈독[ねむい·ねむる]
영 sleep

소 전

원래 瞑[눈감을 명, 잠잘 면]자는 '잠자다'의 뜻으로 쓰였던 글자다. 후에 目[눈 목]자와 民[백성 민]자가 합쳐진 眠자가 '잠자다'를 대신하자, 瞑자는 주로 '눈감다'의 뜻으로 쓰이고 있다. 眠자는 目자로 인해 눈[目]을 감고 잠을 잔다 하여 그 뜻이 '잠자다'가 되었고, 民자로 인해 그 음이 '민'에서 변하여 '면'이 되었다.

용례 睡眠 수면 · 冬眠 동면 · 永眠 영면 · 熟眠 숙면 · 催眠術 최면술 · 不眠症 불면증 · 嗜眠症 기면증 · 休眠狀態 휴면상태 · 安眠妨害 안면방해

잠과 그의 형제의
죽음(워터하우스)

329

省 살필 성

目[눈 목]부 9획

중 省 [shěng]
일 省 음독[しょう·せい]
　　훈독[かえりみる·はぶく]
영 reflect, watch

갑골문 　 소 전

生[날 생]자와 目[눈 목]자가 합쳐진 글자였으나 후에 生자는 少의 형태로 바뀌었다. 目자로 인해 눈[目]으로 살핀다 하여 그 뜻이 '살피다'가 되었고, 少의 형태로 바뀌었지만 生자로 인해 그 음이 '생'에서 변하여 '성'이 되었다. '덜다'의 뜻으로 쓰일 때는 '생'으로 읽는다.

용례 反省 반성 · 自省 자성 · 省墓 성묘 · 省察 성찰 · 省略 생략 · 省劃 생획 · 日省錄 일성록 · 山東省 산동성 · 歸省客 귀성객 · 一日三省 일일삼성 · 人事不省 인사불성 · 昏定晨省 혼정신성 · 征東行省 정동행성

무언가 자세히 살피는
모습

330

直 곧을 직

目[눈 목]부 8획

중 直 [zhí]
일 直 음독[じき·ちょく]
　　　훈독[ただちに·なおす·なおる]
영 straight

| 갑골문 | 소 전 |

곧은 물체[ㅣ의 형태]를 눈[目] 앞에 두고 살피는 모습을 나타낸 글자다. 곧은 물체를 살핀다 하여 그 뜻이 '곧다'가 되었고, '곧다'와 관련된 말인 '직행·직언·직선'에서처럼 그 음이 '직'이 되었다.

용례 直行직행 · 直言직언 · 直線직선 · 直進직진 · 正直정직 · 率直솔직 · 曲直곡직 · 宿直숙직 · 當直당직 · 以實直告이실직고 · 矯枉過直교왕과직 · 單刀直入단도직입

곧은 화살을 만드는 모습

331

相 서로 상

目[눈 목]부 9획

중 相 [xiāng/xiàng]
일 相 음독[しょう·そう]
　　　훈독[あい·たすける]
영 each other

| 갑골문 | 소 전 |

木[나무 목]자와 目[눈 목]자가 합쳐진 글자다. 나무[木]를 눈[目]으로 보는 모습에서 '보다'의 뜻을 지니면서 다시 그 의미가 확대되어 사람이 서로 본다 하여 그 뜻이 '서로'가 되었고, '보다'나 '서로'와 관련된 말인 '상대·관상·상사병'에서처럼 그 음이 '상'이 되었다.

용례 相對상대 · 相剋상극 · 相互상호 · 人相인상 · 觀相관상 · 相逢상봉 · 相思病상사병 · 五萬相오만상 · 名實相符명실상부 · 心心相印심심상인 · 同病相憐동병상련 · 相扶相助상부상조

나무를 살피는 모습

332

見 볼 견

見[볼 견]부 7획

중 见 [jiàn]
일 見 음독[けん·げん]
　　　훈독[まみえる·みえる·みせる·みる]
영 see

| 갑골문 | 소 전 |

目[눈 목]자와 儿[어진 사람 인]자가 합쳐진 글자다. 사람[儿]의 형상 위에 눈[目]을 강조하면서 눈으로 무언가 본다 하여 그 뜻이 '보다'가 되었고, '보다'와 관련된 말인 '견학·발견·견문'에서 보듯 그 음이 '견'이 되었다. 謁見(알현)이나 見身(현신)에서처럼 그 뜻이 '뵙다'나 '나타나다'의 뜻으로 쓰일 때는 '현'으로 읽는다.

용례 見學견학 · 意見의견 · 發見발견 · 見聞견문 · 偏見편견 · 相見禮상견례 · 一家見일가견 · 先見之明선견지명 · 視而不見시이불견 · 見利思義견리사의 · 百聞不如一見백문불여일견

옥인의 형상

<table>
<tr><td>333</td><td>視 볼 시
見[볼 견]부 12획</td><td>중 視 [shì]
일 視 음독[し]
　훈독[みる]
영 look</td><td> 
갑골문 ｜ 소 전</td></tr>
</table>

示[보일 시]자와 見[볼 견]자가 합쳐진 글자다. 눈을 크게 뜨고 있는 사람의 모습을 본뜬 見자로 인해 눈으로 자세히 본다[見] 하여 그 뜻이 '보다'가 되었고, 示자로 인해 그 음이 '시'가 되었다.

용례 監視 감시 · 視力 시력 · 恝視 괄시 · 嫉視 질시 · 無視 무시 · 近視 근시 · 視覺 시각 · 白眼視 백안시 · 度外視 도외시 · 虎視眈眈 호시탐탐 · 十目所視 십목소시 · 非禮勿視 비례물시 · 衆人環視 중인환시

별을 보는 모습

<table>
<tr><td>334</td><td>親 친할 친
見[볼 견]부 16획</td><td>중 亲 [qīn]
일 親 음독[しん]
　훈독[おや・したしい・
　したしむ]
영 intimate</td><td>
금 문 ｜ 소 전</td></tr>
</table>

亲[개암나무 진=榛]자와 見[볼 견]자가 합쳐진 親자가 본자(本字)이다. 見자로 인해 늘 곁에서 지켜 볼[見] 정도로 친하다 하여 그 뜻이 '친하다'가 되고, 亲의 형태로 간략하게 변했지만 亲자로 인해 그 음이 '진'에서 변하여 '친'이 되었다.

용례 親族 친족 · 親舊 친구 · 嚴親 엄친 · 親庭 친정 · 覲親 근친 · 親切 친절 · 親姻戚 친인척 · 親日派 친일파 · 父子有親 부자유친 · 四顧無親 사고무친 · 燈火可親 등화가친 · 子欲養而親不待 자욕양이친부대

개암나무와 열매

<table>
<tr><td>335</td><td>觀 볼 관
見[볼 견]부 25획</td><td>중 观 [guān/guàn]
일 観 음독[かん]
　훈독[みる]
영 observe</td><td>
금 문 ｜ 소 전</td></tr>
</table>

雚[황새 관]자와 見[볼 견]자가 합쳐진 글자다. 見자로 인해 새가 두 눈으로 먹이를 살펴본다 하여 그 뜻이 '보다'가 되었고, 雚자로 인해 灌[물 댈 관]자나 罐[두레박 관]자처럼 그 음이 '관'이 되었다.[약자→观]

용례 觀光 관광 · 觀覽 관람 · 觀察 관찰 · 主觀 주관 · 可觀 가관 · 觀點 관점 · 觀測 관측 · 悲觀 비관 · 價値觀 가치관 · 袖手傍觀 수수방관 · 民族史觀 민족사관 · 坐井觀天 좌정관천 · 明若觀火 명약관화

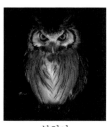

부엉이

336

自 스스로 자

自[스스로 자]부 6획

중 自 [zì]
일 自 음독[し・じ]
　훈독[おのずから・みずから・
　より]
영 oneself

| 갑골문 | 소 전 |

사람의 코를 본뜬 글자다. 후에 사람들이 자신의 코를 가리키며 <u>스스로</u>를 가리킨 데서 그 뜻이 '스스로'가 되었고, '스스로'와 관련된 말인 '자기·자연·자존감'에서 보듯 그 음이 '자'가 되었다. 본래의 뜻인 '코'를 나타내는 데는 畀[줄 비]자를 덧붙인 鼻[코 비]자가 대신하고 있다.

용례 自己 자기 · 自身 자신 · 自然 자연 · 自我 자아 · 自立 자립 · 自主 자주 · 自尊感 자존감 · 自矜心 자긍심 · 自初至終 자초지종 · 自業自得 자업자득 · 自繩自縛 자승자박 · 登高自卑 등고자비

스스로를 표현하는 모습

337

鼻 코비

鼻[코 비]부 14획

중 鼻 [bí]
일 鼻 음독[び]
　훈독[はな]
영 nose

| 갑골문 | 소 전 |

自[스스로 자]자와 畀[줄 비]자가 합쳐진 글자다. 원래 코 모양에서 비롯된 自자가 '코'를 뜻했으나 후대에 얼굴 중심의 코로 자기 스스로를 가리킨 데서 '스스로'의 뜻으로 쓰이게 되자, 다시 코를 뜻하는 데는 음의 역할을 하는 畀[줄 비]자를 덧붙인 鼻자가 쓰이게 되었다. 그 음은 코와 관련된 말인 '비염·비음·이목구비'에서처럼 '비'로 읽히고 있다.

용례 鼻炎 비염 · 鼻音 비음 · 鼻祖 비조 · 鼻骨 비골 · 鼻孔 비공 · 鼻笑 비소 · 隆鼻術 융비술 · 耳目口鼻 이목구비 · 副鼻腔炎 부비강염 · 吾鼻三尺 오비삼척 · 阿鼻叫喚 아비규환 · 耳鼻咽喉科 이비인후과 · 耳懸鈴鼻懸鈴 이현령비현령

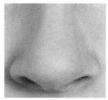

사람의 코

338

口 입구

口[입 구]부 3획

중 口 [kǒu]
일 口 음독[く・こう]
　훈독[くち]
영 mouth

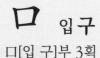

| 갑골문 | 소 전 |

사람의 입을 나타낸 글자다. 입을 나타냈기에 그 뜻이 '입'이 되었고, 입과 관련된 '구미·구취·구설수'에서 보듯 그 음이 '구'가 되었다.

용례 口味 구미 · 口臭 구취 · 大口 대구 · 港口 항구 · 噴火口 분화구 · 緘口令 함구령 · 有口無言 유구무언 · 糊口之策 호구지책 · 口蜜腹劍 구밀복검 · 口尙乳臭 구상유취 · 衆口難防 중구난방

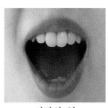

사람의 입

339

可 옳을 가

口[입 구]부 5획

중 可 [kě]
일 可 음독[か]
　　훈독[べし·よい]
영 right

갑골문 | 소 전

입을 나타낸 口[입 구]자와 도끼 자루를 나타낸 丁[자루 가]자가 합쳐진 글자인데, 丁자는 후대에 그 뜻을 더욱 분명히 하기 위해 木[나무 목]자를 덧붙이면서 다시 음의 역할을 하는 可자로 바꿔 柯[자루 가]자로 쓰이고 있다. 口(구)로 인해 입[口]으로 옳다고 여기는 말을 한다 하여 그 뜻이 '옳다'가 되었고, 柯자로 바뀌었지만 丁자로 인해 음이 '가'가 되었다.

옛날의 도끼

용례 制可 제가 · 可否 가부 · 可望 가망 · 許可 허가 · 可及的 가급적 · 不問可知 불문가지 · 可口可樂 가구가락 · 後生可畏 후생가외 · 不可思議 불가사의 · 日可日否 왈가왈부 · 奇貨可居 기화가거 · 貧賤之交不可忘 빈천지교불가망

340

句 글귀 구

口[입 구]부 5획

중 句 [gōu]
일 句 음독[く]
영 phrase

갑골문 | 소 전

원래 口[입 구]자와 丩[넝쿨 구]자가 합쳐진 글자였다. 口자로 인해 입[口]으로 한 말을 글로 쓸 때 한 토막으로 얽히는 글귀를 나타낸 데서 그 뜻이 '글귀'가 되었고, 丩자로 인해 그 음이 '구'가 되었다. 후에 덧붙여진 丩자는 勹의 형태로 바뀌어 오늘날 句자로 쓰이고 있다.[약자→勾]

좋은 글귀

용례 文句 문구 · 句節 구절 · 詩句 시구 · 警句 경구 · 對句 대구 · 名句 명구 · 後斂句 후렴구 · 句讀點 구두점 · 慣用句 관용구 · 引用句 인용구 · 句句節節 구구절절 · 一言半句 일언반구

341

名 이름 명

口[입 구]부 6획

중 名 [míng]
일 名 음독[みょう·めい]
　　훈독[な]
영 name

갑골문 | 소 전

夕[저녁 석]자와 口[입 구]자가 합쳐진 글자다. 옛날에는 컴컴한 저녁[夕]이 되면 잘 볼 수 없기 때문에 입[口]으로 이름을 불러 구분한 데서 그 뜻이 '이름'이 되었고, 이름과 관련된 말인 '성명·오명·명함'에서 보듯 그 음이 '명'이 되었다.

명 찰

용례 姓名 성명 · 汚名 오명 · 名銜 명함 · 名札 명찰 · 呼名 호명 · 陋名 누명 · 名分 명분 · 改名 개명 · 別名 별명 · 名譽 명예 · 美名下 미명하 · 有名無實 유명무실 · 立身揚名 입신양명 · 人死留名 인사유명 · 名實相符 명실상부

342

吹 불 취

口[입 구]부 7획

중 吹 [chuī]
일 吹 음독[すい]
훈독[ふく]
영 blow

갑골문 　 소 전

口[입 구]자와 欠[하품 흠]자가 합쳐진 글자다. 사람이 입[口]을 크게 벌려[欠] 피리[龠]를 분다 하여 그 뜻이 '불다'가 되었고, '불다'와 관련된 '고취·취입·취타대'에서 보듯 그 음이 '취'가 되었다.

> **용례** 鼓吹 고취 · 吹込 취입 · 吹打隊 취타대 · 吹樂器 취악기 · 吹打手 취타수 · 吹毛覓疵 취모멱자 · 吹奏樂團 취주악단

피리 부는 소년
(마네 작)

343

呼 부를 호

口[입 구]부 8획

중 呼 [hū]
일 呼 음독[こ]
훈독[よぶ]
영 call

소 전

口[입 구]자와 乎[어조사 호]자가 합쳐진 글자다. 口자로 인해 입[口]으로 숨을 내쉰다 하여 '숨 내쉬다'의 뜻을 지니면서 다시 숨을 내쉬며 큰 소리로 부른다 하여 그 뜻이 '부르다'가 되었고, 乎자로 인해 坪[낮은 담 호]자나 滸[물 이름 호]자처럼 그 음이 '호'가 되었다.

> **용례** 呼吸 호흡 · 歡呼 환호 · 呼出 호출 · 呼名 호명 · 山呼 산호 · 點呼 점호 · 呼稱 호칭 · 呼訴 호소 · 呼應 호응 · 頓呼法 돈호법 · 呼兄呼弟 호형호제 · 指呼之間 지호지간 · 呼父呼兄 호부호형

호 흡

344

問 물을 문

門[문 문]부 11획

중 问 [wèn]
일 問 음독[もん]
훈독[とい·とう·とん]
영 ask

갑골문 　 소 전

門[문 문]자와 口[입 구]자가 합쳐진 글자다. 口자로 인해 무언가 밝히거나 알아내기 위해 입[口]으로 묻는다 하여 그 뜻이 '묻다'가 되었고, 門자로 인해 聞[들을 문]자처럼 그 음이 '문'이 되었다.

> **용례** 問答 문답 · 學問 학문 · 質問 질문 · 疑問 의문 · 拷問 고문 · 不恥下問 불치하문 · 耕當問奴 경당문노 · 不問可知 불문가지 · 東問西答 동문서답 · 不問曲直 불문곡직

질문을 나타낸 이미지

唱 부를 창

口[입 구]부 11획

중 唱 [chàng]
일 唱 음독[しょう]
　훈독[となえる]
영 sing

소 전

口[입 구]자와 昌[창성할 창]자로 이뤄진 글자다. 口자로 인해 입[口]으로 노래를 부른다 하여 그 뜻이 '부르다'가 되었고, 昌자로 인해 娼[노는계집 창]자나 猖[미쳐 날뛸 창]자처럼 그 음이 '창'이 되었다.

용례 合唱 합창 · 獨唱 독창 · 主唱 주창 · 齊唱 제창 · 先唱 선창 · 完唱 완창 · 名唱 명창 · 模唱 모창 · 愛唱曲 애창곡 · 歌唱力 가창력 · 合唱團 합창단 · 萬歲三唱 만세삼창 · 夫唱婦隨 부창부수 · 我歌査唱 아가사창

모흥갑 판소리도

鳴 울 명

鳥[새 조]부 14획

중 鳴 [míng]
일 鳴 음독[めい]
　훈독[なく·ならす·なる]
영 cry

갑골문 ｜ 소 전

口[입 구]자와 鳥[새 조]자가 합쳐졌다. 입[口]으로 새[鳥]가 운다 하여 그 뜻이 '울다'가 되었고, '울다'와 관련된 말인 '공명·자명종·이명증'에서 보듯 그 음이 변해 '명'이 되었다.

용례 悲鳴 비명 · 共鳴 공명 · 鳴鏑 명적 · 自鳴鐘 자명종 · 耳鳴症 이명증 · 鷄鳴狗盜 계명구도 · 百家爭鳴 백가쟁명 · 鳴梁大捷 명량대첩 · 孤掌難鳴 고장난명

지저귀며 우는 노고지리

哀 슬플 애

口[입 구]부 9획

중 哀 [āi]
일 哀 음독[あい]
　훈독[あわれ·あわれむ·
　　かなしい·かなしむ]
영 sad

금 문 ｜ 소 전

衣[옷 의]자와 口[입 구]자가 합쳐졌다. 옷깃[衣] 사이에 입[口]을 묻고 슬퍼한다 하여 그 뜻이 '슬프다'가 되었고, '슬프다'와 관련된 '비애·애도·애환'에서 보듯 그 음이 '애'가 되었다.

용례 悲哀 비애 · 哀悼 애도 · 哀歡 애환 · 哀惜 애석 · 哀痛 애통 · 哀憐 애련 · 哀愁 애수 · 哀願 애원 · 孤哀子 고애자 · 喜怒哀樂 희노애락 · 哀乞伏乞 애걸복걸 · 哀而不悲 애이불비

엄마가 그리운 아이

348

號 부르짖을 호

虍[범의 문채 호]부 13획

중 号 [hào]
일 号 음독[ごう]
　　훈독[さけぶ]
영 shout, exclaim

소 전

口[입 구]자와 丂[공교로울 교]자가 합쳐져 号자로만 쓰이던 글자였다. 口자로 인해 입[口]으로 부르짖는다 하여 그 뜻이 '부르짖다'가 되었고, 丂자로 인해 그 음이 '교'에서 변하여 '호'가 되었다. 후대에 그 뜻과 음을 분명하게 하기 위해 虎[범 호]자로 덧붙여 號자로 쓰이고 있다.[약자→号]

포호하는 범

용례 咆號 포호 · 年號 연호 · 口號 구호 · 號令 호령 · 號角 호각 · 番號 번호 · 記號 기호 · 諡號 시호 · 國號 국호 · 信號 신호 · 符號 부호 · 商號 상호 · 宅號 택호 · 廟號 묘호 · 暗號 암호 · 號牌法 호패법 · 創刊號 창간호 · 不等號 부등호

349

知 알 지

矢[화살 시]부 8획

중 知 [zhī]
일 知 음독[ち]
　　훈독[しる]
영 know

소 전

矢[화살 시]자와 口[입 구]자가 합쳐진 글자다. 口자로 인해 口[입]으로 말을 하여 알아듣게 한다 하여 그 뜻이 '알다'가 되었고, 矢자로 인해 그 음이 '시'에서 변하여 '지'가 되었다.

책은 지식의 보고

용례 知慧 지혜 · 知能 지능 · 知識 지식 · 四知 사지 · 知音 지음 · 知事 지사 · 知性人 지성인 · 豫知夢 예지몽 · 知彼知己 지피지기 · 溫故知新 온고지신 · 聞一知十 문일지십

350

和 화할 화

口[입 구]부 8획

중 和 [hé]
일 和 음독[お·か·わ]
　　훈독[あえる·なごむ·なごやか·
　　　　やわらぐ·やわらげる]
영 harmony

갑골문　소 전

龠[피리 약]자와 禾[벼 화]자가 합쳐진 龢자가 본자(本字)이다. 龠자로 인해 입[口]으로 부는 피리[龠] 소리가 화하게 들린다 하여 그 뜻이 '화하다'가 되었고, 禾자로 인해 그 음이 '화'가 되었다. 후에 입으로 부는 피리를 나타낸 龠자가 복잡하자 口[입 구]자로 바꿔 咊로 쓰기도 했는데, 오늘날 다시 좌우를 바꿔 和자로 쓰이고 있다.

옛날의 피리

용례 平和 평화 · 調和 조화 · 和睦 화목 · 親和 친화 · 和牛 화우 · 和菓子 화과자 · 雙和茶 쌍화차 · 琴瑟相和 금슬상화 · 一家和親 일가화친 · 和而不同 화이부동 · 家和萬事成 가화만사성

351

今 이제 금

人[사람 인]부 4획

중 今 [jīn]
일 今 음독[きん·こん]
　훈독[いま]
영 now

갑골문

소 전

아래를 향한 입[△의 형태]과 음식[-의 형태]을 이제 막 먹으려는 모습을 나타낸 글자다. 입에 음식을 막 먹으려 한다는 데서 그 뜻이 '이제'가 되었고, 이제와 관련된 말인 '지금·금일·금주'에서처럼 그 음이 '금'이 되었다. 음식을 나타내기 위해 덧붙여진 -의 형태는 후에 ㄱ으로 바뀌었다.

맥주를 마시는 선비

용례 只今 지금 · 今日 금일 · 今年 금년 · 古今 고금 · 今上 금상 · 昨今 작금 · 今方 금방 · 今明間 금명간 · 今世紀 금세기 · 今時初聞 금시초문 · 今昔之感 금석지감 · 東西古今 동서고금

352

味 맛 미

口[입 구]부 8획

중 味 [wèi]
일 味 음독[み]
　훈독[あじ·あじわう]
영 taste

소 전

口[입 구]자와 未[아닐 미]자가 합쳐진 글자다. 口자로 인해 입[口]으로 음식의 여러 가지 맛을 본다 하여 그 뜻이 '맛'이 되었고, 未자로 인해 覘[볼 미]자나 祙[도깨비 미]자처럼 그 음이 '미'가 되었다.

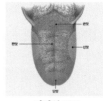
미각분포도

용례 口味 구미 · 吟味 음미 · 味覺 미각 · 味蕾 미뢰 · 滋味 자미 · 甘味料 감미료 · 調味料 조미료 · 山海珍味 산해진미 · 龍味鳳湯 용미봉탕 · 興味津津 흥미진진 · 意味深長 의미심장 · 魚頭一味 어두일미 · 無味乾燥 무미건조

353

甘 달 감

甘[달 감]부 5획

중 甘 [gān]
일 甘 음독[かん]
　훈독[あまい·あまえる·
　あまやかす]
영 sweet

갑골문

소 전

입[口] 속에 무언가[-의 형태]를 머금고 있는 모습을 나타낸 글자다. 예부터 입에 머물고 음미하는 맛은 단것이기 때문에 그 뜻이 '달다'가 되었고, '달다'와 관련된 '감초·감주·감언이설'에서 보듯 그 음이 '감'이 되었다. 후에 입은 甘의 형태로 나타내고, 단것은 -의 형태로 나타내면서 결국 甘자로 쓰이게 되었다.

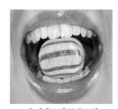
단것을 머금은 입

용례 甘草 감초 · 甘酒 감주 · 甘受 감수 · 甘藷→감자 · 甘美 감미 · 甘味料 감미료 · 甘露水 감로수 · 甘言利說 감언이설 · 甘吞苦吐 감탄고토 · 甘泉先竭 감천선갈 · 苦盡甘來 고진감래

354

齒 이 치

齒[이 치]부 15획

중 齿 [chǐ]
일 齒 음독[シ]
　훈독[は・よわい]
영 tooth

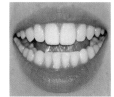

갑골문 | 소 전

입 안 위아래에 나란히 나 있는 이를 나타낸 글자다. 이를 나타냈기에 그 뜻이 '이'가 되었고, '이'와 관련된 말인 '치아·치과·영구치'에서 보듯 그 음이 '치'가 되었다. 이 자형은 후에 음의 역할을 하는 止[그칠 지]자가 덧붙여졌다.[약자→歯]

용례 齒牙치아 · 齒科치과 · 齒列치열 · 齒石치석 · 風齒풍치 · 義齒의치 · 齒痛치통 · 幼齒유치 · 永久齒영구치 · 脣亡齒寒순망치한 · 切齒腐心절치부심 · 丹脣皓齒단순호치 · 亡子計齒 망자계치 · 角者無齒각자무치

사람의 이(치아)

355

舌 혀 설

舌[혀 설]부 6획

중 舌 [shé]
일 舌 음독[ぜつ]
　훈독[した]
영 tongue

금 문 | 소 전

飮자 갑골문

飮[마실 음]자의 갑골문 자형에서 보듯 입과 입 밖에 움직이는 혀를 선(線)으로 나타낸 글자다. 입 밖의 혀를 나타낸 데서 그 뜻이 '혀'가 되었고, 혀와 관련된 '설전·독설·작설차'에서 보듯 그 음이 '설'이 되었다.

용례 舌戰설전 · 毒舌독설 · 筆舌필설 · 舌音설음 · 舌盍설합→서랍 · 牛舌우설 · 長廣舌장광설 · 口舌數구설수 · 雀舌茶작설차 · 辯舌家변설가 · 駟不及舌사불급설 · 三寸之舌삼촌지설 · 舌底有斧설저유부

사람의 혀

356

言 말씀 언

言[말씀 언]부 7획

중 言 [yán]
일 言 음독[げん・ごん]
　훈독[いう・こと]
영 speech

갑골문 | 소 전

말로 사람의 생각이나 느낌을 표현할 때 중요한 역할을 하는 입과 혀를 나타낸 글자다. 말(말씀)하는 데 중요한 입과 혀를 나타낸 데서 그 뜻이 '말씀'이 되었고, 말씀(말)과 관련된 뜻을 지닌 '언어·언행·조언'에서처럼 그 음이 '언'이 되었다.

용례 言語언어 · 言行언행 · 言爭언쟁 · 名言명언 · 箴言잠언 · 助言조언 · 言約언약 · 言必稱 언필칭 · 言中有骨언중유골 · 重言復言중언부언 · 言飛千里언비천리 · 男兒一言重千金남아일언중천금

입과 혀

357

計 셀 계
言[말씀 언]부 9획

중 計 [jì]
일 計 음독[けい]
　　훈독[はからう·はかる]
영 count

소 전

言[말씀 언]자와 十[열 십]자가 합쳐진 글자다. 입으로 말[言]을 하면서 하나에서 열[十]까지 수를 센다 하여 그 뜻이 '세다'가 되었고, '세다'와 관련된 '계산·합계·통계'에서 보듯 그 음이 '계'가 되었다.

용례 計算 계산 · 計劃 계획 · 合計 합계 · 統計 통계 · 時計 시계 · 美人計 미인계 · 家計簿 가계부 · 多少不計 다소불계 · 百年大計 백년대계 · 三十六計 삼십육계

열 손가락

358

記 기록할 기
言[말씀 언]부 10획

중 记 [jì]
일 記 음독[き]
　　훈독[しるす]
영 record

소 전

言[말씀 언]자와 己[몸 기]자가 합쳐진 글자다. 言자로 인해 말[言]을 기록한다 하여 그 뜻이 '기록하다'가 되었고, 己자로 인해 紀[벼리 기]·起[일어날 기]·忌[꺼릴 기]·杞[나무 이름 기]자처럼 그 음이 '기'가 되었다.

용례 記錄 기록 · 記者 기자 · 日記 일기 · 暗記 암기 · 記憶 기억 · 史記 사기 · 記念 기념 · 誤記 오기 · 無記名 무기명 · 特種記事 특종기사 · 身邊雜記 신변잡기 · 容貌疤記 용모파기 · 博覽强記 박람강기

이순신 장군의 난중일기

359

訓 가르칠 훈
言[말씀 언]부 10획

중 训 [xùn]
일 訓 음독[きん·くん]
　　훈독[おしえる]
영 instruct

소 전

言[말씀 언]자와 川[내 천]자가 합쳐진 글자다. 言자로 인해 말[言]로 잘 알아듣게 가르친다 하여 그 뜻이 '가르치다'가 되었고, 川자로 인해 그 음이 '천'에서 변하여 '훈'이 되었다.

용례 訓長 훈장 · 級訓 급훈 · 訓手 훈수 · 家訓 가훈 · 訓戒 훈계 · 訓練 훈련 · 敎訓 교훈 · 訓示 훈시 · 訓放 훈방 · 轉訓 전훈 · 訓民正音 훈민정음 · 訓蒙字會 훈몽자회

옛날의 훈장

360

訪 찾을 방

言[말씀 언]부 11획

중 访 [fǎng]
일 訪 음독[ほう]
　　훈독[おとずれる·たずねる·とう]
영 visit

소 전

言[말씀 언]자와 方[모 방]자가 합쳐진 글자다. 言자로 인해 말[言]로 물어서 찾는다 하여 그 뜻이 '찾다'가 되었고, 方자로 인해 防[막을 방]·放[놓을 방]·妨[해로울 방]·肪[기름 방]·彷[노닐 방]·坊[동네 방]자처럼 그 음이 '방'이 되었다.

용례 訪問 방문 · 訪北 방북 · 答訪 답방 · 探訪 탐방 · 禮訪 예방 · 巡訪 순방 · 訪販 방판 · 來訪客 내방객 · 訪韓人士 방한인사

정주영 회장의 소떼방북

361

設 베풀 설

言[말씀 언]부 11획

중 设 [shè]
일 設 음독[せつ]
　　훈독[もうける]
영 arrange

소 전

言[말씀 언]자와 殳[칠 수]자가 합쳐진 글자다. 말[言]로 명하고 다그쳐서[殳] 일을 행해 베풀어 놓게 한다 하여 그 뜻이 '베풀다'가 되었고, '베풀다'와 관련된 '설치·진설·설계'에서 보듯 그 음이 '설'이 되었다.

용례 設令 설령 · 設或 설혹 · 設定 설정 · 設置 설치 · 陳設 진설 · 設計 설계 · 增設 증설 · 施設 시설 · 創設 창설 · 新設 신설 · 建設會社 건설회사 · 爲人設官 위인설관

청중에게 말하고 있는 스티브 잡스

362

許 허락할 허

言[말씀 언]부 11획

중 许 [xǔ]
일 許 음독[きょ]
　　훈독[もと·ゆるす]
영 allow

금 문　　소 전

言[말씀 언]자와 午[일곱째 지지 오]자가 합쳐진 글자다. 言자로 인해 상대방이 청하는 말[言]대로 허락한다 하여 그 뜻이 '허락하다'가 되었고, 午자로 인해 그 음이 '오'에서 변하여 '허'가 되었다.

용례 許諾 허락 · 特許 특허 · 許可 허가 · 不許 불허 · 許久 허구 · 允許 윤허 · 許交 허교 · 許容 허용 · 許多 허다 · 認許 인허 · 十里許 십리허 · 許生傳 허생전 · 運轉免許 운전면허 · 許蘭雪軒 허난설헌

허락한다는 의미를 지닌 손동작

363

試 시험할 시

言[말씀 언]부 13획

중 试 [shì]
일 試 음독[し]
　　훈독[こころみる・ためす]
영 test

소 전

言[말씀 언]자와 式[법 식]자가 합쳐진 글자다. 言자로 인해 말[言]로 물어서 시험한다 하여 그 뜻이 '시험하다'가 되었고, 式자로 인해 弒[죽일 시]자처럼 그 음이 '시'가 되었다.

용례 試驗 시험 · 試合 시합 · 入試 입시 · 應試 응시 · 試演 시연 · 試鍊 시련 · 式年試 식년시 · 謁聖試 알성시 · 增廣試 증광시 · 嘗試之計 상시지계 · 試行錯誤 시행착오

조선시대 과거시험

364

話 말씀 화

言[말씀 언]부 13획

중 话 [huà]
일 話 음독[わ]
　　훈독[はなし・はなす]
영 speak

소 전

言[말씀 언]자와 昏[입 막을 괄]자가 합쳐진 䛡자가 본자(本字)이다. 言자로 인해 상대에게 전하는 말[言]과 관련해 그 뜻이 '말씀(말)'이 되었고, 昏자로 인해 그 음이 '괄'에서 변하여 '화'가 되었다. 語[말씀 어] · 詞[말씀 사] · 說[말씀 설]자에 덧붙여진 吾(오) · 司(사) · 兌(열)처럼 음의 역할을 하는 昏자는 후에 舌의 형태로 바뀌어 오늘날 話자로 쓰이고 있다.

용례 電話 전화 · 對話 대화 · 說話 설화 · 會話 회화 · 話術 화술 · 插話 삽화 · 話頭 화두 · 神話 신화 · 逸話 일화 · 童話 동화 · 手話 수화 · 談話文 담화문 · 複話術 복화술 · 千一夜話 천일야화

옛날의 전화

365

說 말씀 설

言[말씀 언]부 14획

중 说 [shuō]
일 說 음독[せつ・ぜい]
　　훈독[とく]
영 speak

소 전

言[말씀 언]자와 兌[기쁠 열(태)]자가 합쳐진 글자다. 言자로 인해 무언가 설명하기 위해 풀이를 하는 말씀[言]과 관련해 그 뜻이 '말씀'이 되었고, 兌자로 인해 그 음이 '열'에서 변하여 '설'이 되었다. '기쁘다'로 쓰일 때는 '열'로도 읽고, '달래다'로 쓰일 때는 '세'로도 읽는다.

용례 演說 연설 · 辱說 욕설 · 小說 소설 · 辭說 사설 · 說得 설득 · 傳說 전설 · 說樂 열락 · 遊說 유세 · 甘言利說 감언이설 · 街談巷說 가담항설 · 說往說來 설왕설래 · 語不成說 어불성설 · 道聽塗說 도청도설 · 橫說竪說 횡설수설

김구 선생의 연설

366

詩 시 시
言[말씀 언]부 13획

중 诗 [shī]
일 詩 음독[し]
영 poem

소 전

言[말씀 언]자와 寺[절 사]자가 합쳐진 글자다. 言자로 인해 그 뜻이 말
[言]을 운율로 표현한 '시'가 되었고, 寺자로 인해 時[때 시]자나 侍[모실
시]자처럼 그 음이 '사'에서 변하여 '시'가 되었다. 원래 寺자는 '관청'을
뜻할 때는 '시'로 읽힌다.

용례 詩人 시인 · 詩仙 시선 · 詩聖 시성 · 童詩 동시 · 序詩 서시 · 漢詩 한시 · 詩集 시집 · 新體詩
신체시 · 杜詩諺解 두시언해

해에서 소년에게
(소년 창간호)

367

識 알 식
言[말씀 언]부 19획

중 识 [shí]
일 識 음독[しき]
　　훈독[しる]
영 know

소 전

言[말씀 언]자와 戠[찰진 흙 시]자가 합쳐진 글자다. 言자로 인해 모르는
것을 말[言]로 물어 안다 하여 그 뜻이 '알다'가 되었고, 戠자로 인해 그
음이 '시'에서 변하여 '식'이 되었다. 뜻이 '적다'와 관련될 때는 '지'로
도 읽는다.

용례 良識 양식 · 知識 지식 · 學識 학식 · 識者 식자 · 識見 식견 · 常識 상식 · 標識 표지 · 一面識
일면식 · 目不識丁 목불식정 · 識字憂患 식자우환 · 一字無識 일자무식

수업을 진행하고 있는
선생님

368

誠 정성 성
言[말씀 언]부 13획

중 诚 [chéng]
일 誠 음독[せい]
　　훈독[まこと]
영 sincere

소 전

言[말씀 언]자와 成[이룰 성]자가 합쳐진 글자다. 言자로 인해 말[言]을
거짓이 없이 정성들여 한다 하여 그 뜻이 '정성'이 되었고, 成자로 인해
城[재 성]자나 盛[성할 성]자처럼 그 음이 '성'이 되었다.

용례 忠誠 충성 · 精誠 정성 · 誠實 성실 · 至誠 지성 · 孝誠 효성 · 誠金 성금 · 熱誠 열성 · 至誠感
天 지성감천 · 誠心誠意 성심성의 · 犬馬之誠 견마지성 · 向學之誠 향학지성

수업을 진행하고 있는
필자

369 語 말씀 어

言[말씀 언]부 14획

- 중 语 [yǔ]
- 일 語 음독[ぎょ·ご]
  훈독[かたらう·かたる]
- 영 language

금문 　 소전

言[말씀 언]자와 吾[나 오]자가 합쳐진 글자다. 言자로 인해 사람의 생각을 입을 통하여 나타내는 말[言]과 관련해 그 뜻이 '말씀'이 되었고, 吾자로 인해 圄[옥 어]자처럼 그 음이 '오'에서 변하여 '어'가 되었다. '말씀'은 옛말인 '말씀'에서 비롯되었으며, 당시는 특별히 높임이나 낮춤의 의미를 지니지 않았다. 하지만 오늘날에는 '남의 말을 높여 이르는 말'로도 쓰이고, '자기의 말을 낮추어 이르는 말'로도 쓰인다.

국어의 어휘체계

용례 國語 국어 · 漢語 한어 · 語塞 어색 · 梵語 범어 · 論語 논어 · 標準語 표준어 · 外來語 외래어 · 漢字語 한자어 · 語不成說 어불성설 · 萬國共通語 만국공통어 · 同音異義語 동음이의어

370 誤 그릇할 오

言[말씀 언]부 14획

- 중 误 [wù]
- 일 誤 음독[ご]
  훈독[あやまる]
- 영 error

소전

言[말씀 언]자와 吳[나라이름 오]자가 합쳐진 글자다. 言자로 인해 말[言]이나 글이 사리에 맞지 않고 그릇하다 하여 그 뜻이 '그릇하다'가 되었고, 吳자로 인해 娛[즐거워할 오]자처럼 음이 '오'가 되었다.

초등학생의 답안지

용례 誤謬 오류 · 誤診 오진 · 誤答 오답 · 誤差 오차 · 誤判 오판 · 誤報 오보 · 誤譯 오역 · 過誤 과오 · 誤認 오인 · 誤審 오심 · 誤發彈 오발탄 · 試行錯誤 시행착오

371 認 알 인

言[말씀 언]부 14획

- 중 认 [rèn]
- 일 認 음독[にん]
  훈독[みとめる]
- 영 recognize

해당 글자는
고문자 없음

言[말씀 언]자와 忍[참을 인]자가 합쳐진 글자다. 言자로 인해 말[言]로 물어서 모르는 것을 안다 하여 그 뜻이 '알다'가 되었고, 忍자로 인해 그 음이 '인'이 되었다.

인지했음을 나타낸
이미지

용례 認識 인식 · 默認 묵인 · 是認 시인 · 承認 승인 · 否認 부인 · 誤認 오인 · 確認 확인 · 容認 용인 · 自認 자인 · 認證 인증 · 檢認定 검인정 · 認知度 인지도 · 認許可 인허가 · 國家公認 국가공인 · 自他共認 자타공인

372

課 매길 과
言[말씀 언]부 15획

중 课 [kè]
일 課 음독[か]
영 put a price on a thing, class

소 전

죽간과 경서통

言[말씀 언]자와 果[열매 과]자가 합쳐진 글자다. 言자로 인하여 말[言]로 물어 등급을 매긴다 하여 그 뜻이 '매기다'가 되었고, 果자로 인하여 菓[과자 과]자나 顆[낟알 과]자처럼 그 음이 '과'가 되었다.

용례 課稅 과세 · 賦課 부과 · 課題 과제 · 課業 과업 · 學課 학과 · 日課 일과 · 課徵金 과징금 · 公課金 공과금 · 放課後 방과후 · 課外授業 과외수업 · 人事考課 인사고과

373

談 말씀 담
言[말씀 언]부 15획

중 谈 [tán]
일 談 음독[だん]
영 converse

소 전

대담을 하고 있는
남북정상

言[말씀 언]자와 炎[불꽃 염]자가 합쳐진 글자다. 言자로 인해 사람이 생각을 담아 서로 주고받는 말(말씀)과 관련해 그 뜻이 '말씀'이 되었고, 炎자로 인해 淡[묽을 담]자나 痰[가래 담]자처럼 그 음이 '염'에서 변하여 '담'이 되었다.

용례 談笑 담소 · 對談 대담 · 會談 회담 · 弄談 농담 · 商談 상담 · 密談 밀담 · 俗談 속담 · 談話文 담화문 · 懇談會 간담회 · 街談巷說 가담항설 · 高談峻論 고담준론 · 豪言壯談 호언장담 · 淫談悖說 음담패설

374

論 의논할 론
言[말씀 언]부 15획

중 论 [lùn]
일 論 음독[ろん]
　　훈독[あげつらう]
영 discuss

소 전

토론을 하는 두 사람

言[말씀 언]자와 侖[둥글 륜]자가 합쳐진 글자다. 言자로 인하여 조리 있게 상대방과 의논한다 하여 그 뜻이 '의논하다'가 되었고, 侖자로 인하여 掄[가릴 론]자나 蓄[참죽나무 론]자처럼 그 음이 '륜'에서 변하여 '론'이 되었다.

용례 言論 언론 · 討論 토론 · 本論 본론 · 序論 서론 · 論語 논어 · 與論 여론 · 反論 반론 · 人口論 인구론 · 卓上空論 탁상공론 · 甲論乙駁 갑론을박 · 論功行賞 논공행상 · 高談峻論 고담준론 · 黑白論理 흑백논리

375

調 고를 조

言[말씀 언]부 15획

중 调 [diào/tiáo]
일 調 음독[ちょう]
　　훈독[しらべる・ととのう・
　　ととのえる]
영 harmonize

소 전

言[말씀 언]자와 周[두루 주]자가 합쳐진 글자다. 言자로 인해 말[言]을 억양이 좋게 고르게 한다 하여 그 뜻이 '고르다'가 되었고, 周자로 인해 彫[새길 조]자나 凋[시들 조]자처럼 그 음이 '주'에서 변하여 '조'가 되었다.

용례 調和조화 · 調査조사 · 調達조달 · 調節조절 · 調整조정 · 調理조리 · 順調순조 · 步調보조 · 基調기조 · 好調호조 · 同調동조 · 調味料조미료 · 調練師조련사 · 營養失調영양실조 · 貿易逆調무역역조

사이좋게 말하는 모습

376

請 청할 청

言[말씀 언]부 15획

중 请 [qǐng]
일 請 음독[しょう・しん・せい]
　　훈독[うける・こう]
영 request

소 전

言[말씀 언]자와 靑[푸를 청]자가 합쳐진 글자다. 言자로 인해 말[言]로 원하는 것을 청한다 하여 뜻이 '청하다'가 되었고, 靑자로 인해 淸[맑을 청]·晴[갤 청]·淸[서늘할 청(정)]자처럼 음이 '청'이 되었다.

용례 懇請간청 · 申請신청 · 要請요청 · 招請초청 · 請婚청혼 · 請約청약 · 請託청탁 · 不請客불청객 · 請牒狀청첩장 · 請誘法청유법 · 請求權청구권 · 不敢請固所願불감청고소원

무언가 간청하는 모습

377

諸 모두 제

言[말씀 언]부 18획

중 诸 [zhū]
일 諸 음독[しょ]
　　훈독[もろもろ]
영 all

소 전

言[말씀 언]자와 者[놈 자]자가 합쳐진 글자다. 言자로 인해 말[言]을 할 때 빼놓지 않고 모두 한다 하여 그 뜻이 '모두'가 되었고, 者자로 인해 그 음이 '자'에서 변하여 '제'가 되었다. 어조사로 쓰일 때는 '저'로도 읽는다.

용례 諸君제군 · 諸侯제후 · 諸位제위 · 諸賢제현 · 諸葛亮제갈량 · 諸般事제반사 · 財務諸表재무제표 · 諸行無常제행무상 · 諸子百家제자백가 · 運動諸具운동제구 · 反求諸己반구저기 · 西印度諸島서인도제도

육하원칙

378

講 풀이할 **강**

言[말씀 언]부 17획

중 讲 [jiǎng]
일 講 음독[こう]
영 explain, lecture

소 전

言[말씀 언]자와 冓[짤 구]자가 합쳐진 講자가 본자(本字)이다. 言자로 인해 상대가 알아듣도록 말[言]로 잘 풀이한다 하여 그 뜻이 '풀이하다'가 되었고, 冓자로 인해 음이 '구'에서 변하여 '강'이 되었다. 講자에 보이는 冓자는 오늘날 자형의 일부가 생략되어 講자로 쓰이고 있다.

용례 講師 강사 · 終講 종강 · 講義 강의 · 講演 강연 · 閉講 폐강 · 特講 특강 · 講壇 강단 · 講堂 강당 · 開講 개강 · 講讀 강독 · 講習 강습 · 講座 강좌 · 休講 휴강 · 受講生 수강생 · 聽講生 청강생 · 勸學講文 권학강문 · 講和條約 강화조약

대학 강의

379

謝 사례할 **사**

言[말씀 언]부 17획

중 谢 [xiè]
일 謝 음독[しゃ]
　　훈독[あやまる]
영 thank

소 전

言[말씀 언]자와 射[쏠 사]자가 합쳐진 글자다. 言자로 인해 말[言]로 상대에게 고맙다는 뜻을 나타내면서 사례한다 하여 그 뜻이 '사례하다'가 되었고, 射자로 인해 麝[사향노루 사]자처럼 그 음이 '사'가 되었다.

용례 感謝 감사 · 謝過 사과 · 謝罪 사죄 · 謝絶 사절 · 謝意 사의 · 厚謝 후사 · 謝恩會 사은회 · 謝肉祭 사육제 · 月謝金 월사금 · 百拜謝禮 백배사례 · 謝恩肅拜 사은숙배 · 新陳代謝 신진대사 · 當選謝禮 당선사례

사례하는 사람의 모습

380

證 증명할 **증**

言[말씀 언]부 19획

중 证 [zhèng]
일 証 음독[しょう]
　　훈독[あかし]
영 prove

소 전

言[말씀 언]자와 登[오를 등]자가 합쳐진 글자다. 言자로 인해 말[言]로서 사실을 명백하게 증명한다 하여 그 뜻이 '증명하다'가 되었고, 登자로 인해 撜[건질 증]자처럼 그 음이 '등'에서 변하여 '증'이 되었다.[약자→ 証]

용례 證人 증인 · 證言 증언 · 物證 물증 · 保證 보증 · 證據 증거 · 傍證 방증 · 反證 반증 · 證明 증명 · 認證 인증 · 領收證 영수증 · 資格證 자격증 · 借用證 차용증 · 證憑書類 증빙서류 · 住民登錄證 주민등록증 · 運轉免許證 운전면허증

아동한자지도사 자격증

381

誰 누구 수

言[말씀 언]부 15획

중 谁 [shéi]
일 誰 음독[すい]
　　훈독[だれ]
영 who

금문 | 소전

言[말씀 언]자와 隹[새 추]자가 합쳐진 글자다. 言자로 인해 말[言]로 누구인지를 묻는다 하여 그 뜻이 '누구'가 되었고, 隹자로 인해 雖[비록 수]자나 睢[부릅떠 볼 수]자처럼 그 음이 '추'에서 변하여 '수'가 되었다.

용례 誰何 수하 · 誰怨誰咎 수원수구

방문(한국민속촌)

382

議 의논할 의

言[말씀 언]부 20획

중 议 [yì]
일 議 음독[ぎ]
영 discuss

소전

言[말씀 언]자와 義[옳을 의]자가 합쳐진 글자다. 言자로 인해 말[言]을 서로 나눠 의논한다 하여 그 뜻이 '의논하다'가 되었고, 義자로 인해 儀[거동 의]자나 蟻[개미 의]자처럼 그 음이 '의'가 되었다.

용례 會議 회의 · 議論 의논/이론 · 議長 의장 · 協議 협의 · 抗議 항의 · 議席 의석 · 物議 물의 · 議政府 의정부 · 領議政 영의정 · 決議案 결의안 · 不可思議 불가사의 · 國會議員 국회의원 · 爛商討議 난상토의

국회와 국회의원

383

讀 읽을 독

言[말씀 언]부 22획

중 读 [dú]
일 読 음독[とう·とく·どく]
　　훈독[よむ]
영 read

소전

言[말씀 언]자와 賣[행상할 육]자가 합쳐진 글자다. 言자로 인해 말[言]소리를 내어 글을 읽는다 하여 그 뜻이 '읽다'가 되었고, 賣자로 인해 瀆[도랑 독]자나 犢[송아지 독]자처럼 그 음이 '육'에서 변하여 '독'이 되었다. 뜻이 '구두'와 관련될 때는 '두'로도 읽힌다. 言자와 賣[팔 매]자가 합쳐진 讀은 잘못 쓰인 글자다.[약자→読]

용례 讀書 독서 · 讀者 독자 · 精讀 정독 · 讀破 독파 · 速讀 속독 · 解讀 해독 · 吏讀 이두 · 句讀點 구두점 · 讀圖法 독도법 · 牛耳讀經 우이독경 · 晝耕夜讀 주경야독 · 男兒須讀五車書 남아수독오거서

책 읽는 소녀(프라고나르 작)

384

讓 사양할 양
言[말씀 언]부 24획

중 让 [ràng]
일 讓 음독[じょう]
　 훈독[ゆずる]
영 decline

소 전

言[말씀 언]자와 襄[도울 양]자가 합쳐진 글자다. 言자로 인해 남의 말[言]을 좇아 응하지 않고 사양한다 하여 그 뜻이 '사양하다'가 되었고, 襄자로 인해 壤[흙 양]·孃[계집애 양]·釀[빚을 양]자처럼 그 음이 '양'이 되었다.[약자→讓]

용례 謙讓 겸양 · 讓渡 양도 · 讓步 양보 · 禪讓 선양 · 移讓 이양 · 讓位 양위 · 割讓 할양 · 分讓價 분양가 · 辭讓之心 사양지심 · 謙讓之德 겸양지덕 · 泰山不讓土壤 태산불양토양

사양하는 모습

385

音 소리 음
音[소리 음]부 9획

중 音 [yīn]
일 音 음독[いん·おん]
　 훈독[おと·ね]
영 sound

금 문 | 소 전

입과 혀를 나타낸 言[말씀 언]자에 소리의 의미를 나타내기 위해 −의 형태를 言자의 口 속에 덧붙인 글자다. 口 속에 덧붙인 −의 형태가 소리를 나타낸 데서 그 뜻이 '소리'가 되었고, 소리와 관련된 말인 '음악·잡음·화음'에서 보듯 그 음이 '음'이 되었다.

용례 音樂 음악 · 雜音 잡음 · 和音 화음 · 音聲 음성 · 騷音 소음 · 錄音 녹음 · 知音 지음 · 多音節 다음절 · 有聲音 유성음 · 不協和音 불협화음 · 訓民正音 훈민정음 · 同音異義語 동음이의어

소리를 내는 입

386

耳 귀이
耳[귀 이]부 6획

중 耳 [ěr]
일 耳 음독[じ]
　 훈독[みみ]
영 ear

갑골문 | 소 전

오감(五感)을 낳는 다섯 감각기관의 하나로, 사람 얼굴의 좌우에 있으면서 듣는 역할을 하는 귀의 모습을 본떠 이뤄진 글자다. 그렇게 귀를 나타낸 데서 그 뜻이 '귀'가 되었고, 귀와 관련된 말인 '중이염·이목구비·이비인후과'에서 보듯 그 음이 '이'가 되었다.

용례 耳目 이목 · 耳順 이순 · 耳塚 이총 · 中耳炎 중이염 · 耳明酒 이명주 · 耳目口鼻 이목구비 · 馬耳東風 마이동풍 · 牛耳讀經 우이독경 · 忠言逆耳 충언역이 · 耳鼻咽喉科 이비인후과 · 耳懸鈴鼻懸鈴 이현령비현령

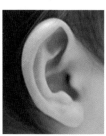

사람의 귀

387

聖 성인 성

耳[귀 이]부 13획

중 圣 [shèng]
일 聖 음독[しょう・せい]
　 훈독[ひじり]
영 holy, saint

금 문　　소 전

耳[귀 이]자와 口[입 구]자, 壬[줄기 정]자가 합쳐진 글자다. 耳자와 口자로 인해 남이 입[口]으로 하는 소리를 귀[耳]로 잘 듣는 이가 성인이라 하여 그 뜻이 '성인'이 되었고, 壬자로 인해 음이 '정'에서 변하여 '성'이 되었다.

용례 聖人 성인 · 聖書 성서 · 四聖 사성 · 聖域 성역 · 聖君 성군 · 聖堂 성당 · 聖經 성경 · 詩聖 시성 · 聖賢 성현 · 聖誕節 성탄절 · 聖職者 성직자 · 太平聖代 태평성대 · 神聖不可侵 신성불가침

노자 석상

388

聞 들을 문

耳[귀 이]부 14획

중 闻 [wén]
일 聞 음독[ぶん・もん]
　 훈독[きく・きこえる]
영 hear

갑골문　　소 전

무릎을 꿇고 앉은 사람의 형태와 귀의 형태가 합쳐진 글자로, 사람이 귀로 듣는다 하는 글자였다. 후에 음의 역할을 하는 門[문 문]자와 뜻의 역할을 하는 耳[귀 이]자가 합쳐진 형태로 바뀌었다. 이 글자는 耳자로 소리를 듣는다 하여 그 뜻이 '듣다'가 되었고, 門자로 인해 問[물을 문]자처럼 그 음이 '문'이 되었다.

용례 見聞 견문 · 新聞 신문 · 所聞 소문 · 艷聞 염문 · 醜聞 추문 · 風聞 풍문 · 聽聞會 청문회 · 申聞鼓 신문고 · 聞一知十 문일지십 · 前代未聞 전대미문 · 聽而不聞 청이불문 · 西遊見聞 서유견문

무릎을 꿇고 앉은 모습

389

聲 소리 성

耳[귀 이]부 17획

중 声 [shēng]
일 声 음독[しょう・せい]
　 훈독[こえ・こわ]
영 voice

갑골문　　소 전

磬[경쇠 경]자에서 생략된 殸의 형태와 耳[귀 이]자가 합쳐진 글자다. 耳자로 인해 귀[耳]로 악기 소리를 듣는다 하여 그 뜻이 '소리'가 되었고, 殸의 형태로 일부가 생략되었지만 磬자로 인해 그 음이 '경'에서 변하여 '성'이 되었다.[약자→声]

용례 聲明 성명 · 名聲 명성 · 喊聲 함성 · 音聲 음성 · 聲紋 성문 · 三喜聲 삼희성 · 虛張聲勢 허장성세 · 呱呱之聲 고고지성 · 異口同聲 이구동성 · 大聲痛哭 대성통곡 · 聲東擊西 성동격서 · 高聲放歌 고성방가 · 大喝一聲 대갈일성

옥경(玉磬)

390

聽 들을 청

耳[귀 이]부 22획

중 听 [tīng]
일 聽 음독[ちょう]
　　훈독[きく・ゆるす]
영 listen

 갑골문 소 전

소리를 듣는 귀

원래 耳[귀 이]자와 口[입 구]자만으로 표현된 글자였다. 후에 자형이 복잡하게 변화되어 耳자와 直[곧을 직]자와 心[마음 심]자, 그리고 壬[줄기 정]자가 합쳐진 형태로 쓰이게 되었다. 입[口]으로 말하면 귀[耳]로 곧은[直] 마음[心]을 가지고 듣는다 하여 그 뜻이 '듣다'가 되었고, 壬자로 인해 음이 '정'에서 변하여 '청'이 되었다.[약자→聴]

[용례] 聽覺 청각 · 視聽 시청 · 盜聽 도청 · 傍聽 방청 · 傾聽 경청 · 難聽 난청 · 公聽會 공청회 · 非禮勿聽 비례물청 · 道聽塗說 도청도설 · 垂簾聽政 수렴청정

391

面 낯 면

面[낯 면]부 9획

중 面 [miàn]
일 面 음독[めん]
　　훈독[おも・おもて・つら]
영 face

 갑골문 소 전

청동의 인면구

사람에게 중요한 역할을 하는 눈[目]을 중심으로 머리[百]에 낯(얼굴)의 윤곽[凵의 형태]을 표현한 글자[面]다. 낯(얼굴)을 표현했기에 그 뜻이 '낯(얼굴)'이 되었고, 낯(얼굴)과 관련된 말인 '안면·가면·철면피'에서처럼 그 음이 '면'이 되었다.

[용례] 面目 면목 · 面刀 면도 · 面接 면접 · 外面 외면 · 假面 가면 · 面墻 면장 · 一面識 일면식 · 鐵面皮 철면피 · 四面楚歌 사면초가 · 面從腹背 면종복배 · 白面書生 백면서생 · 人面獸心 인면수심

392

首 머리 수

首[머리 수]부 9획

중 首 [shǒu]
일 首 음독[しゅ]
　　훈독[くび]
영 head

 갑골문 소 전

고대의 인두상

사람에게 중요한 역할을 하는 부분인 눈[目]을 중심으로 윗부분에 머리털이 있는 머리[首]를 옆으로 나타낸 글자다. 머리를 나타낸 데서 그 뜻이 '머리'가 되었고, 머리와 관련된 말인 '수급·효수·구수회의'에서처럼 그 음이 '수'가 되었다.

[용례] 首級 수급 · 魁首 괴수 · 梟首 효수 · 元首 원수 · 絞首刑 교수형 · 鳩首會議 구수회의 · 首丘初心 수구초심 · 鶴首苦待 학수고대 · 首鼠兩端 수서양단 · 首尾相應 수미상응

393

肉 고기 육

肉[고기 육]부 6획

중 肉 [ròu]
일 肉 음독[にく]
　　훈독[しし]
영 meat

| 갑골문 | 소 전 |

반듯하게 저민 한 덩어리 고기를 나타낸 글자다. 고깃덩이를 나타낸 데서 그 뜻이 '고기'가 되었고, 고기와 관련된 '육식·편육·수육'에서 보듯 그 음이 '육'이 되었다. 다른 글자에 덧붙여질 때는 月[육달월]의 형태로 간략하게 변화되어 쓰이기도 하는데, 이는 月[달 월]자와 구별하기 위해 肉[고기 육]자의 음 '육'을 '달월'과 합쳐 '육달월'이라 한다.

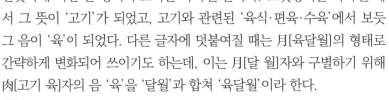

고깃덩이

용례 肉食 육식 · 片肉 편육 · 熟肉 숙육 →수육 · 肉體 육체 · 羊頭狗肉 양두구육 · 酒池肉林 주지육림 · 苦肉之策 고육지책 · 弱肉强食 약육강식 · 髀肉之嘆 비육지탄 · 行尸走肉 행시주육

394

多 많을 다

夕[저녁 석]부 6획

중 多 [duō]
일 多 음독[た]
　　훈독[おおい]
영 many

| 갑골문 | 소 전 |

肉[고기 육]자의 고문자인 夕의 형태를 위아래에 겹쳐 나타낸 글자다. 신에게 바치는 제물인 고기[夕]를 많이 쌓아 놓은 모양을 나타낸 데서 그 뜻이 '많다'가 되었고, '많다'와 관련된 말인 '다독·다수·다정'에서처럼 그 음이 '다'가 되었다.

위아래를 겹쳐 놓은 고깃덩이

용례 多少 다소 · 許多 허다 · 多量 다량 · 多讀 다독 · 多忙 다망 · 多數 다수 · 多樣化 다양화 · 多多益善 다다익선 · 多情多感 다정다감 · 好事多魔 호사다마 · 博學多識 박학다식

395

育 기를 육

肉[고기 육]부 8획

중 育 [yù]
일 育 음독[いく]
　　훈독[そだつ·そだてる]
영 breed

| 소 전 |

원래 厶[아이 낳을 돌]자와 肉자에서 변형된 月[육달월]이 합쳐진 育자가 본자(本字)이다. 厶자로 인해 막 태어난 아이[厶]를 기른다 하여 그 뜻이 '기르다'가 되었고, 月로 변한 肉자로 인해 그 음이 '육'이 되었다. 덧붙여진 厶자는 오늘날 厶의 형태로 바뀌어 쓰이고 있다.

막 태어난 아이

용례 教育 교육 · 育兒 육아 · 體育 체육 · 育成 육성 · 養育 양육 · 飼育 사육 · 發育 발육 · 生育 생육 · 育苗 육묘 · 保育院 보육원 · 訓育官 훈육관 · 育種學 육종학 · 育英事業 육영사업

396

脫 벗을 탈

肉[고기 육]부 11획

중 脫 [tuō]
일 脫 음독[だつ]
　　훈독[ぬぐ・ぬげる]
영 undress

소 전

肉[고기 육]자에서 변형된 月[육달월]과 兌[기쁠 태]자가 합쳐졌다. 肉자로 인해 뱀이 허물을 벗듯 고기[肉]의 살을 벗긴다 하여 그 뜻이 '벗다'가 되고, 兌자로 인해 侻[추할 탈]자나 敓[빼앗을 탈]자처럼 그 음이 '태'에서 변하여 '탈'이 되었다.

허물을 벗는 뱀

용례 脫皮 탈피 · 離脫 이탈 · 脫落 탈락 · 脫退 탈퇴 · 脫衣 탈의 · 脫出 탈출 · 脫黨 탈당 · 脫漏 탈루 · 脫北 탈북 · 虛脫感 허탈감 · 脫穀機 탈곡기 · 脫水症 탈수증 · 足脫不及 족탈불급

397

胸 가슴 흉

月[고기 육]부 10획

중 胸 [xiōng]
일 胸 음독[きょう]
　　훈독[むな・むね]
영 breast

소 전

원래 사람을 나타낸 勹의 형태와 凶[흉할 흉]자가 합쳐진 匈[오랑캐 흉]자가 '가슴'을 뜻했다. 그러나 匈자가 후대에 '오랑캐'의 뜻으로 빌려 쓰이게 되자, 다시 인체의 일부를 나타내는 데 쓰이는 肉[고기 육]자에서 변형된 月[육달월]을 덧붙인 胸자가 '가슴'의 뜻하는 글자가 되었다. 그 음은 凶자나 匈자처럼 '흉'으로 읽히고 있다.

흉부 마네킹

용례 胸襟 흉금 · 胸部 흉부 · 胸中 흉중 · 胸像 흉상 · 胸心 흉심 · 胸腔 흉강 · 胸部 흉부 · 胸骨 흉골 · 胸章 흉장 · 胸廓 흉곽 · 鶴胸背 학흉배 · 胸式呼吸 흉식호흡

398

心 마음 심

心[마음 심]부 4획

중 心 [xīn]
일 心 음독[しん]
　　훈독[こころ]
영 mind

갑골문　소 전

心[마음 심]자는 심장을 나타낸 글자인데, 옛 사람들은 심장에 정신이 있어 마음을 주도한다고 여겼다. 따라서 '심장'을 뜻하기도 하면서 다시 '마음'의 뜻을 갖게 되었고, 마음과 관련된 말인 '인심·의심·욕심'에서 보듯 '심'으로 읽히게 되었다. 다른 글자와 어울릴 때는 忄[심방변]이나 㣺[밑마음심]으로도 쓰인다.

사람의 심장

용례 人心 인심 · 疑心 의심 · 慾心 욕심 · 小心 소심 · 老婆心 노파심 · 自負心 자부심 · 一片丹心 일편단심 · 心心相印 심심상인 · 以心傳心 이심전심 · 首丘初心 수구초심 · 虛心坦懷 허심탄회 · 作心三日 작심삼일 · 一切唯心造 일체유심조

忙 **바쁠 망**
心[마음 심]부, 6획

중 忙 [máng]
일 忙 음독[ぼう]
　훈독[いそがしい·せわしい]
영 busy

해당 글자는
고문자 없음

心[마음 심]자에서 변형된 ↑[심방변]과 亡[망할 망]자가 합쳐진 글자다.
心자로 인해 마음[心] 속으로 기억하지 못하고 잊어버릴 정도로 바쁘다
하여 그 뜻이 '바쁘다'가 되었고, 亡자로 인해 忘[잊을 망]자나 妄[망령
될 망]자처럼 그 음이 '망'이 되었다.

용례 多忙 다망 · 奔忙 분망 · 遑忙 황망 · 忙中閑 망중한 · 多事多忙 다사다망 · 公私多忙 공사다망
· 悤忙之間 총망지간

바쁘게 움직이는 사람들

忘 **잊을 망**
心[마음 심]부 7획

중 忘 [wàng]
일 忘 음독[ぼう]
　훈독[わすれる]
영 forget

금 문 ｜ 소 전

亡[잃을 망]자와 心[마음 심]자가 합쳐진 글자다. 心자로 인해 마음[心]
속으로 생각하고 기억한 것을 잊었다 하여 그 뜻이 '잊다'가 되었고, 亡
자로 인해 忙[바쁠 망]·妄[망령될 망]·芒[까끄라기 망]자처럼 그 음이
'망'이 되었다.

용례 忘却 망각 · 難忘 난망 · 忘失 망실 · 忘恩 망은 · 勿忘草 물망초 · 健忘症 건망증 · 忘憂物 망우
물 · 忘年會 망년회 · 備忘錄 비망록 · 刻骨難忘 각골난망 · 寤寐不忘 오매불망 · 背恩忘德 배
은망덕 · 忘年之交 망년지교 · 發憤忘食 발분망식

머리 속의 지우개

忍 **참을 인**
心[마음 심]부 7획

중 忍 [rěn]
일 忍 음독[にん]
　훈독[しのばせる·しのぶ]
영 persevere

금 문 ｜ 소 전

刃[칼날 인]자와 心[마음 심]자가 합쳐진 글자다. 心자로 인해 마음[心]
속으로 꾹 참는다 하여 그 뜻이 '참다'가 되었고, 刃자로 인해 靭[질길
인]처럼 그 음이 '인'이 되었다.

용례 忍耐 인내 · 忍苦 인고 · 不忍 불인 · 百忍 백인 · 殘忍 잔인 · 强忍 강인 · 忍辱 인욕 · 忍冬草
인동초 · 目不忍見 목불인견 · 隱忍自重 은인자중 · 堅忍不拔 견인불발

안중근 의사의 유묵
〈인내〉

402	志 뜻 지	중	志 [zhì]
		일	志 음독[し]
			훈독[こころざし・こころざす]
	心[마음 심]부 7획	영	will

금 문　　소 전

止[그칠 지]자와 心[마음 심]자가 합쳐진 忐자가 본자(本字)이다. 心자에 의해 마음[心] 속에 품고 있는 뜻과 관련해 그 뜻이 '뜻'이 되고, 止자에 의해 그 음이 '지'가 된 글자다. 그런데 忐자에 덧붙여진 止자는 후대로 내려오면서 士의 형태로 바뀌어 오늘날 志자로 쓰이고 있다.

용례 意志 의지 · 立志 입지 · 志向 지향 · 志學 지학 · 養志 양지 · 寸志 촌지 · 志操 지조 · 志願 지원 · 同志 동지 · 三國志 삼국지 · 靑雲之志 청운지지 · 初志一貫 초지일관 · 鴻鵠之志 홍곡지지 · 志在千里 지재천리 · 白凡逸志 백범일지

김구 선생과 백범일지

403	快 쾌할 쾌	중	快 [kuài]
		일	快 음독[かい]
			훈독[こころよい]
	心[마음 심]부 7획	영	pleasant

소 전

心[마음 심]자에서 변형된 忄[심방변]과 夬[깍지 결]자가 합쳐진 글자다. 心자로 인해 마음[心]에 꺼림칙하게 여겨지는 것이 없이 쾌하다 하여 그 뜻이 '쾌하다'가 되었고, 夬자로 인해 그 음이 '결'에서 변하여 '쾌'가 되었다.

용례 欣快 흔쾌 · 爽快 상쾌 · 愉快 유쾌 · 痛快 통쾌 · 明快 명쾌 · 輕快 경쾌 · 快晴 쾌청 · 快勝 쾌승 · 快癒 쾌유 · 快擧 쾌거 · 快樂 쾌락 · 快活 쾌활 · 快擲 쾌척 · 不快指數 불쾌지수 · 快刀亂麻 쾌도난마 · 快適溫度 쾌적온도

대쾌도(大快圖)
(김후신 작)

404	念 생각 념	중	念 [niàn]
		일	念 음독[ねん]
			훈독[おもう]
	心[마음 심]부 8획	영	remind

금 문　　소 전

今[이제 금]자와 心[마음 심]자가 합쳐진 글자다. 心자로 인해 마음[心] 속으로 늘 가지는 생각과 관련해 그 뜻이 '생각'이 되었고, 今자로 인해 그 음이 '금'에서 변하여 '념'이 되었다.

용례 一念 일념 · 槪念 개념 · 念慮 염려 · 念願 염원 · 念頭 염두 · 留念 유념 · 執念 집념 · 黙念 묵념 · 念願 염원 · 滯念 체념 · 信念 신념 · 斷念 단념 · 念佛 염불 · 記念日 기념일 · 無念無想 무념무상 · 固定觀念 고정관념

생각 관련 이미지

405

性 성품 성

心[마음 심]부 8획

중 **性** [xìng]
일 **性** 음독[しょう・せい]
　　훈독[さが]
영 temper, character

소 전

선과 악의 이미지

心[마음 심]자에서 변형된 ↑[심방변]과 生[날 생]자가 합쳐진 글자다. 心자로 인해 사람의 타고난 마음[心]의 바탕인 성품과 관련해 그 뜻이 '성품'이 되었고, 生자로 인해 星[별 성]자나 姓[성씨 성]자처럼 그 음이 '성'이 되었다.

용례 性格성격 · 性質성질 · 心性심성 · 個性개성 · 特性특성 · 慢性만성 · 女性여성 · 性急성급 · 惰性타성 · 妥當性타당성 · 一貫性일관성 · 活性化활성화 · 國民性국민성 · 蓋然性개연성 · 人性教育인성교육 · 兩性平等양성평등

406

忠 충성 충

心[마음 심]부 8획

중 **忠** [zhōng]
일 **忠** 음독[ちゅう]

영 loyal

금 문　　소 전

국립현충원 분수대

中[가운데 중]자와 心[마음 심]자가 합쳐진 글자다. 心자로 인해 마음[心]에서 우러나오는 정성인 충성과 관련해 그 뜻이 '충성'이 되었고, 中자로 인해 衷[속 충]자나 沖[빌 충]자처럼 그 음이 '중'에서 변하여 '충'이 되었다.

용례 忠誠충성 · 忠臣충신 · 忠告충고 · 忠犬충견 · 忠孝충효 · 忠情충정 · 顯忠日현충일 · 忠武公충무공 · 奬忠壇장충단 · 事君以忠사군이충 · 忠言逆耳충언역이 · 盡忠報國진충보국 ·

407

急 급할 급

心[마음 심]부 9획

중 **急** [jí]
일 **急** 음독[きゅう]
　　훈독[いそぐ]
영 hurry

소 전

及[미칠 급]자와 心[마음 심]자가 합쳐진 㤼자가 본자(本字)이다. 心으로 인해 마음[心]이 급하다 하여 그 뜻이 '급하다'가 되었고, 及자로 인해 級[등급 급]·扱[거두어 모을 급]·汲[길을 급]자처럼 그 음이 '급'이 되었다. 㤼에 덧붙여진 及은 후대에 그 자형이 변하여 急자로 쓰이고 있다.

용례 火急화급 · 急行급행 · 急增급증 · 急所급소 · 性急성급 · 緩急완급 · 危急위급 · 應急室응급실 · 急先務급선무 · 焦眉之急초미지급 · 不要不急불요불급 · 轍鮒之急철부지급

화급을 다룬 외국 영화 포스터

408	怒 성낼 노	중	怒 [nù]
	心[마음 심]부 9획	일	怒 음독[ど·ぬ]
			훈독[いかる·おこる]
		영	angry

소 전

奴[종 노]자와 心[마음 심]자가 합쳐진 글자다. 心자로 인해 마음[心]이 격분되어 성낸다 하여 그 뜻이 '성내다'가 되었고, 奴자로 인해 努[힘쓸 노]자처럼 그 음이 '노'가 되었다.

용례 憤怒 분노 · 怒濤 노도 · 怒聲 노성 · 怒氣 노기 · 大怒 대노→대로 · 喜怒哀樂 희로애락 · 怒甲移乙 노갑이을 · 怒發大發 노발대발 · 天人共怒 천인공노 · 一怒一老 일노일로

성내는 모습

409	思 생각 사	중	思 [sī]
	心[마음 심]부 9획	일	思 음독[し]
			훈독[おぼす·おもう]
		영	think

소 전

위에서 내려다 본 정수리 주변의 머리를 나타낸 囟[정수리 신]자와 심장을 나타낸 心[마음 심]자가 합쳐진 恖자가 본자(本字)이다. 心자로 인해 마음[心]에 품은 생각과 관련, 그 뜻이 '생각'이 되었고, 囟자로 인해 그 음이 '신'에서 변하여 '사'가 되었다. 후에 덧붙여진 囟자는 田의 형태로 변하면서 오늘날 思자로 쓰이고 있다.

용례 思想 사상 · 意思 의사 · 思惟 사유 · 思慮 사려 · 思無邪 사무사 · 勞心焦思 노심초사 · 深思熟考 심사숙고 · 易地思之 역지사지 · 居安思危 거안사위 · 見利思義 견리사의 · 不可思議 불가사의 · 家貧思良妻 가빈사양처

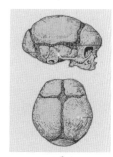

두개골

410	怨 원망할 원	중	怨 [yuàn]
	心[마음 심]부 9획	일	怨 음독[えん·おん]
			훈독[うらむ]
		영	resent

소 전

夗[누워 뒹굴 원]자와 心[마음 심]자가 합쳐진 글자다. 心자로 인해 마음[心] 속으로 원한을 가지고 원망한다 하여 그 뜻이 '원망하다'가 되었고, 夗자로 인해 苑[나라 동산 원]자나 鴛[원앙새 원]자처럼 그 음이 '원'이 되었다.

용례 怨望 원망 · 怨聲 원성 · 怨恨 원한 · 宿怨 숙원 · 民怨 민원 · 舊怨 구원 · 怨納錢 원납전 · 貧而無怨 빈이무원 · 誰怨誰咎 수원수구 · 含憤蓄怨 함분축원 · 怨入骨髓 원입골수 · 徹天之怨讎 철천지원수

원망의 표정

411

恨 한할 한
心[마음 심]부 9획

중 恨 [hèn]
일 恨 음독[こん]
　훈독[うらむ・うらめしい]
영 deplore

소 전

心[마음 심]자에서 변형된 忄[심방변]과 艮[그칠 간]자가 합쳐진 글자다. 心자로 인해 마음[心] 속으로 한을 품는다 하여 그 뜻이 '한하다'가 되었고, 艮자로 인해 限[지경 한]자처럼 그 음이 '간'에서 변하여 '한'이 되었다.

용례 恨歎 한탄 · 怨恨 원한 · 餘恨 여한 · 悔恨 회한 · 痛恨 통한 · 恨中錄 한중록 · 千秋遺恨 천추유한 · 徹天之恨 철천지한 · 亡國之恨 망국지한

비에 젖은 소녀상

412

悟 깨달을 오
心[마음 심]부 10획

중 悟 [wù]
일 悟 음독[ご]
　훈독[さとる]
영 realize

소 전

心[마음 심]자에서 변형된 忄[심방변]과 吾[나 오]자가 합쳐진 글자다. 心자로 인해 마음[心] 속으로 환하게 깨닫는다 하여 그 뜻이 '깨닫다'가 되었고, 吾자로 인해 梧[오동나무 오]자나 寤[깰 오]자처럼 그 음이 '오'가 되었다.

용례 覺悟 각오 · 悟道 오도 · 悟性論 오성론 · 孫悟空 손오공 · 大悟覺醒 대오각성 · 頓悟漸修 돈오점수

깨달음을 나타낸 모습

413

恩 은혜 은
心[마음 심]부 10획

중 恩 [ēn]
일 恩 음독[おん]
영 benefit

소 전

囙[인할 인]자와 心[마음 심]자가 합쳐진 글자다. 心자로 인해 마음[心] 속으로 고맙게 느끼도록 베풀어준 은혜와 관련해 그 뜻이 '은혜'가 되었고, 因자로 인해 그 음이 '인'에서 변하여 '은'이 되었다.

용례 恩惠 은혜 · 恩寵 은총 · 聖恩 성은 · 恩師 은사 · 承恩 승은 · 結草報恩 결초보은 · 背恩忘德 배은망덕 · 反哺報恩 반포보은 · 劬勞之恩 구로지은 · 謝恩肅拜 사은숙배

부모은중경 그림 일부

414

惜 아낄 석
心[마음 심]부 11획

중 惜 [xī]
일 惜 음독[しゃく·せき]
　　훈독[おしい·おしむ]
영 pitiful

소 전

心[마음 심]자에서 변형된 忄[심방변]과 昔[예 석]자가 합쳐진 글자다. 心자로 인해 마음[心] 속으로 아낀다 하여 그 뜻이 '아끼다'가 되었고, 昔자로 인해 그 음이 '석'이 되었다.

용례 哀惜 애석 · 惜別 석별 · 痛惜 통석 · 惜敗 석패 · 愛惜 애석 · 買占賣惜 매점매석

어미 원숭이가 강아지를
돌보는 풍경

415

情 뜻 정
心[마음 심]부 11획

중 情 [qíng]
일 情 음독[じょう·せい]
　　훈독[なさけ]
영 feeling

소 전

心[마음 심]자에서 변형된 忄[심방변]과 靑[푸를 청]자가 합쳐진 글자다. 心자로 인해 마음[心]에서 우러나오는 깨끗하고 순수한 뜻을 나타낸 데서 그 뜻이 '뜻'이 되었고, 靑자로 인해 精[자세할 정]·靜[고요할 정]·睛[눈동자 정]자처럼 그 음이 '정'이 되었다.

용례 心情 심정 · 愛情 애정 · 母情 모정 · 情談 정담 · 友情 우정 · 多情 다정 · 溫情 온정 · 煽情的 선정적 · 雲雨之情 운우지정 · 望雲之情 망운지정 · 情狀參酌 정상참작 · 人之常情 인지상정 · 無情歲月 무정세월

초코파이 '정'

416

患 근심 환
心[마음 심]부 11획

중 患 [huàn]
일 患 음독[かん]
　　훈독[わずらう]
영 anxiety

소 전

心[마음 심]자와 串[꿸 관, 땅이름 곶]자가 합쳐진 글자다. 心자로 인해 마음[心]이 놓이지 않아 애를 쓰고 속을 태우며 근심한다 하여 그 뜻이 '근심하다'가 되었고, 串자로 인해 그 음이 '관'에서 변하여 '환'이 되었다.

용례 老患 노환 · 病患 병환 · 患者 환자 · 疾患 질환 · 患部 환부 · 宿患 숙환 · 識字憂患 식자우환 · 有備無患 유비무환 · 養虎遺患 양호유환 · 內憂外患 내우외환 · 患難相恤 환난상휼

근심을 표현한 이미지

417

悲 슬플 비

心[마음 심]부 12획

중 悲 [bēi]
일 悲 음독[ひ]
　훈독[かなしい·かなしむ]
영 sad

소 전

非[아닐 비]자와 心[마음 심]자가 합쳐진 글자다. 心자로 인해 마음[心]이 아플 정도로 슬프다 하여 그 뜻이 '슬프다'가 되었고, 非자로 인해 緋[비단 비]·誹[헐뜯을 비]·匪[대상자 비]자처럼 그 음이 '비'가 되었다.

용례 悲劇 비극 · 悲哀 비애 · 悲慘 비참 · 慈悲心 자비심 · 悲劇的 비극적 · 悲觀論者 비관론자 · 一喜一悲 일희일비 · 哀而不悲 애이불비 · 興盡悲來 흥진비래 · 大慈大悲 대자대비

슬픔을 표현한 고흐의 작품들

418

惡 악할 악

心[마음 심]부 12획

중 恶 [è]
일 悪 음독[あく·お]
　훈독[にくむ·わるい]
영 evil

소 전

亞[버금 아]자와 心[마음 심]자가 합쳐진 글자다. 心자로 인해 마음[心]이 악하다 하여 그 뜻이 '악하다'가 되었고, 亞자로 인해 堊[백토 악]자처럼 그 음이 '아'에서 변하여 '악'이 되었다. '미워하다'나 '싫어하다'의 뜻으로 쓰일 때는 '오'로 읽기도 한다.[약자→悪]

용례 善惡 선악 · 惡魔 악마 · 惡法 악법 · 惡質 악질 · 憎惡 증오 · 嫌惡 혐오 · 惡化 악화 · 社會惡 사회악 · 惡循環 악순환 · 惡影響 악영향 · 極惡無道 극악무도 · 羞惡之心 수오지심 · 勸善懲惡 권선징악 · 七去之惡 칠거지악

안토니오 성인을 괴롭히는 악마들

419

惠 은혜 혜

心[마음 심]부 12획

중 惠 [huì]
일 惠 음독[え·けい]
　훈독[めぐむ]
영 benefit, profit

금 문 ｜ 소 전

叀[오로지 전, 삼갈 전]자와 心[마음 심]자가 합쳐진 글자다. 오로지[叀] 조심스러운 마음[心]으로 대해야 할 만큼 은혜롭다 하여 그 뜻이 '은혜'가 되었고, 은혜와 관련된 말인 '은혜·자혜·수혜자'에서 보듯 그 음이 '혜'가 되었다.[약자→恵]

용례 恩惠 은혜 · 慈惠 자혜 · 惠澤 혜택 · 特惠 특혜 · 惠存 혜존 · 施惠 시혜 · 惠民署 혜민서 · 互惠的 호혜적 · 受惠者 수혜자 · 廣惠院 광혜원 · 最惠國 최혜국

부모은중경 그림 일부

420

感 느낄 감

心[마음 심]부 13획

중 感 [gǎn]
일 感 음독[かん]
영 feel

금문 | 소전

咸[다 함]자와 心[마음 심]자가 합쳐진 글자다. 心자로 인해 사람이 마음[心] 속으로 무언가 느낀다 하여 그 뜻이 '느끼다'가 되었고, 咸자로 인해 減[덜 감]자처럼 그 음이 '함'에서 변하여 '감'이 되었다.

용례 感情 감정 · 感氣 감기 · 敏感 민감 · 感謝 감사 · 共感 공감 · 自信感 자신감 · 今昔之感 금석지감 · 隔世之感 격세지감 · 多情多感 다정다감 · 至誠感天 지성감천 · 感之德之 감지덕지 · 感慨無量 감개무량

다양한 감정의 표현

421

想 생각 상

心[마음 심]부 13획

중 想 [xiǎng]
일 想 음독[そ·そう]
　　훈독[おもい·おもう]
영 think

금문 | 소전

相[서로 상]자와 心[마음 심]자가 합쳐진 글자다. 心자로 인해 마음[心] 속에 담긴 생각과 관련해 그 뜻이 '생각'이 되었고, 相자로 인해 箱[상자 상]자나 霜[서리 상]자처럼 그 음이 '상'이 되었다.

용례 想像 상상 · 思想 사상 · 豫想 예상 · 想念 상념 · 空想 공상 · 黙想 묵상 · 理想鄕 이상향 · 逆發想 역발상 · 被害妄想 피해망상 · 無念無想 무념무상 · 奇想天外 기상천외

반가사유상(좌측은 한국, 우측은 일본)

422

愁 근심 수

心[마음 심]부 13획

중 愁 [chóu]
일 愁 음독[しゅう]
　　훈독[うれい·うれえる]
영 anxiety

소전

秋[가을 추]자와 心[마음 심]자가 합쳐진 글자다. 心자로 인해 마음[心] 속으로 근심한다 하여 그 뜻이 '근심'이 되었고, 秋자로 인해 그 음이 '추'에서 변하여 '수'가 되었다.

용례 鄕愁 향수 · 哀愁 애수 · 憂愁 우수 · 愁心 수심 · 旅愁 여수 · 愁色滿面 수색만면

근심이 있는 사람

423

愛 사랑 애

心[마음 심]부 13획

중 爱 [ài]
일 愛 음독[あい]
　훈독[いとしい・いとしむ・めでる]
영 love

금 문	소 전

旡[숨 막힐 기]자와 心[마음 심]자가 합쳐진 㤅자가 본자(本字)이다. 心자로 인해 마음[心] 속으로 사랑한다 하여 그 뜻이 '사랑'이 되었고, 旡자로 인해 그 음이 '기'에서 변하여 '애'가 되었다. 후에 夂[뒤져 올 치]가 더해져 㤅자로 쓰이다가 오늘날 愛자가 되었다.

용례 愛情 애정 · 愛好 애호 · 博愛 박애 · 母性愛 모성애 · 兼愛說 겸애설 · 愛妻家 애처가 · 愛之重之 애지중지 · 敬天愛人 경천애인 · 愛國愛族 애국애족

어머니의 사랑
(2008년 중국 사천성
지진 현장)

424

意 뜻 의

心[마음 심]부 13획

중 意 [yì]
일 意 음독[い]
영 intention

소 전

音[소리 음]자와 心[마음 심]자가 합쳐진 글자다. 사람이 말하는 소리[音]를 들으면 능히 그 마음[心] 속에 담긴 뜻을 알 수 있다 하여 그 뜻이 '뜻'이 되었고, '뜻'과 관련된 '의사·의견·합의'에서 보듯 그 음이 '의'가 되었다.

용례 意思 의사 · 意見 의견 · 合意 합의 · 辭意 사의 · 弔意 조의 · 百事如意 백사여의 · 誠心誠意 성심성의 · 意味深長 의미심장 · 得意揚揚 득의양양 · 意氣投合 의기투합 · 下意上達 하의상달 · 用意周到 용의주도

뜻과 관련된 이미지

425

慈 사랑할 자

心[마음 심]부 13획

중 慈 [cí]
일 慈 음독[じ]
　훈독[いつくしむ]
영 humane

금 문	소 전

茲[이 자]자와 心[마음 심]자가 합쳐졌다. 心자로 인해 진실한 마음[心]으로 다른 사람을 사랑한다 하여 그 뜻이 '사랑하다'가 되었고, 茲자로 인해 磁[자석 자]자나 滋[불을 자]자처럼 그 음이 '자'가 되었다.

용례 慈愛 자애 · 仁慈 인자 · 慈親 자친 · 慈惠 자혜 · 義慈王 의자왕 · 慈悲心 자비심 · 大慈大悲 대자대비 · 父慈子孝 부자자효 · 嚴父慈母 엄부자모 · 慈善團體 자선단체

어머니의 사랑

426

慶 경사 경

心[마음 심]부 18획

중 庆 [qìng]
일 慶 음독[けい]
　　훈독[よろこぶ]
영 auspicious

금 문　소 전

원래 사슴을 나타낸 鹿[사슴 록]자와 사람을 나타낸 文이 합쳐진 글자였다. 상서로운 동물인 사슴[鹿]을 사람[文]이 축하의 예물로 줄 경사가 있다 하여 그 뜻이 '경사'가 되었고, 경사와 관련된 '경사·경축·국경일'에서 보듯 그 음이 '경'이 되었다. 이 자형은 후에 心[마음 심]자가 더 덧붙여지고, 文도 夊의 형태로 바뀌었다.

용례 慶事 경사 · 慶祝 경축 · 慶賀 경하 · 慶筵 경연 · 嘉慶 가경 · 國慶日 국경일 · 慶弔事 경조사 · 建陽多慶 건양다경 · 弄瓦之慶 농와지경 · 積善餘慶 적선여경

공주국립박물관
조형물

427

憂 근심 우

心[마음 심]부 15획

중 忧 [yōu]
일 憂 음독[ゆう]
　　훈독[うい・うれい・うれえる]
영 anxious

금 문　소 전

원래 사람이 머뭇거리는 모습을 나타내는 글자였다. 그 머뭇거리는 모습이 근심이 있기 때문이라 하여 뜻이 '근심'이 되었고, 근심과 관련된 말인 '우수·기우·우려'에서 보듯 음이 '우'가 되었다. 이 자형은 후에 그 뜻을 더욱 분명히 하기 위해 心[마음 심]자를 덧붙이면서 오늘날 憂자로 쓰이고 있다.

용례 憂愁 우수 · 杞憂 기우 · 憂慮 우려 · 憂鬱症 우울증 · 解憂所 해우소 · 憂國衷情 우국충정 · 識字憂患 식자우환 · 內憂外患 내우외환 · 仁者不憂 인자불우 · 憂國之士 우국지사

근심을 형상화한
조각작품

428

憶 기억할 억

心[마음 심]부 16획

중 忆 [yì]
일 憶 음독[おく]
　　훈독[おもう]
영 remember

소 전

心[마음 심]자에서 변형된 忄[심방변]과 意[뜻 의]자가 합쳐진 글자다. 心자로 인해 마음[心] 속으로 잊지 않고 기억한다 하여 그 뜻이 '기억하다'가 되었고, 意자로 인해 億[억 억]자나 臆[가슴 억]자처럼 그 음이 '의'에서 변하여 '억'이 되었다.

용례 記憶 기억 · 追憶 추억 · 憶測 억측

기억 관련 공익광고

429	應 응할 응 心[마음 심]부 17획	중 应 [yīng] 일 応 음독[おう] 　　훈독[こたえる] 영 answer

소 전

雁[매 응=鷹]자와 心[마음 심]자가 합쳐진 글자다. 心자로 인해 마음[心] 속으로 믿고 상대 뜻에 응한다 하여 그 뜻이 '응하다'가 되었고, 雁자로 인해 膺[가슴 응]자나 鷹[대답할 응]자처럼 그 음이 '응'이 되었다.[약자 →応]

용례 對應 대응 · 反應 반응 · 順應 순응 · 呼應 호응 · 適應 적응 · 應答 응답 · 應援 응원 · 應試 응시 · 不應 불응 · 應接室 응접실 · 應急室 응급실 · 因果應報 인과응보 · 臨機應變 임기응변

손동작으로 상대에게
응하는 모습

430	血 피 혈 血[피 혈]부 6획	중 血 [xiě/xuè] 일 血 음독[けち·けつ] 　　훈독[ち] 영 blood

갑골문　　소 전

원래 그릇을 나타낸 皿[그릇 명]자와 피를 나타낸 一의 형태가 합쳐진 글자였다. 그릇[皿]에 담긴 피[一]를 나타낸 데서 그 뜻이 '피'가 되었고, 피와 관련된 '혈액·혈육·수혈'에서처럼 그 음이 '혈'이 되었다. 一는 후에 ノ의 형태로 바뀌었다.

용례 血肉 혈육 · 血盟 혈맹 · 獻血 헌혈 · 輸血 수혈 · 喀血 객혈 · 貧血 빈혈 · 血稅 혈세 · 血統 혈통 · 血液型 혈액형 · 高血壓 고혈압 · 白血病 백혈병 · 鳥足之血 조족지혈 · 血氣方壯 혈기방장

그릇에 담긴 피

• 손 • ☽

431	手 손 수 手[손 수]부 4획	중 手 [shǒu] 일 手 음독[しゅ] 　　훈독[た·て] 영 hand

금 문　　소 전

사람의 손가락과 손바닥으로 이뤄진 손을 나타낸 글자다. 그렇게 손을 나타낸 데서 그 뜻이 '손'이 되었고, 손과 관련된 말인 '악수·수화·수갑· 세수'에서처럼 그 음이 '수'가 되었다. '손이 모자란다'는 말에서 보듯 '손'을 뜻하는 手자는 '일할 수 있는 사람'을 뜻하기도 한다.

용례 手足 수족 · 握手 악수 · 手話 수화 · 手匣 수갑 · 洗手 세수 · 手帖 수첩 · 木手 목수 · 歌手 가수 · 手不釋卷 수불석권 · 袖手傍觀 수수방관 · 束手無策 속수무책 · 自手成家 자수성가

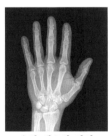

손의 엑스선 사진

432

打 칠 타

手[손 수]부 5획

중 打 [dǎ]
일 打 음독[だ・ちょう]
　　훈독[うつ]
영 beat, hit, strike

소 전

手[손 수]자에서 변형된 扌[재방변]과 丁[넷째 천간 정]자가 합쳐진 글자다. 手자로 인해 손[手]으로 친다 하여 그 뜻이 '치다'가 되었고, 丁자로 인해 그 음의 변화가 크지만 '정'에서 변하여 '타'가 되었다. '정〉텅〉터〉타'의 변화과정을 거친 것으로 보인다.

용례 打擊 타격 · 打者 타자 · 打鐘 타종 · 亂打 난타 · 毆打 구타 · 打破 타파 · 强打 강타 · 打倒 타도 · 代打 대타 · 打開 타개 · 打作 타작 · 打撲傷 타박상 · 打樂器 타악기 · 一網打盡 일망타진

난타

433

技 재주 기

手[손 수]부 7획

중 技 [jì]
일 技 음독[ぎ]
　　훈독[わざ]
영 talent

소 전

手[손 수]자에서 변형된 扌[재방변]과 支[지탱할 지]자가 합쳐진 글자다. 手자로 인해 손[手]을 움직여 부리는 재주와 관련해 그 뜻이 '재주'가 되었고, 支자로 인해 岐[갈림길 기]자나 妓[기생 기]자처럼 그 음이 '지'에서 변하여 '기'가 되었다.

용례 技術 기술 · 競技 경기 · 妙技 묘기 · 特技 특기 · 演技 연기 · 技倆 기량 · 球技 구기 · 長技 장기 · 國技 국기 · 力技 역기 · 雜技 잡기 · 鬪技 투기 · 技能士 기능사 · 基本技 기본기 · 個人技 개인기 · 百工技藝 백공기예

젓가락으로 콩알 옮기기

434

扶 도울 부

手[손 수]부 7획

중 扶 [fú]
일 扶 음독[ふ]
　　훈독[たすける]
영 support

금 문　　소 전

手[손 수]자에서 변형된 扌[재방변]과 夫[지아비 부]자가 합쳐진 글자다. 手자로 인해 손[手]을 써서 돕는다 하여 그 뜻이 '돕다'가 되었고, 夫자로 인해 趺[책상다리할 부]자나 芙[연꽃 부]자처럼 그 음이 '부'가 되었다.

용례 扶助 부조 · 扶養 부양 · 扶支 부지 · 扶桑國 부상국 · 相扶相助 상부상조 · 抑强扶弱 억강부약 · 腸窒扶斯 장질부사

부상당한 전우를 돕는 광경

435

投 던질 투
手[손 수]부 7획

중 投 [tóu]
일 投 음독[とう]
　　훈독[なげる]
영 throw

소 전

원반 던지는 사람(미론 작)

手[손 수]자에서 변형된 扌[재방변]과 殳[칠 수]자가 합쳐진 글자다. 手자로 인해 손[手]으로 창[殳]을 던진다 하여 그 뜻이 '던지다'가 되었고, 殳자로 인해 骰[주사위 투]자처럼 그 음이 '수'에서 변하여 '투'가 되었다.

용례 投手투수 · 投票투표 · 投資투자 · 投入투입 · 投槍투창 · 投砲丸투포환 · 投機心투기심 · 投身自殺투신자살 · 漢江投石한강투석 · 以卵投石이란투석 · 兄弟投金형제투금 · 一擧手一投足일거수일투족

436

招 부를 초
手[손 수]부 8획

중 招 [zhāo]
일 招 음독[しょう]
　　훈독[まねく]
영 invite

소 전

손짓해 부르는 모습

手[손 수]자에서 변형된 扌[재방변]과 召[부를 소]자가 합쳐진 글자다. 手자로 인해 손[手]짓을 해 사람을 부른다 하여 그 뜻이 '부르다'가 되었고, 召자로 인해 超[뛰어 넘을 초]자나 貂[담비 초]자처럼 그 음이 '소'에서 변하여 '초'가 되었다.

용례 招來초래 · 招聘초빙 · 招待초대 · 問招문초 · 招請초청 · 自招자초 · 招致초치 · 招魂歌초혼가 · 招人鐘초인종 · 招討使초토사 · 戶來招去호래초거

437

拾 주울 습
手[손 수]부 9획

중 拾 [shí]
일 拾 음독[しゅう·じゅう]
　　훈독[ひろう]
영 pick up

소 전

이삭 줍는 여인들
(밀레 작)

手[손 수]자에서 변형된 扌[재방변]과 合[합할 합]자가 합쳐진 글자다. 手자로 인해 손[手]으로 무언가 줍는다 하여 그 뜻이 '줍다'가 되었고, 合자로 인해 그 음이 '합'에서 변하여 '습'이 되었다. 拾자는 문서작성 시 위조가 쉬운 十[열 십]자 대신해 쓰이기도 하는데, 이때는 그 뜻과 음을 합쳐 '열 십'이라 한다.

용례 收拾수습 · 拾得습득 · 拾石습석 · 拾骨습골 · 拾取습취 · 道不拾遺도불습유

438

指 가리킬 지

手[손 수]부 9획

중 指 [zhǐ]
일 指 음독[し]
　　 훈독[さす·ゆび]
영 point

소 전

손가락으로 무언거 가리키는 모습

手[손 수]자에서 변형된 扌[재방변]과 旨[맛있을 지]자가 합쳐졌다. 手자로 인하여 손가락[手]을 뜻하면서 다시 손가락으로 무엇인가 가리킨다 하여 그 뜻이 '가리키다'가 되었고, 旨자로 인하여 脂[기름 지]자처럼 그 음이 '지'가 되었다.

용례 指摘 지적 · 指定 지정 · 拇指 무지 · 指導 지도 · 指彈 지탄 · 指章 지장 · 指示 지시 · 屈指 굴지 · 指向 지향 · 指紋 지문 · 指揮官 지휘관 · 無名指 무명지 · 指鹿爲馬 지록위마 · 十二指腸 십이지장 · 指呼之間 지호지간

439

持 가질 지

手[손 수]부 9획

중 持 [chí]
일 持 음독[じ]
　　 훈독[もつ]
영 hold

소 전

돌잡이

手[손 수]자에서 변형된 扌[재방변]과 寺[절 사]자가 합쳐진 글자다. 手자로 인해 손[手]으로 가진다 하여 그 뜻이 '가지다'가 되었고, 寺자로 인해 持[섬 지]자처럼 그 음이 '사'에서 변하여 '지'가 되었다.

용례 維持 유지 · 支持 지지 · 持續 지속 · 所持 소지 · 堅持 견지 · 持分 지분 · 矜持 긍지 · 持參金 지참금 · 住持 주지 · 持久力 지구력 · 持斧上疏 지부상소 · 持株會社 지주회사

440

授 줄 수

手[손 수]부 11획

중 授 [shòu]
일 授 음독[じゅ]
　　 훈독[さずかる·さずける]
영 give

소 전

선물 주고받기

무언가 주고받는 모습을 나타내면서 '주다'와 '받다'의 뜻을 동시에 지녔던 글자는 受[받을 수]자였다. 그러나 후대에 그 뜻의 쓰임을 더욱 분명히 하기 위해 受가 '받다'의 뜻으로만 쓰이게 되자, 다시 手[손 수]자에서 변형된 扌[재방변]을 덧붙인 授자를 만들어 '주다'의 뜻을 나타내게 되었다. 그 음은 受자와 같이 '수'로 읽는다.

용례 授受 수수 · 授業 수업 · 敎授 교수 · 授與 수여 · 傳授 전수 · 授賞 수상 · 授精 수정 · 授任料 수임료 · 授乳室 수유실 · 見危授命 견위수명 · 左授右捧 좌수우봉 · 王權神授說 왕권신수설

441

採 캘 채
手[손 수]부 11획

중 采 [cǎi]
일 採 음독[さい]
　　훈독[とる]
영 pluck

갑골문　｜　소 전

爪[손톱 조]자를 간략하게 쓴 爫[손톱조머리]와 木[나무 목]자가 합쳐진 采자로 쓰였던 글자다. 손[爪]으로 나무[木] 열매를 채취한다 하면서 다시 채취해 캔다 하여 그 뜻이 '캐다'가 되었고, '캐다'의 뜻과 관련된 말인 '채취·채택·채혈'에서처럼 그 음이 '채'가 되었다. 후대에 그 뜻을 더욱 분명히 하기 위해 手[손 수]자에서 변형된 扌[재방변]을 덧붙여 오늘날 採자로 쓰이고 있다.

열매를 채취하는 모양

용례 採取 채취 · 採擇 채택 · 採血 채혈 · 採用 채용 · 採點 채점 · 公採 공채 · 特採 특채 · 採鑛 채광 · 採掘 채굴 · 採根 채근 · 採算性 채산성 · 植物採集 식물채집 · 採薪之憂 채신지우

442

接 접할 접
手[손 수]부 11획

중 接 [jiē]
일 接 음독[せつ]
　　훈독[つぐ]
영 associate, contact with

소 전

手[손 수]자에서 변형된 扌[재방변]과 妾[첩 첩]자가 합쳐진 글자다. 手자로 인해 손[手]으로 무언가 접한다 하여 그 뜻이 '접하다'가 되었고, 妾자로 인해 楼[접붙일 접]자처럼 그 음이 '첩'에서 '접'으로 변하였다.

손끼리 접한 모습

용례 接近 접근 · 新接 신접 · 鎔接 용접 · 接待 접대 · 直接 직접 · 接觸 접촉 · 待接 대접 · 接續 접속 · 密接 밀접 · 接點 접점 · 隣接 인접 · 迎接 영접 · 面接試驗 면접시험 · 皮骨相接 피골상접 · 首尾相接 수미상접

443

推 옮을 추
手[손 수]부 11획

중 推 [tuī]
일 推 음독[すい]
　　훈독[おす]
영 push

소 전

手[손 수]자에서 변형된 扌[재방변]과 隹[새 추]자가 합쳐진 글자다. 手자로 인해 손[手]으로 밀어 옮긴다 하여 그 뜻이 '옮다'가 되었고, 隹자로 인해 錐[송곳 추]자나 椎[몽치 추]자처럼 그 음이 '추'가 되었다. 다만 推敲(퇴고)에서처럼 뜻이 '밀다'로 쓰일 때는 '퇴'로 읽힌다.

바위를 밀어 옮기는
시지프스

용례 推移 추이 · 推進 추진 · 推戴 추대 · 推測 추측 · 推定 추정 · 推敲 퇴고 · 推算 추산 · 推計 추계 · 推仰 추앙 · 推理 추리 · 推論 추론 · 類推 유추 · 推薦狀 추천장 · 解衣推食 해의추식

444 探 찾을 탐
手[손 수]부 11획

중 探 [tàn]
일 探 음독[たん]
　　훈독[さがす・さぐる]
영 search

소 전

手[손 수]자에서 변형된 扌[재방변]과 罙[깊을 담]자가 합쳐진 探자가 본자(本字)이다. 手자로 인해 손[手]으로 더듬어 찾는다 하여 그 뜻이 '찾다'가 되었고, 罙자로 인해 그 음이 '담'에서 '탐'으로 변하였다. 후에 罙자의 자형이 간략화 된 罙의 형태로 바뀌어 오늘날 探자로 쓰이고 있다.

용례 探索 탐색 · 探險 탐험 · 偵探 정탐 · 探査 탐사 · 探訪 탐방 · 探究 탐구 · 探梅 탐매 · 廉探 염탐 · 探知機 탐지기 · 探照燈 탐조등 · 探花蜂蝶 탐화봉접

물고기를 잡기 위해 물속을 더듬는 모습

445 抱 안을 포
手[손 수]부 8획

중 抱 [bào]
일 抱 음독[ほう]
　　훈독[いだく・かかえる・だく]
영 embrace

소 전

手[손 수]자에서 변형된 扌[재방변]과 包[쌀 포]자가 합쳐진 글자다. 手자로 인해 손[手]으로 끌어서 안는다 하여 그 뜻이 '안다'가 되었고, 包자로 인해 胞[태보 포]·砲[대포 포]·飽[배부를 포]자처럼 그 음이 '포'가 되었다.

용례 抱擁 포옹 · 抱負 포부 · 懷抱 회포 · 抱主 포주 · 抱卵 포란 · 抱腹絶倒 포복절도

아이를 안은 테레사 수녀

446 揚 오를 양
手[손 수]부 12획

중 扬 [yáng]
일 揚 음독[よう]
　　훈독[あがる・あげる]
영 raise

소 전

手[손 수]자에서 변형된 扌[재방변]과 昜[볕 양]자가 합쳐진 글자다. 手자로 인해 손[手]으로 높이 날려 오르게 한다 하여 그 뜻이 '오르다'가 되었고, 昜자로 인해 楊[버들 양]자나 瘍[종기 양]자처럼 그 음이 '양'이 되었다.

용례 揚力 양력 · 揭揚 게양 · 讚揚 찬양 · 止揚 지양 · 揭揚 게양 · 高揚 고양 · 激揚 격양 · 揚水機 양수기 · 浮揚策 부양책 · 意氣揚揚 의기양양 · 立身揚名 입신양명 · 揚名後世 양명후세 · 國威宣揚 국위선양

종이비행기

447

承 이을 승

手[손 수]부 8획

중 承 [chéng]
일 承 음독[しょう]
　훈독[うけたまわる・うける]
영 succeed

소 전

구덩이에 빠진 사람을 두 손으로 구해주는 모습을 나타낸 丞[도울 승]자와 手[손 수]자가 합쳐진 글자다. 手자로 인해 손[手]으로 이어준다 하여 그 뜻이 '잇다'가 되었고, 丞자로 인해 그 음이 '승'이 되었다.

용례 承諾 승낙 · 承服 승복 · 繼承 계승 · 傳承 전승 · 承認 승인 · 承恩 승은 · 承政院 승정원 · 都承旨 도승지 · 繼繼承承 계계승승 · 起承轉結 기승전결

구덩이에서 구해주는
모습

448

奉 받들 봉

大[큰 대]부 8획

중 奉 [fèng]
일 奉 음독[ぶ・ほう]
　훈독[たてまつる]
영 uphold, venerate

금 문　소 전

丰[풀 무성할 봉]자와 廾[손 맞잡을 공]자로 이뤄진 글자였다. 廾자로 인해 두 손[廾]으로 무엇인가 받든다 하여 그 뜻이 '받들다'가 되었고, 丰자로 인해 그 음이 '봉'이 되었다. 후에 丰자와 廾자가 어우러져 夫의 형태로 바뀌고, 다시 手[손 수]자가 덧붙여졌다.

용례 奉仕 봉사 · 奉事 봉사 · 奉獻 봉헌 · 奉養 봉양 · 信奉 신봉 · 奉職 봉직 · 奉唱 봉창 · 奉安 봉안 · 奉祝 봉축 · 奉送 봉송 · 奉常寺 봉상시 · 陵參奉 능참봉 · 奉祀畓 봉사답 · 滅私奉公 멸사봉공 · 奉德寺鐘 봉덕사종

어린 싹을 받든 두 손

449

與 줄 여

臼[절구 구]부 14획

중 与 [yǔ/yù]
일 与 음독[よ]
　훈독[あずかる・あたえる・くみする]
영 give

금 문　소 전

네 손으로 마주 드는 모습을 나타낸 舁[마주들 여]자와 수레를 탄 사람의 의자를 나타낸 것으로 보이는 与의 형태가 합쳐진 글자로 보인다. 의자에 앉은 사람의 수레를 네 손으로 들어 옮겨 준다 하면서 '주다'의 뜻을 지니게 되었고, '주다'와 관련된 말인 '부여·수여·상여금'에서 보듯 '여'의 음으로 읽힌다.[약자→与]

용례 附與 부여 · 授與 수여 · 與否 여부 · 與黨 여당 · 參與 참여 · 權與 권여 · 寄與 기여 · 給與 급여 · 關與 관여 · 贈與 증여 · 附與 부여 · 貸與 대여 · 賞與金 상여금 · 與民同樂 여민동락 · 生死與奪權 생사여탈권

네 사람이 멘 수레

450

擧 들 거
手[손 수]부 18획

중 举 [jǔ]
일 挙 음독[きょ]
　훈독[あがる・あげる]
영 raise

소 전

與[줄 여]자와 手[손 수]자가 합쳐진 글자다. 手자로 인해 손[手]을 위로 들다 하여 그 뜻이 '들다'가 되었고, 與자로 인해 그 음이 '여'에서 변하여 '거'가 되었다.[약자→举]

용례 選擧 선거 · 擧論 거론 · 科擧 과거 · 快擧 쾌거 · 擧動 거동 · 擧國的 거국적 · 一擧兩得 일거양득 · 擧手敬禮 거수경례 · 輕擧妄動 경거망동 · 擧案齊眉 거안제미 · 擧世皆濁 거세개탁 · 一擧手一投足 일거수일투족

거수경례

451

興 일 흥
臼[절구 구]부 16획

중 兴 [xīng/xìng]
일 興 음독[きょう・こう]
　훈독[おこす・おこる]
영 rise

갑골문 ｜ 소 전

두 사람이 두 손[舁]으로 수레[同의 형태]를 들고 일어나고 있음을 나타낸 글자로 보인다. 그렇게 두 손으로 수레를 들고 일어난다 하여 그 뜻이 '일어나다'나 '일다'가 되었고, '일어나다'나 '일다'와 관련된 말인 '흥미·흥분·진흥'에서처럼 그 음이 '흥'이 되었다.[약자→兴]

용례 興味 흥미 · 興奮 흥분 · 振興 진흥 · 復興 부흥 · 興行 흥행 · 遊興街 유흥가 · 興士團 흥사단 · 咸興差使 함흥차사 · 興亡盛衰 흥망성쇠 · 興盡悲來 흥진비래 · 夙興夜寐 숙흥야매 · 興仁之門 흥인지문

수레를 들고 일어난 모습

452

失 잃을 실
大[큰 대]부 5획

중 失 [shī]
일 失 음독[しつ]
　훈독[うしなう・うせる]
영 lose

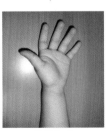
소 전

손[手]에 가지고 있었던 무언가가 떨어져 나가는 모양[乙의 형태]을 나타낸 𢧵자가 본자(本字)이다. 무언가가 떨어져 나가는 것은 무언가 잃는 것이 되기 때문에 그 뜻이 '잃다'가 되었고, '잃다'와 관련된 말인 '분실·실망·실업자' 등에서처럼 그 음이 '실'이 되었다.

용례 失手 실수 · 紛失 분실 · 失望 실망 · 得失 득실 · 損失 손실 · 喪失 상실 · 失業者 실업자 · 小貪大失 소탐대실 · 茫然自失 망연자실 · 千慮一失 천려일실 · 勿失好機 물실호기 · 大驚失色 대경실색 · 早失父母 조실부모

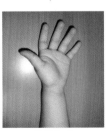
아이의 손

453

尺 자 척

尸[주검 시]부 4획

중 尺 [chǐ]
일 尺 음독[しゃく·せき]
영 ruler

소 전

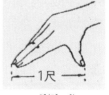

1척(한 자)

옛날에는 손목에서 팔꿈치까지의 길이를 尺[자 척]이라 했다. 그 길이는 손가락을 벌려 거리를 잴 때 가장 멀리 벌어지는 두 손가락 사이의 거리와 같다. 尺은 이를 나타낸 글자로 보이는데, 두 손가락의 길이가 대략 한 자라 하여 그 뜻이 '자'가 되었고, 자와 관련된 '척도·월척·백척간두'에서 보듯 그 음이 '척'이 되었다.

용례 尺度 척도 · 越尺 월척 · 禾尺 화척 · 尺土 척토 · 縮尺 축척 · 曲尺 곡척 · 鍮尺 유척 · 咫尺間 지척간 · 百尺竿頭 백척간두 · 吾鼻三尺 오비삼척 · 三尺童子 삼척동자 · 八尺長身 팔척장신

454

爭 다툴 쟁

爪[손톱 조]부 8획

중 爭 [zhēng]
일 爭 음독[そう]
　 훈독[あらそう]
영 fight

소 전

줄다리기

위아래에서 손으로 쟁기를 서로 차지하려는 모습을 나타낸 글자로 보인다. 쟁기를 서로 차지하려 다툰다 하여 그 뜻이 '다투다'가 되었고, '다투다'와 관련된 말인 '전쟁·언쟁·쟁탈전'에서 보듯 그 음이 '쟁'이 되었다. 靜[고요할 정]자의 금문 자형에서는 爭의 쟁기 모양을 더 분명히 볼 수 있다.[약자→争]

용례 戰爭 전쟁 · 言爭 언쟁 · 競爭 경쟁 · 鬪爭 투쟁 · 紛爭 분쟁 · 論爭 논쟁 · 爭點 쟁점 · 爭奪戰 쟁탈전 · 犬兔之爭 견토지쟁 · 百家爭鳴 백가쟁명 · 骨肉相爭 골육상쟁 · 同族相爭 동족상쟁

455

靜 고요할 정

靑[푸를 청]부 16획

중 靜 [jìng]
일 靜 음독[じょう·せい]
　 훈독[しず·しずか·しずまる·しずめる]
영 still, quiet

금문 　 소 전

정 숙

靑[푸를 청]자와 爭[다툴 쟁]자가 합쳐진 글자다. 爭자로 인해 다투고[爭] 난 후에 고요하다고 하여 그 뜻이 '고요하다'가 되었고, 靑자로 인해 情[뜻 정]·精[자세할 정]·睛[눈동자 정]자처럼 그 음이 '청'에서 변하여 '정'이 되었다.[약자→静]

용례 冷靜 냉정 · 靜肅 정숙 · 動靜 동정 · 靜寂 정적 · 靜脈 정맥 · 避靜 피정 · 鎭靜劑 진정제 · 靜物畵 정물화 · 靜電氣 정전기 · 靜中動 정중동 · 平靜心 평정심 · 靜止衛星 정지위성

456

又 또우

又[또 우]부 2획

중 又 [yòu]
일 又 음독[ゆう]
　　훈독[また]
영 again

갑골문 | 소 전

오른손을 나타낸 글자다. 따라서 '오른손'을 뜻했으나 오른손이 대체로 많은 활동을 주도하면서 쓰이고 또 쓰인다 하여 결국 그 뜻이 '또'가 되었고, '또'와 관련된 말인 '日日新又日新(일일신우일신)'에서처럼 그 음이 '우'가 되었다.

용례 日日新又日新 일일신우일신 · 一杯一杯又一杯 일배일배우일배

펜필드의 호문클로스

457

友 벗우

又[또 우]부 4획

중 友 [yǒu]
일 友 음독[ゆう]
　　훈독[とも]
영 friend

갑골문 | 소 전

오른손이 같은 방향으로 나란히 놓인 모습을 나타낸 글자다. 두 손을 나란히 하면서 서로 손을 맞잡는 벗임을 표현한 데서 그 뜻이 '벗'이 되었고, 벗과 관련된 말인 '우정·우호·학우'에서 보듯 그 음이 '우'가 되었다. 후대에 오른손 하나는 ナ의 형태로, 또 다른 오른손 하나는 又로 쓰이고 있다.

용례 友情 우정 · 學友 학우 · 友好 우호 · 朋友 붕우 · 友愛 우애 · 五友歌 오우가 · 竹馬故友 죽마고우 · 莫逆之友 막역지우 · 知己之友 지기지우 · 歲寒三友 세한삼우 · 益者三友 익자삼우 · 交友以信 교우이신 · 北窓三友 북창삼우

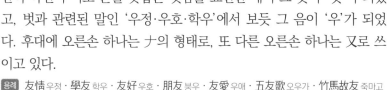

맞잡은 두 손

458

及 미칠급

又[또 우]부 4획

중 及 [jí]
일 及 음독[きゅう]
　　훈독[および·およぶ·
　　およぼす]
영 reach

갑골문 | 소 전

앞사람[人]을 향해 뒤에서 다가가 손[又]이 미치는 모양을 나타낸 글자다. 손이 다가가 미친다는 데서 그 뜻이 '미치다'가 되었고, '미치다'와 관련된 말인 '언급·소급·보급'에서처럼 그 음이 '급'이 되었다.

용례 言及 언급 · 遡及 소급 · 普及 보급 · 波及 파급 · 及其也 급기야 · 可及的 가급적 · 過猶不及 과유불급 · 足脫不及 족탈불급 · 駟不及舌 사불급설 · 殃及池魚 앙급지어 · 學如不及 학여불급 · 朝不及夕 조불급석

앞사람에게 손이 미치는 모양

459

反 돌이킬 반

又[또 우]부 4획

중 反 [fǎn]
일 反 음독[たん·はん·ほん]
　　훈독[そらす·そる]
영 opposition

금문 | 소전

厂[언덕 한]자와 又[또 우]자가 합쳐진 글자다. 언덕[厂] 위로 손[又]을 이용해 돌이키어 오르는 모습을 나타내면서 그 뜻이 '돌이키다'가 되었고, '돌이키다'와 관련된 '반발·반대·반성'에서 보듯 그 음이 '반'이 되었다.

용례 反撥반발 · 反對반대 · 反省반성 · 反映반영 · 違反위반 · 如反掌여반장 · 反哺之孝반포지효 · 賊反荷杖적반하장 · 輾轉反側전전반측 · 二律背反이율배반 · 反面教師반면교사

산을 오르는 모습

460

受 받을 수

又[또 우]부 8획

중 受 [shòu]
일 受 음독[じゅ]
　　훈독[うかる·うける]
영 receive

갑골문 | 소전

爪[손톱 조]자를 간략하게 쓴 爫[손톱조머리]와 배처럼 생긴 그릇을 나타냈다 여겨지는 冖의 형태, 손과 관련된 又[또 우]자가 합쳐진 글자다. 손[爪]과 손[又]으로 배처럼 생긴 그릇[冖]을 주고받는 모양을 나타낸 데서 그 뜻이 '받다'가 되었고, '받다'와 관련된 '수용·수락·접수'에서 보듯 그 음이 '수'가 되었다.

용례 受容수용 · 受諾수락 · 接受접수 · 甘受감수 · 受信수신 · 受領수령 · 受講수강 · 受賞수상 · 受侮수모 · 受業수업 · 受惠수혜 · 受精수정 · 受難수난 · 受驗生수험생 · 受動的수동적 · 受賂罪수뢰죄 · 賂物授受뇌물수수

배 모양의 토기

461

支 지탱할 지

支[지탱할 지]부 4획

중 支 [zhī]
일 支 음독[し]
　　훈독[ささえる·つかえる]
영 prop, support

소전

댓가지[十의 형태]를 손[又]에 들고 무언가 지탱하려는 모습을 나타낸 글자다. 무언가 지탱하려는 모습에서 그 뜻이 '지탱하다'가 되었고, '지탱하다'와 관련된 말인 '지탱·지배·지지자'에서처럼 그 음이 '지'가 되었다.

용례 支撐지탱 · 依支의지 · 支柱지주 · 支配지배 · 支給지급 · 支出지출 · 支拂지불 · 支援지원 · 支流지류 · 支店지점 · 十二支십이지 · 氣管支기관지 · 度支部탁지부 · 支離滅裂지리멸렬

독장수(권정용 작)

462

取 취할 취

又[또 우]부 8획

중 取 [qǔ]
일 取 음독[しゅ]
　　훈독[とる]
영 take

| 갑골문 | 소전 |

귀를 나타낸 耳[귀 이]자와 오른손을 나타낸 又[또 우]자가 합쳐진 글자다. 옛날 전쟁터에서 자신의 전공을 드러내 증명하기 위해 죽인 적의 귀[耳]를 손[又]으로 잘라 취한 데서 그 뜻이 '취하다'가 되었고, '취하다'와 관련된 말인 '취득·착취·섭취'에서 보듯 그 음이 '취'가 되었다.

용례 取得 취득 · 攝取 섭취 · 搾取 착취 · 採取 채취 · 喝取 갈취 · 錄取 녹취 · 騙取 편취 · 聽取者 청취자 · 無錢取食 무전취식 · 捨生取義 사생취의 · 囊中取物 낭중취물 · 取捨選擇 취사선택

귀무덤

463

最 가장 최

曰[가로 왈]부 12획

중 最 [zuì]
일 最 음독[さい]
　　훈독[もっとも]
영 utmost

| 소전 |

머리에 쓰는 쓰개를 나타낸 冃[쓰개 모]자와 손으로 적의 귀를 취하는 모습을 나타낸 取[취할 취]자가 합쳐진 글자다. 冃자로 인해 적장의 목을 베어 투구[冃]를 취한 것이 가장 공이 크다 하여 그 뜻이 '가장'이 되었고, 取자로 인해 그 음이 '취'에서 변하여 '최'가 되었다. 오늘날 最자에 붙여진 曰의 형태는 冃자를 잘못 쓴 것이다.

용례 最强 최강 · 最近 최근 · 最高 최고 · 最古 최고 · 最初 최초 · 最終 최종 · 最善 최선 · 最惡 최악 · 最小 최소 · 最大 최대 · 最尖端 최첨단 · 最高峰 최고봉 · 最優先 최우선 · 最適溫度 최적온도

적장의 머리를 베는 모습

464

右 오른 우

口[입 구]부 5획

중 右 [yòu]
일 右 음독[う·ゆう]
　　훈독[みぎ]
영 right

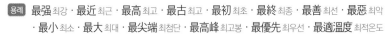

| 금문 | 소전 |

오른손에서 비롯된 又[또 우]자와 입을 나타낸 口[입 구]자가 합쳐진 글자[㕛]였다. 오른손[又]으로 일을 하는데 입[口]으로 조언을 해서 돕는다 하여 '돕다'의 뜻을 지녔으나 후에 亻[인변]을 덧붙인 佑[도울 우]가 그 뜻을 대신하고, 자신은 '오른(오른쪽)'의 뜻을 지니게 되었다. 그 음은 '오른(오른쪽)'과 관련된 '좌우·우향·우의정'에서 보듯 '우'가 되었다. 덧붙여진 又자는 후대에 ナ의 형태로 바뀌 右자로 쓰이고 있다.

용례 左右 좌우 · 右向 우향 · 右議政 우의정 · 座右銘 좌우명 · 左衝右突 좌충우돌 · 男左女右 남좌여우 · 左顧右眄 좌고우면 · 左脯右醢 좌포우혜 · 右往左往 우왕좌왕 · 左之右之 좌지우지

좌측과 우측

465

有 있을 유

月[달 월]부 6획

중 有 [yǒu]
일 有 음독[う·ゆう]
　　훈독[ある]
영 be, exist, have

 금문　 소전

오른손을 나타낸 又[또 우]자에서 변형된 ナ와 고깃덩이를 나타낸 肉[고기 육]에서 변형된 月[육달월]자가 합쳐진 글자다. 손[又→ナ]에 고깃덩이[肉→月]를 잡고 있다 하여 그 뜻이 '있다'가 되었고, '있다'와 관련된 말인 '소유·보유·공유'에서 보듯 그 음이 '유'가 되었다.

용례 所有 소유 · 保有 보유 · 公有 공유 · 有望 유망 · 有名 유명 · 有權者 유권자 · 未曾有 미증유 · 有耶無耶 유야무야 · 有備無患 유비무환 · 鷄卵有骨 계란유골

손에 고깃덩이를 잡고 있는 모습

466

左 왼좌

工[장인 공]부 5획

중 左 [zuǒ]
일 左 음독[さ]
　　훈독[ひだり]
영 left

금문　소전

왼손 모양을 나타낸 屮[왼손 좌]자와 물건 만드는 도구를 나타낸 工[장인 공]자가 합쳐진 글자다. 원래 工자로 인해 도구[工]를 사용해 돕는다 하여 '돕다'의 뜻을 지녔으나 후에 佐[도울 좌]자가 그 뜻을 대신하자, 자신은 '왼(왼쪽)'의 뜻을 지니게 되었다. 그 음은 屮자의 영향을 받아 '좌'로 읽히고 있는데, 屮자는 후대에 ナ으로 바뀌었다.

용례 左右 좌우 · 左遷 좌천 · 左腕 좌완 · 左翼 좌익 · 左傾 좌경 · 左議政 좌의정 · 極左派 극좌파 · 左靑龍 좌청룡 · 男左女右 남좌여우 · 左顧右眄 좌고우면 · 左脯右醢 좌포우혜 · 左側通行 좌측통행

좌측과 우측

467

收 거둘 수

攴[칠 복]부 6획

중 收 [shōu]
일 収 음독[しゅう]
　　훈독[おさまる·おさめる]
영 accept, collect, harvest

소전

丩[얽힐 구]자와 攴[칠 복]자에서 변형된 攵[등글월문]이 합쳐진 글자다. 攴[칠 복=攵]자로 인해 무언가 다그쳐[攵] 거둔다 하여 그 뜻이 '거두다'가 되었고, 丩자로 인해 그 음이 '구'에서 변하여 '수'가 되었다.[약자→収]

용례 收穫 수확 · 收斂 수렴 · 撤收 철수 · 收入 수입 · 吸收 흡수 · 收拾 수습 · 押收 압수 · 還收 환수 · 收益 수익 · 買收 매수 · 未收金 미수금 · 東作西收 동작서수 · 分離收去 분리수거

타작(김준근 작)

468

改 고칠 개

攵[칠 복]부 7획

중 改 [gǎi]
일 改 음독[かい]
　훈독[あらたまる・あらためる]
영 reform

소 전

己[몸 기]자와 攵[칠 복]자에서 변형된 攵[등글월문]이 합쳐진 글자다. 攵자로 인해 다그쳐[攵] 고치게 한다 하여 그 뜻이 '고치다'가 되었고, 己자로 인해 그 음이 '기'에서 변하여 '개'가 되었다.

용례 改革 개혁 · 改善 개선 · 改名 개명 · 改惡 개악 · 改名 개명 · 改良 개량 · 改憲 개헌 · 改過遷善 개과천선 · 過而不改 과이불개 · 朝令暮改 조령모개 · 朝變夕改 조변석개

망치질하는 사람
(조나단 보롭스키 작)

469

放 놓을 방

攵[칠 복]부 8획

중 放 [fàng]
일 放 음독[ほう]
　훈독[はなす・はなつ・
　はなれる・ほうる]
영 release

금 문　소 전

方[모 방]자와 攵[칠 복]자에서 변형된 攵[등글월문]이 합쳐진 글자다. 攵자로 인해 다그쳐[攵] 풀어 놓는다 하여 그 뜻이 '놓다'가 되었고, 方자로 인해 防[막을 방]·房[집 방]·訪[찾을 방]자처럼 그 음이 '방'이 되었다.

용례 解放 해방 · 釋放 석방 · 放學 방학 · 放免 방면 · 開放 개방 · 凍足放尿 동족방뇨 · 放聲大哭 방성대곡 · 自由奔放 자유분방 · 摩頂放踵 마정방종 · 高聲放歌 고성방가 · 百花齊放 백화제방 · 禪讓放伐 선양방벌

새 놓아주기

470

故 일 고

攵[칠 복]부 9획

중 故 [gù]
일 故 음독[こ]
　훈독[ゆえ]
영 reason

금 문　소 전

古[예 고]자와 攵[칠 복]자에서 변형된 攵[등글월문]이 합쳐진 글자다. 攵자로 인해 옛날의 관습에 따라 다그쳐[攵] 일하게 한다 하여 그 뜻이 '일'이 되었고, 古자로 인해 固[굳을 고]·姑[시어미 고]·苦[쓸 고]자처럼 그 음이 '고'가 되었다.

용례 故鄕 고향 · 物故 물고 · 故人 고인 · 事故 사고 · 故障 고장 · 作故 작고 · 別故 별고 · 有故 유고 · 故意 고의 · 無故 무고 · 變故 변고 · 緣故地 연고지 · 溫故知新 온고지신 · 竹馬故友 죽마고우 · 故事成語 고사성어

형벌을 행하는 모습

471

教 가르칠 교

攵[칠 복]부 11획

중 教 [jiāo/jiào]
일 教 음독[きょう]
　훈독[おしえる·おそわる]
영 teach

갑골문　소 전

산가지가 엇걸린 모양을 나타낸 爻[점괘 효]자와 아들을 뜻하는 子[아들 자], 손에 채찍을 들고 있는 모습을 나타낸 攴[칠 복]자에서 변형된 攵[등글월문]이 합쳐진 글자다. 산가지[爻]로 수(數)를 배우는 아들[子]을 손에 채찍을 들고 다그쳐[攵] 가르친다 하여 그 뜻이 '가르치다'가 되었고, 爻자로 인해 그 음이 '효'에서 변하여 '교'가 되었다.

서당(김홍도 작)

용례 教育 교육 · 教師 교사 · 教化 교화 · 教授 교수 · 教室 교실 · 教訓 교훈 · 教科書 교과서 · 教唆犯 교사범 · 教學相長 교학상장 · 三遷之敎 삼천지교 · 斷機之敎 단기지교 · 易子敎之 역자교지

472

效 본받을 효

攵[칠 복]부 10획

중 效 [xiào]
일 效 음독[こう]
　훈독[きく]
영 follow the model of

갑골문　소 전

交[사귈 교]자와 攴[칠 복]자에서 변형된 攵[등글월문]이 합쳐진 글자다. 攵자로 인해 다그쳐서[攵] 본받게 한다 하여 그 뜻이 '본받다'가 되었고, 交자로 인해 洨[물 이름 효]자나 詨[부르짖을 효]자처럼 그 음이 '교'에서 변하여 '효'가 되었다.[약자→効]

힙합바지를 입은 모습

용례 效果 효과 · 效力 효력 · 效驗 효험 · 效嚬 효빈 · 實效 실효 · 藥效 약효 · 效驗 효험 · 效能 효능 · 奏效 주효 · 特效 특효 · 卽效 즉효 · 效率的 효율적 · 百藥無效 백약무효 · 有效期間 유효기간 · 公訴時效 공소시효

473

救 구원할 구

攵[칠 복]부 11획

중 救 [jiù]
일 救 음독[きゅう]
　훈독[すくう]
영 save

금 문　소 전

求[구할 구]자와 攴[칠 복]자에서 변형된 攵[등글월문]이 합쳐진 글자다. 攵자로 인해 다그쳐[攵] 도와 구원한다 하여 그 뜻이 '구원하다'가 되었고, 求자로 인해 裘[갖옷 구]·球[공 구]·逑[짝 구]자처럼 그 음이 '구'가 되었다.

해빙기 조난 구조 연습

용례 救濟 구제 · 救出 구출 · 救恤 구휼 · 救助 구조 · 救護 구호 · 救世主 구세주 · 救急車 구급차 · 自救策 자구책 · 救國干城 구국간성 · 救荒作物 구황작물 · 救命運動 구명운동 · 患難相救 환난상구

474 敗 깨뜨릴 패

攵[칠 복]부 11획

중 敗 [bài]
일 敗 음독[はい]
　　훈독[やぶれる]
영 defeat

갑골문 | 소전

貝[조개 패]자와 攵[칠 복]자에서 변형된 攵[등글월문]이 합쳐진 글자다. 攵자로 인해 무언가 쳐서[攵] 깨뜨린다 하여 그 뜻이 '깨뜨리다'가 되었고, 貝자로 인해 狽[이리 패]자나 唄[찬불 패]자처럼 그 음이 '패'가 되었다.

용례 勝敗 승패 · 慘敗 참패 · 敗走 패주 · 敗將 패장 · 敗亡 패망 · 惜敗 석패 · 失敗 실패 · 敗北 패배 · 敗殘兵 패잔병 · 劣敗感 열패감 · 敗戰國 패전국 · 敗家亡身 패가망신

패전으로 항복문서에
서명하는 일본대표

475 散 흩을 산

攵[칠 복]부 12획

중 散 [sǎn/sàn]
일 散 음독[さん]
　　훈독[ちらかす・ちらかる・
　　　　ちらす・ちる]
영 scatter

금문 | 소전

손에 도구를 들고 삼대에서 벗겨낸 껍질을 다그쳐서 흩는 모습을 나타낸 글자였다. 삼대에서 벗겨낸 껍질에서 섬유질의 실을 얻기 위해 그 겉껍질을 다그쳐서 흩는 데서 그 뜻이 '흩다'가 되었고, '흩다'와 관련된 말인 '분산·해산·확산' 등에서 보듯이 그 음이 '산'이 되었다. 이 자형은 후에 삼대의 겉껍질을 다그쳐서 흩는 도구인 도패를 나타낸 月의 형태가 덧붙여지면서 변화되어 散자로 쓰이고 있다.

용례 閑散 한산 · 霧散 무산 · 分散 분산 · 擴散 확산 · 解散 해산 · 散炙 산적 · 離合集散 이합집산 · 離散家族 이산가족 · 風飛雹散 풍비박산 · 雜同散異 잡동산이

삼 껍질을 다그쳐
흩는 모습

476 敬 공경할 경

攵[칠 복]부 13획

중 敬 [jìng]
일 敬 음독[きょう・けい]
　　훈독[うやまう・つつしむ]
영 respect

금문 | 소전

머리에 장식을 한 제사장이 무릎을 꿇고 신이나 하늘에 대해 공경하는 의식을 행하는 모습을 나타낸 글자였다. 후에 그 뜻 '공경하다'를 더욱 분명히 하기 위해 기도하는 입을 나타낸 口[입 구]자와, 의식을 다그쳐 행함을 나타낸 攵[칠 복]자에서 변형된 攵[등글월문]을 덧붙인 敬자로 만들어졌다. 그렇게 공경하는 의식을 행하는 데서 그 뜻이 '공경하다'가 되었고, '공경하다'와 관련된 말인 '존경·공경·경청'에서 보듯 음이 '경'이 되었다.

용례 尊敬 존경 · 恭敬 공경 · 敬聽 경청 · 敬遠 경원 · 敬禮 경례 · 敬畏 경외 · 敬老堂 경로당 · 敬天愛人 경천애인 · 敬而遠之 경이원지

청동기시대의 제사장

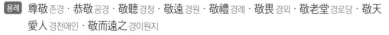

477

數 셀 수
攴[칠 복]부 15획

중 数 [shǔ]
일 数 음독[す·すう]
　　훈독[かず·かぞえる]
영 count

소 전

두 손으로 여자의 머리를 끌고 있는 모습을 나타낸 婁[끌 루]자와 손에 나뭇가지를 들고 치는 모습을 나타낸 攴[칠 복]자에서 변형된 攵[등글월문]이 합쳐진 글자다. 攴자로 인해 다그쳐[攴] 셈을 센다 하여 그 뜻이 '세다'가 되었고, 婁자로 인해 그 음이 '루'에서 변하여 '수'가 되었다. [약자→数]

> **용례** 數爻 수효 · 數學 수학 · 寸數 촌수 · 算數 산수 · 多數 다수 · 未知數 미지수 · 口舌數 구설수 · 不知其數 부지기수 · 知能指數 지능지수

육예의 數에 관한 그림

478

敵 원수 적
攴[칠 복]부 15획

중 敌 [dí]
일 敵 음독[てき]
　　훈독[かたき]
영 enemy

소 전

啇[밑동 적]자와 攴[칠 복]자에서 변형된 攵[등글월문]이 합쳐진 글자다. 攴자로 인해 물리쳐야[攴] 할 원수와 관련해 그 뜻이 '원수'가 되었고, 啇자로 인해 適[갈 적]·摘[딸 적]·滴[물방울 적]자처럼 그 음이 '적'이 되었다.

> **용례** 敵軍 적군 · 敵國 적국 · 宿敵 숙적 · 敵意 적의 · 天敵 천적 · 政敵 정적 · 强敵 강적 · 敵對視 적대시 · 敵愾心 적개심 · 衆寡不敵 중과부적 · 仁者無敵 인자무적 · 天下無敵 천하무적 · 利敵行爲 이적행위 · 無敵艦隊 무적함대

1954년 스위스 월드컵
한·일 예선전

479

政 정사 정
攴[칠 복]부 9획

중 政 [zhèng]
일 政 음독[しょう·せい]
　　훈독[まつりごと]
영 administration

갑골문　소 전

正[바를 정]자와 攴[칠 복]자에서 변형된 攵[등글월문]이 합쳐진 글자다. 攴자로 인해 옳지 않은 점을 다그쳐[攴] 바르게 하는 일이 정사(政事)라 하여 그 뜻이 '정사'가 되었고, 正자로 인해 征[칠 정]자나 整[가지런할 정]자처럼 그 음이 '정'이 되었다.

> **용례** 政權 정권 · 民政 민정 · 政治 정치 · 暴政 폭정 · 家政婦 가정부 · 領議政 영의정 · 行政府 행정부 · 政經癒着 정경유착 · 祭政一致 제정일치 · 三政紊亂 삼정문란 · 垂簾聽政 수렴청정 · 庶政刷新 서정쇄신 · 苛政猛於虎 가정맹어호

정치의 장, 국회

480 | 變 변할 변 | 중 変 [biàn] | 일 変 음독[へん] 훈독[かえる·かわる] | 영 change

言[말씀 언]부 23획

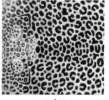
소 전

絲[말 끊이지 아니할 련]자와 攴[칠 복]자에서 변형된 夊[등글월문]이 합쳐진 글자다. 夊자로 인해 다그쳐[夊] 변하게 한다 하여 '변하다'가 되었고, 絲자로 인해 그 음이 '련'에서 변하여 '변'이 되었다.[약자→変]

용례 變化 변화 · 變身 변신 · 豹變 표변 · 變形 변형 · 變聲期 변성기 · 變法自疆 변법자강 · 滄桑之變 창상지변 · 臨機應變 임기응변 · 朝變夕改 조변석개 · 萬古不變 만고불변

표피도

---

481 | 敢 감히 감 | 중 敢 [gǎn] | 일 敢 음독[かん] 훈독[あえて] | 영 dare

攴[칠 복]부 12획

갑골문 | 소 전

원시적 형태의 사냥도구를 손에 들고 사나운 동물을 잡으려는 모양을 형상화한 글자다. 사나운 동물을 잡는 일은 용감한 사람만이 감히 할 수 있다 하여 그 뜻이 '감히'가 되었고, '감히'와 관련된 '감행·과감·언감생심'에서 보듯 그 음이 '감'이 되었다.

용례 敢行 감행 · 敢然 감연 · 果敢 과감 · 勇敢 용감 · 敢鬪賞 감투상 · 焉敢生心 언감생심 · 不敢毁傷 불감훼상 · 不敢請固所願 불감청고소원

고대인의 사냥 모습

---

482 | 殺 죽일 살 | 중 杀 [shā] | 일 殺 음독[さい·さつ·せつ] 훈독[ころす·そぐ] | 영 kill

殳[칠 수]부 10획

소 전

乂[벨 예]자와 朮[삽주 출]자가 합쳐진 㲋 자가 본자(本字)이다. 乂자로 인해 베어서[乂] 죽인다 하여 그 뜻이 '죽이다'가 되었고, 朮자로 인해 그 음이 '출'에서 변하여 '살'이 되었다. 이 자형은 후에 뜻 '죽이다'를 더욱 분명히 하기 위해 殳[칠 수]자를 덧붙이고, 㲋 자도 杀의 형태로 바뀌어 오늘날 殺자로 쓰이고 있다. 뜻이 '덜다'로 쓰일 때는 '쇄'로도 읽힌다.[약자→殺]

용례 殺生 살생 · 自殺 자살 · 虐殺 학살 · 五殺 오살 · 絞殺 교살 · 相殺 상쇄 · 殺到 쇄도 · 殺風景 살풍경 · 初戰撲殺 초전박살 · 不可殺伊 불가살이 · 矯角殺牛 교각살우 · 殺身成仁 살신성인 · 寸鐵殺人 촌철살인 · 借刀殺人 차도살인

일본군의 민간인 학살

寸 마디 촌

寸[마디 촌]부 3획

중 寸 [cùn]
일 寸 음독[すん]
영 node, knuckle, tiny

소 전

오른손의 손목에서 한 마디 떨어진 부위인 촌구(寸口:맥이 드나드는 곳)에 점(선)을 표시한 글자다. 점을 표시한 부위가 손목에서 한 마디에 있다 하여 그 뜻이 '마디'가 되었고, 마디와 관련된 말인 '촌충·촌각·촌수'에서 보듯 그 음이 '촌'이 되었다.

용례 寸蟲 촌충 · 寸刻 촌각 · 寸數 촌수 · 寸劇 촌극 · 寸陰 촌음 · 寸志 촌지 · 外三寸 외삼촌 · 一寸光陰 일촌광음 · 寸鐵殺人 촌철살인 · 四寸兄弟 사촌형제 · 五寸堂叔 오촌당숙

촌구혈을 짚은 손

寺 절 사

寸[마디 촌]부 6획

중 寺 [sì]
일 寺 음독[じ]
  훈독[てら]
영 temple

금 문　소 전

止[그칠 지]자와 又[또 우]자가 합쳐져, 又자로 인해 손[又]으로 부지런히 나랏일을 행하는 '관청'을 뜻했고, 止자로 인해 '지'에서 변하여 '시'의 음으로 읽혔던 글자였다. 후에 又자는 점이 덧붙여져 寸[마디 촌]으로 변하고, 그 뜻도 관청에서 불교를 전파하러 온 인도 스님들을 모신 데서 다시 스님들이 머무는 '절'을 뜻하게 되었다. 止자도 자형이 바뀌어 土의 형태로 쓰이면서 그 음도 '시'에서 변하여 '사'가 되었다.

용례 寺刹 사찰 · 山寺 산사 · 寺塔 사탑 · 末寺 말사 · 白馬寺 백마사 · 華嚴寺 화엄사 · 司僕寺 사복시 · 奉常寺 봉상시 · 造泡寺 조포사 · 男寺黨 남사당 · 圓覺寺址 원각사지 · 奉德寺鐘 봉덕사종

백마사(낙양)

射 쏠 사

寸[마디 촌]부 10획

중 射 [shè]
일 射 음독[しゃ·せき]
  훈독[いる]
영 shoot

갑골문　소 전

활의 시위에 화살이 메워진 모양을 나타냈으나 후에 손과 관련된 자형인 寸[마디 촌]자를 덧붙여 활의 시위에 화살을 메워 손으로 쏘는 모양을 형상화한 글자다. 따라서 그 뜻이 '쏘다'가 되었고, '쏘다'와 관련된 '사격·사수·발사'에서 보듯 그 음이 '사'가 되었다. 후에 활과 시위와 화살은 身의 형태로 바뀌었다.

용례 射擊 사격 · 射手 사수 · 發射 발사 · 射殺 사살 · 亂射 난사 · 注射 주사 · 射倖心 사행심 · 條件反射 조건반사

활쏘기(김홍도 작)

486

尊 높일 존
寸[마디 촌]부 12획

중 尊 [zūn]
일 尊 음독[そん]
　훈독[たつとい・とうとい・
　たつとぶ・とうとぶ・みこと]
영 respect

갑골문 ｜ 소 전

원래 酉[닭 유]자와 廾[손 맞잡을 공]자가 어우러진 글자였다. 신이나 윗사람에게 술[酉]을 두 손[廾]으로 높이 들어 바치는 모습에서 그 뜻이 '높이다'가 되었고, '높이다'와 관련된 말인 '존중·존경·존엄'에서처럼 음이 '존'이 되었다. 후에 그 음 '존'을 더욱 분명히 하기 위해 廾자가 寸(촌)자로 바뀌었고, 酉자 위에 八 형태를 덧붙여 오늘날 尊자가 되었다.

용례 尊重 존중 · 尊敬 존경 · 尊嚴 존엄 · 尊待 존대 · 尊銜 존함 · 尊貴 존귀 · 至尊 지존 · 尊稱語 존칭어 · 自尊心 자존심 · 唯我獨尊 유아독존 · 官尊民卑 관존민비 · 女尊男卑 여존남비

옛날의 용기

487

對 대할 대
寸[마디 촌]부 14획

중 対 [duì]
일 対 음독[たい・つい]
　훈독[こたえる]
영 answer

금 문 ｜ 소 전

청동(靑桐)의 촉대(燭臺)를 손에 들고 있음을 나타낸 글자로 보인다. 불을 피워 환하게 밝힌 촉대를 손에 들고 상대를 대한다 하여 그 뜻이 '대하다'가 되었고, '대하다'와 관련된 '대화·대책·대응'에서처럼 그 음이 '대'가 되었다.[약자→対]

용례 對話 대화 · 對策 대책 · 對應 대응 · 對立 대립 · 反對 반대 · 對備 대비 · 對峙 대치 · 對答 대답 · 對抗馬 대항마 · 對外祕 대외비 · 敵對視 적대시 · 對人關係 대인관계 · 刮目相對 괄목상대 · 對症療法 대증요법

청동제 촉대

488

止 그칠 지
止[그칠 지]부 4획

중 止 [zhǐ]
일 止 음독[し]
　훈독[とどまる・とどめる・
　とまる・とめる・やむ・やめる]
영 desist

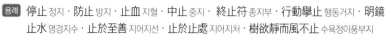

갑골문 ｜ 소 전

발을 나타낸 글자다. 따라서 원래 '발'을 뜻했으나 후대에 足[발 족]자에서 변형된 ⻊[발족변]을 덧붙인 趾[발 지]자가 그 뜻을 대신하고, 자신은 다시 발이 움직이지 않고 그친 상황과 관련해 '그치다'의 뜻을 지니게 되었다. 그 음은 '그치다'와 관련된 말인 '정지·방지·지혈'에서 보듯 '지'로 읽히고 있다.

용례 停止 정지 · 防止 방지 · 止血 지혈 · 中止 중지 · 終止符 종지부 · 行動擧止 행동거지 · 明鏡止水 명경지수 · 止於至善 지어지선 · 止於止處 지어지처 · 樹欲靜而風不止 수욕정이풍부지

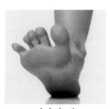
사람의 발

<table>
<tr>
<td>489</td>
<td>步 걸음 보
止[그칠 지]부 7획</td>
<td>중 步 [bù]
일 步 음독[ふ·ぶ·ほ]
훈독[あゆむ·あるく]
영 walk</td>
<td>
갑골문   소 전</td>
</tr>
</table>

걸을 때 보이는 두 발[止와 少]을 위아래에 나란히 나타낸 글자다. 두 발로 걷는 걸음을 나타낸 데서 그 뜻이 '걸음'이 되었고, 걸음과 관련된 '진보·활보·양보'에서 보듯 그 음이 '보'가 되었다.

용례 進步 진보 · 闊步 활보 · 步兵 보병 · 踏步 답보 · 讓步 양보 · 進一步 진일보 · 牛步戰術 우보전술 · 步武堂堂 보무당당 · 急行無善步 급행무선보 · 五十步百步 오십보백보

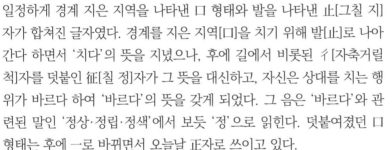
반걸음과 한걸음

<table>
<tr>
<td>490</td>
<td>正 바를 정
止[그칠 지]부 5획</td>
<td>중 正 [zhèng]
일 正 음독[しょう·せい]
훈독[ただしい·ただす·まさ]
영 right</td>
<td>
갑골문   소 전</td>
</tr>
</table>

일정하게 경계 지은 지역을 나타낸 口 형태와 발을 나타낸 止[그칠 지]자가 합쳐진 글자였다. 경계를 지은 지역[口]을 치기 위해 발[止]로 나아간다 하면서 '치다'의 뜻을 지녔으나, 후에 길에서 비롯된 彳[자축거릴 척]자를 덧붙인 征[칠 정]자가 그 뜻을 대신하고, 자신은 상대를 치는 행위가 바르다 하여 '바르다'의 뜻을 갖게 되었다. 그 음은 '바르다'와 관련된 말인 '정상·정립·정색'에서 보듯 '정'으로 읽힌다. 덧붙여졌던 口 형태는 후에 一로 바뀌면서 오늘날 正자로 쓰이고 있다.

정벌에 나선 군사들

용례 正常 정상 · 正立 정립 · 正色 정색 · 方正 방정 · 正直 정직 · 正露丸 정로환 · 正正堂堂 정정당당 · 事必歸正 사필귀정 · 公明正大 공명정대 · 破邪顯正 파사현정 · 衛正斥邪 위정척사

<table>
<tr>
<td>491</td>
<td>武 굳셀 무
止[그칠 지]부 8획</td>
<td>중 武 [wǔ]
일 武 음독[ぶ·む]
영 bravery</td>
<td>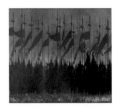
갑골문   소 전</td>
</tr>
</table>

창을 나타낸 戈[창 과]자와 발을 나타낸 止[그칠 지]자가 합쳐진 글자다. 창[戈]과 같은 무기를 들고 발[止]로 걸어가는 군사의 의기가 굳세다 하여 그 뜻이 '굳세다'가 되었고, '굳세다'와 관련된 '무사·무장·보무당당'에서 보듯 그 음이 '무'가 되었다.

무기를 들고 걸어가는 군사들

용례 武士 무사 · 武力 무력 · 武官 무관 · 文武 문무 · 忠武公 충무공 · 步武堂堂 보무당당 · 武臣政權 무신정권 · 武裝共匪 무장공비 · 用武之地 용무지지

492	歷 지낼 **력**	중	历 [lì]
		일	歷 음독[れき]
	止[그칠 지]부 16획		훈독[へる]
		영	pass

갑골문 | 소 전

厤[책력 력]자와 止[그칠 지]자가 합쳐진 글자다. 止자로 인해 발자국 [止]을 남기고 지나갔다는 데서 '지나다'의 뜻을 지니면서 다시 시간을 보내며 지낸다 하여 그 뜻이 '지내다'가 되었고, 厤자로 인해 曆[책력 력]자처럼 그 음이 '력'이 되었다.

용례 歷歷 역력 · 歷史 역사 · 學歷 학력 · 經歷 경력 · 涉歷 섭력 · 前歷 전력 · 病歷 병력 · 來歷 내력 · 遍歷 편력 · 歷任 역임 · 履歷書 이력서 · 天路歷程 천로역정

고성 덕명리 공룡발자국

493	歸 돌아갈 **귀**	중	归 [guī]
		일	帰 음독[き]
	止[그칠 지]부 18획		훈독[かえす·かえる]
		영	return

갑골문 | 소 전

𠂤[언덕 퇴]자와 帚[비 추]자가 합쳐진 歸자가 본자(本字)이다. 혼인한 여자를 이르는 婦[지어미 부]와 관련이 있는 帚자로 인해 혼인을 한 여자[帚]가 시집으로 돌아간다 하여 그 뜻이 '돌아가다'가 되었고, 𠂤자로 인해 음의 변화가 크지만 '퇴'에서 변하여 '귀'가 되었다. 후에 그 뜻을 분명히 하기 위해 止자를 덧붙여 오늘날 歸자로 쓰이고 있다.

용례 歸化 귀화 · 歸農 귀농 · 歸家 귀가 · 歸鄕 귀향 · 歸國 귀국 · 歸天 귀천 · 歸納法 귀납법 · 歸省客 귀성객 · 事必歸正 사필귀정 · 歸去來辭 귀거래사 · 歸巢本能 귀소본능

가마타고 시집가는 여인

● **발** ●

494	足 발 **족**	중	足 [zú]
		일	足 음독[そく]
	足[발 족]부 7획		훈독[あし·たす·たりる·たる]
		영	foot

갑골문 | 소 전

정강이와 장딴지, 종아리로 이어진 발을 나타낸 글자다. 그렇게 발을 나타낸 데서 그 뜻이 '발'이 되었고, 발과 관련된 말인 '수족·족욕·족구'에서처럼 음이 '족'이 되었다. 足자가 변으로 쓰여질 때는 趾[발 지]자나 蹟[발자취 적]자에서 보듯 ⻊[발족변]으로 쓰인다.

용례 手足 수족 · 纏足 전족 · 駿足 준족 · 足浴 족욕 · 足球 족구 · 不足 부족 · 滿足 만족 · 禁足令 금족령 · 足脫不及 족탈불급 · 鳥足之血 조족지혈 · 畵蛇添足 화사첨족

발

495

路 길로
足[발 족]부 13획

중 路 [lù]
일 路 음독[ろ]
　훈독[じ・みち]
영 road

금문 | 소전

足[발 족]자에서 변형된 𧾷[발족변]과 各[각각 각]자가 합쳐진 글자다. 足자로 인해 발[足]로 편안히 걸어 다닐 수 있도록 한 길과 관련해 그 뜻이 '길'이 되었고, 各자로 인해 輅[수레 로]자처럼 그 음이 '각'에서 크게 변하여 '로'가 되었다.

용례 道路 도로 · 大路 대로 · 鐘路 종로 · 岐路 기로 · 隘路 애로 · 言路 언로 · 迷路 미로 · 迂廻路 우회로 · 忠武路 충무로 · 坦坦大路 탄탄대로 · 一路邁進 일로매진

진직도(秦直道)

496

走 달아날 주
走[달아날 주]부 7획

중 走 [zǒu]
일 走 음독[そう]
　훈독[はしる]
영 run

금문 | 소전

윗부분은 두 팔을 휘저으며 달아나는 사람을 나타내고, 아랫부분은 달아날 때 민첩하게 움직이는 발을 나타낸 글자다. 달아나는 사람과 발을 나타낸 데서 그 뜻이 '달아나다'가 되었고, '달아나다'와 관련된 '도주·패주·탈주'에서 보듯 그 음이 '주'가 되었다.

용례 逃走 도주 · 敗走 패주 · 脫走 탈주 · 走者 주자 · 競走 경주 · 走馬燈 주마등 · 暴走族 폭주족 · 走馬看山 주마간산 · 東奔西走 동분서주 · 夜半逃走 야반도주 · 走爲上策 주위상책 · 走馬加鞭 주마가편 · 狡免死走狗烹 교토사주구팽

하마를 피해 달아나는 사람

497

起 일어날 기
走[달아날 주]부 10획

중 起 [qǐ]
일 起 음독[き]
　훈독[おきる・おこす・おこる]
영 occur

소전

走[달아날 주]자와 己[몸 기]자가 합쳐진 글자다. 走자로 인해 달아나기[走] 위해 몸을 세워 일어난다 하여 그 뜻이 '일어나다'가 되었고, 己자로 인해 記[기록할 기]·紀[벼리 기]·忌[꺼릴 기]자처럼 그 음이 '기'가 되었다.

용례 起立 기립 · 起訴 기소 · 起伏 기복 · 蜂起 봉기 · 蹶起 궐기 · 再起 재기 · 崛起 굴기 · 惹起 야기 · 隆起 융기 · 想起 상기 · 起重機 기중기 · 起死回生 기사회생 · 七顚八起 칠전팔기 · 早起蹴球 조기축구

출발하기 위해 일어나는 육상선수들

| 498 | 連 잇닿을 련 | | 중 连 [lián] 일 連 음독[れん] 훈독[つらなる・つらねる・つれる] 영 connect |  |

連 잇닿을 련

辶[쉬엄쉬엄 갈 착]부 10획

중 连 [lián]
일 連 음독[れん]
　훈독[つらなる・つらねる・つれる]
영 connect

금문 　 소전

車[수레 거(차)]자와 辶[쉬엄쉬엄 갈 착]자에서 변형된 辶[책받침]이 합쳐진 글자다. 수레[車]가 발로 걸어 다니는 길[辶]에 잇닿아 움직이고 있음을 나타낸 데서 그 뜻이 '잇닿다'가 되었고, '잇닿다'와 관련된 말인 '연락·연속·연휴'에서 보듯 그 음이 '련'이 되었다.

용례 連絡 연락 · 連續 연속 · 連休 연휴 · 連敗 연패 · 連結 연결 · 連任 연임 · 連陸橋 연육교 · 連年生 연년생 · 一連番號 일련번호 · 連戰連勝 연전연승 · 連鎖反應 연쇄반응 · 合從連橫 합종연횡

수레가 잇닿아 움직이는 모양

---

499 近 가까울 근

辶[쉬엄쉬엄 갈 착]부 7획

중 近 [jìn]
일 近 음독[きん・こん]
　훈독[ちかい]
영 near

소전

斤[도끼 근]자와 辶[쉬엄쉬엄 갈 착]자에서 변형된 辶[책받침]이 합쳐진 글자다. 辶자로 인해 사람이 발로 걸어 가야할 길[辶]이 가깝다 하여 그 뜻이 '가깝다'가 되었고, 斤자로 인해 芹[미나리 근]자나 劤[힘셀 근]자처럼 음이 '근'이 되었다.

용례 遠近 원근 · 近郊 근교 · 最近 최근 · 隣近 인근 · 側近 측근 · 親近 친근 · 近似 근사 · 近視眼 근시안 · 近代化 근대화 · 近墨者黑 근묵자흑 · 近朱者赤 근주자적 · 遠交近攻 원교근공 · 不可近不可遠 불가근불가원

미델하르니스의 길 (호베마 작)

---

500 遠 멀 원

辶[쉬엄쉬엄 갈 착]부 13획

중 远 [yuǎn]
일 遠 음독[えん・おん]
　훈독[とおい]
영 distant

금문 　 소전

袁[옷 길 원]자와 辶[쉬엄쉬엄 갈 착]자에서 변형된 辶[책받침]이 합쳐진 글자다. 辶자로 인해 길[辶]이 멀다 하여 '멀다'의 뜻이 되었고, 袁자로 인해 園[동산 원]자나 猿[원숭이 원]자처럼 그 음이 '원'이 되었다.[약자→远]

용례 遠近 원근 · 永遠 영원 · 遠征 원정 · 敬遠 경원 · 遠心力 원심력 · 望遠鏡 망원경 · 不遠千里 불원천리 · 追遠報本 추원보본 · 日暮途遠 일모도원 · 殷鑑不遠 은감불원 · 深謀遠慮 심모원려

먼 길

501

迎 맞이할 영
辵[쉬엄쉬엄 갈 착]부 8획

중 迎 [yíng]
일 迎 음독[げい·ごう]
　　훈독[むかえる]
영 welcome

소 전

卬[나 앙]자와 辵[쉬엄쉬엄 갈 착]자에서 변형된 辶[책받침]이 합쳐진
글자다. 辵자로 인해 길[辵]로 사람을 맞이한다 하여 그 뜻이 '맞이하다'
가 되었고, 卬자로 인해 그 음이 '앙'에서 변하여 '영'이 되었다.

`용례` 歡迎 환영 · 迎入 영입 · 迎接 영접 · 迎合 영합 · 出迎 출영 · 親迎 친영 · 迎鼓 영고 · 迎賓館
영빈관 · 迎恩門 영은문 · 迎春花 영춘화 · 迎日灣 영일만 · 送舊迎新 송구영신

영빈도(迎賓圖)

502

送 보낼 송
辵[쉬엄쉬엄 갈 착]부 9획

중 送 [sòng]
일 送 음독[そう]
　　훈독[おくる]
영 send

금 문 ｜ 소 전

불[火]을 두 손[廾]에 들고 있는 모양을 나타낸 灷[불씨 선]자와 辵[쉬엄
쉬엄 갈 착]자에서 변형된 辶[책받침]이 합쳐진 글자다. 두 손에 불[灷]
을 들고 길[辵]을 따라 보낸다 하여 그 뜻이 '보내다'가 되었고, '보내다'
와 관련된 말인 '방송·발송·송별'에서 보듯 그 음이 '송'이 되었다.

`용례` 放送 방송 · 發送 발송 · 電送 전송 · 送金 송금 · 北送 북송 · 回送 회송 · 運送 운송 · 輸送船
수송선 · 葬送曲 장송곡 · 虛送歲月 허송세월 · 送舊迎新 송구영신

손에 횃불을 든 모습

503

進 나아갈 진
辵[쉬엄쉬엄 갈 착]부 11획

중 进 [jìn]
일 進 음독[しん]
　　훈독[すすむ·すすめる]
영 go ahead

갑골문 ｜ 소 전

隹[새 추]자와 止[그칠 지]자가 합쳐진 글자였다. 새[隹]를 잡기 위해 발
[止]로 뒤쫓아 나아간다 하여 그 뜻이 '나아가다'가 되었고, '나아가다'
와 관련된 말인 '전진·진척·진화'에서처럼 그 음이 '진'이 되었다. 이 자
형은 후대에 彳[자축거릴 척]자가 덧붙여졌는데, 彳자는 다시 止자와 합
쳐져 辵[쉬엄쉬엄 갈 착]자로 쓰이다가 辶[책받침]으로 간략하게 되었
다. 오늘날 進자로 쓰이고 있다.

새를 쫓는 모습
(정글의 법칙)

`용례` 前進 전진 · 進陟 진척 · 進化 진화 · 進退 진퇴 · 行進 행진 · 進甲 진갑 · 先進國 선진국 · 進一
步 진일보 · 一進一退 일진일퇴 · 遲遲不進 지지부진 · 北進政策 북진정책

504

逆 거스를 역

辶[쉬엄쉬엄 갈 착]부 9획

중 逆 [nì]
일 逆 음독[ぎゃく・げき]
　훈독[さか・さからう]
영 reverse

갑골문 | 소 전

원래 거꾸로 된 사람 모습을 나타낸 글자였다. 후에 그 의미를 더욱 분명히 하기 위해 辵[쉬엄쉬엄 갈 착]자에서 변형된 辶[책받침]을 덧붙였지만 사람이 거꾸로 거슬러 있는 모습에서 그 뜻이 '거스르다'가 되었고, 다시 屰자로 인해 그 음이 '역'이 되었다.

사람이 거꾸로 있는 모습

용례 逆轉 역전 · 逆行 역행 · 逆流 역류 · 逆風 역풍 · 逆鱗 역린 · 叛逆 반역 · 逆轉勝 역전승 · 逆效果 역효과 · 逆走行 역주행 · 逆發想 역발상 · 使水逆流 사수역류 · 莫逆之友 막역지우

505

退 물러날 퇴

辶[쉬엄쉬엄 갈 착]부 9획

중 退 [tuì]
일 退 음독[たい]
　훈독[しりぞく・しりぞける・のく]
영 retreat

소 전

彳[자축거릴 척]자와 日[날 일], 夊[천천히 걸을 쇠]자가 합쳐진 글자[復]였다. 길[彳]을 따라 해[日]를 등지고 발[夊]이 물러나는 모습을 나타낸 데서 그 뜻이 '물러나다'가 되었고, '물러나다'와 관련된 말인 '퇴근·퇴직·후퇴'에서처럼 그 음이 '퇴'가 되었다. 덧붙여진 日과 夊는 후대로 내려오면서 艮의 형태로 바뀌고, 彳자도 辵자에서 변형된 辶으로 바뀌어 오늘날 退자로 쓰이고 있다.

우유장수(밀레 작)

용례 退職 퇴직 · 退陣 퇴진 · 進退 진퇴 · 後退 후퇴 · 退化 퇴화 · 退染 퇴염 · 不退轉 불퇴전 · 退嬰的 퇴영적 · 進退兩難 진퇴양난 · 臨戰無退 임전무퇴 · 一手不退 일수불퇴

506

追 쫓을 추

辶[쉬엄쉬엄 갈 착]부 9획

중 追 [zhuī]
일 追 음독[つい]
　훈독[おう]
영 chase

소 전

𠂤[언덕 퇴]자와 辵[쉬엄쉬엄 갈 착]자에서 변형된 辶[책받침]이 합쳐진 글자다. 辵자로 인해 길[辵]을 따라 쫓는다 하여 그 뜻이 '쫓다'가 되었고, 𠂤자로 인해 그 음이 '퇴'에서 변하여 '추'가 되었다.

토끼를 쫓는 사람

용례 追跡 추적 · 追求 추구 · 追突 추돌 · 追伸 추신 · 追憶 추억 · 追越 추월 · 追擊 추격 · 追從 추종 · 追贈 추증 · 追悼式 추도식 · 追遠報本 추원보본 · 追更豫算 추경예산

507

速 빠를 속

辶[쉬엄쉬엄 갈 착]부 10획

중 速 [sù]
일 速 음독[そく]
　훈독[すみやか・はやい・
　はやめる]
영 quick, rapid

소 전

束[묶을 속]자와 辶[쉬엄쉬엄 갈 착]자에서 변형된 辶[책받침]이 합쳐진 글자다. 辶자로 인해 길[辶]을 걷는 것이 빠르다 하여 그 뜻이 '빠르다'가 되었고, 束자로 인해 그 음이 '속'이 되었다.

용례 迅速신속 · 速力속력 · 速度속도 · 光速광속 · 拙速졸속 · 速記속기 · 速射砲속사포 · 强速球강속구 · 快速船쾌속선 · 超音速초음속 · 速戰速決속전속결 · 高速道路고속도로

100m 세계기록 보유자
우사인 볼트

508

造 지을 조

辶[쉬엄쉬엄 갈 착]부 10획

중 造 [zào]
일 造 음독[ぞう]
　훈독[つくる・みやつこ]
영 make

금 문　　소 전

告[알릴 고]자와 辶[쉬엄쉬엄 갈 착]자에서 변형된 辶[책받침]이 합쳐진 글자다. 辶자로 인해 길[辶]을 가는데 필요한 신발 등의 물건을 짓는다 하여 그 뜻이 '짓다'가 되었고, 告자로 인해 그 음이 '고'에서 변하여 '조'가 되었다. 艁자나 䚦자도 造자의 이체자(異體字)인데, 덧붙여진 舟는 배 모양의 신발을 나타낸 것으로 보인다.

용례 製造제조 · 僞造위조 · 構造구조 · 造成조성 · 捏造날조 · 創造창조 · 造作조작 · 建造건조 · 造詣조예 · 築造축조 · 造物主조물주 · 釀造場양조장 · 模造品모조품 · 造船所조선소 · 人造人間인조인간 · 一切唯心造일체유심조

김삿갓(고증 사진)

509

通 통할 통

辶[쉬엄쉬엄 갈 착]부 10획

중 通 [tōng]
일 通 음독[つ・つう]
　훈독[かよう・とおす・とおる]
영 through

갑골문　　소 전

쇠북꼭지를 나타낸 甬[쇠북꼭지 용]자와 辶[쉬엄쉬엄 갈 착]자에서 변형된 辶[책받침]이 합쳐진 글자다. 辶자에 의해 길[辶]을 통해 걸어간다 하여 그 뜻이 '통하다'가 되었고, 甬자에 의해 痛[아플 통]자나 桶[통 통]자처럼 그 음이 '통'이 되었다.

용례 通過통과 · 通行통행 · 交通교통 · 通話통화 · 道通도통 · 消息通소식통 · 臨時變通임시변통 · 一脈相通일맥상통 · 無不通知무불통지 · 萬事亨通만사형통 · 萬病通治만병통치

태안 신두리 사구길

510

過 지날 과

辵[쉬엄쉬엄 갈 착]부 13획

중 过 [guò]
일 過 음독[か]
훈독[あやまち・あやまつ・すぎる・すごす]
영 pass through

금문 | 소전

咼[입 비뚤어질 괘]자와 辵[쉬엄쉬엄 갈 착]자에서 변형된 辶[책받침]이 합쳐진 글자다. 辵자로 인해 길[辵]을 지나간다 하여 그 뜻이 '지나다'가 되었고, 咼자로 인해 鍋[노구솥 과]자처럼 그 음이 '괘'에서 변해 '과'가 되었다.

용례 過去 과거 · 經過 경과 · 過誤 과오 · 看過 간과 · 過速 과속 · 過半數 과반수 · 過消費 과소비 · 過保護 과보호 · 過猶不及 과유불급 · 過恭非禮 과공비례 · 過大包裝 과대포장 · 矯枉過直 교왕과직 · 改過遷善 개과천선

길을 지나는 모습

511

達 통할 달

辵[쉬엄쉬엄 갈 착]부 12획

중 达 [dá]
일 達 음독[たつ・だち]
훈독[たち]
영 attain, reach

금문 | 소전

羍[새끼양 달=羍]자와 辵[쉬엄쉬엄 갈 착]자에서 변형된 辶[책받침]이 합쳐진 글자다. 辵자로 인해 길[辵]을 통하여 목적지에 이른다 하여 그 뜻이 '통하다'가 되었고, 羍자로 인해 그 음이 '달'이 되었다.

용례 到達 도달 · 通達 통달 · 達觀 달관 · 先達 선달 · 豁達 활달 · 傳達 전달 · 達人 달인 · 達成 달성 · 欲速不達 욕속부달 · 四通五達 사통오달 · 白手乾達 백수건달 · 下學上達 하학상달 · 下意上達 하의상달

길을 통하여 걷는 모습

512

遇 만날 우

辵[쉬엄쉬엄 갈 착]부 12획

중 遇 [yù]
일 遇 음독[ぐう]
훈독[あう]
영 meet

금문 | 소전

禺[긴 꼬리 원숭이 우]자와 辵[쉬엄쉬엄 갈 착]자에서 변형된 辶[책받침]이 합쳐진 글자다. 辵자로 인해 길[辵]에서 서로 만난다 하여 그 뜻이 '만나다'가 되었고, 禺자로 인해 偶[짝 우]자나 愚[어리석을 우]자처럼 그 음이 '우'가 되었다.

용례 遭遇 조우 · 奇遇 기우 · 處遇 처우 · 境遇 경우 · 千載一遇 천재일우 · 盲龜遇木 맹귀우목 · 土昧人遇 토매인우 · 前官禮遇 전관예우 · 不遇靑少年 불우청소년 · 最惠國待遇 최혜국대우

남북 정상의 만남

513

運 움직일 운

辵[쉬엄쉬엄 갈 착]부 13획

중 运 [yùn]
일 運 음독[うん]
　　훈독[はこぶ]
영 move

소 전

軍[군사 군]자와 辵[쉬엄쉬엄 갈 착]자에서 변형된 辶[책받침]이 합쳐진 글자다. 辵자로 인해 길[辵]을 따라서 움직인다 하여 그 뜻이 '움직이다'가 되었고, 軍자로 인해 그 음이 '군'에서 변하여 '운'이 되었다.

> **용례** 運動 운동 · 幸運 행운 · 不運 불운 · 氣運 기운 · 運轉 운전 · 運搬 운반 · 運勢 운세 · 運賃 운임 · 天運 천운 · 悲運 비운 · 國運 국운 · 運河 운하 · 運送料 운송료 · 運否天賦 운부천부 · 運數大通 운수대통

운동하는 모습

514

遊 놀 유

辵[쉬엄쉬엄 갈 착]부 12획

중 游 [yóu]
일 遊 음독[ゆ·ゆう]
　　훈독[あそぶ]
영 play

금 문　　소 전

辵[쉬엄쉬엄 갈 착]자에서 변형된 辶[책받침]과 㫃[깃발 유]자가 합쳐진 글자다. 辵자로 인해 길[辵]을 따라 한가히 거닐며 논다 하여 그 뜻이 '놀다'가 되었고, 㫃자로 인해 游[헤엄칠 유]자처럼 그 음이 '유'가 되었다.

> **용례** 遊戱 유희 · 遊說 유세 · 遊覽 유람 · 回遊 회유 · 遊興街 유흥가 · 遊學生 유학생 · 遊園地 유원지 · 遊牧民 유목민 · 夢遊病 몽유병 · 優柔自適 우유자적 · 遊必有方 유필유방

아이들이 노는 모습

515

適 갈 적

辵[쉬엄쉬엄 갈 착]부 14획

중 适 [shì]
일 適 음독[てき]
　　훈독[かなう]
영 reach, suitable

소 전

商[밑동 적]자와 辵[쉬엄쉬엄 갈 착]자에서 변형된 辶[책받침]이 합쳐진 글자다. 辵자로 인해 길[辵]을 따라 간다 하여 그 뜻이 '가다'가 되었고, 商자로 인해 摘[딸 적]·敵[원수 적]·滴[물방울 적]자처럼 그 음이 '적'이 되었다.

> **용례** 適期 적기 · 適當 적당 · 適用 적용 · 快適 쾌적 · 適切 적절 · 適應 적응 · 適合 적합 · 適法 적법 · 適格 적격 · 適否審 적부심 · 適性檢査 적성검사 · 悠悠自適 유유자적 · 適者生存 적자생존 · 適材適所 적재적소

들길을 따라 가는 모습

516

選 가릴 선

辵[쉬엄쉬엄 갈 착]부 15획

중 选 [xuǎn]
일 選 음독[せん]
　훈독[えらぶ]
영 pick

소 전

巽[유순할 손]자와 辵[쉬엄쉬엄 갈 착]자에서 변형된 辶[책받침]이 합쳐진 글자다. 辵자로 인해 길[辵]을 따라 보낼 물건을 가린다 하여 그 뜻이 '가리다'가 되었고, 巽자로 인해 僎[갖출 선]자나 譔[가르칠 선]자처럼 그 음이 '손'에서 변하여 '선'이 되었다.

용례 選擇선택 · 選出선출 · 選擧선거 · 選拔선발 · 選良선량 · 總選총선 · 大選대선 · 選定선정 · 當選당선 · 落選낙선 · 選好선호 · 入選입선 · 競選경선 · 選手선수 · 直選制직선제 · 選民意識선민의식

투표장으로 향하는 사람들(1960. 3.15)

517

遺 남을 유

辶[쉬엄쉬엄 갈 착]부 15획

중 遗 [yí]
일 遺 음독[い·ゆい]
　훈독[のこす]
영 leave behind

금 문 ｜ 소 전

貴[귀할 귀]자와 辵[쉬엄쉬엄 갈 착]자에서 변형된 辶[책받침]이 합쳐진 글자다. 辵자로 인해 길[辵]에 누군가 두고 간 물건이 남아 있다 하여 그 뜻이 '남다'가 되었고, 貴자로 인해 그 음이 '귀'에서 변하여 '유'가 되었다.

용례 遺物유물 · 遺書유서 · 遺産유산 · 遺跡유적 · 遺憾유감 · 遺失物유실물 · 遺言狀유언장 · 遺失物유실물 · 後遺症후유증 · 遺臭萬年유취만년 · 養虎遺患양호유환

길에 남겨진 지갑

518

道 길 도

辵[쉬엄쉬엄 갈 착]부 13획

중 道 [dào]
일 道 음독[とう·どう]
　훈독[みち]
영 road

금 문 ｜ 소 전

首[머리 수]자와 辵[쉬엄쉬엄 갈 착]자에서 변형된 辶[책받침]이 합쳐진 글자다. 辵자로 인해 수레 두 대가 오고 갈 수 있는 길[辵]과 관련해 그 뜻이 '길'이 되었고, 首자로 인해 衜[길 도]자처럼 그 음이 '수'에서 변하여 '도'가 되었다.

용례 道路도로 · 軌道궤도 · 鐵道철도 · 國道국도 · 孝道효도 · 道知事도지사 · 道聽塗說도청도설 · 道不拾遺도불습유 · 安貧樂道안빈낙도 · 三從之道삼종지도 · 言語道斷언어도단 · 極惡無道극악무도 · 大道無門대도무문

진직도(秦直道)

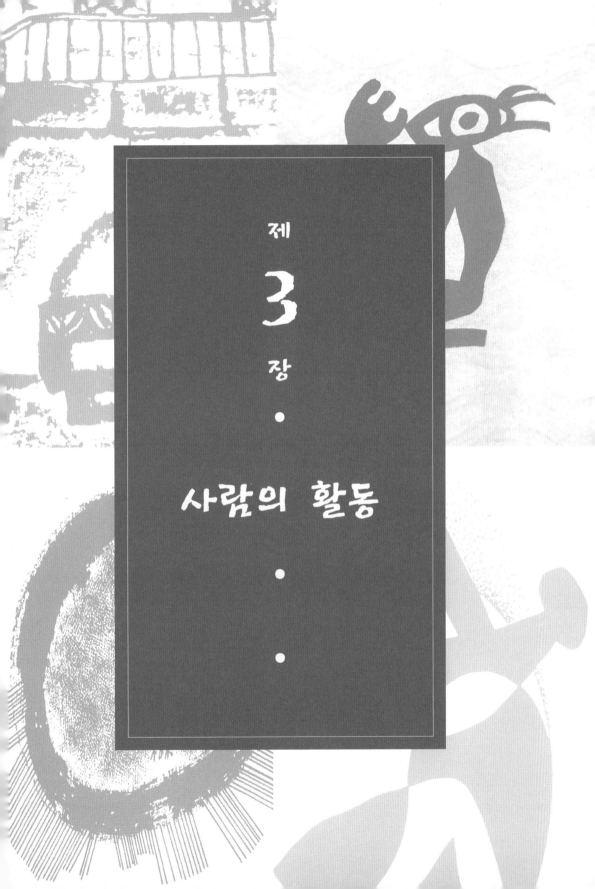

제

3

장

·

사람의 활동

·

·

3-1. 의식주와 관련된 한자

사람이 살아가는 데 기본적인 세 가지 요소는 의식주이다. 사람이 옷과 밥과 집을 해결하는 데는 모두가 같은 행위를 해야 하는 공통점이 있다. 그것은 바로 '옷을 짓고, 밥을 짓고, 집을 짓는' 것이다.

이 장에서는 '짓다'라는 행위를 구체화하면서 관련되는 부수인 衣[옷 의]·糸[실 새]·巾[수건 건]·食[밥 식]·米[쌀 미]·火[불 화]·皿[그릇 명]·豆[콩 두]·力[힘 력]·方[모 방]·宀[집 면]·广[집 엄]·穴[구멍 혈]·戶[지게 호]·門[문 문]·高[높을 고]·入[들 입]자 등과 연관되는 한자를 살펴본다.

•옷•)

519	衣 옷의 衣[옷 의]부 6획	중 衣 [yī] 일 衣 음독[い] 　　훈독[きぬ・ころも] 영 clothing

갑골문 | 소 전

옷깃과 옷섶을 중심으로 한 위에 입는 옷을 나타낸 글자다. 원래 衣[옷 의]자는 위에 입는 옷만 뜻했으나 후대로 내려오면서 그 의미가 확대되어 위와 아래를 포함한 모든 '옷'을 뜻하고, 옷과 관련된 말인 '탈의·의상·의류'에서 보듯 그 음이 '의'가 되었다.

용례 脫衣 탈의 · 衣裳 의상 · 衣類 의류 · 衣食住 의식주 · 錦衣玉食 금의옥식 · 綠衣紅裳 녹의홍상 · 錦衣夜行 금의야행 · 錦衣還鄉 금의환향 · 一衣帶水 일의대수 · 班衣之戲 반의지희 · 天衣無縫 천의무봉 · 暖衣飽食 난의포식

고대인의 옷

520	製 지을 제 衣[옷 의]부 14획	중 制 [zhì] 일 製 음독[せい] 영 produce

소 전

制[마를 제]자와 衣[옷 의]자가 합쳐진 글자다. 衣자로 인해 옷[衣]을 짓는다 하여 그 뜻이 '짓다'가 되었고, 制로 인해 그 음이 '제'가 되었다.

용례 製造 제조 · 製作 제작 · 剝製 박제 · 特製 특제 · 外製 외제 · 美製 미제 · 燻製 훈제 · 手製 수제 · 創製 창제 · 精製 정제 · 縫製 봉제 · 試製品 시제품 · 製菓店 제과점 · 製紙工場 제지공장 · 製藥會社 제약회사 · 複製人間 복제인간

옷을 짓는 모양

521

表 겉 표

衣[옷 의]부 8획

중 表 [biǎo]
일 表 음독[ひょう]
　　훈독[あらわす・あらわれる]
영 appearance

소 전

고대인의 털옷

衣[옷 의]자와 毛[터럭 모]자로 이뤄진 글자[裘]였다. 짐승의 모피로 만든 옷[衣]을 입었을 때 털[毛] 부위가 겉으로 나오도록 입은 데서 그 뜻이 '겉'이 되었고, 겉과 관련된 '표시·표현·표면'에서 보듯 그 음이 '표'가 되었다. 裘자는 덧붙여진 衣자의 윗부분 ㅗ 형태와 毛자가 어우러져 ㆍ의 형태로 바뀌면서 오늘날 表자로 쓰이고 있다.

[용례] 表皮 표피 · 表示 표시 · 表現 표현 · 表面 표면 · 發表 발표 · 代表 대표 · 辭表 사표 · 表決 표결 · 表記 표기 · 表情 표정 · 表出 표출 · 公表 공표 · 表紙 표지 · 表彰狀 표창장 · 出師表 출사표 · 表裏不同 표리부동 · 表意文字 표의문자

522

展 펼 전

尸[주검 시]부 10획

중 展 [zhǎn]
일 展 음독[てん]
　　훈독[のべる]
영 exhibit

소 전

붉은 저사로 만든 옷

구부리고 있는 사람의 몸을 나타낸 尸 형태와 바탕이 붉고 오글오글한 옷을 나타낸 襄[붉은 저사옷 전]자가 합쳐진 글자[㞡]다. 尸의 형태로 인해 구부리고 있는 사람의 몸[尸]을 편다 하여 그 뜻이 '펴다'가 되었고, 襄자로 인해 그 음이 '전'이 되었다. 이 자형은 尸의 형태와 襄자가 합쳐져 간략하게 㞡자로 쓰이다가, 더 간략화 되어 展자로 쓰이고 있다.

[용례] 發展 발전 · 展開 전개 · 展望 전망 · 親展 친전 · 進展 진전 · 美展 미전 · 國展 국전 · 公募展 공모전 · 展示場 전시장 · 個人展 개인전 · 詩畵展 시화전 · 展覽會 전람회 · 書畵展 서화전

523

經 날 경

糸[실 사]부 13획

중 经 [jīng]
일 経 음독[きょう・きん・けい]
　　훈독[たつ・へる]
영 stripe

금 문 　소 전

옛날의 베틀

糸[실 사]자와 巠[지하수 경]자가 합쳐진 글자다. 糸자로 인해 옷감을 짜는 베틀에 세로로 놓여있는 실[糸]인 날실과 관련해 그 뜻이 '날'이 되었고, 巠자로 인해 輕[가벼울 경]·徑[지하수 경]·頸[목 경]·涇[물 이름 경]자처럼 그 음이 '경'이 되었다.[약자→経]

[용례] 經驗 경험 · 經營 경영 · 經濟 경제 · 經綸 경륜 · 四書三經 사서삼경 · 經世濟民 경세제민 · 牛耳讀經 우이독경 · 經天緯地 경천위지 · 經世致用 경세치용 · 經國大典 경국대전

524	約 묶을 약	중	约 [yuē]
	糸[실 사]부 9획	일	約 음독[やく]
			훈독[つづめる]
		영	promise

소 전

糸[실 사]자와 勹[구기 작]자가 합쳐진 글자다. 糸자로 인해 실[糸]로 만든 줄로 단단히 묶는다 하여 그 뜻이 '묶다'가 되었고, 勹자로 인해 礿[제사 약]자처럼 음이 '작'에서 변하여 '약'이 되었다.

[용례] 約束 약속 · 絶約 절약 · 契約 계약 · 要約) 요약 · 約婚 약혼 · 公約 공약 · 節約 절약 · 條約 조약 · 協約 협약 · 解約金 해약금 · 百年佳約 백년가약 · 金石盟約 금석맹약 · 約法三章 약법삼장

줄로 묶은 상자

525	紙 종이 지	중	纸 [zhǐ]
	糸[실 사]부 10획	일	紙 음독[し]
			훈독[かみ]
		영	paper

소 전

糸[실 사]자와 氏[성씨 씨, 나라 이름 지]자가 합쳐진 글자다. 糸자로 인해 실[糸]과 관련된 삼 부스러기나 고치 지스러기를 물에 불려 녹여서 만든 종이와 관련해 그 뜻이 '종이'가 되었고, 大月氏(대월지)에서처럼 나라 이름으로 쓰일 때에 '지'로 읽히는 氏자로 인해 그 음이 '지'가 되었다.

[용례] 片紙 편지 · 紙匣 지갑 · 白紙 백지 · 紙幣 지폐 · 休紙 휴지 · 紙榜 지방 · 韓紙 한지 · 色紙 색지 · 窓戶紙 창호지 · 原稿紙 원고지 · 畵宣紙 화선지 · 答案紙 답안지 · 紙筆硯墨 지필연묵 · 眼透紙背 안투지배 · 洛陽紙價 낙양지가

종이 제작과정

526	細 가늘 세	중	细 [xì]
	糸[실 사]부 11획	일	細 음독[さい]
			훈독[こまか·こまかい·ほそい·ほそる]
		영	tiny

소 전

糸[실 사]자와 囟[정수리 신]자가 합쳐진 絁자가 본자(本字)이다. 糸자로 인해 실[糸]이 가늘다 하여 그 뜻이 '가늘다'가 되었고, 囟자로 인해 그 음이 '신'에서 변하여 '세'가 되었다. 絁자에 덧붙여진 囟자는 후에 田 형태로 바뀌어 오늘날 細자로 쓰이고 있다.

[용례] 細細 세세 · 細分 세분 · 細胞 세포 · 仔細 자세 · 詳細 상세 · 纖細 섬세 · 細分 세분 · 微細 미세 · 細心 세심 · 細密 세밀 · 細柳 세류 · 亞細亞 아세아 · 零細民 영세민 · 細菌戰爭 세균전쟁 · 竹細工品 죽세공품

고치에서 가는 실을 뽑는 모양

527	終 마칠종 糸[실 사]부 11획	중	終 [zhōng]
		일	終 음독[しゅう] 훈독[おえる·おわる]
		영	end, finish

糸[실 사]자와 冬[겨울 동]자가 합쳐진 글자다. 糸자로 인해 실[糸]로 만든 줄로 매듭을 짓고 하던 일을 마친다 하여 그 뜻이 '마치다'가 되었고, 冬자로 인해 그 음이 '동'에서 변하여 '종'이 되었다.

용례 終末 종말 · 終了 종료 · 最終 최종 · 臨終 임종 · 終熄 종식 · 終結 종결 · 終務式 종무식 · 始終一貫 시종일관 · 自初至終 자초지종 · 終無消息 종무소식 · 有終之美 유종지미

소 전

줄로 매듭을 지은 자루

528	結 맺을결 糸[실 사]부 12획	중	结 [jié]
		일	結 음독[けち·けつ] 훈독[むすぶ·ゆう·ゆわえる]
		영	bind

糸[실 사]자와 吉[길할 길]자가 합쳐진 글자다. 糸자로 인해 실[糸]로 만든 줄로 얽어 풀어지지 않도록 맺는다 하여 그 뜻이 '맺다'가 되었고, 吉자로 인해 그 음이 '길'에서 변하여 '결'이 되었다.

용례 締結 체결 · 連結 연결 · 結婚 결혼 · 團結 단결 · 結果 결과 · 結局 결국 · 妥結 타결 · 凍結 동결 · 結合 결합 · 結草報恩 결초보은 · 結者解之 결자해지 · 桃園結義 도원결의 · 結義兄弟 결의형제 · 起承轉結 기승전결

소 전

줄로 지은 매듭

529	給 줄급 糸[실 사]부 12획	중	给 [gěi]
		일	給 음독[きゅう] 훈독[たまう·たまわる]
		영	give

糸[실 사]자와 合[합할 합]자가 합쳐진 글자다. 糸자로 인해 실[糸]로 만든 줄로 모자라는 부분을 넉넉하게 이어준다 하여 그 뜻이 '주다'가 되었고, 合자로 인해 그 음이 '합'에서 변하여 '급'이 되었다.

용례 供給 공급 · 支給 지급 · 月給 월급 · 給與 급여 · 需給 수급 · 俸給 봉급 · 發給 발급 · 給食 급식 · 還給 환급 · 補給 보급 · 配給 배급 · 給水 급수 · 下都給 하도급 · 自給自足 자급자족 · 反對給付 반대급부

소 전

줄을 이어주는 방법
가운데 하나

530	絕 끊을 절	중	绝 [jué]
	糸[실 사]부 12획	일	絶 음독[ぜつ]
			훈독[たえる·たつ·たやす]
		영	cut

갑골문 　소 전

糸[실 사]자와 刀[칼 도]자를 붙여 쓰다가 나중에 卩[병부 절=㔾]자에서
변형된 巴의 형태가 덧붙여진 글자다. 糸자와 刀자로 인해 실[糸]로 이
뤄진 줄을 칼[刀]로 끊는다 하여 그 뜻이 '끊다'가 되었고, 巴의 형태로
변했지만 卩자로 인해 그 음이 '절'이 되었다. 糸자와 色[빛 색]자가 합
쳐진 絶자는 잘못 쓴 글자다.

칼로 줄을 끊는 모양

용례 根絶 근절 · 斷絶 단절 · 絶望 절망 · 拒絶 거절 · 伯牙絶絃 백아절현 · 抱腹絶倒 포복절도 ·
萬古絶色 만고절색 · 絶長補短 절장보단 · 絶世佳人 절세가인 · 韋編三絶 위편삼절 · 空前絶
後 공전절후 · 絶體絶命 절체절명 · 松都三絶 송도삼절

531	統 거느릴 통	중	统 [tǒng]
	糸[실 사]부 12획	일	統 음독[とう]
			훈독[すべる]
		영	control, rule

소 전

糸[실 사]자와 充[찰 충]자가 합쳐진 글자다. 糸자로 인해 죽 이어져 있
는 실[糸]의 첫머리부터 잘 갈무리하여 거느린다 하여 그 뜻이 '거느리
다'가 되었고, 充자로 인해 그 음이 '충'에서 변하여 '통'이 되었다.

실을 묶어놓은 실패

용례 統率 통솔 · 血統 혈통 · 統合 통합 · 統制 통제 · 統計 통계 · 統治 통치 · 傳統 전통 · 總統 총통
· 統帥權 통수권 · 統廢合 통폐합 · 大統領 대통령 · 民統線 민통선 · 平和統一 평화통일

532	練 익힐 련	중	练 [liàn]
	糸[실 사]부 15획	일	練 음독[れん]
			훈독[ねる]
		영	practice

소 전

糸[실 사]자와 柬[가릴 간]자가 합쳐진 글자다. 糸자로 인해 명주실[糸]
이나 명주실로 짠 옷감을 희고 광택이 나게 하기 위해 잿물로 삶아 익힌
다 하여 그 뜻이 '익히다'가 되었고, 柬자로 인해 鍊[단련할 련]자나 煉
[달굴 련]자처럼 그 음이 '간'에서 변하여 '련'이 되었다.[약자→練]

잿물로 옷감을 삶는
모양

용례 熟練 숙련 · 未練 미련 · 訓練 훈련 · 洗練 세련 · 練習 연습 · 精練 정련 · 練磨場 연마장 · 調練
師 조련사 · 練兵場 연병장 · 心身修練 심신수련

533

線 줄선

糸[실 사]부 15획

중 线 [xiàn]
일 線 음독[せん]
영 line

糸[실 사]자와 泉[샘 천]자가 합쳐진 글자다. 糸자로 인해 여러 가닥의
실[糸]로 엮은 줄과 관련해 그 뜻이 '줄'이 되었고, 泉자로 인해 腺[샘
선]자처럼 그 음이 '천'에서 변하여 '선'이 되었다.

용례 混線 혼선 · 車線 차선 · 路線 노선 · 視線 시선 · 螺線 나선 · 點線 점선 · 稜線 능선 · 戰線 전선
· 無線 무선 · 伏線 복선 · 三八線 삼팔선 · 鐵柵線 철책선 · 民統線 민통선 · 一線將兵 일선장
병 · 本初子午線 본초자오선

소 전

38선을 쓰고 있는 미군

534

續 이을속

糸[실 사]부 21획

중 续 [xù]
일 続 음독[しょく·ぞく]
　　훈독[つづく·つづける]
영 continue

糸[실 사]자와 賣[행상할 육]자가 합쳐진 글자다. 糸자로 인해 실로 이
어졌다 하여 그 뜻이 '잇다'가 되었고, 賣자로 인해 贖[바꿀 속]자처럼
그 음이 '육'에서 변하여 '속'이 되었다. 糸자와 賣[팔 매]자가 합쳐진 續
는 잘못 쓴 글자다.[약자→続]

용례 繼續 계속 · 持續 지속 · 續續 속속 · 連續 연속 · 後續 후속 · 相續 상속 · 續開 속개 · 續出 속출
· 存續 존속 · 斷續 단속 · 續行 속행 · 手續 수속 · 勤續 근속 · 永續的 영속적 · 接續詞 접속사
· 狗尾續貂 구미속초

소 전

서로 다른 실 잇기

535

純 순수할순

糸[실 사]부 10획

중 纯 [chún]
일 純 음독[じゅん]
영 pure

糸[실 사]자와 屯[진칠 둔]자가 합쳐진 글자다. 糸자로 인해 생사(生絲)
로 짠 순색의 비단에 다른 실[糸]이 섞이지 않아 순수하다 하여 그 뜻이
'순수하다'가 되었고, 屯자로 인해 旽[졸 순]자나 肫[광대뼈 순]자처럼
그 음이 '둔'에서 변하여 '순'이 되었다.

용례 純粹 순수 · 純白 순백 · 純度 순도 · 淸純 청순 · 單純 단순 · 純潔 순결 · 純情 순정 · 溫純 온순
· 純種 순종 · 純金 순금 · 純白 순백 · 淸純 청순 · 不純物 불순물 · 純利益 순이익 · 純眞無垢
순진무구 · 至高至純 지고지순

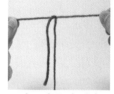
금 문 ｜ 소 전

생 사

536	素 흴소	중 素 [sù]
	糸[실 사]부 10획	일 素 음독[す·そ]
		훈독[もと]
		영 white

금문 | 소전

누에가 만든 고치에서 나온 여러 가닥의 올을 모아 실이 만들어지는 모양을 나타낸 글자다. 그렇게 뽑아 낸 실은 그 바탕이 희다 하여 뜻이 '바탕'이나 '희다'가 되었고, '바탕'이나 '희다'와 관련된 말인 '소질·소박·소복'에서처럼 그 음이 '소'가 되었다.

고치에서 실을 뽑는 모양

용례 素質 소질 · 素朴 소박 · 素地 소지 · 毒素 독소 · 元素 원소 · 酸素 산소 · 酵素 효소 · 炭素 탄소 · 水素 수소 · 色素 색소 · 儉素 검소 · 簡素 간소 · 葉綠素 엽록소 · 營養素 영양소 · 素服丹粧 소복단장 · 尸位素餐 시위소찬

537	紅 붉을홍	중 紅 [hóng]
	糸[실 사]부 9획	일 紅 음독[く·ぐ·こう]
		훈독[くれない·べに]
		영 red

소전

糸[실 사]자와 工[장인 공]자가 합쳐진 글자다. 糸자로 인해 실[糸]로 짠 옷감에 물들인 색깔이 붉다 하여 그 뜻이 '붉다'가 되었고, 工자로 인해 虹[무지개 홍]자나 訌[무너질 홍]자처럼 그 음이 '공'에서 변하여 '홍'이 되었다. 색깔과 관련된 한자는 색깔이 구체적 형태를 갖지 않기 때문에 그 색깔을 잘 느낄 수 있는 대상과 관련시켜 그 자형이 이뤄졌는데, 옛 사람들이 그렇게 느낄 수 있는 대상은 실로 짠 옷감에 물을 들일 때였다. 그래서 '붉다'를 뜻하는 紅자에도 糸자가 덧붙여졌다.

춘향영정
(김은호 작)

용례 大紅 대홍 · 眞紅 진홍 · 紅柹 홍시 · 紅顏 홍안 · 朱紅色 주홍색 · 百日紅 백일홍 · 紅一點 홍일점 · 同價紅裳 동가홍상 · 紅東白西 홍동백서

538	綠 푸를록	중 绿 [lǜ]
	糸[실 사]부 14획	일 緑 음독[りょく·ろく]
		훈독[みどり]
		영 green

갑골문 | 소전

糸[실 사]자와 彔[나무새길 록]자가 합쳐졌다. 糸자로 인해 실[糸]이나 실로 짠 옷감에 푸른 물을 들인다 하여 그 뜻이 '푸르다'가 되고, 彔자로 인해 錄[기록할 록]자나 祿[복 록]자처럼 그 음이 '록'이 된 글자다. 말의 앞에 쓰일 때는 '녹'으로 읽는다.

녹색 저고리

용례 草綠 초록 · 新綠 신록 · 綠色 녹색 · 綠陰 녹음 · 綠茶 녹차 · 綠豆 녹두 · 綠末 녹말 · 常綠樹 상록수 · 綠衣紅裳 녹의홍상 · 綠鬢紅顏 녹빈홍안 · 綠林豪客 녹림호객

539	布 베포	중 布 [bù]

布 베포
巾[수건 건]부 5획

중 布 [bù]
일 布 음독[ふ・ほ]
　훈독[きれ・しく・ぬの]
영 hemp cloth

금문 | 소전

父[아비 부]자와 巾[수건 건]자가 합쳐진 글자[帘]였다. 巾자로 인해 수건[巾]을 만드는 옷감과 관련해 그 뜻이 '베'가 되었고, 父자로 인해 그 음이 '부'에서 변하여 '포'가 되었다. 후에 父자는 ナ의 형태로 바뀌어 오늘날 布자로 쓰고 있다. 布자는 布施(보시)란 말에서 보듯 '보'로도 읽힌다.

전문 布자

용례 毛布 모포 · 瀑布 폭포 · 布施 보시 · 撒布 살포 · 頒布 반포 · 布石 포석 · 布陣 포진 · 面紗布 면사포 · 布木店 포목점 · 布帳馬車 포장마차 · 白骨徵布 백골징포 · 宣戰布告 선전포고

希 바랄 희
巾[수건 건]부 7획

중 希 [xī]
일 希 음독[き・け]
　훈독[こいねがう・まれ]
영 hope

소전

실을 교차해 드문드문 성글게 짠 옷감의 무늬를 나타낸 爻의 형태와 옷감과 관련된 巾[수건 건]자가 합쳐진 글자[帝]다. 성글게 짠 옷감[爻의 형태와 巾]을 나타내면서 그런 옷감을 더운 여름에는 많은 사람들이 바란다 하여 그 뜻이 '바라다'가 되었고, '바라다'와 관련된 말인 '희망'이나 '희구'에서처럼 그 음이 '희'가 되었다.

성글게 짠 옷감

용례 希望 희망 · 希求 희구 · 希臘語 희랍어

席 자리 석
巾[수건 건]부 10획

중 席 [xí]
일 席 음독[せき]
영 seat

갑골문 | 소전

庶[여러 서]자의 생략된 형태와 巾[수건 건]자가 합쳐졌다. 방직물과 관련된 巾자로 인해 방직물[巾]로 만든 '자리'를 뜻하고, 그 자형의 일부가 생략되었지만 庶자로 인해 음이 '서'에서 변하여 '석'이 되었다.

화문석

용례 方席 방석 · 首席 수석 · 席卷 석권 · 主席 주석 · 缺席 결석 · 着席 착석 · 上席 상석 · 末席 말석 · 坐席 좌석 · 立席 입석 · 議席 의석 · 花紋席 화문석 · 坐不安席 좌불안석 · 席藁待罪 석고대죄 · 男女七歲不同席 남녀칠세부동석

542 常 항상 상

巾[수건 건]부 11획

- 중 常 [cháng]
- 일 常 음독[じょう]
  훈독[つね·とこ]
- 영 always

소 전

尙[오히려 상=尚]자와 巾[수건 건]자가 합쳐진 글자다. 방직물과 관련된 巾자로 인해 원래 방직물[巾]로 만든 '치마'를 뜻했으나 후에 裳[치마 상]자가 그 뜻을 대신하자 자신은 치마를 항상 입는다 하여 그 뜻이 '항상'이 되었고, 尙자로 인해 賞[상 줄 상]자나 嘗[맛볼 상]자처럼 그 음이 '상'이 되었다.

용례 日常 일상 · 常識 상식 · 尋常 심상 · 非常口 비상구 · 人生無常 인생무상 · 萬古常靑 만고상청 · 兵家常事 병가상사 · 十常八九 십상팔구 · 人之常情 인지상정 · 諸行無常 제행무상

● 밥 ● ☽

543 食 밥 식·사

食[밥 식]부 9획

- 중 食 [shí]
- 일 食 음독[しょく·じき]
  훈독[くう·くらう·たべる]
- 영 boiled rice

갑골문　소 전

밥뚜껑과 밥이 담긴 둥그런 그릇을 나타낸 글자다. 둥그런 그릇에 담긴 밥을 나타낸 데서 그 뜻이 '밥'이 되었고, 밥과 관련된 '음식·식량·식료품'에서 보듯 음이 '식'이 되었다. 그 뜻이 거칠게 지은 '밥'과 관련 될 때는 '사'로도 읽는다. 皀자가 본자(本字)이다.

용례 飮食 음식 · 食糧 식량 · 食言 식언 · 食事 식사 · 食料品 식료품 · 門前乞食 문전걸식 · 好衣好食 호의호식 · 暖衣飽食 난의포식 · 無爲徒食 무위도식 · 東家食西家宿 동가식서가숙

종묘제례에 사용되는
밥그릇

544 飯 밥 반

食[밥 식]부 12획

- 중 饭 [fàn]
- 일 飯 음독[はん]
  훈독[めし]
- 영 boiled rice

갑골문　소 전

食[밥 식]자와 反[돌이킬 반]자가 합쳐진 글자다. 食자로 인해 곡물을 익혀 끼니로 먹는 밥[食]과 관련해 그 뜻이 '밥'이 되었고, 反자로 인해 返[돌아올 반]자나 扳[끌어당길 반]자처럼 그 음이 '반'이 되었다. 오늘날 '밥'하면 대개 쌀밥만 떠올리지만 보릿고개가 있었던 옛날에는 보리밥, 기장밥, 조밥, 수수밥 등등 여러 유형의 밥이 있었다.

용례 白飯 백반 · 羹飯 갱반 · 飯床 반상 · 飯酒 반주 · 飯店 반점 · 茶飯事 다반사 · 骨董飯 골동반 · 十匙一飯 십시일반 · 朝飯夕粥 조반석죽

조선시대의 밥상

飲 마실 음

食[밥 식]부 13획

중 饮 [yǐn]
일 飲 음독[いん·おん]
　　훈독[のむ]
영 drink

갑골문

소 전

술을 이제 막 입 속에 머금는 모습을 나타낸 今[이제 금]자와 술병을 나타낸 酉[닭 유]자, 입을 크게 벌린 모습을 나타낸 欠[하품 흠]자가 합쳐진 歓자가 본자(本字)이다. 술병[酉]의 술을 머금기[今] 위해 입을 크게 벌린다[欠] 하면서 그 동작이 술을 마시는 것과 관련되기 때문에 뜻이 '마시다'가 되었고, 다시 今자의 영향을 받아 그 음이 '금'에서 변하여 '음'이 되었다. 후에 歓자에 붙여진 酓자는 食자로 바뀌어 오늘날 飲자로 쓰이고 있다.

술 마시는 모습

용례 飲食 음식 · 飲福 음복 · 米飲 미음 · 飲酒 음주 · 過飲 과음 · 飲毒 음독 · 飲料水 음료수 · 飲用水 음용수 · 簞食瓢飲 단사표음 · 牛飲馬食 우음마식

餘 남을 여

食[밥 식]부 16획

중 余 [yú]
일 余 음독[よ]
　　훈독[あます·あまる]
영 surplus

소 전

食[밥 식]자와 余[나 여]자가 합쳐진 글자다. 食자로 인해 밥[食]을 다 먹고도 남는다 하여 그 뜻이 '남다'가 되었고, 余자로 인해 艅[배 이름 여]자처럼 그 음이 '여'가 되었다.[약자→余]

음식 쓰레기

용례 餘生 여생 · 餘力 여력 · 餘分 여분 · 剩餘 잉여 · 殘餘 잔여 · 餘裕 여유 · 餘地 여지 · 餘白 여백 · 餘集合 여집합 · 迂餘曲折 우여곡절 · 窮餘之策 궁여지책 · 讀書三餘 독서삼여

養 기를 양

食[밥 식]부 14획

중 养 [yǎng]
일 養 음독[よう]
　　훈독[やしなう]
영 foster, bring-up

소 전

羊[양 양]자와 食[밥 식]자가 합쳐진 글자다. 食자로 인해 밥[食]을 먹여 기른다 하여 뜻이 '기르다'가 되었고, 羊자로 인해 洋[큰 바다 양]자나 痒[가려울 양]자처럼 음이 '양'이 되었다.

부모은중경 그림 일부

용례 養育 양육 · 奉養 봉양 · 養志 양지 · 供養 공양 · 養成 양성 · 涵養 함양 · 扶養 부양 · 敎養 교양 · 養鷄場 양계장 · 養老院 양로원 · 療養院 요양원 · 三牲之養 삼생지양 · 養虎遺患 양호유환 · 韜光養晦 도광양회

548

米 쌀미
米[쌀 미]부 6획

중 米 [mǐ]
일 米 음독[べい・まい]
　　훈독[こめ・よね]
영 rice

갑골문 　 소 전

볏과 곡물의 이삭줄기에 달린 쌀 알갱이 모양을 나타낸 글자다. 쌀 알갱이를 나타냈기에 그 뜻이 '쌀'이 되었고, 쌀과 관련된 말인 '백미·현미·미곡'에서 보듯 그 음이 '미'가 되었다. 볏과에 속한 곡물에는 벼 외에 보리, 밀, 귀리, 기장, 율무, 수수, 옥수수, 조 등이 있다. 그러나 오늘날은 벼에서 나는 알맹이를 사람들이 주식으로 삼으면서 '쌀' 하면 '벼에서 껍질을 벗겨 낸 알맹이'를 이르는 말로 여기고 있다.

볏과 곡물의 이삭

용례 白米 백미 · 玄米 현미 · 米壽 미수 · 米穀 미곡 · 米色 미색 · 米飮 미음 · 米糠 미강 · 精米所 정미소 · 政府米 정부미 · 安南米 안남미 · 供養米 공양미 · 七分搗米 칠분도미 · 子路負米 자로부미 · 亞米利加 아미리가

549

精 자세할 정
米[쌀 미]부 14획

중 精 [jīng]
일 精 음독[しょう・せい]
　　훈독[くわしい]
영 detailed

소 전

米[쌀 미]자와 靑[푸를 청]자가 합쳐진 글자다. 米자로 인해 쌀[米]을 깨끗하게 잘 찧어지도록 자세하게 살펴 고른다 하여 그 뜻이 '자세하다'가 되었고, 靑자로 인해 情[뜻 정]자나 靜[고요할 정]자처럼 그 음이 '청'에서 변하여 '정'이 되었다.

안악 3호분의 디딜방아

용례 搗精 도정 · 精選 정선 · 精密 정밀 · 精誠 정성 · 精讀 정독 · 精製 정제 · 精算 정산 · 精氣 정기 · 精肉店 정육점 · 博而不精 박이부정 · 精神一到何事不成 정신일도하사불성

550

料 헤아릴 료
斗[말 두]부 10획

중 料 [liào]
일 料 음독[りょう]
　　훈독[はかる]
영 estimate

금 문 　 소 전

볏과 곡식의 알갱이 형태를 나타낸 米[쌀 미]자와 국자 모양의 용기를 나타낸 斗[말 두]자로 이뤄진 글자다. 곡식[米]의 양을 용기[斗]로 헤아린다 하여 그 뜻이 '헤아리다'가 되었고, '헤아리다'와 관련된 '재료·사료·무료'에서 보듯 그 음이 '료'가 되었다.

곡물의 되질

용례 料量 요량 · 料理 요리 · 材料 재료 · 飼料 사료 · 資料 자료 · 燃料 연료 · 無料 무료 · 通行料 통행료 · 急行料 급행료 · 手數料 수수료 · 慰藉料 위자료 · 著作權料 저작권료

551

火 불화

火[불 화]부 4획

- 중 火 [huǒ]
- 일 火 음독[か]
  훈독[ひ·ほ]
- 영 fire

| 갑골문 | 소 전 |

타오르는 불덩이를 나타낸 글자다. 불덩이를 나타냈기에 그 뜻이 '불'이 되었고, 불과 관련된 말인 '화재·화상·화염'에서처럼 그 음이 '화'가 되었다. 火자가 다른 글자에 덧붙여져 그 아래에 쓰일 때는 灬의 형태로 바뀌는데, 이를 '연화발'이라 부른다.

타오르는 불

용례 火災 화재 · 飛火 비화 · 火焰 화염 · 火急 화급 · 火傷 화상 · 火病 화병 · 心火 심화 · 火山 화산 · 星火 성화 · 鎭火 진화 · 放火 방화 · 噴火口 분화구 · 明若觀火 명약관화 · 燈火可親 등화가친 · 風前燈火 풍전등화 · 電光石火 전광석화

552

煙 연기 연

火[불 화]부 13획

- 중 烟 [yān]
- 일 煙 음독[えん]
  훈독[けむい·けむり·けむる]
- 영 smoke

소 전

火[불 화]자와 垔[막을 인]자가 합쳐진 글자다. 火자로 인해 불[火]을 피울 때 생기는 검거나 흐릿한 연기와 관련해 그 뜻이 '연기'가 되었고, 垔자로 인해 蝒[벌레 이름 연]자나 楥[멧대추 연]자처럼 그 음이 '인'에서 변하여 '연'이 되었다.[동자→烟]

연 기

용례 喫煙 끽연 · 吸煙 흡연 · 煙氣 연기 · 禁煙 금연 · 煤煙 매연 · 無煙炭 무연탄 · 呂宋煙 여송연 · 愛煙家 애연가 · 嫌煙權 혐연권 · 太平烟月 태평연월 · 康衢煙月 강구연월 · 江湖煙波 강호연파 · 煙霞痼疾 연하고질 · 煙幕作戰 연막작전

553

燈 등잔 등

火[불 화]부 16획

- 중 灯 [dēng]
- 일 灯 음독[とう]
  훈독[ともしび·ひ]
- 영 lamp

소 전

火[불 화]자와 登[오를 등]자가 합쳐진 글자다. 火자로 인해 불[火]을 켤 수 있도록 기름을 담아 두는 그릇인 등잔과 관련해 그 뜻이 '등잔'이 되었고, 登자로 인해 橙[등자나무 등]자나 鄧[나라 이름 등]자럼 그 음이 '등'이 되었다.[약자→灯]

청동으로 된 등잔

용례 燈油 등유 · 燈盞 등잔 · 消燈 소등 · 電燈 전등 · 風燈 풍등 · 點燈 점등 · 燈臺 등대 · 街路燈 가로등 · 信號燈 신호등 · 螢光燈 형광등 · 紅燈街 홍등가 · 燈下不明 등하불명 · 風前燈火 풍전등화 · 燈火可親 등화가친

554

熱 더울 열

火[불 화]부 15획

중	热 [rè]
일	熱 음독[ねつ]
	훈독[あつい]
영	hot

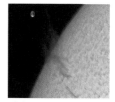

소 전

埶[심을 예]자와 火[불 화]자에서 변형된 灬[연화발]이 합쳐진 글자다. 火자로 인해 불[火]의 기운으로 인해 덥다 하여 그 뜻이 '덥다'가 되었고, 埶자로 인해 그 음이 '예'에서 변하여 '열'이 되었다.

용례 熱情 열정 · 加熱 가열 · 熱氣 열기 · 熱烈 열렬 · 熱心 열심 · 熱風 열풍 · 過熱 과열 · 熱狂 열광 · 熱情 열정 · 教育熱 교육열 · 斷熱材 단열재 · 輻射熱 복사열 · 以熱治熱 이열치열 · 頭寒足熱 두한족열 · 熱血男兒 열혈남아

태양에서 일어나는 홍염

555

然 그럴 연

火[불 화]부 12획

중	然 [rán]
일	然 음독[ぜん・ねん]
	훈독[しかり]
영	so

금 문 | 소 전

肰[개고기 연]자와 火[불 화]자에서 변형된 灬[연화발]이 합쳐진 글자다. 火자로 인하여 불[火]을 사른다 하여 '사르다'의 뜻을 지녔으나 후에 火자를 덧붙인 燃[사를 연]자가 그 뜻을 대신하고, 자신은 '그렇다'의 뜻으로 빌려 쓰이게 되었다. 그 음은 肰자로 인하여 '연'이 되었다.

용례 當然 당연 · 自然 자연 · 果然 과연 · 突然 돌연 · 毅然 의연 · 必然的 필연적 · 其然未然 기연미연 · 浩然之氣 호연지기 · 泰然自若 태연자약 · 茫然自失 망연자실 · 毛骨悚然 모골송연 · 一目瞭然 일목요연 · 渾然一體 혼연일체

자연발화의
불구덩(하와이)

556

烈 세찰 렬

火[불 화]부 10획

중	烈 [liè]
일	烈 음독[れつ]
	훈독[はげしい]
영	violent

소 전

列[벌일 렬]자와 火[불 화]자가 합쳐진 글자다. 火자로 인해 불[火]이 타오르는 모양이 세차다 하여 그 뜻이 '세차다'가 되었고, 列자로 인해 裂[찢을 렬]자나 洌[맑을 렬]자처럼 그 음이 '렬'이 되었다.

용례 烈火 열화 · 烈士 열사 · 熾烈 치열 · 猛烈 맹렬 · 痛烈 통렬 · 壯烈 장렬 · 熱烈 열렬 · 義烈團 의열단 · 忠烈祠 충렬사 · 殉國先烈 순국선열 · 烈女不更二夫 열녀불경이부

세차게 타오르는 불길

557

益 더할 익

皿[그릇 명]부 10획

중 益 [yì]
일 益 음독[えき·やく]
　　훈독[ます·ますます]
영 add

갑골문 | 소 전

물이 넘치는 모양

물[水]이 그릇[皿]에 넘치는 모양을 나타낸 글자다. 원래 '넘치다'의 뜻을 지녔으나 후대에 水자에서 변형된 氵[삼수변]이 덧붙여진 溢[넘칠 일]자가 그 뜻을 대신하고, 자신은 물이 넘치도록 더했다 하여 '더하다'의 뜻을 지니게 되었다. '더하다'와 관련된 말인 '손익·이익·수익'에서처럼 '익'으로 읽히고 있다.

용례 損益 손익 · 利益 이익 · 益蟲 익충 · 國益 국익 · 權益 권익 · 老益壯 노익장 · 多多益善 다다익선 · 弘益人間 홍익인간 · 益者三友 익자삼우 · 開卷有益 개권유익 · 百害無益 백해무익 · 公益廣告 공익광고 · 貧益貧富益富 빈익빈부익부

558

盛 성할 성

皿[그릇 명]부 11획

중 盛 [shèng]
일 盛 음독[じょう·せい]
　　훈독[さかる·さかん·もる]
영 abundant

갑골문 | 소 전

제물이 성대하게 담긴 제기

成[이룰 성]자와 皿[그릇 명]자가 합쳐진 글자다. 皿자로 인해 신에게 바칠 음식을 그릇[皿]에 성하게 담는다 하여 그 뜻이 '성하다'가 되었고, 成자로 인해 城[재 성]자나 誠[정성 성]자처럼 그 음이 '성'이 되었다.

용례 盛大 성대 · 茂盛 무성 · 旺盛 왕성 · 豐盛 풍성 · 盛行 성행 · 隆盛 융성 · 極盛 극성 · 繁盛 번성 · 昌盛 창성 · 盛況 성황 · 强盛 강성 · 盛夏 성하 · 盛需期 성수기 · 興亡盛衰 흥망성쇠 · 珍羞盛饌 진수성찬 · 全盛時代 전성시대

559

盡 다할 진

皿[그릇 명]부 14획

중 尽 [jìn]
일 尽 음독[じん]
　　훈독[ことごとく·つかす·つきる·つくす]
영 exhaust

갑골문 | 소 전

손에 털이 달린 도구를 들고 그릇[皿] 속을 닦아내는 모양을 나타낸 글자다. 그릇 속의 음식이 남음이 없도록 닦아내길 다한다 하여 그 뜻이 '다하다'가 되었고, '다하다'와 관련된 '진력·매진·탈진'에서 보듯 그 음이 '진'이 되었다.[약자→尽]

그릇 속을 닦아내는 모양

용례 盡力 진력 · 賣盡 매진 · 脫盡 탈진 · 消盡 소진 · 未盡 미진 · 一網打盡 일망타진 · 氣盡脈盡 기진맥진 · 苦盡甘來 고진감래 · 興盡悲來 흥진비래 · 無窮無盡 무궁무진 · 盡人事待天命 진인사대천명

560	厚 두터울 후 厂[언덕 한]부 9획	중 厚 [hòu] 일 厚 음독[こう] 훈독[あつい] 영 thick

갑골문 | 소 전

옛날의 두터운 그릇

언덕 아래 집을 나타낸 厂[언덕 한]자와 주둥이가 넓고 밑이 뾰족한 도가니처럼 두터운 그릇을 나타낸 㫗의 형태가 합쳐진 글자다. 언덕[厂] 아래 집 안에 있는 두터운 그릇[㫗]을 나타낸 데서 그 뜻이 '두텁다'가 되었고, '두텁다'와 관련된 말인 '농후·중후·후덕'에서처럼 그 음이 '후'가 되었다.

용례 濃厚 농후 · 重厚 중후 · 厚德 후덕 · 厚薄 후박 · 厚待 후대 · 厚意 후의 · 溫厚 온후 · 厚葬 후장 · 厚謝 후사 · 厚生費 후생비 · 利用厚生 이용후생 · 厚顔無恥 후안무치 · 福利厚生 복리후생 · 下厚上薄 하후상박

561	品 물건 품 口[입 구]부 9획	중 品 [pǐn] 일 品 음독[ひん·ほん] 훈독[しな] 영 goods

갑골문 | 소 전

여러 개의 그릇

원래 음식처럼 소중한 물건을 담는 여러 개의 그릇을 줄여 세 개로 나타낸 글자로 보인다. 여러 개의 그릇으로 물건을 대표한 데서 그 뜻이 '물건'이 되었고, 물건과 관련된 말인 '식품·명품·불량품'에서처럼 그 음이 '품'이 되었다.

용례 食品 식품 · 名品 명품 · 品行 품행 · 製品 제품 · 商品 상품 · 物品 물품 · 作品 작품 · 品質 품질 · 金品 금품 · 性品 성품 · 不良品 불량품 · 醫藥品 의약품 · 模造品 모조품 · 化粧品 화장품 · 天下一品 천하일품

562	豆 콩 두 豆[콩 두]부 7획	중 豆 [dòu] 일 豆 음독[ず·とう] 훈독[まめ] 영 bean

갑골문 | 소 전

청동(靑銅)의 豆

豆는 원래 제사를 지낼 때 사용하는 굽이 높은 제기를 뜻하는 글자였다. 그러나 훗날 豆자가 콩의 뜻을 빌려 쓰면서 결국 그 뜻이 '콩'이 되었고, 콩과 관련된 '두부·두유·녹두'에서 보듯 그 음이 '두'가 되었다.

용례 豆腐 두부 · 豆乳 두유 · 豆油 두유 · 綠豆 녹두 · 大豆 대두 · 豆類 두류 · 木豆 목두 · 俎豆 조두 · 江南豆 강남두 · 赤小豆 적소두 · 軟豆色 연두색 · 豆滿江 두만강 · 種豆得豆 종두득두 · 煮豆燃其 자두연기

563

豐 풍년 풍

豆[콩 두]부 13획

중 丰 [fēng]
일 豊 음독[ほう・ぶ]
　훈독[ゆたか・とよ]
영 year of abundance

갑골문 | 소 전

제기[豆]에 예물이 풍성하게 담겨져 있는 모양을 나타낸 글자다. 따라서 '풍성하다'의 뜻을 지니면서 다시 풍성한 수확이 이뤄진 때인 풍년과 관련되어 그 뜻이 '풍년'이 되었고, '풍성하다'나 '풍년'과 관련된 말인 '풍족·풍요·풍부'에서처럼 그 음이 '풍'이 되었다. 오늘날은 禮[예도 례]자나 醴[단술 례]자에서 음의 역할을 하는 豊[굽 높은 그릇 례, 풍년 풍]자를 약자로 사용하고 있다.

제물이 풍성한 제상

용례 豊足 풍족 · 豊饒 풍요 · 豊富 풍부 · 豊盛 풍성 · 豊滿 풍만 · 大豊 대풍 · 豊味 풍미 · 豊凶 풍흉 · 豊作 풍작 · 豊年歌 풍년가 · 時和年豊 시화연풍 · 豊臣秀吉 풍신수길

564

合 합할 합

口[입 구]부 6획

중 合 [hé]
일 合 음독[かっ・がっ・ごう]
　훈독[あう・あわす・あわせる]
영 sum

갑골문 | 소 전

그릇의 뚜껑[스의 형태]과 운두가 낮은 그릇의 몸체[口의 형태]가 합쳐진 글자다. 따라서 원래 운두가 낮은 '합'이란 그릇을 뜻했으나 후에 그 뜻으로 盒[합 합]자가 쓰이고, 그릇의 뚜껑과 그릇의 몸체가 합쳐진 모양에서 결국 그 뜻이 '합하다'가 되었다. 그 음은 '합하다'와 관련된 말인 '합동·합창·합석'에서 보듯 '합'이 되었다.

운두가 낮은 그릇

용례 合同 합동 · 合唱 합창 · 合席 합석 · 合意 합의 · 綜合 종합 · 統合 통합 · 聯合 연합 · 符合 부합 · 合格 합격 · 集合 집합 · 合倂症 합병증 · 知行合一 지행합일 · 烏合之卒 오합지졸 · 二姓之合 이성지합 · 意氣投合 의기투합 · 離合集散 이합집산

565

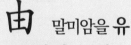 말미암을 유

田[밭 전]부 5획

중 由 [yóu]
일 由 음독[ゆ・ゆい・ゆう]
　훈독[よし・よる]
영 derived

갑골문 | 소 전

술·물·장·기름 등을 단지에 담고 있는 글자로 보인다. 술·물·장·기름 등이 그 단지로 말미암아 담긴다 하여 그 뜻이 '말미암다'가 되었고, '말미암다'와 관련된 '자유·사유·이유'에서 보듯 그 음이 '유'가 되었다.

단 지

용례 自由 자유 · 事由 사유 · 理由 이유 · 由來 유래 · 由緖 유서 · 緣由 연유 · 經由地 경유지 · 告由祭 고유제 · 行不由徑 행불유경

566	會 모일 **회**	중	会 [huì]
	曰[가로 왈]부 13획	일	会 음독[え·かい]
			훈독[あう]
		영	gather

갑골문 　 소 전

먹을 것을 그릇에 담고 그 위에 뚜껑을 덮어 놓은 모양을 나타낸 글자다. 그릇의 위아래가 합쳐져 있듯 모인다 하여 그 뜻이 '모이다'가 되었고, '모이다'와 관련된 '사회·회담·회식'에서 보듯 그 음이 '회'가 되었다.

옛날의 시루

용례　社會 사회 · 會談 회담 · 會食 회식 · 機會 기회 · 會社 회사 · 會長 회장 · 集會 집회 · 聽聞會 청문회 · 會心作 회심작 · 會者定離 회자정리 · 牽强附會 견강부회 · 國會議員 국회의원

567	圓 둥글 **원**	중	圓/元 [yuán]
	囗[에울 위]부 13획	일	円 음독[えん]
			훈독[まるい]
		영	round

소 전

員(원)자의 본자(本字)는 鼎자로, 鼎자는 솥의 둥근 아가리를 나타낸 囗의 형태와 둥근 솥을 나타낸 鼎[솥 정]자가 합쳐진 글자다. 따라서 鼎자를 간략하게 나타낸 員자는 본래의 뜻이 '둥글다'였다. 하지만 員자는 후대에 '솥을 세는 단위'로도 쓰이고, 다시 사람을 세는 단위인 '인원'으로도 쓰이게 되었다. 그러자 그 본래의 뜻인 '둥글다'를 더 분명히 하기 위해 둥근 모양에서 비롯된 囗의 형태를 員자에 덧붙인 圓자가 '둥글다'의 뜻을 지닌 글자가 되었다. 그 음은 '둥글다'와 관련된 말인 '원형·원추·반원'에서 보듯 '원'이 되었다.

고대의 솥

용례　圓形 원형 · 圓錐 원추 · 半圓 반원 · 圓滿 원만 · 天圓地方 천원지방 · 京畿一圓 경기일원

568	眞 참 **진**	중	真 [zhēn]
	目[눈 목]부 10획	일	真 음독[しん]
			훈독[ま·まこと]
		영	true

금 문 　 소 전

숟가락을 나타낸 匕[숟가락 비, 비수 비]자와 그 숟가락과 함께 의식에 사용된 솥을 나타낸 鼎[솥 정]자가 합쳐진 글자로 보인다. 의식을 주재하는 사람은 참된 마음을 가지고 행한다 하여 그 뜻이 '참'이 되었고, 참과 관련된 '진실·진위·진면목'에서 보듯 그 음이 '진'이 되었다. 후대에 덧붙여진 鼎자는 그 자형의 일부가 생략된 형태로 쓰이고 있다.

고대의 솥과 숟가락

용례　眞實 진실 · 眞僞 진위 · 眞理 진리 · 眞善美 진선미 · 眞面目 진면목 · 天眞無垢 천진무구

569

易 바꿀 역

日[날 일]부 8획

중 易 [yì]
일 易 음독[い・えき]
　　훈독[やさしい]
영 change

금문 | 소전

용기에 차를 바꾸어
담는 모양

용기에 술이나 물을 바꾸어 담는 모양을 나타낸 글자로 보인다. 그렇게 술이나 물을 바꾸어 담는 모양에서 그 뜻이 '바꾸다'가 되었고, '바꾸다'와 관련된 말인 '무역·교역·역학'에서 보듯 그 음이 '역'이 되었다. 또한 바꾸어 담는 일이 쉽다 하여 그 뜻이 '쉽다'로 쓰일 때는 '이'로도 읽힌다.

용례 貿易무역 · 交易교역 · 易學역학 · 安易안이 · 容易용이 · 難易度난이도 · 易地思之역지사지

570

者 놈 자

老[늙을 로]부 9획

중 者 [zhě]
일 者 음독[しゃ]
　　훈독[もの]
영 guy, person

금문 | 소전

소죽 끓이기

용기에 콩대와 같은 채소를 넣어 삶는 모양을 나타내면서 '삶다'의 뜻을 지닌 글자였다. 그러나 후대로 내려오면서 그 뜻은 火[불 화]자가 변형된 灬[연화발]을 덧붙인 煮[삶을 자]자가 대신하고, 자신은 '놈'을 뜻하는 글자로 빌려 쓰이게 되었다. 그 음은 '놈'과 관련된 '환자·패자·당선자'에서 보듯 '자'로 읽힌다.[약자→者]

용례 患者환자 · 敗者패자 · 記者기자 · 學者학자 · 會者定離회자정리 · 結者解之결자해지 · 近朱者赤근주자적 · 生者必滅생자필멸 · 角者無齒각자무치 · 仁者樂山인자요산

571

農 농사 농

辰[별 진]부 13획

중 农 [nóng]
일 農 음독[のう]
영 agriculture

갑골문 | 소전

고대의 조개칼

수풀[林] 사이로 농토[田]가 생기면서 그 농토를 가꾸기 위해 옛날 도구로 사용했던 조개껍데기[辰]로 이삭을 수확하는 농사의 일을 나타낸 데서 그 뜻이 '농사'가 되었고, '농사'와 관련된 '농업·농약·소작농'에서 보듯 그 음이 '농'이 되었다. 후에 농토를 가꾸는 두 손을 나타낸 臼[깍지 낄 국(거)]자와 田(전)자가 합쳐져 曲의 형태로 쓰이고 있다.

용례 農業농업 · 農民농민 · 農夫농부 · 農藥농약 · 歸農귀농 · 農村농촌 · 小作農소작농 · 零細農영세농 · 農産物농산물 · 有機農法유기농법 · 士農工商사농공상 · 農耕時代농경시대 · 農者天下之大本농자천하지대본

572 耕 밭갈 경

耒[쟁기 뢰]부 10획

- 중 耕 [gēng]
- 일 耕 음독[こう]
  훈독[たがやす]
- 영 cultivate

소 전

耒[쟁기 뢰]자와 井[우물 정]자가 합쳐진 글자다. 耒자로 인해 농사를 지을 때 쟁기[耒]로 밭을 간다 하여 그 뜻이 '밭 갈다'가 되었고, 井자로 인해 그 음이 '정'에서 변하여 '경'이 되었다.

용례 耕作 경작 · 親耕 친경 · 牛耕 우경 · 耕地 경지 · 耕耘機 경운기 · 休耕地 휴경지 · 深耕法 심경법 · 耕當問奴 경당문노 · 晝耕夜讀 주경야독 · 農耕社會 농경사회 · 耕者有田 경자유전 · 春耕秋收 춘경추수

순종의 친경

573 力 힘 력

力[힘 력]부 2획

- 중 力 [lì]
- 일 力 음독[りき・りょく]
  훈독[ちから・つとめる]
- 영 power

금 문 | 소 전

나무에 발판을 묶어서 흙을 파는 원시적 형태의 쟁기를 나타낸 글자다. 그런 쟁기를 사용할 때는 많은 힘을 필요로 한다 하여 그 뜻이 '힘'이 되었고, 힘과 관련된 말인 '노력·능력·협력'에서처럼 그 음이 '력'이 되었다. 원시적 형태의 쟁기로는 뒤지개와 따비가 있다. 따비에는 외날따비와 쌍날따비가 있는데, 力자는 외날따비를 나타낸 것으로 보인다.

용례 努力 노력 · 能力 능력 · 協力 협력 · 實力 실력 · 力道 역도 · 壓力 압력 · 競爭力 경쟁력 · 機動力 기동력 · 全力投球 전력투구 · 萬有引力 만유인력 · 全心全力 전심전력 · 務實力行 무실역행 · 不可抗力 불가항력

옛날의 쟁기

574 加 더할 가

力[힘 력]부 5획

- 중 加 [jiā]
- 일 加 음독[か]
  훈독[くわえる・くわわる]
- 영 add

금 문 | 소 전

力[힘 력]자와 口[입 구]자가 합쳐진 글자다. 쟁기[力]로 열심히 일하는 사람에게 칭찬의 말[口]을 해 힘을 더한다 하여 그 뜻이 '더하다'가 되었고, '더하다'와 관련된 말인 '가입·추가·참가'에서 보듯 그 음이 '가'가 되었다.

용례 加入 가입 · 追加 추가 · 參加 참가 · 增加 증가 · 添加 첨가 · 加熱 가열 · 加擔 가담 · 加重 가중 · 倍加 배가 · 加害者 가해자 · 雪上加霜 설상가상 · 走馬加鞭 주마가편 · 加減乘除 가감승제 · 諸加會議 제가회의

수전경작도

575

功 공공
力[힘 력]부 5획

중 功 [gōng]
일 功 음독[く·こう]
　　훈독[いさお]
영 merit

소전

工[장인 공]자와 力[힘 력]자가 합쳐진 글자다. 力자로 인해 힘[力]들여 세운 공과 관련해 그 뜻이 '공'이 되었고, 工자로 인해 攻[칠 공]자나 空[빌 공]자처럼 그 음이 '공'이 되었다.

용례 成功 성공 · 功勞 공로 · 功臣 공신 · 武功 무공 · 功勞者 공로자 · 螢雪之功 형설지공 · 徒勞無功 도로무공 · 論功行賞 논공행상 · 汲水功德 급수공덕 · 功虧一簣 공휴일궤

추수

576

助 도울 조
力[힘 력]부 7획

중 助 [zhù]
일 助 음독[じょ]
　　훈독[け·たすかる·たすける]
영 help

소전

且[또 차]자와 力[힘 력]자가 합쳐진 글자다. 力자로 인해 여러 사람이 힘[力]을 합해 돕는다 하여 그 뜻이 '돕다'가 되었고, 且자로 인해 組[짤 조]·租[조세 조]·粗[거칠 조]자처럼 그 음이 '차'에서 변하여 '조'가 되었다.

용례 幫助 방조 · 協助 협조 · 共助 공조 · 助長 조장 · 救助 구조 · 援助 원조 · 扶助 부조 · 助言 조언 · 助手 조수 · 贊助金 찬조금 · 助敎授 조교수 · 相扶相助 상부상조 · 相互扶助 상호부조 · 天佑神助 천우신조

힘을 합쳐 가래질하는
모습

577

勉 힘쓸 면
力[힘 력]부 9획

중 勉 [miǎn]
일 勉 음독[べん]
　　훈독[つとめる]
영 make efforts

소전

免[면할 면]자와 力[힘 력]자가 합쳐진 글자다. 力자로 인해 일에 힘쓴다[力] 하여 그 뜻이 '힘쓰다'가 되었고, 免자로 인해 冕[면류관 면]자처럼 그 음이 '면'이 되었다.

용례 勉勸 면권 · 勉勵 면려 · 勤勉 근면 · 權勉 권면 · 勉學 면학 · 刻苦勉勵 각고면려

쟁기질에 힘쓰는 농부

578 勞 일할 로
力[힘 력]부 12획

중 劳 [láo]
일 労 음독[ろう]
훈독[いたわる·ねぎらう]
영 work

갑골문　소 전

불을 피워 놓은 모양을 나타낸 炏[불꽃 개]자와 지붕을 나타낸 冖의 형태, 힘을 뜻하는 力[힘 력]자가 합쳐진 글자다. 불[炏]을 피워 놓고 지붕[冖] 아래에서 힘[力]을 써 일한다 하여 그 뜻이 '일하다'가 되었고, '일하다'와 관련된 '공로·과로·근로자'에서 보듯 그 음이 '로'가 되었다.[약자→労]

횃불 들고 일하는 북한 주민들

용례 功勞 공로 · 過勞 과로 · 勞動 노동 · 勞組 노조 · 慰勞 위로 · 過勞 과로 · 勞苦 노고 · 勤勞者 근로자 · 犬馬之勞 견마지로 · 勞心焦思 노심초사 · 徒勞無功 도로무공 · 不勞所得 불로소득 · 劬勞之恩 구로지은

579 勇 날랠 용
力[힘 력]부 9획

중 勇 [yǒng]
일 勇 음독[ゆう]
훈독[いさむ]
영 brave

소 전

力[힘력 자]자와 甬[쇠북 꼭지 용]자가 합쳐진 글자다. 力자로 인해 힘[力]이 있어 동작이 날래다 하여 그 뜻이 '날래다'가 되었고, 甬자로 인해 踊[뛸 용]자나 俑[허수아비 용]자처럼 그 음이 '용'이 되었다. 勈자는 동자(同字)다.

관운장

용례 武勇 무용 · 勇敢 용감 · 勇氣 용기 · 勇士 용사 · 勇退 용퇴 · 勇斷 용단 · 蠻勇 만용 · 勇將 용장 · 勇兵 용병 · 勇者 용자 · 智仁勇 지인용 · 武勇談 무용담 · 匹夫之勇 필부지용 · 兼人之勇 겸인지용 · 勇猛精進 용맹정진

580 動 움직일 동
力[힘 력]부 11획

중 动 [dòng]
일 動 음독[どう]
훈독[うごかす·うごく]
영 move

소 전

重[무거울 중]자와 力[힘 력]자가 합쳐진 글자다. 力자로 인해 물건 등을 힘[力]들여 움직인다 하여 그 뜻이 '움직이다'가 되었고, 重자로 인해 董[바로잡을 동]자처럼 그 음이 '중'에서 변하여 '동'이 되었다.

고인돌을 움직이는 사람들

용례 動物 동물 · 感動 감동 · 活動 활동 · 運動 운동 · 移動 이동 · 蠢動 준동 · 靜中動 정중동 · 不動姿勢 부동자세 · 輕擧妄動 경거망동 · 伏地不動 복지부동 · 驚天動地 경천동지

581 務 힘쓸 무

力[힘 력]부 10획

중 务 [wù]
일 務 음독[む]
　　훈독[つとめる]
영 endeavor

금문　소전

농사일에 힘쓰는
사람들(돈황 벽화)

矛[창 모]자와 攴[칠 복]자에서 변형된 攵[등글월문]이 합쳐진 敄자로 쓰였다. 攴자로 인해 다그쳐[攴] 일에 힘쓴다 하여 그 뜻이 '힘쓰다'가 되었고, 矛자로 인해 그 음이 '모'에서 변하여 '무'가 되었다. 후에 뜻을 더욱 분명히 하기 위해 力자를 덧붙여 오늘날 務자로 쓰이고 있다.

용례 業務 업무 · 義務 의무 · 勤務 근무 · 職務 직무 · 責務 책무 · 任務 임무 · 實務 실무 · 公務員 공무원 · 事務員 사무원 · 終務式 종무식 · 乘務員 승무원 · 務實力行 무실역행 · 國務總理 국무총리

582 勝 이길 승

力[힘 력]부 12획

중 胜 [shèng]
일 勝 음독[しょう]
　　훈독[かつ·まさる]
영 win

소전

바르셀로나 올림픽의
황영조 선수(1992)

朕[조짐 짐]자와 力[힘 력]자가 합쳐진 글자다. 力자로 인해 힘[力]을 써서 맡은 일을 감당해 이긴다 하여 그 뜻이 '이기다'가 되었고, 朕자로 인해 塍[밭두둑 승]자나 縢[도투마리 승]자처럼 그 음이 '짐'에서 변하여 '승'이 되었다.

용례 勝利 승리 · 優勝 우승 · 必勝 필승 · 勝敗 승패 · 勝負 승부 · 勝者 승자 · 壓勝 압승 · 完勝 완승 · 決勝戰 결승전 · 勝戰譜 승전보 · 景勝地 경승지 · 常勝街道 상승가도 · 連戰連勝 연전연승 · 百戰百勝 백전백승

583 勤 부지런할 근

力[힘 력]부 13획

중 勤 [qín]
일 勤 음독[きん·ごん]
　　훈독[いそしむ·つとまる·つとめる·づとめ]
영 diligent

금문　소전

영화 〈아름다운 청년
전태일〉의 한 장면

菫[진흙 근]자와 力[힘 력]자가 합쳐진 글자다. 力자로 인해 온 힘[力]을 다해 부지런히 일한다 하여 그 뜻이 '부지런하다'가 되었고, 菫자로 인해 槿[무궁화나무 근]·謹[삼갈 근]·饉[주릴 근]자처럼 그 음이 '근'이 되었다.

용례 勤務 근무 · 出勤 출근 · 夜勤 야근 · 勤勉 근면 · 退勤 퇴근 · 缺勤 결근 · 特勤 특근 · 勤怠 근태 · 夜勤 야근 · 外勤 외근 · 皆勤賞 개근상 · 非常勤 비상근 · 勤政殿 근정전 · 甲勤稅 갑근세 · 勤勞所得 근로소득

584 勢 형세 세

力[힘 력]부 13획

중 势 [shì]
일 勢 음독[せ·せい]
　　훈독[いきおい]
영 vigor

소 전

埶[심을 예]자와 力[힘 력]자가 합쳐진 글자다. 力자로 인해 힘[力]이 기운차게 뻗치는 형세와 관련하여 그 뜻이 '형세'가 되고, 埶자로 인해 그 음이 '예'에서 변하여 '세'가 되었다.

용례 勢力 세력 · 大勢 대세 · 優勢 우세 · 趨勢 추세 · 氣勢 기세 · 破竹之勢 파죽지세 · 伯仲之勢 백중지세 · 累卵之勢 누란지세 · 虛張聲勢 허장성세 · 騎虎之勢 기호지세 · 互角之勢 호각지세 · 西勢東漸 서세동점

위력적인 자연의 형세,
쓰나미

585 勸 권할 권

力[힘 력]부 20획

중 劝 [quàn]
일 勧 음독[かん]
　　훈독[すすめる]
영 exhort

소 전

雚[황새 관]자와 力[힘 력]자가 합쳐진 글자다. 力자로 인해 무언가 하도록 힘껏[力] 권한다 하여 그 뜻이 '권하다'가 되었고, 雚자로 인해 權[권세 권]·巏[산 이름 권]·顴[광대뼈 권]자처럼 그 음이 '관'에서 변하여 '권'이 되었다.[약자→劝, 勧]

용례 勸奬 권장 · 勸告 권고 · 勸誘 권유 · 强勸 강권 · 勸勉 권면 · 勸誘 권유 · 勸學文 권학문 · 勸酒歌 권주가 · 勸農日 권농일 · 勸告辭職 권고사직 · 勸善懲惡 권선징악 · 德業相勸 덕업상권

朱子勸學文曰
勿謂今日不學而有來日　勿謂今年不
學而有來年 日月逝矣 歲不我延 嗚
呼老矣 是誰之愆

주자 〈권학문〉

586 幼 어릴 유

力[힘 력]부 5획

중 幼 [yòu]
일 幼 음독[よう]
　　훈독[おさない]
영 infant

갑골문 ｜ 소 전

작은 실타래를 나타낸 幺[작을 요]자와 힘을 뜻하는 力[힘 력]자가 합쳐졌다. 力자로 인해 힘[力]이 약한 것은 나이가 어리다 하여 그 뜻이 '어리다'가 되고, 幺자로 인해 그 음이 '요'에서 변하여 '유'가 되었다.

용례 幼兒 유아 · 幼蟲 유충 · 幼稚園 유치원 · 幼年期 유년기 · 幼少年 유소년 · 長幼有序 장유유서

매미 유충 굼벵이

男 사내 남

田[밭 전]부 7획

중 男 [nán]
일 男 음독[だん·なん]
　훈독[おとこ]
영 man

갑골문 ｜ 소 전

밭을 나타낸 田[밭 전]자와 쟁기를 나타낸 力[힘 력]자가 합쳐진 글자다. 밭[田]에서 쟁기질[力]을 해 농사지은 곡물로 가족을 부양해야 할 사내를 나타낸 데서 그 뜻이 '사내'가 되었고, 사내와 관련된 말인 '남자·남녀·미남'에서처럼 그 음이 '남'이 되었다.

용례 男子 남자 · 男女 남녀 · 美男 미남 · 男兒 남아 · 有婦男 유부남 · 同居男 동거남 · 男左女右 남좌여우 · 甲男乙女 갑남을녀 · 善男善女 선남선녀 · 男負女戴 남부여대 · 南男北女 남남북녀 · 男尊女卑 남존여비

쟁기질하는 사내

588

方 모 방

方[모 방]부 4획

중 方 [fāng]
일 方 음독[ほう]
　훈독[かた·ならべる·まさに]
영 square

갑골문 ｜ 소 전

옛날 땅을 파는 데 사용했던 모난 부분이 있는 원시적인 형태의 쟁기를 형상화한 글자로 보인다. 원시적인 쟁기 가운데는 따비가 있는데, 따비에 쌍날이 있는 모양을 나타낸 것이다. 쟁기의 생명력은 땅을 파는 모난 부분에 있다 하여 그 뜻이 '모'가 되었고, '모'와 관련된 말인 '방법·방석·방위'에서처럼 그 음이 '방'이 되었다.

용례 方法 방법 · 方席 방석 · 方舟 방주 · 方位 방위 · 四方 사방 · 方程式 방정식 · 八方美人 팔방미인 · 十方世界 시방세계 · 天圓地方 천원지방 · 天方地方 천방지방 · 西方淨土 서방정토 · 血氣方壯 혈기방장 · 死後藥方文 사후약방문

옛날의 쟁기

589

已 이미 이

己[몸 기]부 3획

중 已 [yǐ]
일 已 음독[い]
　훈독[すでに]
영 already

갑골문 ｜ 소 전

농사를 지을 때 사용하는 도구인 보습의 모양을 나타낸 글자로 보인다. 그러나 후대로 내려오면서 '이미'의 뜻으로 빌려 쓰이게 되었고, '이미'와 관련된 '이왕·부득이'에서처럼 그 음이 '이'가 되었다.

용례 已往 이왕 · 已甚 이심 · 不得已 부득이 · 已往之事 이왕지사

고대의 보습

<table>
<tr><td>590</td><td>以 써 이
人[사람 인]부 5획</td><td>중 以 [yǐ]
일 以 음독[い]
훈독[もって]
영 because of</td></tr>
</table>

갑골문 | 소 전

흙을 파는 도구를 나타냈다고 여겨지는 厶[사사로울 새]자로만 쓰이다가 후에 人[사람 인]자가 덧붙여진 글자다. 人자로 인해 사람[人]이 벼와 같은 곡물을 일구는 도구를 써 일한다 하여 그 뜻이 '써'가 되었고, 厶자로 인해 台[기뻐할 이(태)]처럼 그 음이 '사'에서 변하여 '이'가 되었다.

우경(牛耕)을 표현한 화상석

용례 以下 이하 · 以前 이전 · 以外 이외 · 以內 이내 · 以南 이남 · 以心傳心 이심전심 · 以熱治熱 이열치열 · 以卵投石 이란투석 · 一以貫之 일이관지 · 以實直告 이실직고 · 事親以孝 사친이효 · 以民爲天 이민위천 · 以夷制夷 이이제이

<table>
<tr><td>591</td><td>量 헤아릴 량
里[마을 리]부 12획</td><td>중 量 [liáng/liàng]
일 量 음독[りょう]
훈독[はかる]
영 count, measure, quantity</td></tr>
</table>

금 문 | 소 전

주둥이[曰의 형태]를 나타낸 자루[東]가 땅[一의 형태, 또는 土] 위에 있는 모양을 나타낸 글자다. 땅 위의 자루에 곡물 등을 넣어 그 양을 헤아린다 하여 그 뜻이 '헤아리다'가 되었고, 그 음은 '헤아리다'와 관련된 말인 '측량·계량·요량'에서 보듯 '량'이 되었다.

자루에 곡물을 넣는 모습

용례 料量 요량 · 測量 측량 · 容量 용량 · 酒量 주량 · 計量 계량 · 肺活量 폐활량 · 多商量 다상량 · 降水量 강수량 · 無量大數 무량대수 · 車載斗量 거재두량 · 自由裁量 자유재량 · 感慨無量 감개무량 · 唯酒無量 유주무량

<table>
<tr><td>592</td><td>季 끝 계
子[아들 자]부 8획</td><td>중 季 [jì]
일 季 음독[き]
훈독[すえ]
영 the last</td></tr>
</table>

갑골문 | 소 전

禾[벼 화]자와 子[아들 자]자가 합쳐진 글자다. 수확한 벼[禾]를 머리에 이고 있는 아이[子]를 나타냈는데, 벼를 수확하는 추수철에는 일손이 부족해 아이까지 동원해 일을 끝낸다 하여 그 뜻이 '끝'이 되었다. 그 음은 '끝'과 관련된 말인 '계지·하계·사계'에서 보듯 '계'로 읽힌다.

볏단을 머리에 인 아이

용례 季指 계지 · 四季 사계 · 季父 계부 · 季節風 계절풍 · 季刊誌 계간지 · 孟仲季 맹중계 · 冬季放學 동계방학 · 伯仲叔季 백중숙계 · 夏季學校 하계학교 · 春季學術大會 춘계학술대회 · 秋季釋奠大祭 추계석전대제

593

春 봄춘

日[날 일]부 9획

중 春 [chūn]
일 春 음독[しゅん]
　　훈독[はる]
영 spring

갑골문 ｜ 소 전

艸[풀 초]자에서 변형된 ++[초두]자와 屯[어려울 준, 진칠 둔]자와 日[날
일]자가 합쳐진 萅자가 본자(本字)이다. 萅자는 오늘날 간략하게 변화되
어 春자로 쓰고 있지만 艸자와 日자로 인해 풀[艸]이 햇볕[日]을 받아 돋
아나는 때인 봄을 나타낸 데서 그 뜻이 '봄'이 되었고, 다시 屯자로 인해
그 음이 '춘'이 되었다.

용례 立春입춘 · 春秋춘추 · 靑春청춘 · 春情춘정 · 春畫춘화 · 春分춘분 · 春三月춘삼월 · 賞春
客상춘객 · 春困症춘곤증 · 春夏秋冬춘하추동 · 一場春夢일장춘몽 · 四時春風사시춘풍

싹이 돋는 봄

594

夏 여름하

夊[천천히 걸을 쇠]부 10획

중 夏 [xià]
일 夏 음독[か·げ]
　　훈독[なつ]
영 summer

금 문 ｜ 소 전

기우제를 지낼 때 이뤄지는 동작을 취하고 있는 사람을 나타낸 글자로
보인다. 기우제를 지내는 계절이 여름이라 하여 그 뜻이 '여름'이 되었
고, 여름과 관련된 '하복·하기·입하'에서처럼 그 음이 '하'가 되었다.

용례 夏服하복 · 夏期하기 · 立夏입하 · 夏至하지 · 夏安居하안거 · 夏爐冬扇화로동선 · 冬溫
夏淸동온하청 · 冬蟲夏草동충하초 · 夏扇冬曆하선동력 · 春夏秋冬춘하추동

기우제를 지내는 인디언

595

秋 가을추

禾[벼 화]부 9획

중 秋 [qiū]
일 秋 음독[しゅう]
　　훈독[あき·とき]
영 autumn

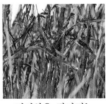

갑골문 ｜ 소 전

벼[禾]에 피해를 주는 메뚜기[龜의 형태]를 불[火]로 쫓는 모양의 글자였
다가, 다시 禾자와 메뚜기를 나타낸 龜의 형태가 합쳐진 穐로 쓰였던 글
자다. 후에 복잡한 龜 형태 대신 메뚜기를 쫓아 없애기 위해 사용한 불
을 나타낸 火[불 화]자로 다시 바꿔 결국 穐자를 秋자로 쓰고 있다. 그
뜻은 메뚜기가 벼에 피해를 주는 계절과 관련해 '가을'이 되었고, 그 음
은 가을과 관련된 '입추·추석·계추'에서 보듯 '추'가 되었다.

용례 立秋입추 · 春秋춘추 · 秋夕추석 · 季秋계추 · 秋霜추상 · 千秋천추 · 思秋期사추기 · 秋風
扇추풍선 · 一葉知秋일엽지추 · 存亡之秋존망지추 · 一日如三秋일일여삼추

벼이삭을 갉아먹는
메뚜기 떼

596

冬 겨울 동

冫[얼음 빙]부 5획

중 冬 [dōng]
일 冬 음독[とう]
　　훈독[ふゆ]
영 winter

갑골문 | 소 전

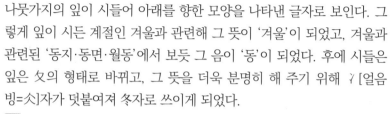

나뭇가지의 잎이 시들어 아래를 향한 모양을 나타낸 글자로 보인다. 그렇게 잎이 시든 계절인 겨울과 관련해 그 뜻이 '겨울'이 되었고, 겨울과 관련된 '동지·동면·월동'에서 보듯 그 음이 '동'이 되었다. 후에 시들은 잎은 夂의 형태로 바뀌고, 그 뜻을 더욱 분명히 해 주기 위해 冫[얼음 빙=仌]자가 덧붙여져 冬자로 쓰이게 되었다.

잎이 시든 모양

용례 冬至 동지 · 冬眠 동면 · 越冬 월동 · 冬將軍 동장군 · 嚴冬雪寒 엄동설한 · 夏爐冬扇 하로동선 · 春夏秋冬 춘하추동 · 異常暖冬 이상난동

·집·

597

家 집 가

宀[집 면]부 10획

중 家 [jiā]
일 家 음독[か·け]
　　훈독[いえ·や]
영 house

갑골문 | 소 전

宀[집 면]자와 豕[돼지 시]자가 합쳐진 글자다. 가축인 돼지[豕]와 더불어 사는 집[宀]을 나타낸 데서 그 뜻이 '집'이 되었고, 집과 관련된 말인 '가정'이나 '가족'에서 보듯 그 음이 '가'가 되었다. 집 안의 돼지를 나타낸 것은 소나 말, 양은 방목할 수 있지만 돼지는 사람이 먹고 남긴 음식물이나 분비물을 처리해주면서 사람과 가까이 지내기 때문이다.

돼지우리

용례 國家 국가 · 家庭 가정 · 家口 가구 · 家具 가구 · 大家 대가 · 家家禮 가가례 · 草家三間 초가삼간 · 自手成家 자수성가 · 喪家之狗 상가지구 · 敗家亡身 패가망신 · 自家撞着 자가당착

598

室 집 실

宀[집 면]부 9획

중 室 [shì]
일 室 음독[しつ]
　　훈독[むろ]
영 room

갑골문 | 소 전

宀[집 면]자와 至[이를 지]자가 합쳐진 글자다. 宀자로 인해 사람이 자거나 일할 수 있도록 방이 꾸며진 집[宀]과 관련해 그 뜻이 '집'이 되었고, 至자로 인해 그 음이 '지'에서 변하여 '실'이 되었다.

고대인의 집 모형

용례 教室 교실 · 居室 거실 · 寢室 침실 · 浴室 욕실 · 娛樂室 오락실 · 化粧室 화장실 · 講義室 강의실 · 美容室 미용실 · 休憩室 휴게실 · 圖書室 도서실 · 高臺廣室 고대광실

599

宅 집택

宀[집 면]부 6획

중 宅 [zhái]
일 宅 음독[たく]
영 house

갑골문

소 전

宀[집 면]자와 乇[풀잎 탁]자가 합쳐진 글자다. 宀자로 인해 사람이 머물러 편히 사는 집[宀]과 관련해 그 뜻이 '집'이 되었고, 乇자로 인해 그 음이 '탁'에서 변하여 '택'이 되었다. 남을 높여 그 사람의 집을 이를 때는 '댁'으로도 읽힌다.

용례 住宅주택 · 家宅가택 · 宅地택지 · 宅號택호 · 古宅고택 · 自宅자택 · 邸宅저택 · 陰宅음택 · 宅內댁내 · 媤宅시댁 · 寡守宅과수댁 · 萬年幽宅만년유택

고대인의 집 모형

600

宇 집우

宀[집 면]부 6획

중 宇 [yǔ]
일 宇 음독[う]
영 house

갑골문

소 전

宀[집 면]자와 于[어조사 우]자가 합쳐진 글자다. 宀자로 인해 지붕이 넓은 큰 집[宀]과 관련해 그 뜻이 '집'이 되었고, 于자로 인해 迂[멀 우]자나 盂[바리 우]자처럼 그 음이 '우'가 되었다.

용례 宇宙우주 · 大宇대우 · 皇穹宇황궁우 · 金殿碧宇금전벽우

금전벽우 장안사

601

宙 집주

宀[집 면]부 8획

중 宙 [zhòu]
일 宙 음독[ちゅう]
영 house

갑골문

소 전

집을 나타낸 宀[집 면]자와 단지를 나타낸 由[말미암을 유]자가 합쳐진 글자다. 宀자에 의해 사람이 머물러 사는 집[宀]과 관련해 그 뜻이 '집'이 되었고, 由자에 의해 冑[투구 주]자나 胄[맏아들 주]자처럼 그 음이 '유'에서 바뀌어 '주'가 되었다.

용례 宇宙우주

금전벽우 전등사

602	安 편안할 안	중	安 [ān]
		일	安 음독[あん]
	ᅳ[집 면]부 6획		훈독[やすい]
		영	comfortable

갑골문 | 소 전

ᅳ[집 면]자와 女[계집 녀]자가 합쳐진 글자다. 집[ᅳ] 안에서 길쌈 등을 행하여 살림을 꾸리는 여자[女]가 있어 집안이 편안하다 하여 그 뜻이 '편안하다'가 되었고, '편안하다'와 관련된 말인 '안녕·안심·안부'에서 처럼 그 음이 '안'이 되었다.

용례 安寧안녕 · 安心안심 · 安否안부 · 安全안전 · 不安불안 · 安息日안식일 · 慰安婦위안부 · 安分知足안분지족 · 居安思危거안사위 · 安貧樂道안빈낙도 · 坐不安席좌불안석 · 無事安逸무사안일

바느질하는 여인
(엘리자베스 키스 작)

603	守 지킬 수	중	守 [shǒu]
		일	守 음독[しゅ·す]
	ᅳ[집 면]부 6획		훈독[かみ·まもり·まもる·もり]
		영	keep

금 문 | 소 전

집을 나타낸 ᅳ[집 면]자와 손과 관련된 寸[마디 촌]자가 합쳐진 글자다. 손[又→寸]에 무언가를 들고 집[ᅳ]을 지킨다 하여 그 뜻이 '지키다'가 되었고, '지키다'와 관련된 '수비·수호·수절'에서처럼 그 음이 '수'가 되었다.

용례 死守사수 · 守備수비 · 固守고수 · 守節수절 · 守勢수세 · 郡守군수 · 遵守준수 · 看守간수 · 守護神수호신 · 守門將수문장 · 守株待兔수주대토 · 獨守空房독수공방

고대인의 집 모형

604	定 정할 정	중	定 [dìng]
		일	定 음독[じょう·てい]
	ᅳ[집 면]부 8획		훈독[さだか·さだまる·さだめる]
		영	decide

갑골문 | 소 전

ᅳ[집 면]자와 正[바를 정]자에서 변형된 疋(정)자가 합쳐진 글자다. ᅳ자로 인하여 편안하게 살 수 있는 집[ᅳ]의 자리를 정한다 하여 그 뜻이 '정하다'가 되었고, 疋자로 바뀌었지만 正자로 인하여 政[정사 정]·征[칠 정]·整[가지런할 정]자처럼 그 음이 '정'이 되었다.[약자→㝎]

용례 規定규정 · 推定추정 · 定礎정초 · 定着정착 · 豫定예정 · 指定지정 · 選定선정 · 假定가정 · 無酌定무작정 · 肯定的긍정적 · 暫定的잠정적 · 會者定離회자정리 · 昏定晨省혼정신성

고대인이 살 곳을 정해
집을 짓는 모양

소 전

605 完 완전할 완

宀[집 면]부 7획

중 完 [wán]
일 完 음독[かん]
　　훈독[まっとうする]
영 perfect

宀[집 면]자와 元[으뜸 원]자가 합쳐진 글자다. 宀자로 인해 사람이 살기에 불편함이 없도록 집[宀]을 완전하게 꾸민다 하여 그 뜻이 '완전하다'가 되었고, 元자로 인해 玩[놀 완]자나 頑[완고할 완]자처럼 그 음이 '원'에서 변하여 '완'이 되었다.

용례 完成 완성 · 完了 완료 · 完璧 완벽 · 補完 보완 · 未完 미완 · 完工 완공 · 完備 완비 · 完遂 완수 · 完勝 완승 · 完結 완결 · 完快 완쾌 · 完製品 완제품 · 完板本 완판본 · 完全無缺 완전무결

청동기시대 움집 모형

606 客 손객

宀[집 면]부 9획

중 客 [kè]
일 客 음독[かく·きゃく]
　　훈독[まろうど]
영 guest

집을 나타낸 宀[집 면]자와 좁은 주거지 입구로 사람의 발이 각각 들어가는 모습을 나타낸 各[각각 각]자가 합쳐진 글자다. 宀자로 인해 집[宀]에 온 손(손님)과 관련해 그 뜻이 '손'이 되었고, 各자로 인해 그 음이 '각'에서 변하여 '객'이 되었다.

금 문　　소 전

용례 賓客 빈객 · 客觀 객관 · 顧客 고객 · 賀客 하객 · 乘客 승객 · 賞春客 상춘객 · 不請客 불청객 · 觀光客 관광객 · 客觀的 객관적 · 主客顚倒 주객전도 · 騷人墨客 소인묵객 · 百年之客 백년지객

옛날의 손님대접

607 官 벼슬관

宀[집 면]부 8획

중 官 [guān]
일 官 음독[かん]
　　훈독[つかさ]
영 official

宀[집 면]자와 㠯[언덕 퇴=自]자가 합쳐진 글자다. 원래 벼슬아치들이 일하는 언덕[㠯] 위의 집[宀]을 뜻했으나 후에 벼슬아치들이 일하는 집이라 하여 그 뜻이 '벼슬'이 되었고, 벼슬과 관련된 '장관·무관·대법관'에서 보듯 그 음이 '관'이 되었다.

갑골문　　소 전

용례 官衙 관아 · 官廳 관청 · 長官 장관 · 武官 무관 · 大法官 대법관 · 牧民官 목민관 · 官治行政 관치행정 · 貪官汚吏 탐관오리 · 削奪官職 삭탈관직 · 高官大爵 고관대작 · 官尊民卑 관존민비 · 滿朝百官 만조백관

남원읍성도의
관아(중앙)

608

密 빽빽할 밀

宀[집 면]부 11획

중 密 [mì]
일 密 음독[みつ]
　　훈독[こまやか・ひそか・みそか]
영 dense

 금문 소전

宓[편안할 밀]자와 山[뫼 산]자가 합쳐진 글자다. 山자로 인해 뫼[山]에 나무가 빽빽하다 하여 그 뜻이 '빽빽하다'가 되었고, 宓자로 인해 蜜[꿀 밀]자처럼 그 음이 '밀'이 되었다.

> **용례** 密林 밀림 · 密着 밀착 · 祕密 비밀 · 緻密 치밀 · 綿密 면밀 · 隱密 은밀 · 親密 친밀 · 密談 밀담 · 密集 밀집 · 密輸品 밀수품 · 奧密稠密 오밀조밀 · 至密尙宮 지밀상궁

편백나무가 빽빽한 숲

609

宿 잘 숙

宀[집 면]부 11획

중 宿 [sù]
일 宿 음독[しゅく]
　　훈독[やど・やどす・やどる]
영 stay overnight

 갑골문 소전

집[宀] 안에서 사람[亻]이 자리[百의 형태]를 깔고 누워 자는 모습을 나타낸 글자다. 사람이 자는 모습에서 그 뜻이 '자다'가 되었고, '자다'와 관련된 말인 '숙박·숙소·여인숙'에서처럼 그 음이 '숙'이 되었다. 辰宿(진수)·星宿(성수)에서처럼 뜻이 '별'과 관련될 때는 '수'로도 읽는다.

> **용례** 宿泊 숙박 · 宿所 숙소 · 宿直 숙직 · 下宿 하숙 · 宿題 숙제 · 宿命 숙명 · 宿願 숙원 · 星宿 성수 · 旅人宿 여인숙 · 風餐露宿 풍찬노숙 · 辰宿列張 진수열장

오수도(午睡圖)
(이재관 작)

610

富 부유할 부

宀[집 면]부 12획

중 富 [fù]
일 富 음독[ふ・ふう]
　　훈독[とみ・とむ]
영 rich

 금문 소전

宀[집 면]자와 畐[찰 복]자가 합쳐진 글자다. 宀자로 인해 집[宀]에 재물이 가득 차 부유하다 하여 그 뜻이 '부유하다'가 되었고, 畐자로 인해 副[버금 부]자처럼 그 음이 '복'에서 변하여 '부'가 되었다.[약자→冨]

> **용례** 貧富 빈부 · 富者 부자 · 甲富 갑부 · 富貴 부귀 · 富裕 부유 · 致富 치부 · 猝富 졸부 · 國富論 국부론 · 富國强兵 부국강병 · 知足知富 지족지부 · 貧益貧富益富 빈익빈부익부

가난한 동네와
부자 동네

611

寒 찰한

宀[집 면]부 12획

중 寒 [hán]
일 寒 음독[かん]
　　훈독[さむい]
영 cool

갑골문 　 소전

집[宀] 안 사방에 풀[茻]을 무성하게 깔아놓고 깔개[二의 형태] 위에 사람[人]이 있음을 나타낸 글자다. 집 안을 풀로 보온하고 있지만 후에 깔개를 나타낸 二의 형태가 얼음을 나타낸 仌[얼음 빙]자로 바뀐 것을 보면 집안이 차가운 상황임을 미뤄 짐작할 수 있다. 따라서 그 뜻이 '차다'가 되었고, '차다'와 관련된 말인 '소한·한류·한파'에서 보듯 그 음이 '한'이 되었다.

움집 안에 불을 피우고 있는 고대인

용례 寒氣 한기 · 小寒 소한 · 寒流 한류 · 寒波 한파 · 廣寒樓 광한루 · 三寒四溫 삼한사온 · 脣亡齒寒 순망치한 · 嚴冬雪寒 엄동설한 · 頭寒足熱 두한족열

612

實 열매실

宀[집 면]부 14획

중 实 [shí]
일 実 음독[じつ]
　　훈독[み·みのる]
영 fruit

금문 　 소전

집을 나타낸 宀[집 면]자와 상자를 나타낸 毌의 형태, 돈으로 쓰인 조개를 나타낸 貝[조개 패]자가 합쳐진 글자다. 집[宀] 안의 상자[毌]에 화폐[貝]와 같은 재물이 가득 찬 모양을 나타내면서 속이 가득 찬 열매와 관련되어 그 뜻이 '열매'가 되었고, 열매와 관련된 '매실·과실·결실'에서 보듯 그 음이 '실'이 되었다.[약자→実]

상자 속의 재물

용례 梅實 매실 · 果實 과실 · 結實 결실 · 實績 실적 · 實務者 실무자 · 務實力行 무실역행 · 實事求是 실사구시 · 名實相符 명실상부 · 有名無實 유명무실 · 以實直告 이실직고

613

察 살필찰

宀[집 면]부 14획

중 察 [chá]
일 察 음독[さつ]

영 watch, observe

소전

宀[집 면]자와 祭[제사 제]자가 합쳐진 글자다. 집[宀]안 제사[祭]를 지내기 위해 깨끗하도록 잘 살핀다 하여 그 뜻이 '살피다'가 되었고, 다시 祭자로 인해 그 음이 '제'에서 변하여 '찰'이 되었다.

풍곡 제각(부안김씨)

용례 觀察 관찰 · 不察 불찰 · 巡察 순찰 · 洞察 통찰 · 監察 감찰 · 檢察 검찰 · 査察 사찰 · 視察 시찰 · 診察 진찰 · 偵察 정찰 · 警察署 경찰서 · 自我省察 자아성찰

614	店 가게 점	중	店 [diàn]

店 가게 점
广[집 엄]부 8획

중 店 [diàn]
일 店 음독[てん]
　 훈독[たな·みせ]
영 shop

해당 글자는
고문자 없음

广[집 엄]자와 占[점칠 점]자가 합쳐진 글자다. 广자로 인해 그 뜻이 작은 규모로 물건을 벌여놓고 파는 집[广]인 '가게'가 되었고, 占자로 인해 點[점 점]자나 粘[차질 점=黏]자처럼 그 음이 '점'이 되었다.

용례 書店 서점 · 店鋪 점포 · 商店 상점 · 露店 노점 · 賣店 매점 · 支店 지점 · 飯店 반점 · 布木店 포목점 · 便宜店 편의점 · 飮食店 음식점 · 免稅點 면세점 · 板門店 판문점 · 木壚酒店 목로주점

옛날 남대문로의
가가(假家)

序 차례 서
广[집 엄]부 7획

중 序 [xù]
일 序 음독[じょ]
　 훈독[ついで]
영 sequence

소 전

广[집 엄]자와 予[줄 여]자가 합쳐진 글자다. 广자로 인해 원래 집[广]의 주변에 늘어선 담을 뜻했으나 후에 그 의미가 확대되어 무언가 늘어선 차례와 관련되면서 결국 그 뜻이 '차례'가 되었고, 予자로 인해 抒[풀 서]자나 紓[느슨할 서]자처럼 그 음이 '여'에서 변하여 '서'가 되었다.

용례 秩序 질서 · 順序 순서 · 序文 서문 · 序列 서열 · 序論 서론 · 序詩 서시 · 序幕 서막 · 序曲 서곡 · 序言 서언 · 序數詞 서수사 · 長幼有序 장유유서

길게 늘어선 돌담
(고성 학동마을)

度 법도 도
广[집 엄]부 9획

중 度 [dù]
일 度 음독[たく·と·ど]
　 훈독[たび·はかる]
영 law, degree

度

소 전

庶[여러 서]자와 又[또 우]자가 합쳐진 글자다. 오른손에서 비롯된 又자로 인해 옛날 손[又]으로 일정한 법도에 따라 길이를 헤아린다는 데서 그 뜻이 '법도'가 되었고, 灬[연화발=火]이 생략되었지만 庶자로 인해 그 음이 '서'에서 변하여 '도'가 되었다. 실제로 가장 짧은 길이의 단위로 쓰이는 한자인 寸[마디 촌]자는 손가락 하나의 폭과 관련된 길이며, 그 길이의 10배가 되는 尺[자 척]자는 손가락을 벌렸을 때 가장 긴 두 손가락의 폭을 헤아린 길이다.

손을 이용한
길이 단위

용례 法度 법도 · 尺度 척도 · 震度 진도 · 速度 속도 · 態度 태도 · 度量衡 도량형 · 度外視 도외시 · 初度巡視 초도순시 · 衆生濟度 중생제도

617

廣 넓을 광
广[집 엄]부 15획

중 广 [guǎng]
일 広 음독[こう]
훈독[ひろい・ひろがる・
ひろげる・ひろまる・ひろめる]
영 wide

갑골문 | 소 전

广[집 엄]자와 黃[누를 황]자가 합쳐진 글자다. 广자로 인해 넓게 터놓은 대청 같은 집[广]과 관련해 그 뜻이 '넓다'가 되었고, 黃자로 인해 그 음이 '황'에서 변하여 '광'이 되었다.[약자→広]

용례 廣場 광장 · 廣告 광고 · 廣野 광야 · 廣闊 광활 · 長廣舌 장광설 · 廣寒樓 광한루 · 廣域市 광역시 · 廣大無邊 광대무변 · 高臺廣室 고대광실 · 廣開土大王 광개토대왕

광한루(남원)

618

庭 뜰 정
广[집 엄]부 10획

중 庭 [tíng]
일 庭 음독[てい]
훈독[にわ]
영 yard

소 전

广[집 엄]자와 廷[조정 정]자가 합쳐진 글자다. 广자로 인해 집[广] 안에 있는 뜰과 관련해 그 뜻이 '뜰'이 되었고, 廷자로 인해 艇[거룻배 정]자나 挺[뺄 정]자처럼 그 음이 '정'이 되었다.

용례 庭園 정원 · 家庭 가정 · 校庭 교정 · 宮庭 궁정 · 親庭 친정 · 庭球 정구 · 落庭米 낙정미 · 前庭器官 전정기관

조계사 석가탄신일 풍경

619

空 빌 공
穴[구멍 혈]부 8획

중 空 [kōng]
일 空 음독[くう]
훈독[あく・あける・から・すく・
そら・むなしい]
영 empty

금 문 | 소 전

穴[구멍 혈]자와 工[장인 공]자가 합쳐진 글자다. 穴자로 인해 구멍[穴]이 비어 있다 하여 그 뜻이 '비다'가 되었고, 工자로 인해 功[공 공]·攻[칠 공]·貢[바칠 공]·恐[두려울 공]·鞏[묶을 공]자처럼 그 음이 '공'이 되었다.

용례 空間 공간 · 空氣 공기 · 虛空 허공 · 碧空 벽공 · 空軍 공군 · 空城計 공성계 · 卓上空論 탁상공론 · 獨守空房 독수공방 · 空前絶後 공전절후 · 赤手空拳 적수공권 · 色卽是空 색즉시공 · 空手來空手去 공수래공수거

단양 금굴 입구

620	究 궁구할 구	중 究 [jiū]
	穴[구멍 혈]부 7획	일 究 음독[きゅう·く]
		훈독[きわめる]
		영 examine

소 전

穴[구멍 혈]자와 九[아홉 구]자가 합쳐진 글자다. 穴자로 인해 구멍[穴] 속 깊은 데까지 이르는 것처럼 사물의 깊은 이치를 궁구한다 하여 그 뜻이 '궁구하다'가 되었고, 九자로 인해 鳩[비둘기 구]자나 仇[원수 구]자처럼 그 음이 '구'가 되었다.

용례 研究 연구 · 探究 탐구 · 講究 강구 · 追求 추구 · 窮究 궁구 · 究明 구명 · 學究派 학구파

단양 금굴 내부

621	容 얼굴 용	중 容 [róng]
	宀[집 면]부 10획	일 容 음독[よう]
		훈독[いれる·かたち·ゆるす]
		영 face

소 전

穴[구멍 혈]자와 公[공평할 공]자의 이체자(異體字)인 㕙자가 합쳐진 글자다. 穴자로 인해 비어 있는 구멍[穴] 속에 담는다 하면서 다시 그 의미가 확대되어 남의 시선을 담는 얼굴과 관련되어 그 뜻이 '얼굴'이 되었고, 그 음은 㕙(공=公)자로 인해 軵[수레가 가는 모양 용]자처럼 '공'에서 변하여 '용'이 되었다.

용례 容貌 용모 · 內容 내용 · 容納 용납 · 容恕 용서 · 受容 수용 · 許容 허용 · 容納 용납 · 容易 용이 · 容認 용인 · 包容 포용 · 容器 용기 · 容疑者 용의자 · 收容所 수용소 · 美容室 미용실 · 雪膚花容 설부화용 · 花容月態 화용월태

동굴 속의 집

622	戶 지게 호	중 户 [hù]
	戶[지게 호]부 4획	일 戸 음독[こ]
		훈독[と]
		영 door

갑골문 　 소 전

두 짝의 문을 나타낸 門[문 문]자에서 그 한 짝인 戶의 형태처럼, 외짝의 문을 나타낸 글자다. 옛날에는 외짝의 문을 '지게문'이라 불렀고, 줄여서 '지게'라고도 했다. 따라서 戶자는 그 뜻이 '지게'가 되었고, 외짝의 문인 지게와 관련된 '문호'나 '창호지'에서 보듯 그 음이 '호'가 되었다.

용례 門戶 문호 · 戶主 호주 · 戶籍 호적 · 家戶 가호 · 戶數 호수 · 戶房 호방 · 戶部 호부 · 窓戶紙 창호지 · 破落戶 파락호 · 家家戶戶 가가호호 · 千門萬戶 천문만호 · 戶曹判書 호조판서 · 戶口調査 호구조사

지게문이 달린 초가집

623

所 바 소

戶[지게 호]부 8획

중 所 [suǒ]
일 所 음독[しょ]
　　훈독[ところ]
영 place

금문　소전

斤[도끼 근]자와 戶[지게 호]자가 합쳐진 글자다. 斤자로 인해 도끼[斤]로 일하는 바가 있다 하여 그 뜻이 '바'가 되었고, 戶자로 인해 그 음이 '호'에서 변하여 '소'가 되었다.

용례 住所주소 · 處所처소 · 殯所빈소 · 所得소득 · 解憂所해우소 · 無所不爲무소불위 · 十目所視십목소시 · 適材適所적재적소 · 前妻所生전처소생 · 八字所關팔자소관

도끼로 벌목하는 모습

624

門 문 문

門[문 문]부 8획

중 门 [mén]
일 門 음독[もん]
　　훈독[かど]
영 gate

갑골문　소전

집의 안과 밖을 구분 지으면서 주로 사람이 드나드는 두 짝의 문을 나타냈다. 따라서 그 뜻이 '문'이 되었고, 문과 관련된 '대문·교문·수문'에서처럼 그 음이 '문'이 되었다.

용례 大門대문 · 校門교문 · 水門수문 · 門牌문패 · 砲門포문 · 崇禮門숭례문 · 登龍門등용문 · 門外漢문외한 · 門前成市문전성시 · 大道無門대도무문 · 門前乞食문전걸식

사립문

625

開 열 개

門[문 문]부 12획

중 开 [kāi]
일 開 음독[かい]
　　훈독[あく · あける · ひらく · ひらける]
영 open

금문　소전

門[문 문]자와 빗장을 나타낸 一의 형태인 廾[손 맞잡을 공]자가 합쳐진 글자다. 문[門]의 빗장[一]을 두 손[廾]으로 들어 연다 하여 그 뜻이 '열다'가 되었고, '열다'와 관련된 '개폐·개발·개방'에서 보듯 그 음이 '개'가 되었다.

용례 開閉개폐 · 開發개발 · 開放개방 · 開化개화 · 公開공개 · 開幕개막 · 開催개최 · 開拓개척 · 開始개시 · 開天節개천절 · 未開人미개인 · 天地開闢천지개벽 · 開門納賊개문납적 · 開卷有益개권유익

대문 열기

626

閉 닫을 폐

門[문 문]부 11획

- 중 闭 [bì]
- 일 閉 음독[へい]
  훈독[しまる・しめる・とざす・とじる]
- 영 close

금문 | 소전

門[문 문]자와 빗장[一의 형태]을 가로지른 十의 형태가 합쳐진 글자였다. 문[門]을 굳게 닫기 위해 가로지른 빗장을 세로 막대에 걸어 닫는 모양[十]을 나타낸 데서 그 뜻이 '닫다'가 되었고, '닫다'와 관련된 '폐문·밀폐·폐막'에서 보듯 그 음이 '폐'가 되었다. 후에 덧붙여진 十의 형태는 才자로 바뀌었다.

용례 閉門 폐문 · 密閉 밀폐 · 閉幕 폐막 · 閉鎖 폐쇄 · 閉塞 폐색 · 閉業 폐업 · 幽閉 유폐 · 閉店 폐점 · 閉會式 폐회식 · 自閉症 자폐증 · 閉經期 폐경기 · 閉塞湖 폐색호 · 金口閉舌 금구폐설

닫힌 문

627

間 사이 간

門[문 문]부 12획

- 중 间 [jiàn]
- 일 間 음독[かん・けん]
  훈독[あいだ・ま]
- 영 between

금문 | 소전

본래 門[문 문]자와 月[달 월]자가 합쳐져 문[門] 사이로 달[月]빛이 비치는 모양을 나타낸 間(간)으로 쓰였던 글자였다. 후에 덧붙여진 月이 日로 바뀌어 間으로 쓰이면서 열린 문[門] 사이로 햇빛[日]이 비친다 하여 그 뜻이 '사이'가 되었고, 사이와 관련된 '간식·미간·간격'에서처럼 그 음이 '간'이 되었다.

용례 人間 인간 · 幕間 막간 · 眉間 미간 · 間食 간식 · 間隔 간격 · 瞥眼間 별안간 · 瞬息間 순식간 · 草家三間 초가삼간 · 犬猿之間 견원지간

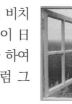

문 사이의 달

628

閑 한가할 한

門[문 문]부 12획

- 중 闲 [xián]
- 일 閑 음독[かん]
- 영 leisure

금문 | 소전

門[문 문]자와 月[달 월]자가 어우러져 문[門] 사이로 달빛[月]이 한가롭게 비치는 모양을 나타낸 閒[사이 간, 한가할 한]자가 '사이'와 '한가하다'의 뜻을 지녔던 글자였다. 후에 '사이'를 뜻하는 데는 月자 대신 日자를 쓴 間[사이 간]으로 변화하였고, '한가하다'를 뜻하는 데는 月자 대신 木[나무 목]자를 붙인 閑자가 쓰였다. 음은 閒자의 영향을 받아 '한'이 되었다.

용례 閑暇 한가 · 閑寂 한적 · 閑散 한산 · 閑良 한량 · 閑談 한담 · 等閑視 등한시 · 農閑期 농한기 · 忙中閑 망중한 · 空閑地 공한지 · 閑中錄 한중록 · 有閑階級 유한계급 · 閑麗水道 한려수도

제주도 정낭

629

關 관계할 관

門[문 문]부 19획

중 关 [guān]
일 関 음독[かん]
　　훈독[せき]
영 relate to

금 문

소 전

문[門]과 문의 위아래 빗장 구멍에 세로의 반듯한 물건을 꽂아 닫은 모양[串의 형태]을 나타낸 글자다. 문의 빗장과 관련되어 이뤄졌으므로 '빗장'을 뜻하고, 다시 문을 잠그는 일이 빗장과 관계하여 이뤄진다 하여 '관계하다'의 뜻을 지니기도 한다. 그 음은 '빗장'이나 '관계하다'와 관련된 '관문·현관·관심·관련'에서 보듯 '관'으로 읽히고 있다. 빗장과 관련된 串의 형태는 후에 絲[실 꿸 관]자로 바뀌었다.[약자→関]

함곡관

용례 關門 관문 · 玄關 현관 · 關心 관심 · 關聯 관련 · 無關 무관 · 關鍵 관건 · 大關嶺 대관령 · 關東八景 관동팔경 · 吾不關焉 오불관언

630

窓 창 창

穴[구멍 혈]부 11획

중 窗 [chuāng]
일 窓 음독[そう]
　　훈독[まど]
영 window

소 전

穴[구멍 혈]자와 囱[천창 창]자가 합쳐져 窗[창 창]자로 쓰였던 글자였다. 벽에 구멍[穴]을 뚫어 집 안의 연기를 빠지게 하고 그 곳으로 빛과 공기가 들어오게 한 창을 나타낸 데서 그 뜻이 '창'이 되었고, 囱자로 인해 그 음이 '창'이 되었다. 후에 穴자와 합쳐진 囱자가 悤(총)자로 바뀌면서 窻[창 창]자로 쓰다가 다시 자형을 약간 생략하여 窓자가 되었다.

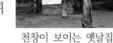
천창이 보이는 옛날집

용례 窓門 창문 · 車窓 차창 · 窓口 창구 · 同窓 동창 · 鐵窓 철창 · 船窓 선창 · 琉璃窓 유리창 · 窓戶紙 창호지 · 北窓三友 북창삼우 · 螢窓雪案 형창설안 · 學窓時節 학창시절

631

高 높을 고

高[높을 고]부 10획

중 高 [gāo]
일 高 음독[こう]
　　훈독[たか · たかい · たかまる · たかめる]
영 high

갑골문

소 전

토대(土臺) 위의 집이 높은 모양을 나타낸 글자다. 옛날 사람들은 추상적인 뜻인 '높다'를 나타내는 데 높은 집의 모양이 적절하다고 여겼던 것이다. 그렇게 집이 높은 데서 그 뜻이 '높다'가 되었고, '높다'와 관련된 말인 '고층·최고·파고'에서 보듯 그 음이 '고'가 되었다.

높은 건물

용례 最高 최고 · 高原 고원 · 高齡 고령 · 物價高 물가고 · 高血壓 고혈압 · 高臺廣室 고대광실 · 高層建物 고층건물 · 天高馬肥 천고마비 · 氣高萬丈 기고만장

632 京 서울 경
ㅗ[돼지해머리]부 8획

중 京 [jīng]
일 京 음독[きょう·きん·けい]
영 capital city

갑골문 | 소전

높은 토대(土臺) 위에 지어진 건물을 나타낸 글자다. 그런 건물은 궁궐과 같은 고대광실(高臺廣室)로 천자나 제후가 머무는 서울에서 볼 수 있기에 그 뜻이 '서울'이 되었고, 서울과 관련된 말인 '경성·상경·북경'에서처럼 그 음이 '경'이 되었다.

용례 京城 경성 · 京劇 경극 · 上京 상경 · 北京 북경 · 東京 동경 · 柳京 유경 · 開京 개경 · 歸京 귀경 · 燕京 연경 · 京兆尹 경조윤 · 京釜線 경부선 · 京畿道 경기도 · 五小京 오소경 · 京鄉各地 경향각지 · 西京遷都 서경천도

자금성 태화전

---

633 就 나아갈 취
尢[절름발이 왕]부 12획

중 就 [jiù]
일 就 음독[しゅう·じゅ]
　　훈독[つく·つける]
영 go forward, advance

소전

京[서울 경]자와 尤[허물 우]자가 합쳐진 글자다. 京자로 인해 궁궐처럼 높은 토대 위에 지은 집이 있는 서울[京]을 향해 나아간다 하여 그 뜻이 '나아가다'가 되었고, 尤자로 인해 그 음이 '우'에서 변하여 '취'가 되었다.

용례 就業 취업 · 就寢 취침 · 就任 취임 · 去就 거취 · 就職 취직 · 就學 취학 · 就港 취항 · 進取的 진취적 · 就勞事業 취로사업 · 日就月將 일취월장 · 所願成就 소원성취

취 직

---

634 舍 집 사
舌[혀 설]부 8획

중 舍 [shè]
일 舍 음독[しゃ]
영 house

금문 | 소전

집에서 비롯된 余[나 여]자와 건물의 주거공간을 나타낸 것으로 보이는 口의 형태가 합쳐진 글자다. 그렇게 집과 관련해 이뤄졌기 때문에 그 뜻이 '집'이 되었고, 집과 관련된 말인 '막사·사감·축사'에서처럼 그 음이 '사'가 되었다.

용례 幕舍 막사 · 舍宅 사택 · 舍監 사감 · 廳舍 청사 · 驛舍 역사 · 畜舍 축사 · 黨舍 당사 · 客舍 객사 · 馬舍 마사 · 舍兄 사형 · 學舍 학사 · 寄宿舍 기숙사 · 寮舍寨 요사채 · 舍廊房 사랑방 · 舍己從人 사기종인

옛 사람의 집

635

良 좋을 량

艮[그칠 간]부 7획

중 良 [liáng]
일 良 음독[りょう]
　　훈독[よい]
영 benevolent

갑골문　소전

건물의 위와 아래로 이어진 회랑(回廊)을 나타낸 글자로 보인다. 회랑이 비나 눈, 또는 뜨거운 햇볕을 가려주어 사람이 움직이는 데 좋은 역할을 한다 하여 그 뜻이 '좋다'가 되었다. 그 음은 '좋다'와 관련된 말인 '개량·선량·불량품'에서 보듯 '량'이 되었다.

용례 良識 양식 · 改良 개량 · 選良 선량 · 良心 양심 · 良好 양호 · 閑良 한량 · 良書 양서 · 不良輩 불량배 · 優良兒 우량아 · 賢母良妻 현모양처 · 美風良俗 미풍양속 · 家貧思良妻 가빈사양처 · 良藥苦於口 양약고어구

위아래로 이어진
회랑

636

屋 집옥

尸[주검 시]부 9획

중 屋 [wū]
일 屋 음독[おく]
　　훈독[や]
영 house

소전

집의 지붕을 나타낸 尸의 형태와 至[이를 지]자가 합쳐진 글자다. 집[尸]은 사람이 외부활동을 하다가도 안식을 얻기 위해 늘 이르러[至] 머무르는 곳임을 나타내면서 그 뜻이 '집'이 되었고, 집과 관련된 말인 '가옥·한옥·옥탑방'에서 보듯 그 음이 '옥'이 되었다.

용례 家屋 가옥 · 韓屋 한옥 · 酒屋 주옥 · 屋內 옥내 · 草屋 초옥 · 茅屋 모옥 · 古屋 고옥 · 社屋 사옥 · 洋屋 양옥 · 屋舍 옥사 · 屋號 옥호 · 板屋船 판옥선 · 屋塔房 옥탑방 · 屋蓋石 옥개석 · 屋上架屋 옥상가옥 · 一間斗屋 일간두옥

감천동 문화마을 가옥들

637

入 들입

入[들 입]부 2획

중 入 [rù]
일 入 음독[じゅ·にゅう]
　　훈독[いる·いれる·はいる]
영 enter

갑골문　소전

옛날 사람들이 살던 움집의 입구 모양을 표현한 글자로 보인다. 입구는 사람이 들어가는 곳이기 때문에 그 뜻이 '들다'가 되었고, '들다'와 관련된 말인 '입구·입학·수입'에서처럼 그 음이 '입'이 되었다.

용례 入口 입구 · 入學 입학 · 收入 수입 · 入試 입시 · 先入見 선입견 · 漸入佳境 점입가경 · 本第入納 본제입납 · 單刀直入 단도직입 · 病入膏肓 병입고황 · 南大門入納 남대문입납

옛날 사람의 주거지

638	內 안내	중 内 [nèi]	
		일 内 음독[だい·ない]	
	⌐[멀 경]부 4획	훈독[うち]	
		영 inside	

금문 · 소전

움집의 외형을 나타낸 ⌐의 형태와 움집의 입구를 나타낸 入[들 입]자가 합쳐진 글자다. 그 움집[⌐]의 입구[入] 안으로 사람이 들어간다 하여 그 뜻이 '안'이 되었고, 다시 入자로 인해 그 음이 '입'에서 변하여 '내'가 되었다.

용례 內外 내외 · 內部 내부 · 內科 내과 · 室內 실내 · 內助 내조 · 內訌 내홍 · 內紛 내분 · 內需 내수 · 國內 국내 · 內子 내자 · 內侍 내시 · 內視鏡 내시경 · 外華內貧 외화내빈 · 外柔內剛 외유내강 · 內憂外患 내우외환

옛날 사람의 주거지

639	出 날출	중 出 [chū]	
		일 出 음독[しゅつ·すい]	
	凵[입 벌릴 감]부 5획	훈독[だす·でる]	
		영 exit	

갑골문 · 소전

사람의 발을 나타낸 止[그칠 지]자와 움집의 입구에 파인 부분을 나타낸 凵의 형태가 합쳐진 글자다. 발[止]로 움집의 입구 부분[凵]을 딛고 밖으로 나는 모습을 나타내면서 그 뜻이 '나다(나가다)'가 되었고, '나다(나가다)'와 관련된 말인 '출구·출산·일출' 등에서 보듯 그 음이 '출'이 되었다. 止자와 凵의 형태는 서로 어우러져 오늘날 出자로 쓰이고 있다.

용례 出口 출구 · 出入 출입 · 出産 출산 · 日出 일출 · 出版 출판 · 出衆 출중 · 不世出 불세출 · 八不出 팔불출 · 出將入相 출장입상 · 靑出於藍 청출어람 · 杜門不出 두문불출 · 出嫁外人 출가외인

암사동 고대인의 움집터

640	去 갈거	중 去 [qù]	
		일 去 음독[きょ·こ]	
	厶[사사 사]부 5획	훈독[さる]	
		영 go	

갑골문 · 소전

사람[大의 형태]이 주거지 입구[口의 형태]로부터 밖으로 나가는 모습을 나타낸 글자다. 입구로부터 사람이 나간다 하여 그 뜻이 '가다'가 되었고, '가다'와 관련된 말인 '거래·과거·서거'에서 보듯 그 음이 '거'가 되었다.

용례 去來 거래 · 過去 과거 · 逝去 서거 · 去就 거취 · 三不去 삼불거 · 七去之惡 칠거지악 · 去者日疏 거자일소 · 馬行處牛亦去 마행처우역거

고대인의 활동(재현)

641	各 각각 각	중 各 [gè]	

各 각각 각
口[입 구]부 6획

중 各 [gè]
일 各 음독[かく]
　훈독[おのおの]
영 each

갑골문 / 소 전

아래를 향하고 있는 발을 나타낸 夂[뒤져 올 치]자와 움집의 입구를 나타낸 口의 형태가 합쳐진 글자다. 발[夂]이 좁은 움집의 입구[口]로 각각 들어가는 모습을 나타낸 데서 그 뜻이 '각각'이 되었고, 각각과 관련된 말인 '각종·각자·각국'에서처럼 그 음이 '각'이 되었다.

용례 各自 각자 · 各種 각종 · 各界 각계 · 各國 각국 · 各地 각지 · 各房 각방 · 各個人 각개인 · 各自圖生 각자도생 · 各樣各色 각양각색 · 各個戰鬪 각개전투

암사동
선사주거지(재현)

商 장사 상
口[입 구]부 11획

중 商 [shāng]
일 商 음독[しょう]
　훈독[あきなう]
영 trade

갑골문 / 소 전

장사에 필요한 물건들을 보관하는 높은 집을 나타낸 글자다. 그 집이 장사와 관련된 데서 그 뜻이 '장사'가 되었고, 장사와 관련된 '상점·행상·보부상'에서 보듯 그 음이 '상'이 되었다.

용례 商店 상점 · 行商 행상 · 商品 상품 · 商人 상인 · 商標 상표 · 露店商 노점상 · 商去來 상거래 · 商工業 상공업 · 褓負商 보부상 · 爛商討論 난상토론 · 士農工商 사농공상

옛날 집

因 인할 인
口[에울 위]부 6획

중 因 [yīn]
일 因 음독[いん]
　훈독[よる]
영 due to

갑골문 / 소 전

앉거나 눕도록 바닥에 까는 자리를 나타낸 口의 형태와 두 팔과 두 다리를 벌리고 있는 사람을 나타낸 大의 형태가 합쳐진 글자다. 자리[口]에 사람[大]이 누워 쉬는 모습을 나타냈는데, 그렇게 쉬는 것은 그 자리로 인한 것이라 하여 그 뜻이 '인하다'가 되었다. 그 음은 '인하다'와 관련된 '기인·원인·수인성'에서 보듯 '인'이 되었다. 본래의 뜻 '자리'는 艸[풀 초]자에서 변형된 ++[초두]를 덧붙인 茵[자리 인]자가 대신하고 있다.

용례 原因 원인 · 要因 요인 · 死因 사인 · 起因 기인 · 敗因 패인 · 因山日 인산일 · 因緣說 인연설 · 水因性 수인성 · 因果應報 인과응보 · 遺傳因子 유전인자 · 因數分解 인수분해

자리에 누워있는 아들

644

困 곤할 곤

□[에울 위]부 7획

중 困 [kùn]
일 困 음독[こん]
　　훈독[こまる]
영 distress

갑골문　소전

□[에울 위]자와 木[나무 목]자가 합쳐진 글자다. 사방을 에워[□] 두른 공간 안에 나무[木]가 곤한 상태에 놓여 있다 하여 그 뜻이 '곤하다'가 되었고, '곤하다'와 관련된 '곤란·빈곤·피곤'에서 보듯 그 음이 '곤'이 되었다.

 困難 곤란 · 貧困 빈곤 · 疲困 피곤 · 困境 곤경 · 困窮 곤궁 · 困惑 곤혹 · 困辱 곤욕 · 困乏 곤핍 · 困厄 곤액 · 勞困 노곤 · 困氣 곤기 · 春困症 춘곤증 · 食困症 식곤증 · 兩困馬 양곤마 · 困而知之 곤이지지

자금성

645

團 둥글 단

□[에울 위]부 14획

중 团 [tuán]
일 団 음독[だん·とん]
영 group

금문　소전

□[에울 위]자와 專[오로지 전]자가 합쳐진 글자다. □자로 인해 에워[□] 싼 모양이 둥글다 하여 그 뜻이 '둥글다'가 되었고, 專자로 인해 그 음이 '전'에서 변하여 '단'이 되었다.[약자→団]

 團結 단결 · 集團 집단 · 團欒 단란 · 團體 단체 · 團地 단지 · 財團 재단 · 工團 공단 · 團合 단합 · 師團 사단 · 大團圓 대단원 · 合唱團 합창단 · 應援團 응원단 · 飮酒團束 음주단속

실패를 다루는 옛 사람

646

固 굳을 고

□[에울 위]부 8획

중 固 [gù]
일 固 음독[こ]
　　훈독[かたい·かたまる·かため
　　る·もとより]
영 solid

금문　소전

□[에울 위]자와 古[예 고]자가 합쳐진 글자다. □자로 인해 에워싼 경계의 지역[□]을 굳게 지킨다 하여 그 뜻이 '굳다'가 되었고, 古자로 인해 故[일 고]·苦[쓸 고]·姑[시어미 고]자처럼 그 음이 '고'자가 되었다.

固執 고집 · 固定 고정 · 固體 고체 · 確固 확고 · 堅固 견고 · 鞏固 공고 · 固辭 고사 · 固守 고수 · 固陋 고루 · 凝固 응고 · 固有語 고유어 · 强固無比 강고무비

경도오부 북한산성부도

647

園 동산 원

口[에울 위]부 13획

중 园 [yuán]
일 園 음독[えん]
　훈독[その]
영 garden

소 전

口[에울 위]자와 袁[옷 길 원]자가 합쳐진 글자다. 口자로 인해 작은 산이나 숲을 에워서[口] 만든 동산과 관련해 그 뜻이 '동산'이 되었고, 袁자로 인해 遠[멀 원]자나 猿[원숭이 원]자처럼 그 음이 '원'이 되었다.

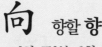 公園 공원 · 花園 화원 · 田園 전원 · 樂園 낙원 · 庭園 정원 · 陵園 능원 · 遊園地 유원지 · 動物園 동물원 · 果樹園 과수원 · 幼稚園 유치원 · 桃園結義 도원결의

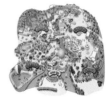
과천 서울랜드 놀이동산

648

向 향할 향

口[입 구]부 6획

중 向 [xiàng]
일 向 음독[きょう·こう]
　훈독[むかう·むく·むける·
　むこう]
영 toward

갑골문

소 전

북쪽을 향해 난 집의 창(窓)을 나타낸 글자다. 따라서 '북창'을 뜻하면서 다시 그 창이 북쪽을 향하고 있다 하여 '향하다'의 뜻을 지니게 되었고, '향하다'와 관련된 '방향·동향·향후'에서 보듯 '향'의 음으로 읽히게 되었다.

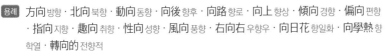 方向 방향 · 北向 북향 · 動向 동향 · 向後 향후 · 向路 향로 · 向上 향상 · 傾向 경향 · 偏向 편향 · 指向 지향 · 趣向 취향 · 性向 성향 · 風向 풍향 · 右向右 우향우 · 向日花 향일화 · 向學熱 향학열 · 轉向的 전향적

북향 창

3-2. 사람의 생활도구나 무기와 관련된 한자

사람은 자유로워진 두 손을 이용해 문명을 일구면서 여러 도구를 만들어 사용했다. 도구는 사람의 생활을 더욱 편하고 윤택하게 만들었다. 뿐만 아니라 사람은 무기도 만들어 전쟁을 통해 먹을 것을 취하고, 붙잡은 사람을 노예로 삼기도 했다.

이 장에서는 사람이 도구를 사용하면서 자연스럽게 만들어진 부수인 工[장인 공]·刀[칼 도]·斤[도끼 금]·己[몸 기]·卩[병부 절]·弓[활 궁]·矢[화살 시]·至[이를 지]·弋[말뚝 익]·矛[창 모]·戈[창 과]·車[수레 거(차)]자 등으로 구성된 한자를 살펴본다.

• 생활도구 •

649 工 장인공
工[장인 공]부 3획

중 工 [gōng]
일 工 음독[く·こう]
　　훈독[たくみ]
영 artisan

갑골문 / 소 전

절굿공이나 도끼, 또는 굽은 곡자[曲子]와 같은 도구를 나타낸 글자라 한다. 무엇을 나타냈는지 분명하지 않으나 그 도구가 모두 장인(匠人)과 관련이 있기 때문에 그 뜻이 '장인'이 되었고, 장인과 관련된 '석공·직공·숙련공'에서 보듯 그 음이 '공'이 되었다.

용례 石工 석공 · 木工 목공 · 織工 직공 · 陶工 도공 · 工事 공사 · 工夫 공부 · 人工 인공 · 工場 공장 · 竣工 준공 · 着工 착공 · 完工 완공 · 加工品 가공품 · 熟練工 숙련공

장인(김준근 작)

650 巨 클거
工[장인 공]부 5획

중 巨 [jù]
일 巨 음독[きょ·こ]
영 large

금 문 / 소 전

장인(匠人)이 사용하는 큰 자를 나타낸 글자다. 그렇게 자가 큰 데서 뜻이 '크다'가 되었고, '크다'와 관련된 '거물·거액·거시적'에서 보듯 그 음이 '거'가 되었다.

용례 巨大 거대 · 巨木 거목 · 巨富 거부 · 巨人 거인 · 巨軀 거구 · 巨物 거물 · 巨商 거상 · 巨漢 거한 · 巨匠 거장 · 巨視的 거시적 · 巨石文化 거석문화 · 名門巨族 명문거족

도구를 손에 든 복희와
여와

曲 굽을 곡
曰[가로 왈]부 6획

중 曲 [qū]
일 曲 음독[きょく]
　훈독[まがる・まげる]
영 bent

금 문 | 소 전

눈금이 새겨진 굽은 자인 곡척(曲尺=곱자)을 나타낸 글자다. 따라서 굽은 자의 모양으로 인해 뜻이 '굽다'가 되었고, '굽다'와 관련된 '곡척·곡선·곡직'에서 보듯 그 음이 '곡'이 되었다. 후대로 내려오면서 좌우가 대칭되는 자형으로 변했다.

복희여와도

용례 曲尺 곡척 · 曲線 곡선 · 歪曲 왜곡 · 曲直 곡직 · 屈曲 굴곡 · 曲折 곡절 · 曲馬團 곡마단 · 褶曲 谷 습곡곡 · 九曲肝腸 구곡간장 · 坊坊曲曲 방방곡곡 · 曲學阿世 곡학아세 · 迂餘曲折 우여곡절 · 曲水流觴 곡수유상

局 판국
尸[주검 시]부 7획

중 局 [jú]
일 局 음독[きょく]
　훈독[つぼね]
영 part, bureau

소 전

尺[자 척]자와 口[입 구]자가 합쳐진 글자다. 자[尺]로 재듯 정확하게 입[口]으로 한정해서 말한다 하면서 다시 한정된 판과 관련해 결국 그 뜻이 '판'이 된 것으로 보이고, 판과 관련된 '국면·국부·국한'에서 보듯 그 음이 '국'이 되었다.

난가선혁(주양재 작)

용례 對局 대국 · 結局 결국 · 局面 국면 · 局部 국부 · 局限 국한 · 破局 파국 · 政局 정국 · 藥局 약국 · 形局 형국 · 難局 난국 · 支局 지국 · 開局 개국 · 局地戰 국지전 · 郵遞局 우체국 · 放送局 방송국 · 時局宣言 시국선언

刀 칼도
刀[칼 도]부 2획

중 刀 [dāo]
일 刀 음독[とう]
　훈독[かたな]
영 knife

갑골문 | 소 전

위쪽에 자루가 있고 그 아래의 한쪽에 날이 있는 칼을 나타낸 글자다. 그렇게 칼을 나타낸 데서 뜻이 '칼'이 되었고, 칼과 관련된 말인 '과도·식도·면도'에서처럼 음이 '도'가 되었다. 이 자형이 다른 글자 옆에 붙여질 때는 劍[칼 검]자에서 보듯 刂의 형태로 쓰이는데, 이를 '선칼도'라 한다.

고대의 칼

용례 刀劍 도검 · 果刀 과도 · 食刀 식도 · 面刀 면도 · 短刀 단도 · 銀粧刀 은장도 · 偃月刀 언월도 · 明刀錢 명도전 · 單刀直入 단도직입 · 快刀亂麻 쾌도난마 · 傳家寶刀 전가보도 · 牛刀割鷄 우도할계 · 借刀殺人 차도살인 · 一刀兩斷 일도양단

654

分 나눌 분

刀[칼 도]부 4획

중 分 [fēn]
일 分 음독[ふん・ぶ・ぶん]
　　훈독[わかつ・わかる・
　　わかれる・わける]
영 divide

| 갑골문 | 소 전 |

무언가 나누는 모양에서 비롯된 八[여덟 팔]자와 刀[칼 도]자가 합쳐진 글자다. 칼[刀]로 무언가를 나눈다[八] 하여 그 뜻이 '나누다'가 되었고, '나누다'와 관련된 '분할·분수·분배'에서 보듯 그 음이 '분'이 되었다.

용례 分割분할 · 分數분수 · 分配분배 · 等分등분 · 無一分무일분 →무일푼 · 大部分대부분 · 大義名分대의명분 · 安分知足안분지족 · 四分五裂사분오열 · 天生緣分천생연분 · 萬分之一만분지일 · 惡質分子악질분자

케익 나누기

655

列 벌일 렬

刀[칼 도]부 6획

중 列 [liè]
일 列 음독[れつ]
　　훈독[つらねる・ならぶ]
영 display

소 전

歹[뼈 앙상할 알]자와 刀[칼 도]자에서 변형된 刂[선칼도]가 합쳐진 글자다. 刀자로 인해 칼[刀]로 뼈를 발라내어 쭉 벌여 놓는다 하여 그 뜻이 '벌이다'가 되었고, 歹자로 인해 그 음이 '알'에서 변하여 '렬'이 되었다. 列자 앞에 오는 글자의 음이 모음으로 끝나거나 'ㄴ'으로 끝나면 '열'로 읽기도 한다.

음식을 벌여 놓은 모양

용례 羅列나열 · 行列행렬 · 列車열차 · 列島열도 · 陳列진열 · 齒列치열 · 隊列대열 · 序列서열 · 配列배열 · 列强열강 · 列擧열거 · 竝列병렬 · 行列字항렬자 · 系列社계열사 · 一列縱隊일렬종대 · 辰宿列張진수열장

656

利 이로울 리

刀[칼 도]부 7획

중 利 [lì]
일 利 음독[り]
　　훈독[きく・とし]
영 benefit

| 갑골문 | 소 전 |

禾[벼 화]자와 刀[칼 도]자에서 변형된 刂[선칼도]가 합쳐진 글자다. 벼[禾]를 베는 칼[刀]이 날카롭다 하여 '날카롭다'는 뜻을 지니면서 다시 칼이 날카로우면 벼를 베는 데 이롭다 하여 결국 뜻이 '이롭다'가 되었고, '이롭다'와 관련된 '유리·권리·모리배'에서처럼 음이 '리'가 되었다.

벼 베기

용례 銳利예리 · 利益이익 · 權利권리 · 勝利승리 · 有利유리 · 謀利輩모리배 · 戰利品전리품 · 漁父之利어부지리 · 甘言利說감언이설 · 見利思義견리사의 · 利用厚生이용후생 · 薄利多賣박리다매 · 利敵行爲이적행위

657

別 나눌 별

刀[칼 도]부 7획

중 別 [bié]
일 別 음독[べつ]
　훈독[わかつ・わかれる・わける]
영 classify

갑골문

소 전

살을 발라 낸 뼈를 나타낸 咼[살 바를 과]자를 달리 쓰는 另자와, 칼을 나타낸 刀[칼 도]자에서 변형된 刂[선칼도]가 합쳐진 글자다. 칼[刀]로 뼈의 살을 발라[另] 나눈다 하여 그 뜻이 '나누다'가 되었고, '나누다'와 관련된 말인 '이별·결별·별거'에서 보듯 그 음은 '별'이 되었다.

용례 離別 이별 · 分別 분별 · 別居 별거 · 訣別 결별 · 區別 구별 · 別世 별세 · 特別 특별 · 差別 차별 · 恪別 각별 · 作別 작별 · 別故 별고 · 惜別 석별 · 別天地 별천지 · 男女有別 남녀유별 · 教外別傳 교외별전 · 千差萬別 천차만별

칼로 고기의 뼈와 살을 나누는 모양

658

初 처음 초

刀[칼 도]부 7획

중 初 [chū]
일 初 음독[しょ]
　훈독[うい・そめる・はじめ・はじめて・はつ]
영 first

갑골문

소 전

衣[옷 의]자에서 변형된 衤[옷의변]과 刀[칼 도]자가 합쳐진 글자다. 衣자로 인해 옷[衣]을 처음 자르는 상황과 관련해 그 뜻이 '처음'이 되었고, 刀자로 인해 그 음이 '도'에서 변하여 '초'가 되었다.

용례 始初 시초 · 初伏 초복 · 初步 초보 · 最初 최초 · 當初 당초 · 初期 초기 · 年初 연초 · 首丘初心 수구초심 · 初志一貫 초지일관 · 今時初聞 금시초문 · 自初至終 자초지종 · 初等學校 초등학교

옷감의 마름질

659

到 이를 도

刀[칼 도]부 8획

중 到 [dào]
일 到 음독[とう]
　훈독[いたる]
영 reach

금 문

소 전

至[이를 지]자와 발이 덧붙여진 人[사람 인]자로 이뤄진 글자였다. 사람[人]이 어딘가에 이르다[至] 하여 그 뜻이 '이르다'가 되었고, '이르다'와 관련된 말인 '도착·도달·당도'에서 보듯 그 음이 '도'가 되었다. 후대로 내려오면서 人자는 刂의 형태로 바뀌었다.

용례 到着 도착 · 到達 도달 · 當到 당도 · 到來 도래 · 殺到 쇄도 · 到任 도임 · 來到 내도 · 周到綿密 주도면밀 · 用意周到 용의주도 · 到處春風 도처춘풍 · 精神一到何事不成 정신일도하사불성

자로부미(子路負米)

<table>
<tr><td>660</td><td>前 앞 전
刀[칼 도]부 9획</td><td>중 前 [qián]
일 前 음독[ぜん]
훈독[まえ]
영 front</td></tr>
</table>

갑골문   소 전

발을 나타낸 止[그칠 지]자와 배 모양의 용기를 나타낸 舟의 형태가 합쳐진 歬자가 본자(本字)이다. 신발을 신지 않았던 옛날에 발[止]을 용기[舟]에 넣어 씻는 일을 신성한 곳에 들어가기에 앞서 행한다 하여 그 뜻이 '앞'이 되었고, 앞과 관련된 '전후·전철·목전'에서처럼 그 음이 '전'이 되었다. 歬자는 후에 다시 刀(刂)자가 덧붙여져 '베다'의 뜻을 지녔던 剪(=翦)자를 빌려 썼는데, 剪(=翦)자는 시간이 지나면서 前자로 바뀌었다.

발을 씻는 모습

용례 前後 전후 · 前轍 전철 · 前進 전진 · 目前 목전 · 生前 생전 · 前半戰 전반전 · 前衛部隊 전위부대 · 前官禮遇 전관예우 · 門前成市 문전성시 · 空前絶後 공전절후 · 風前燈火 풍전등화

<table>
<tr><td>661</td><td>判 가를 판
刀[칼 도]부 7획</td><td>중 判 [pàn]
일 判 음독[はん·ばん·ぱん]
훈독[わかる]
영 judge</td></tr>
</table>

소 전

半[반 반]자와 刀[칼 도]자에서 변형된 刂[선칼도]가 합쳐진 글자다. 刀자로 인해 칼[刀]로 물건을 가른다 하여 그 뜻이 '가르다'가 되었고, 半자로 인해 그 음이 '반'에서 변하여 '판'이 되었다.

소를 반으로 가르는 모양

용례 判斷 판단 · 審判 심판 · 判決 판결 · 裁判 재판 · 判定 판정 · 判示 판시 · 判明 판명 · 判別 판별 · 判檢事 판검사 · 理判事判 이판사판 · 身言書判 신언서판 · 判官司令 판관사령

<table>
<tr><td>662</td><td>則 법칙 칙
刀[칼 도]부 9획</td><td>중 則 [zé]
일 則 음독[そく]
훈독[のっとる·のり]
영 regulation</td></tr>
</table>

금 문   소 전

鼎[솥 정]자와 刀[칼 도]자에서 변형된 刂[선칼도]가 합쳐진 鼏자가 본자(本字)이다. 나라의 제사 때 사용된 기구인 솥[鼎]과 그 솥 안에 칼[刀]로 새기는 약속의 글이 법칙과 관련이 있다 하여 그 뜻이 '법칙'이 되었고, 법칙과 관련된 말인 '규칙·철칙·수칙'에서 보듯 그 음이 '칙'이 되었다. 뜻이 '곧'으로 쓰일 때는 '즉'으로 읽기도 한다. 이 자형은 鼎자의 필획이 복잡하여 후대에 貝의 형태로 바뀌어 則자로 쓰이고 있다.

모공정(毛公鼎)의 글

용례 罰則 벌칙 · 規則 규칙 · 鐵則 철칙 · 守則 수칙 · 然則 연즉 · 窮則通 궁즉통 · 犯則金 범칙금 · 先則制人 선즉제인 · 必死則生 필사즉생

663

亡 **망할 망**

亠[돼지해머리]부 3획

중 亡 [wáng]
일 亡 음독[ぼう·もう]
　훈독[うせる·ない·ほろびる]
영 perish

| 갑골문 | 소 전 |

부러진 칼

날이 부러진 칼을 나타낸 글자로 보인다. 날이 부러진 칼은 쓸모를 잃었다 하여 '잃다'의 뜻을 지니면서 다시 다 잃고 망했다 하여 그 뜻이 '망하다'가 되었고, '망하다'와 관련된 말인 '멸망·망신·흥망'에서 보듯 그음이 '망'이 되었다.

용례 滅亡 멸망 · 亡身 망신 · 亡命 망명 · 興亡 흥망 · 死亡 사망 · 亡失 망실 · 未亡人 미망인 · 脣亡齒寒 순망치한 · 亡羊補牢 망양보뢰 · 亡羊之歎 망양지탄

664

新 **새 신**

斤[도끼 근]부 13획

중 新 [xīn]
일 新 음독[しん]
　훈독[あたらしい·あらた·にい]
영 new

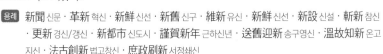

| 갑골문 | 소 전 |

개암나무 열매

羍[개암나무 진=榛]자와 斤[도끼 근]자가 합쳐진 新자가 본자(本字)이다. 斤자에 의해 도끼[斤]로 우거진 숲을 베어 새롭게 한다고 해서 그 뜻이 '새롭다'의 '새'가 되었고, 羍자에 의해 그 음이 '진'에서 변하여 '신'이되었다. 新자에 덧붙여진 羍자는 후에 亲의 형태로 변하여 오늘날 新자로 쓰이고 있다.

용례 新聞 신문 · 革新 혁신 · 新鮮 신선 · 新舊 신구 · 維新 유신 · 新鮮 신선 · 新設 신설 · 斬新 참신 · 更新 경신/갱신 · 新都市 신도시 · 謹賀新年 근하신년 · 送舊迎新 송구영신 · 溫故知新 온고지신 · 法古創新 법고창신 · 庶政刷新 서정쇄신

665

己 **몸 기**

己[몸 기]부 3획

중 己 [jǐ]
일 己 음독[き·こ]
　훈독[おのれ·つちのと]
영 body

| 갑골문 | 소 전 |

구부러진 굵은 줄

굵은 실이나 줄을 나타낸 글자로 보인다. 옛 사람들이 이를 몸을 굽히고있는 사람을 나타낸 글자로 보면서 그 뜻도 '몸'이 되었다고 하며, 몸과관련된 말인 '자기·극기·이기주의자'에서 보듯 그 음이 '기'가 되었다.

용례 自己 자기 · 克己 극기 · 知彼知己 지피지기 · 十年知己 십년지기 · 克己復禮 극기복례 · 修己治人 수기치인 · 利己主義者 이기주의자

666 更 고칠 경

曰[가로 왈]부 7획

중 更 [gèng]
일 更 음독[こう]
　훈독[さら・ふかす・ふける]
영 mend

갑골문　소 전

물고기 꼬리, 부싯돌, 물건의 받침대 등을 나타냈다고 여겨지는 丙[셋째 천간 병]자와 손에 나뭇가지를 들고 치는 모습을 나타낸 攴[칠 복]자가 합쳐진 叓자가 본자(本字)이다. 攴자로 인해 다그쳐서[攴] 다시 고친다 하여 그 뜻이 '고치다'가 되었고, 丙자로 인해 그 음이 '병'에서 변하여 '경'이 되었다. '갱신·갱지·갱생'에서처럼 '다시'의 뜻으로 쓰일 때는 '갱'으로도 읽힌다. 오늘날 이 자형은 丙자와 攴자가 어우러져 更자로 쓰이고 있다.

컴퓨터 고치기

용례 更新 경신/갱신 · 更迭 경질 · 變更 변경 · 更紙 갱지 · 更年期 갱년기 · 不更二夫 불경이부 · 自力更生 자력갱생 · 夜半三更 야반삼경 · 甲午更張 갑오경장 · 追加更正豫算 추가경정예산

667 服 옷 복

月[달 월]부 8획

중 服 [fú]
일 服 음독[ふく]
영 clothes

갑골문　소 전

배를 나타낸 月의 형태와 사람을 손으로 붙잡고 일하게 하는 모습을 나타낸 㞑[일할 복]자가 합쳐진 글자다. 月의 형태로 인해 배[月]가 앞으로 나가도록 다스린다 하여 '다스리다'의 뜻을 지니면서 다시 몸을 다스리는 옷과도 관련되어 그 뜻이 '옷'이 되었고, 㞑자로 인해 그 음이 '복'이 되었다.

배냇저고리

용례 屈伏 굴복 · 服從 복종 · 衣服 의복 · 韓服 한복 · 喪服 상복 · 素服 소복 · 克服 극복 · 征服 정복 · 承服 승복 · 校服 교복 · 軍服 군복 · 洋服 양복 · 水泳服 수영복 · 上命下服 상명하복

668 事 일 사

亅[갈고리 궐]부 8획

중 事 [shì]
일 事 음독[じ・ず]
　훈독[こと・つかえる]
영 affair

갑골문　소 전

원시적인 사냥도구를 손에 들고 있는 모습을 나타낸 글자로 보인다. 먹는 것을 해결하는 것이 삶의 전부였던 옛 사람에게 사냥은 아주 중요한 일이었기 때문에 그 뜻이 '일'이 되었고, 일과 관련된 '사고·인사·다반사'에서 보듯 그 음이 '사'가 되었다.

事자 관련 고문자

용례 事件 사건 · 事故 사고 · 知事 지사 · 人事 인사 · 萬事 만사 · 茶飯事 다반사 · 當然之事 당연지사 · 好事多魔 호사다마 · 事必歸正 사필귀정 · 多事多難 다사다난

669

史 역사 사
口[입 구]부 5획

중 史 [shǐ]
일 史 음독[し]
　　훈독[ふびと・ふみ]
영 history

갑골문 ｜ 소 전

사냥도구를 손에 들고 있는 모습을 나타낸 事[일 사]자와 그 자형의 형성이 같은 글자다. 그렇게 '일'을 뜻하는 事자처럼 일[事]이 거듭되어 하나의 역사가 된다 하여 그 뜻이 '역사'가 되었고, 역사와 관련된 말인 '청사·사극·야사'에서처럼 그 음이 '사'가 되었다.

용례 歷史 역사 · 靑史 청사 · 史劇 사극 · 野史 야사 · 史官 사관 · 史草 사초 · 史記 사기 · 女史 여사 · 國史 국사 · 中國史 중국사 · 三國史記 삼국사기 · 暗行御史 암행어사 · 先史時代 선사시대 · 植民史觀 식민사관 · 韓國痛史 한국통사

고대인의 사냥 모습
암각화

670

船 배 선
舟[배 주]부 11획

중 船 [chuán]
일 船 음독[せん]
　　훈독[ふな・ふね]
영 ship

금 문 ｜ 소 전

舟[배 주]자와 㕣[산 속의 늪 연]자가 합쳐진 글자다. 舟자로 인해 사람이나 짐을 싣고 물 위를 떠다니는 배[舟]와 관련해 그 뜻이 '배'가 되었고, 㕣자로 인해 그 음이 '연'에서 변하여 '선'이 되었다.[약자→舩]

용례 船長 선장 · 船主 선주 · 船舶 선박 · 漁船 어선 · 帆船 범선 · 風船 풍선 · 船員 선원 · 商船 상선 · 板屋船 판옥선 · 龜甲船 귀갑선 · 油槽船 유조선 · 宇宙船 우주선 · 造船所 조선소 · 巡視船 순시선 · 救助船 구조선 · 南船北馬 남선북마

옛날의 배

671

同 한가지 동
口[입 구]부 6획

중 同 [tóng]
일 同 음독[どう]
　　훈독[おなじ]
영 same

갑골문 ｜ 소 전

크게 본다는 뜻과 관련된 凡[무릇 범]자와 입을 나타낸 口[입 구]자가 합쳐진 글자로 보인다. 크게 보면[凡] 입[口]으로 말하는 것이 한 가지라 하여 그 뜻이 '한가지'가 되었고, '한가지'와 관련된 '공동·동시·동의'에서 보듯 그 음이 '동'이 되었다.

용례 共同 공동 · 同僚 동료 · 同意 동의 · 同學 동학 · 同門 동문 · 同氣間 동기간 · 同病相憐 동병상련 · 附和雷同 부화뇌동 · 同床異夢 동상이몽 · 吳越同舟 오월동주 · 草綠同色 초록동색 · 同苦同樂 동고동락 · 同價紅裳 동가홍상

한중일 공용한자를
공부하는 동학들

672

午 일곱째 지지 **오**

十[열 십]부 4획

중 午 [wǔ]
일 午 음독[ご]
　훈독[うま・ひる]
영 7th of the celestial stems, noon

| 갑골문 | 소 전 |

절굿공이를 나타낸 글자다. 원래 '절굿공이'를 뜻했으나 후에 木[나무 목]자를 덧붙인 杵[공이 저]자가 그 뜻을 대신하고, 자신은 간지 가운데 일곱째 지지로 빌려 쓰이면서 결국 그 뜻이 '일곱째 지지'가 되었다. 그 음은 '일곱째 지지'와 관련된 '정오·자오선·임오군란'에서 보듯 '오'가 되었다.

옛날 돌절구와 절굿공이

용례 端午 단오 · 正午 정오 · 午後 오후 · 午餐 오찬 · 下午 하오 · 午睡 오수 · 上午 상오 · 午寢 오침 · 午砲 오포 · 子午線 자오선 · 壬午軍亂 임오군란 · 甲午更張 갑오경장 · 戊午士禍 무오사화

673

醫 의원 **의**

酉[닭 유]부 18획

중 医 [yī]
일 医 음독[い]
　훈독[いやす]
영 cure, doctor

소 전

匸[상자 방]자와 矢[화살 시], 殳[칠 수]자와 酉[닭 유]가 합쳐진 글자다. 상자[匸] 속에 담긴 화살촉[矢]처럼 뾰족한 도구로 치료 부위를 다그쳐서[殳] 치료하고, 소독이나 마취를 위해 술[酉]까지 사용해 치료하는 의원을 나타낸 데서 그 뜻이 '의원'이 되었다. 그 음은 의원과 관련된 말인 '의사·의료·의학'에서처럼 '의'가 되었다.[약자→医]

편작

용례 醫師 의사 · 名醫 명의 · 醫學 의학 · 醫大 의대 · 醫術 의술 · 軍醫 군의 · 專門醫 전문의 · 修鍊醫 수련의 · 家庭醫 가정의 · 韓醫院 한의원 · 醫藥品 의약품 · 執刀醫 집도의 · 醫療保險 의료보험

674

平 평평할 **평**

干[방패 간]부 5획

중 平 [píng]
일 平 음독[ひょう・びょう・へい]
　훈독[たいら・ひら]
영 flat

| 금 문 | 소 전 |

가운데의 줏대에 걸친 가로장 양쪽에 달 물건과 추를 놓아 평평하게 하여 물건의 무게를 재는 천칭(천평칭)을 나타낸 글자다. 저울로 물건의 무게를 잴 때 평평하게 한다 하여 뜻이 '평평하다'가 되었고, '평평하다'와 관련된 '평균·평등·공평'에서 보듯 그 음이 '평'이 되었다.

〈사자의 서〉에 보이는 천칭

용례 平均 평균 · 平等 평등 · 公平 공평 · 平野 평야 · 平和 평화 · 平穩 평온 · 平素 평소 · 平凡 평범 · 蕩平策 탕평책 · 平準化 평준화 · 公平無私 공평무사 · 太平聖代 태평성대

675

再 두 재
冂[멀 경]부 6획

중 再 [zài]
일 再 음독[さ·さい]
　　훈독[ふたたび]
영 again

갑골문 | 소 전

무게를 재는 저울대를 표현한 글자로 보인다. 저울대로 무게를 정확하게 재기 위해 저울질을 두 번이나 다시 한다 하여 그 뜻이 '두(둘)'가 되었고, '두(둘)'와 관련된 말인 '재생·재건·재탕'에서 보듯 그 음이 '재'가 되었다.

용례 再生 재생 · 再起 재기 · 再湯 재탕 · 再建 재건 · 再考 재고 · 再修 재수 · 再開 재개 · 再演 재연 · 再編 재편 · 再婚 재혼 · 再會 재회 · 再活用 재활용 · 再建築 재건축 · 非一非再 비일비재 · 再從四寸 재종사촌

손저울

676

主 주인 주
丶[불똥 주]부 5획

중 主 [zhǔ]
일 主 음독[しゅ·す]
　　훈독[あるじ·おも·ぬし]
영 host

갑골문 | 소 전

받침대[王의 형태] 위에 불이 붙은 심지[丶]를 나타냈다. 사방을 밝히기 위해 불을 피우고 있음을 나타내면서 조심히 다뤄야 할 불을 주인이 다룬다 하여 그 뜻이 '주인'이 되었고, 주인과 관련된 '주객·물주·건물주'에서 보듯 그 음이 '주'가 되었다.

용례 主人 주인 · 主客 주객 · 物主 물주 · 君主 군주 · 主導 주도 · 主張 주장 · 主宰 주재 · 主體 주체 · 主催 주최 · 建物主 건물주 · 無主空山 무주공산 · 隨處作主 수처작주 · 家庭主婦 가정주부 · 民主主義 민주주의

청동 촛대

677

害 해칠 해
宀[집 면]부 10획

중 害 [hài]
일 害 음독[がい]
영 harm

금 문 | 소 전

닭과 같은 가축을 보호하는 덮개의 형태와 물이 담긴 그릇의 형태가 합쳐진 글자로 보인다. 그 덮개로 가축을 보호해도 매와 같은 맹금류가 가축을 해친다 하여 그 뜻이 '해치다'가 된 것으로 보이고, '해치다'와 관련된 '방해·해충·가해자'에서 보듯 그 음이 '해'가 되었다.

용례 被害 피해 · 侵害 침해 · 妨害 방해 · 害蟲 해충 · 殺害 살해 · 災害 재해 · 迫害 박해 · 損害 손해 · 傷害 상해 · 水害 수해 · 自害 자해 · 寒害 한해 · 旱害 한해 · 冷害 냉해 · 無公害 무공해 · 有害食品 유해식품 · 百害無益 백해무익

닭의 어리(김홍도 작 〈평생도〉 일부)

678

才 재주 재

手[손 수]부 3획

중 才 [cái]
일 才 음독[さい・ざい]
영 talent, ability

갑골문 | 소 전

災자 갑골문

災[재앙 재]자의 고문자에서 보듯 넘쳐흐르는 물을 막는 보(洑)를 나타낸 글자로 보인다. 보로 물을 막는다는 데서 다시 그 의미가 확대되어 옛날에 물을 막는 일이 큰 재주로 여겨졌기에 그 뜻이 '재주'가 되었고, '재앙'을 뜻하는 災처럼 그 음도 '재'가 되었다.

보로 물을 막는 모양

용례 才操 재조 · 才能 재능 · 秀才 수재 · 人才 인재 · 英材 영재 · 天才 천재 · 鬼才 귀재 · 才勝德 재승덕 · 蓋世之才 개세지재 · 棟樑之材 동량지재 · 淺學菲才 천학비재

• 무기 •

679

軍 군사 군

車[수레 거]부 9획

중 军 [jūn]
일 軍 음독[ぐん]
　　훈독[いくさ]
영 military

금 문 | 소 전

匀[적을 균]자와 車[수레 거(차)]자로 이뤄진 글자였다. 옛날 수레[車]는 전투와 같은 군사에 중요하게 사용되었기 때문에 그 뜻이 '군사'가 되었고, 匀자로 인해 그 음이 '균'에서 변하여 '군'이 되었다. 덧붙여진 匀자는 후대에 勹의 형태로 바뀌어 軥자로 쓰이다가 다시 勹이 冖의 형태로 바뀌어 오늘날 軍자로 쓰이고 있다.

진시황릉 출토 청동거마

용례 軍人 군인 · 國軍 국군 · 軍隊 군대 · 陸軍 육군 · 軍歌 군가 · 行軍 행군 · 豫備軍 예비군 · 十字軍 십자군 · 冬將軍 동장군 · 千軍萬馬 천군만마 · 白衣從軍 백의종군

680

兵 군사 병

八[여덟 팔]부 7획

중 兵 [bīng]
일 兵 음독[ひょう・へい]
　　훈독[いくさ・つわもの]
영 soldier

갑골문 | 소 전

도끼를 나타내는 斤[도끼 근]자와 두 손을 나타낸 廾[손 맞잡을 공]자로 이뤄진 글자였다. 무기로 사용된 도끼[斤]를 두 손[廾]에 든 군사(軍士)를 나타낸 데서 그 뜻이 '군사'가 되었고, 군사와 관련된 말인 '졸병·징병·복병'에서 보듯 그 음이 '병'이 되었다.

도끼를 두 손에 든 군사

용례 卒兵 졸병 · 徵兵 징병 · 伏兵 복병 · 派兵 파병 · 將兵 장병 · 士兵 사병 · 伏兵 복병 · 兵丁 병정 · 紅衛兵 홍위병 · 一等兵 일등병 · 兵務廳 병무청 · 富國强兵 부국강병 · 兵家常事 병가상사

681

卒 군사 졸

十[열 십]부 8획

중 卒 [zú]
일 卒 음독[そつ]
　　훈독[おわ・ついに・にわか]
영 soldier

| 갑골문 | 소 전 |

갑옷의 옷깃을 끈으로 여민 모양을 나타낸 글자다. 그렇게 옷깃을 끈으로 여민 갑옷은 흔히 군사가 입는다 하여 그 뜻이 '군사'가 되었고, 군사와 관련된 '군졸·졸병·포졸'에서 보듯 그 음이 '졸'이 되었다.[약자→卆]

용례 軍卒 군졸 · 卒兵 졸병 · 捕卒 포졸 · 卒倒 졸도 · 卒壽 졸수 · 驛卒 역졸 · 大卒 대졸 · 邏卒 나졸 · 强卒 강졸 · 卒業式 졸업식 · 腦卒中 뇌졸중 · 烏合之卒 오합지졸 · 倉卒之間 창졸지간

가야의 군사(모형)

682

將 장수 장

寸[마디 촌]부 11획

중 將 [jiāng]
일 將 음독[しょう]
　　훈독[はた・ひきいる・まさに]
영 general

| 소 전 |

爿[조각 장]자와 肉[고기 육]자에서 변형된 月[육달월]과 寸[마디 촌]자가 합쳐진 글자다. 月과 寸자로 인해 고기[肉]를 손[寸]에 거느린다 하여 '거느리다'를 뜻하면서 다시 부하를 거느린 사람인 장수와 관련되어 그 뜻이 '장수'가 되었다. 그 음은 爿자로 인해 壯[씩씩할 장]자나 牆[담 장]자처럼 '장'이 되었다.[약자→将]

용례 將軍 장군 · 將兵 장병 · 將校 장교 · 將星 장성 · 大將 대장 · 名將 명장 · 敗將 패장 · 義兵將 의병장 · 先鋒將 선봉장 · 日就月將 일취월장 · 降將不殺 항장불살 · 兩手兼將 양수겸장

독전하는 이순신 장군(기록화)

683

令 명령할 령

人[사람 인]부 5획

중 令 [lìng]
일 令 음독[りょう・れい]

영 command

| 갑골문 | 소 전 |

지붕을 나타낸 스의 형태와 꿇어앉은 사람을 나타낸 卩[병부 절]자가 합쳐진 글자다. 지붕[스] 아래에 꿇어앉은 사람[卩]에게 명령하는 모습을 나타낸 데서 그 뜻이 '명령하다'가 되었고, '명령하다'와 관련된 '호령·구령·지령'에서처럼 그 음이 '령'이 되었다.

용례 命令 명령 · 號令 호령 · 口令 구령 · 指令 지령 · 令狀 영장 · 傳令 전령 · 令嬢 영양 · 令息 영식 · 法令 법령 · 令夫人 영부인 · 禁足令 금족령 · 戒嚴令 계엄령 · 朝令暮改 조령모개 · 巧言令色 교언영색 · 判官使令 판관사령

영을 내리는 모습

684

命 명령할 명

口[입 구]부 8획

중 命 [mìng]
일 命 음독[みょう·めい]
　훈독[いのち]
영 command

금문　　소전

令[명령할 령]자와 口[입 구]자가 합쳐진 글자다. 令자에 입[口]으로 명령한다고 함을 더욱 분명히 하기 위해 口자가 덧붙여져 그 뜻이 '명령하다'가 되었고, 다시 令자로 인해 그 음이 '령'에서 변하여 '명'이 되었다.

용례 命令 명령 · 命中 명중 · 命名 명명 · 生命 생명 · 殞命 운명 · 十誡命 십계명 · 知天命 지천명 · 見危授命 견위수명 · 佳人薄命 가인박명 · 絶體絶命 절체절명 · 命在頃刻 명재경각 · 盡人事待天命 진인사대천명

명령하는 이순신
장군(기록화)

685

中 가운데 중

丨[뚫을 곤]부 4획

중 中 [zhōng]
일 中 음독[ちゅう]
　훈독[あたる·なか]
영 middle

갑골문　　소전

깃대에서 휘날리는 깃발을 나타낸 글자다. 사람들이 쉽게 알아보고 행동하는 데 중심이 되도록 깃발을 사람들이 모이는 가운데에 세운다 하여 그 뜻이 '가운데'가 되었고, '가운데'와 관련된 '중심·중앙·중간'에서 보듯 그 음이 '중'이 되었다.

용례 中心 중심 · 中央 중앙 · 中間 중간 · 的中 적중 · 食中毒 식중독 · 中樞的 중추적 · 囊中之錐 낭중지추 · 十中八九 십중팔구 · 五里霧中 오리무중 · 杯中蛇影 배중사영 · 畵中之餠 화중지병

서울 수복 후 중앙청에
게양된 태극기

686

旅 나그네 려

方[모 방]부 10획

중 旅 [lǚ]
일 旅 음독[りょ]
　훈독[たび]
영 traveler, wanderer

갑골문　　소전

깃발을 나타낸 㫃[깃발 언]자와 늘어선 여러 군사를 줄여 두 사람으로 나타낸 㐩의 형태가 합쳐진 글자다. 깃발[㫃]을 앞세우고 행군을 하는 군사[㐩]를 나타낸 데서 '군사'를 뜻하면서 다시 군사처럼 돌아다니는 사람과 관련되어 그 뜻이 '나그네'가 되었고, 나그네와 관련된 말인 '역려'나 '행려병자'에서처럼 그 음이 '려'가 되었다.

용례 旅團 여단 · 逆旅 역려 · 旅館 여관 · 旅券 여권 · 旅行 여행 · 旅費 여비 · 旅舍 여사 · 旅路 여로 · 旅程 여정 · 旅愁 여수 · 旅毒 여독 · 旅客機 여객기 · 旅人宿 여인숙 · 行旅病者 행려병자

무리 가운데의 깃발

687

施 베풀 시

方[모 방]부 9획

중 施 [shī]
일 施 음독[し・せ]
　훈독[しく・ほどこす]
영 bestow

소 전

放[깃발 언]자와 也[어조사 야]자가 합쳐진 글자다. 放자로 인해 깃발
[放]을 진영에 둘러 펼쳐 놓듯 차려서 베풀어 놓는다 하여 그 뜻이 '베풀
다'가 되었고, 也자로 인해 그 음이 '야'에서 변하여 '시'가 되었다.

용례 施政 시정 · 施行 시행 · 施術 시술 · 實施 실시 · 布施 보시 · 施策 시책 · 施惠 시혜 · 施工 시공
· 西施 서시

진영에 베풀어 놓은
깃발

688

族 겨레 족

方[모 방]부 11획

중 族 [zú]
일 族 음독[ぞく]
　훈독[やから]
영 brethren

갑골문 ｜ 소 전

放[깃발 언]자와 矢[화살 시]자가 합쳐진 글자다. 집단을 상징하는 깃발
[放] 아래에 모여 화살[矢]과 같은 무기를 들고 맹세를 하며 결속을 다지
는 같은 살붙이인 겨레를 나타난 데서 그 뜻이 '겨레'가 되었고, 겨레와
관련된 말인 '족장·가족·장발족'에서 보듯 그 음이 '족'이 되었다.

용례 族長 족장 · 家族 가족 · 遺族 유족 · 族譜 족보 · 親族 친족 · 貴族 귀족 · 長髮族 장발족 · 漢民
族 한민족 · 名門世族 명문세족 · 愛國愛族 애국애족

대가족

689

韓 나라 이름 한

韋[다룬 가죽 위]부 17획

중 韓 [Hán]
일 韓 음독[かん]
　훈독[から]
영 nation

금 문 ｜ 소 전

깃발과 관련된 倝[해 돋을 간]자와 두르다와 관련된 韋[다룬 가죽 위]자
가 어우러진 韓[나라 한]자가 본자(本字)이다. 韋자로 인해 본래 우물 주
위를 둘러싼[韋] 틀을 뜻했으나 오늘날 우리나라 이름으로 사용된 데서
그 뜻이 '나라 이름'이 되었고, 倝자로 인해 翰[붓 한]자처럼 그 음이
'언'에서 변하여 '한'이 되었다. 후에 韓자는 오른쪽 윗부분 ㅡ의 형태가
생략되어 오늘날 韓자로 쓰이고 있다.

용례 三韓 삼한 · 韓國 한국 · 北韓 북한 · 韓服 한복 · 韓紙 한지 · 韓藥 한약 · 韓流 한류 · 韓半島
한반도 · 韓民族 한민족 · 大韓民國 대한민국 · 駐韓美軍 주한미군

한반도와 그 주변 지역

690

弓 **활 궁**

弓[활 궁]부 3획

중 弓 [gōng]
일 弓 음독[きゅう]
　訓독[ゆみ]
영 bow

| 갑골문 | 소 전 |

시위가 메어진 활

화살을 메워서 쏘는 무기인 활을 나타낸 글자다. 애초에는 시위가 있는 활의 형태로도 나타냈으나 오늘날 쓰이는 자형은 시위가 없는 활을 나타내고 있다. 시위가 없지만 활을 나타냈기에 그 뜻이 '활'이 되었고, 활과 관련된 말인 '양궁·각궁·궁수'에서 보듯 그 음이 '궁'이 되었다.

용례 洋弓 양궁 · 角弓 각궁 · 弓手 궁수 · 神弓 신궁 · 檀弓 단궁 · 弓矢 궁시 · 弓術 궁술 · 鳥盡弓藏 조진궁장 · 傷弓之鳥 상궁지조 · 弓折矢盡 궁절시진

691

引 **끌 인**

弓[활 궁]부 4획

중 引 [yǐn]
일 引 음독[いん]
　訓독[ひく・ひける]
영 pull

| 금 문 | 소 전 |

활

활을 나타낸 弓[활 궁]자와 활의 시위를 나타낸 丨의 형태가 합쳐진 글자다. 활[弓]에 시위[丨]를 메기 위해 끌어당긴다는 데서 그 뜻이 '끌다'가 되었고, '끌다'와 관련된 '견인·인수·유인'에서 보듯 그 음이 '인'이 되었다.

용례 牽引 견인 · 誘引 유인 · 引上 인상 · 割引 할인 · 引導 인도 · 引用 인용 · 引出 인출 · 索引 색인 · 吸引力 흡인력 · 拘引狀 구인장 · 底引網 저인망 · 引率者 인솔자 · 我田引水 아전인수 · 萬有引力 만유인력

692

發 **쏠 발**

癶[걸을 발]부 12획

중 泼 [pō]
일 発 음독[はつ・ほつ]
　訓독[はなつ]
영 occur

| 갑골문 | 소 전 |

활 쏘는 모습
(동래부 순절도)

癹[짓밟을 발]자와 弓[활 궁]자가 합쳐진 글자다. 弓자로 인해 활[弓]을 쏜다 하여 그 뜻이 '쏘다'가 되었고, 癹자로 인해 그 음이 '발'이 되었다. 癹자는 음의 역할을 하는 癶[걸을 발]자와 뜻의 역할을 하는 殳[칠 수]자가 합쳐진 글자다.

용례 發展 발전 · 發表 발표 · 發射 발사 · 開發 개발 · 啓發 계발 · 發生 발생 · 揮發油 휘발유 · 百發百中 백발백중 · 一觸卽發 일촉즉발 · 怒發大發 노발대발 · 發憤忘食 발분망식

弱 약할 약

弓[활 궁]부 10획

중	弱 [ruò]
일	弱 음독[じゃく・にゃく]
	훈독[よわい・よわまる・よわめる・よわる]
영	weak

소 전

대나무와 뽕나무처럼 장력(張力)이 서로 다른 두 재질의 나무로 이뤄진 활[弓]을 동여맨 실이 풀어진 모양을 나타낸 글자로 보인다. 실이 풀어진 활의 탄력이 약하다 하여 그 뜻이 '약하다'가 되었고, '약하다'와 관련된 말인 '강약·약졸·취약'에서 보듯 그 음이 '약'이 되었다.

두 재질로 이뤄지는 활

용례 強弱 강약 · 脆弱 취약 · 懦弱 나약 · 衰弱 쇠약 · 弱冠 약관 · 弱化 약화 · 軟弱 연약 · 微弱 미약 · 貧弱 빈약 · 弱勢 약세 · 虛弱 허약 · 柔弱 유약 · 病弱 병약 · 老弱者 노약자 · 脆弱點 취약점 · 弱肉强食 약육강식 · 抑强扶弱 억강부약

强 굳셀 강

弓[활 궁]부 11획

중	强 [qiáng]
일	强 음독[きょう・ごう]
	훈독[しいる・つよい・つよまる・つよめる]
영	strong

소 전

弘[클 홍]자와 虫[벌레 훼]자가 합쳐진 글자다. 虫자로 인해 원래 껍질이 굳은 '바구미'를 뜻했으나 후에 탄력이 굳센 활을 나타내는 彊[굳셀 강]자와 서로 음이 같아 통용되면서 뜻이 '굳세다'가 되었고, 弘자로 인해 그 음이 '홍'에서 변하여 '강'이 되었다. 중국에서 사용하는 强자는 속자이다.

바구미

용례 强盜 강도 · 强力 강력 · 强弱 강약 · 强行 강행 · 强化 강화 · 强辯 강변 · 强靭 강인 · 强要 강요 · 强硬派 강경파 · 强大國 강대국 · 弱肉强食 약육강식 · 牽强附會 견강부회 · 博覽强記 박람강기 · 自强不息 자강불식 · 富國强兵 부국강병

短 짧을 단

矢[화살 시]부 12획

중	短 [duǎn]
일	短 음독[たん]
	훈독[みじかい]
영	short

소 전

矢[화살 시]자와 豆[콩 두]자가 합쳐진 글자다. 矢자로 인해 화살[矢]의 길이가 짧다 하여 그 뜻이 '짧다'가 되었고, 豆자로 인해 그 음이 '두'에서 변하여 '단'이 되었다.

서로 다른 종류의 화살

용례 短身 단신 · 長短 장단 · 短縮 단축 · 短點 단점 · 短劍 단검 · 短見 단견 · 短刀 단도 · 短命 단명 · 短距離 단거리 · 短期間 단기간 · 一長一短 일장일단 · 絶長補短 절장보단 · 高枕短命 고침단명 · 短篇小說 단편소설

696	至 이를 지	중 至 [zhi]

至 이를 지

至[이를 지]부 6획

중 至 [zhi]
일 至 음독[し]
　　훈독[いたる]
영 reach

갑골문　소 전

화살이 먼 곳으로부터 어떤 지점[땅 또는 과녁]에 이르러 아래로 꽂힌 모양을 나타낸 글자다. 화살이 어떤 지점에 이른 데서 그 뜻이 '이르다'가 되었고, '이르다'와 관련된 말인 '지독·답지·동지'에서 보듯 그 음이 '지'가 되었다.

용례 至毒 지독 · 遝至 답지 · 冬至 동지 · 至極 지극 · 至賤 지천 · 甚至於 심지어 · 至尊無上 지존무상 · 自初至終 자초지종 · 至誠感天 지성감천 · 止於至善 지어지선 · 至高至純 지고지순 · 至上命令 지상명령 · 至密尙宮 지밀상궁

땅에 꽂힌 화살

致 이를 치

697

致 이를 치

至[이를 지]부 10획

중 致 [zhi]
일 致 음독[ち]
　　훈독[いたす]
영 reach

소 전

至[이를 지]자와 夊[천천히 걸을 쇠]자가 합쳐진 致자가 본자(本字)이다. 夊자로 인해 발로 천천히 걸어[夊] 목적지에 이른다 하여 그 뜻이 '이르다'가 되었고, 至자로 인해 그 음이 '지'에서 변하여 '치'가 되었다. 후에 致자에 덧붙여진 夊자는 放(방)·效(효)·牧(목)·改(개)자의 오른쪽에 덧붙여진 攵[등글월문]으로 유추되어 오늘날 致자로 쓰이고 있다.

용례 拉致 납치 · 景致 경치 · 致賀 치하 · 誘致 유치 · 極致 극치 · 致富 치부 · 馴致 순치 · 空致辭 공치사 · 致死率 치사율 · 致命的 치명적 · 言行一致 언행일치 · 雅致高節 아치고절 · 格物致知 격물치지 · 滿場一致 만장일치 · 經世致用 경세치용

걷는 모습

698

的 과녁 적

白[흰 백]부 8획

중 的 [de/dì]
일 的 음독[てき]
　　훈독[まと]
영 target

소 전

日[날 일]자와 勺[구기 작]자가 합쳐진 旳자로 쓰였으나 후에 日자 대신 白[흰 백]자로 바꾸어 썼다. 白자로 인해 눈에 잘 보이도록 희게[白] 가운데를 표시한 과녁과 관련해 그 뜻이 '과녁'이 되었고, 勺자로 인해 그 음이 '작'에서 변하여 '적'이 되었다.

용례 目的 목적 · 的中 적중 · 的確 적확 · 標的 표적 · 劇的 극적 · 端的 단적 · 積極的 적극적 · 痼疾的 고질적 · 弓的相適 궁적상적 · 美的感覺 미적감각 · 無意識的 무의식적 · 知的財産權 지적재산권

〈대사례도〉의 과녁

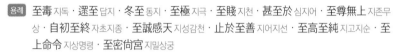

699	式 법식	중 式 [shì]

式 법식
弋[주살 익]부 6획

중 式 [shì]
일 式 음독[しき]
　　훈독[のり]
영 rule

소 전

工[장인 공]자와 弋[주살 익]자가 합쳐졌다. 工자로 인해 장인[工]이 만드는 물건은 법도나 법식에 따라 만들어진다 하여 그 뜻이 '법'이 되었고, 弋자로 인해 그 음은 '익'에서 변하여 '식'이 되었다.

용례 儀式 의식 · 形式 형식 · 方式 방식 · 式場 식장 · 結婚式 결혼식 · 株式會社 주식회사 · 要式行爲 요식행위

결혼식

700

戰 싸움 전
戈[창 과]부 16획

중 战 [zhàn]
일 戰 음독[せん]
　　훈독[いくさ·おののく·
　　そよぐ·たたかう]
영 battle

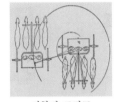

금 문　　소 전

單[홑 단]자와 戈[창 과]자가 합쳐진 글자다. 戈자로 인해 창[戈]과 같은 무기를 들고 적과 싸움을 한다 하여 그 뜻이 '싸움'이 되었고, 單자로 인해 그 음이 '단'에서 변하여 '전'이 되었다.[약자→战, 戦]

용례 戰鬪 전투 · 戰爭 전쟁 · 挑戰 도전 · 作戰 작전 · 戰車戰 전차전 · 白兵戰 백병전 · 山戰水戰 산전수전 · 百戰百勝 백전백승 · 戰戰兢兢 전전긍긍 · 百戰老將 백전노장

전차전 조감도

701

成 이룰 성
戈[창 과]부 7획

중 成 [chéng]
일 成 음독[じょう·せい]
　　훈독[なす·なる]
영 achieve

갑골문　　소 전

도끼날이 달린 창[戈]에서 비롯된 戊[다섯째 천간 무]자와 丁[넷째 천간 정]자가 합쳐진 글자다. 戊자로 인해 창[戈]과 같은 무기를 사용해 목표를 이룬다 하여 그 뜻이 '이루다'가 되었고, 丁자로 인해 그 음이 '정'에서 변하여 '성'이 되었다.

용례 成功 성공 · 成長 성장 · 成就 성취 · 門前成市 문전성시 · 殺身成仁 살신성인 · 大器晩成 대기만성 · 積土成山 적토성산 · 積小成大 적소성대 · 三人成虎 삼인성호 · 弄假成眞 농가성진 · 自手成家 자수성가

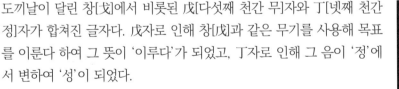

도끼날이 달린 창

702	我 나아	중	我 [wǒ]
	戈[창 과]부 7획	일	我 음독[が]
			훈독[わ·われ]
		영	I, my, me

갑골문 | 소 전

톱날 형태의 날이 자루에 달린 의장(儀仗)용 창을 나타낸 글자다. 따라서 그 뜻이 창과 관련되었으나 후대로 오면서 그 음이 일인칭인 나를 뜻하는 음과 같은 데서 '나'를 뜻하는 글자로 빌려 쓰이게 되었고, 나와 관련된 '자아·아집·무아지경'에서 보듯 그 음이 '아'가 되었다.

용례 我執아집 · 小我소아 · 大我대아 · 我國아국 · 我軍아군 · 無我之境 무아지경 · 自我實現 자아실현 · 我田引水 아전인수 · 唯我獨尊 유아독존 · 三人行必有我師 삼인행필유아사

과두(戈頭)

703	義 옳을 의	중	义 [yì]
	羊[양 양]부 13획	일	義 음독[ぎ]
		영	rightness, justice

갑골문 | 소 전

톱날 형태의 날이 자루에 달린 의장(儀仗)용 창[我]의 위쪽에 깃털[羊의 형태]이 장식되어 있는 모양을 나타낸 글자다. 창에 깃털이 장식된 것은 의식을 행할 때에 위용을 더해 주기 위한 것인데, 그 의식을 행하는 명분이 옳다는 데서 그 뜻이 '옳다'가 되었다. 그 음은 다시 我자의 영향을 받아 '아'에서 변하여 '의'가 되었다.

용례 正義정의 · 不義불의 · 講義강의 · 義人의인 · 義理의리 · 義俠心의협심 · 見利思義 견리사의 · 桃園結義 도원결의 · 捨生取義 사생취의 · 大義滅親 대의멸친 · 仁義禮智 인의예지

과두(戈頭)

704	弟 아우 제	중	弟 [dì]
	弓[활 궁]부 7획	일	弟 음독[だい·てい·で]
			훈독[おとうと]
		영	elder brother

갑골문 | 소 전

창과 같은 무기의 자루를 손으로 잡을 때 미끄러지지 않도록 줄로 위에서 아래까지 차례대로 내려감은 모양을 나타낸 글자다. 줄을 위에서 아래까지 차례대로 내려감은 모양에서 '차례'의 뜻을 지녔으나 후에 형제 가운데 차례가 아랫사람인 아우와 관련되어 그 뜻이 '아우'가 되었고, 아우와 관련된 '형제·처제·제수'에서 보듯 그 음이 '제'가 되었다.

용례 兄弟형제 · 妻弟처제 · 弟嫂제수 · 弟子제자 · 實弟실제 · 妹弟매제 · 子弟자제 · 師弟之間 사제지간 · 難兄難弟 난형난제 · 兄友弟恭 형우제공 · 呼兄呼弟 호형호제

오형제

705

必 반드시 필

心[마음 심]부 5획

중 必 [bì]
일 必 음독[ひつ]
　　훈독[かならず]
영 absolute

금문　　소전

고대의 창

창[戈] 자루 양쪽에 꼭 묶여야 함을 나타낸 八의 형태가 어우러진 글자로 보인다. 창 자루와 관련된 데서 '창 자루'를 뜻했으나 후에 金[쇠 금]자를 덧붙인 鉍[창 자루 필(비)]자가 그 뜻을 대신하고, 자신은 창날을 창 자루에 반드시 잘 묶어야 한다 하여 '반드시'의 뜻을 지니게 되었다. 그 음은 '반드시'와 관련된 '필승·필수품·사필귀정'에서 보듯 '필'로 읽힌다.

용례 必勝 필승 · 必要 필요 · 必然 필연 · 必是 필시 · 必讀書 필독서 · 事必歸正 사필귀정 · 生者必滅 생자필멸 · 德必有隣 덕필유린 · 信賞必罰 신상필벌

706

單 홑 단

口[입 구]부 12획

중 单 [dān]
일 単 음독[たん]
　　훈독[ひとえ·ひとつ]
영 single

갑골문　　소전

잠자리채의 일종

갈라진 윗부분으로 막거나 누를 수 있도록 만든 원시적인 무기를 나타냈으나, 후대에 싸우는 데 사용하는 무기를 든 한 무리를 나타내는 단위로 빌려 쓰이면서 그 뜻이 '홑'이 되었다. 그 음은 '홑(하나)'과 관련된 '단일·단독·단위'에서 보듯 '단'이 되었다.[약자→単]

용례 單一 단일 · 單獨 단독 · 單位 단위 · 孤單 고단 · 單純 단순 · 單價 단가 · 單行本 단행본 · 傳單紙 전단지 · 四柱單子 사주단자 · 子子單身 혈혈단신 · 單刀直入 단도직입 · 匹馬單騎 필마단기

707

古 예 고

口[입 구]부 5획

중 古 [gǔ]
일 古 음독[こ]
　　훈독[いにしえ·ふるい·ふるす]
영 antiquity

금문　　소전

옛날의 방패

방패를 나타낸 十의 형태와 받침대를 나타낸 口의 형태가 합쳐진 글자로 보인다. 방패[十]를 받침대[口]에 놓고 전쟁과 관련된 지나온 옛날의 일을 말한다는 데서 그 뜻이 옛날을 이르는 '예'가 되었고, '예'와 관련된 '고대·고전·중고품'에서처럼 그 음이 '고'가 되었다.

용례 古代 고대 · 古典 고전 · 最古 최고 · 蒙古 몽고 · 古稀 고희 · 古物 고물 · 中古品 중고품 · 東西古今 동서고금 · 自古以來 자고이래 · 法古創新 법고창신 · 萬古江山 만고강산 · 古色蒼然 고색창연 · 王政復古 왕정복고

갑골문 | 소전

708 車 수레 거·차
車[수레 거]부 7획

중 车 [chē]
일 車 음독[しゃ]
　훈독[くるま]
영 vehicle

옛날에 말이 끄는 전차로 사용되었던 수레를 나타낸 데서 그 뜻이 '수레'가 되었고, 수레와 관련된 말인 '병거·인력거'나 '마차·자동차'에서처럼 그 음이 '거'나 '차'가 되었다. 車자는 '수레 거, 수레 차' 두 가지로 읽힌다.

> 용례 馬車 마차 · 兵車 병거 · 風車 풍차 · 自動車 자동차 · 人力車 인력거 · 自轉車 자전거 · 停車場 정거장/정차장 · 車載斗量 거재두량 · 脣齒輔車 순치보거 · 男兒須讀五車書 남아수독오거서

고대의 전차

709 輕 가벼울 경
車[수레 거]부 14획

중 轻 [qīng]
일 軽 음독[きん·けい]
　훈독[かるい·かろやか]
영 light

소전

車[수레 거(차)]자와 巠[지하수 경]자가 합쳐진 글자다. 車자로 인해 옛날 전차로 사용되었던 수레[車]가 전쟁을 수행할 때 빠르게 움직이기 위해 가벼워야 했던 데서 그 뜻이 '가볍다'가 되었고, 巠자로 인해 經[날 경]·徑[지름길 경]·頸[목 경]자처럼 그 음이 '경'이 되었다.[약자→軽]

> 용례 輕重 경중 · 輕車 경차 · 輕視 경시 · 輕薄 경박 · 輕傷 경상 · 輕微 경미 · 輕率 경솔 · 輕減 경감 · 輕妄 경망 · 輕犯罪 경범죄 · 輕擧妄動 경거망동 · 輕乘用車 경승용차 · 輕擧妄動 경거망동 · 一寸光陰不可輕 일촌광음불가경

옛날의 전차

710 兩 두 량
入[들 입]부 8획

중 两 [liǎng]
일 両 음독[りょう]
　훈독[ふたつ]
영 both

금문 | 소전

수레를 끌기 위해 소나 말의 목에 얹는 두개의 멍에를 나타낸 글자다. 그렇게 두 멍에를 나타낸 데서 그 뜻이 '두(둘)'가 되었고, '두(둘)'와 관련된 '양반·양친·양편'에서처럼 그 음이 '량'이 되었다.[약자→両]

> 용례 兩班 양반 · 兩親 양친 · 兩便 양편 · 兩分 양분 · 兩面 양면 · 兩棲類 양서류 · 兩端間 양단간 · 兩極化 양극화 · 一擧兩得 일거양득 · 進退兩難 진퇴양난 · 首鼠兩端 수서양단 · 兩者擇一 양자택일 · 兩性平等 양성평등

두 멍에가 보이는 수레

3-3. 사람의 계급이나 의식과 관련된 한자

문명사회를 일구면서 사람들은 청동으로 도구를 만들어 사용했다. 청동으로 무기를 만들 수 있는 사람들은 미처 그런 무기를 만들지 못하는 사람들과 전쟁을 벌여 식량을 약탈하고, 굴복시킨 사람들을 노예로 삼았다. 그러자 사람들 사이에 계급이 생기고, 계급적 우월을 드러내는 의식도 행해졌다.

이 장에서는 사람의 계급이나 의식과 관련된 부수인 父[아비 부]·士[선비 사]·臣[신하 신]·示[보일 시]자 등을 중심으로 한 한자를 살펴본다.

· 계급 ·

711

王 임금 왕

玉[구슬 옥]부 4획

중 王 [wáng]
일 王 음독[おう]

영 king

도끼를 나타낸 글자다. 문명이 발달하지 않았던 옛날에는 도끼가 생사여탈과 연관된 권위의 상징물이었던 데서 최고의 권위를 지닌 사람인 임금과 관련하여 그 뜻이 '임금'이 되었고, 임금과 관련된 말인 '용왕·왕자·대왕'에서 보듯 그 음이 '왕'이 되었다.

용례 龍王 용왕 · 王子 왕자 · 王朝 왕조 · 女王 여왕 · 日王 일왕 · 王宮 왕궁 · 長壽王 장수왕 · 花中王 화중왕 · 文宣王 문선왕 · 冥王星 명왕성 · 世宗大王 세종대왕 · 王兄佛兄 왕형불형 · 大王大妃 대왕대비 · 廣開土大王 광개토대왕

| 금 문 | 소 전 |

천자가 전쟁시 지녔던 도끼

712

皇 임금 황

白[흰 백]부 9획

중 皇 [huáng]
일 皇 음독[おう·こう]

영 emperor

임금이 머리에 쓰는 관(冠)을 나타낸 白의 형태와 도끼를 나타낸 王[임금 왕]자가 합쳐진 글자다. 옛날 머리에 쓰는 관이나 도끼는 권위의 상징물로 임금이 지녔던 물건이었기에 그 뜻이 '임금'이 되었고, 임금과 관련된 말인 '황제·교황·황태자'에서 보듯 그 음이 '황'이 되었다.

용례 皇帝 황제 · 皇宮 황궁 · 敎皇 교황 · 皇后 황후 · 皇國 황국 · 皇室 황실 · 皇城 황성 · 皇族 황족 · 秦始皇 진시황 · 皇太子 황태자 · 玉皇上帝 옥황상제 · 三皇五帝 삼황오제

| 금 문 | 소 전 |

임금의 관

713

君 임금 군

口[입 구]부 7획

중 君 [jūn]
일 君 음독[くん]
　　 훈독[きみ]
영 lord

갑골문

소 전

오른손으로 권위의 상징물인 권장(權杖)을 들고 있는 모습을 나타낸 尹[다스릴 윤]자와 명령하는 입을 나타낸 口[입 구]자가 합쳐진 글자다. 손에 권장을 들고 명령하는 사람인 임금을 나타낸 데서 그 뜻이 '임금'이 되었고, 尹자의 영향을 받아 그 음이 '윤'에서 변하여 '군'이 되었다.

용례 君主 군주 · 君臨 군림 · 諸君 제군 · 暴君 폭군 · 君子 군자 · 夫君 부군 · 大院君 대원군 · 君臣有義 군신유의 · 君師父一體 군사부일체 · 忠臣不事二君 충신불사이군

권장을 잡은 모습

714

父 아비 부

父[아비 부]부 4획

중 父 [fù]
일 父 음독[ふ]
　　 훈독[ちち]
영 father

금 문

소 전

손[又]에 돌도끼[丿의 형태]를 들고 있는 모습을 나타낸 글자다. 가족을 부양하기 위해 손에 돌도끼를 들고 열매를 채취하거나 사냥 등을 하는 아비를 나타낸 데서 그 뜻이 '아비'가 되었고, 아비와 관련된 말인 '부모·부친·대부'에서처럼 그 음이 '부'가 되었다. '아비'는 오늘날 아버지의 낮춤말로 여기지만 옛날에는 그냥 '아버지'를 의미하는 말이었다.

용례 父母 부모 · 父親 부친 · 代父 대부 · 伯父 백부 · 繼父 계부 · 生父 생부 · 親父 친부 · 嚴父 엄부 · 國父 국부 · 家父長 가부장 · 勝於父 승어부 · 虎父犬子 호부견자 · 父子有親 부자유친 · 君師父一體 군사부일체

돌도끼로 사냥하는 고대인

715

士 선비 사

士[선비 사]부 3획

중 士 [shì]
일 士 음독[し]
영 scholar

금 문

소 전

도끼의 날이 아래를 향하고 있는 모양을 나타낸 글자다. 옛날에 권위의 상징이었던 도끼를 지닌 최고 권위자를 보좌하는 선비와 관련해 그 뜻이 '선비'가 되었고, 그런 선비와 관련된 말인 '무사·군사·용사'에서 보듯 그 음이 '사'가 되었다.

용례 武士 무사 · 軍士 군사 · 勇士 용사 · 壯士 장사 · 義士 의사 · 兵士 병사 · 鬪士 투사 · 戰士 전사 · 陸士 육사 · 辯護士 변호사 · 慷慨之士 강개지사 · 士農工商 사농공상 · 殉國烈士 순국열사 · 獨立志士 독립지사

옛날의 도끼

716　壯　씩씩할 장

土[선비 사]부 7획

중　壯 [zhuàng]
일　壯 음독[そう]
　　훈독[さかん]
영　valiant

금 문　소 전

뉘[조각 장]자와 土[선비 사]자가 합쳐진 글자다. 土자로 인해 활과 말을 다루는 무예에도 능했던 옛날 선비[士]들의 씩씩한 기상과 관련해 그 뜻이 '씩씩하다'가 되었고, 뉘자로 인해 將[장수 장]·牆[담 장]·臧[착할 장)]자처럼 그 음이 '장'이 되었다.[약자→壯]

용례　壯丁 장정 · 健壯 건장 · 壯骨 장골 · 壯元 장원 · 壯談 장담 · 老益壯 노익장 · 豪言壯談 호언장담 · 天下壯士 천하장사

천하장사 씨름대회

717　吉　길할 길

口[입 구]부 6획

중　吉 [jí]
일　吉 음독[きち・きつ]
　　훈독[よし]
영　good

금 문　소 전

옥으로 만든 도끼[士]를 받침대[口의 형태] 위에 올려 둔 모양을 나타낸 글자이다. 옥으로 만든 도끼가 사악한 기운을 물리쳐 길상(吉祥)의 상징이 된다 하여 그 뜻이 '길하다'가 된 것으로 보이며, '길하다'와 관련된 말인 '길흉·길일·길몽'에서처럼 그 음이 '길'이 되었다.

용례　吉凶 길흉 · 吉日 길일 · 吉夢 길몽 · 吉兆 길조 · 吉鳥 길조 · 不吉 불길 · 納吉 납길 · 吉運 길운 · 吉年 길년 · 吉地 길지 · 吉禮 길례 · 吉祥文 길상문 · 立春大吉 입춘대길 · 吉祥善事 길상선사

길상의 물건인 옥으로 만든 도끼

718　臣　신하 신

臣[신하 신]부 6획

중　臣 [chén]
일　臣 음독[しん・じん]
　　훈독[おみ]
영　vassal

갑골문　소 전

民자 금문

臤자 금문

臤[단단할 견]자나 民[백성 민]자의 고문자에서 보듯 뾰족한 도구에 찔린 눈동자가 강조된 한 눈을 나타낸 글자다. 옛날 그런 눈을 가지고 윗사람을 섬기는 노예를 뜻하다가 다시 임금을 섬기는 신하로 그 의미가 확대되어 결국 그 뜻이 '신하'가 되었다. 음은 신하와 관련된 '군신·공신·충신'에서 보듯 '신'으로 읽히고 있다.

용례　家臣 가신 · 臣民 신민 · 君臣 군신 · 功臣 공신 · 忠臣 충신 · 奸臣 간신 · 死六臣 사육신 · 股肱之臣 고굉지신

눈을 찌르는 모습

| 719 | 民 백성 민
氏[성씨 씨]부 5획 | 중 民 [mín]
일 民 음독[みん]
　 훈독[たみ]
영 populace |
갑골문　소 전 |

고대에 전쟁에서 패한 포로를 잡아 저항력을 무력화시키고, 노예로 순
종하도록 하기 위해 한 쪽 눈을 날카로운 도구로 찌르는 모습을 나타낸
글자다. 그렇게 제재 당한 노예는 후대로 내려오면서 지배계층을 섬기
는 백성이 되었기에 그 뜻이 결국 '백성'이 되었다. 그 음은 백성과 관
련된 말인 '국민·민족·농민'에서처럼 '민'으로 읽히고 있다.

국민이 주인이다

용례 國民 국민 · 臣民 신민 · 民族 민족 · 民衆 민중 · 農民 농민 · 居住民 거주민 · 失鄕民 실향민 ·
民主主義 민주주의 · 主權在民 주권재민 · 大韓民國 대한민국 · 三民主義 삼민주의

● 의식 ●

| 720 | 示 보일 시
示[보일 시]부 5획 | 중 示 [shì]
일 示 음독[し·じ]
　 훈독[しめす]
영 show | 
갑골문　소 전 |

제탁(祭卓)의 모양을 나타낸 글자다. 제탁에 제물을 차려놓고 빌면 신이
영험함을 드러내 보인다고 여긴 데서 그 뜻이 '보이다'가 되었고, '보이
다'와 관련된 말인 '시범·시위·전시'에서처럼 그 음이 '시'가 되었다.

용례 示範 시범 · 示威 시위 · 展示 전시 · 指示 지시 · 示唆 시사 · 表示 표시 · 梟示 효시 · 提示 제시
· 誇示 과시 · 暗示 암시 · 摘示 적시 · 判示 판시 · 告示 고시 · 例示 예시

고대의 제탁

| 721 | 祭 제사 제
示[보일 시]부 11획 | 중 祭 [jì]
일 祭 음독[さい]
　 훈독[まつり·まつる]
영 rite | 
갑골문　소 전 |

고깃덩이를 나타낸 肉[고기 육]자에서 변형된 月[육달월]과 오른손을 나
타낸 又[또 우]자와 제탁을 나타낸 示[보일 시]자가 합쳐진 글자다. 희생
물인 고깃덩이[月]를 손[又]으로 제탁[示]에 올려 신에게 제사를 지내고
있음을 나타내면서 그 뜻이 '제사'가 되었다. 그 음은 제사와 관련된 '제
물·사제·삼우제'에서 보듯 '제'가 되었다.

제사상

용례 祭物 제물 · 祭需 제수 · 祭酒 제주 · 司祭 사제 · 祝祭 축제 · 祭壇 제단 · 祈雨祭 기우제 · 春
香祭 춘향제 · 映畵祭 영화제 · 祭天儀式 제천의식 · 祭政一致 제정일치 · 冠婚喪祭 관혼상제

722

宗 마루종

宀[집 면]부 8획

중 宗 [zōng]
일 宗 음독[しゅう·そう]
　훈독[むね]
영 ridge

갑골문　소 전

집을 나타낸 宀[집 면]자와 제탁을 나타낸 示[보일 시]자가 합쳐진 글자다. 집[宀]에 제탁[示]이 모셔져 있음을 나타내면서 그런 제탁에서 조상에게 제사 지내는 집은 한 집안의 마루가 된다 하여 그 뜻이 '마루'가 되었고, 마루와 관련된 '종가·종부·종정'에서 보듯 그 음이 '종'이 되었다.

종가집 사당

용례 宗家 종가 · 宗婦 종부 · 宗敎 종교 · 宗政 종정 · 宗廟 종묘 · 禪宗 선종 · 宗親 종친 · 宗主國 종주국 · 曹溪宗 조계종 · 宗廟社稷 종묘사직 · 祖功宗德 조공종덕 · 右社左廟 우사좌묘

723

祝 빌축

示[보일 시]부 9획

중 祝 [zhù]
일 祝 음독[しゅう·しゅく]
　훈독[いわう]
영 celebrate

갑골문　소 전

示[보일 시]자와 兄[맏 형]자가 합쳐진 글자다. 제단[示] 앞에서 맏[兄]이 조상에게 집안의 안녕을 빌고 있음을 나타낸 데서 그 뜻이 '빌다'가 되었고, '축복·축제·축가'에서 보듯 그 음이 '축'이 되었다.

축을 읽는 모습

용례 祝賀 축하 · 祝祭 축제 · 祝福 축복 · 祝杯 축배 · 祝歌 축가 · 祝文 축문 · 自祝 자축 · 慶祝 경축 · 祝辭 축사 · 祝華婚 축화혼 · 祝儀金 축의금 · 祝發展 축발전 · 仰天祝手 앙천축수

724

禮 예도 례

示[보일 시]부 17획

중 礼 [lǐ]
일 礼 음독[らい·れい]

영 manners

소 전

示[보일 시]자와 豊[굽 높은 그릇 례]자가 합쳐진 글자다. 示자로 인해 제탁[示]에 풍성한 제물을 차려 놓고 신이나 조상을 섬기는 일이 사람이 행하여야 할 중요한 예도라 하여 그 뜻이 '예도'가 되었고, 豊자로 인해 醴[단술 례]자나 鱧[가물치 례]자처럼 그 음이 '례'가 되었다. 오늘날 豊자는 豐[풍성할 풍]자의 약자로 쓰인다.[약자→礼]

풍성히 차린 제물

용례 禮節 예절 · 無禮 무례 · 禮緞 예단 · 家家禮 가가례 · 主日禮拜 주일예배 · 非禮勿視 비례물시 · 克己復禮 극기복례 · 仁義禮智 인의예지 · 過恭非禮 과공비례 · 禮義廉恥 예의염치 · 虛禮 虛飾 허례허식 · 百拜謝禮 백배사례 · 東方禮儀之國 동방예의지국

725

福 복복
示[보일 시]부 13획

중 福 [fú]
일 福 음독[ふく]
　　훈독[さいわい]
영 fortune

갑골문　소 전

示[보일 시]자와 畐[찰 복]자가 합쳐진 글자다. 示자로 인해 제단[示]에 제물을 올려 제사를 지내며 자손의 복을 빈다 하여 그 뜻이 '복'이 되었고, 畐자로 인해 輻[바퀴살 복(폭)]이나 匐[길 복]처럼 그 음이 '복'이 되었다.

용례 五福 오복 · 飮福 음복 · 幸福 행복 · 福券 복권 · 祝福 축복 · 冥福 명복 · 福不福 복불복 · 福婦人 복부인 · 轉禍爲福 전화위복 · 福祉社會 복지사회 · 遠禍召福 원화소복 · 禍福無門 화복무문

거꾸로 붙인 福자 부적

726

祖 조상조
示[보일 시]부 9획

중 祖 [zǔ]
일 祖 음독[そ]

영 ancestor/grandfather

갑골문　소 전

示[보일 시]자와 且[또 차]자가 합쳐진 글자다. 示자로 인해 제탁[示]에 제물을 올려 제사 드리는 조상과 관련해 그 뜻이 '조상'이 되었고, 且자로 인해 組[짤 조]·助[도울 조]·租[조세 조]자처럼 그 음이 '차'에서 변하여 '조'가 되었다.

용례 祖上 조상 · 先祖 선조 · 祖國 조국 · 始祖 시조 · 鼻祖 비조 · 元祖 원조 · 太祖 태조 · 曾祖 증조 · 祖孫 조손 · 國祖 국조 · 高祖 고조 · 五代祖 오대조 · 祖父母 조부모 · 同祖同根 동조동근

제탁 위의 제물

727

神 귀신신
示[보일 시]부 10획

중 神 [shén]
일 神 음독[しん·じん]
　　훈독[かみ·かん·こう]
영 spirit

금 문　소 전

示[보일 시]자와 申[펼 신]자가 합쳐진 글자다. 示자로 인해 제탁[示]에 제물을 올려 제사 지내는 대상인 귀신과 관련해 그 뜻이 '귀신'이 되었고, 申자로 인해 紳[큰 띠 신]자나 呻[끙끙거릴 신]자처럼 그 음이 '신'이 되었다.

용례 精神 정신 · 鬼神 귀신 · 神仙 신선 · 神祕 신비 · 神奇 신기 · 降神 강신 · 乞神 걸신 · 神話 신화 · 神社 신사 · 神靈 신령 · 四神圖 사신도 · 神出鬼沒 신출귀몰 · 無神論者 무신론자 · 天地神明 천지신명 · 天佑神助 천우신조

고구려 고분벽화 사신도

728

禁 금할 금

示[보일 시]부 13획

중 禁 [jìn]
일 禁 음독[きん]
영 prohibit

소 전

林[수풀 림]자와 示[보일 시]자가 합쳐진 글자다. 示자로 인해 제탁[示]이 있는 신성한 곳은 아무나 접근을 금한다 하여 그 뜻이 '금하다'가 되었고, 林자로 인해 그 음이 '림'에서 변하여 '금'이 되었다.

용례 禁煙 금연 · 禁酒 금주 · 禁忌 금기 · 監禁 감금 · 解禁 해금 · 販禁 판금 · 軟禁 연금 · 禁酒 금주 · 禁錮刑 금고형 · 禁足令 금족령 · 義禁府 의금부 · 通行禁止 통행금지 · 禁斷症狀 금단증상

금줄이 걸린 집

729

兆 조짐 조

儿[어진 사람 인]부 6획

중 兆 [zhào]
일 兆 음독[ちょう]
　　 훈독[きざす · きざし]
영 sign

소 전

점을 치기 위해 거북껍데기에 홈을 파고 불로 지질 때 생기는 세로로 갈라진 여러 갈래 무늬를 나타낸 글자다. 옛날 바로 그 갈라진 무늬를 보고 길흉의 조짐을 점쳤던 데서 그 뜻이 '조짐'이 되었고, 조짐과 관련된 말인 '징조·길조·전조'에서 보듯 그 음이 '조'가 되었다.

용례 兆朕 조짐 · 徵兆 징조 · 吉兆 길조 · 凶兆 흉조 · 前兆 전조 · 亡兆 망조 · 京兆尹 경조윤 · 億兆蒼生 억조창생

점을 치는 거북의 껍데기

730

拜 절 배

手[손 수]부 9획

중 拜 [bài]
일 拜 음독[はい]
　　 훈독[おがむ]
영 bow

금 문　소 전

손[手]과 무성한 풀의 형상을 나타낸 글자다. 손으로 풀을 뽑듯이 몸을 숙여 절을 한다 하여 그 뜻이 '절'이 되었고, 절과 관련된 '세배·배례·배상'에서 보듯 그 음이 '배'가 되었다.[약자→拜]

용례 歲拜 세배 · 參拜 참배 · 拜禮 배례 · 拜上 배상 · 崇拜 숭배 · 三步一拜 삼보일배 · 百拜謝禮 백배사례 · 拜金主義 배금주의 · 謝恩肅拜 사은숙배 · 三拜九叩頭 삼배구고두

삼배구고두(삼전도비)

731

共 함께 공

八[여덟 팔]부 6획

중 共 [gòng]
일 共 음독[きょう]
　　 훈독[とも]
영 together

갑골문 | 소 전

물건을 나타낸 口의 형태와 두 손을 나타낸 廾[손 맞잡을 공]자가 합쳐진 글자다. 물건[口]을 두 손[廾]을 함께 모아들고 있는 모습을 나타낸 데서 그 뜻이 '함께'가 되었고, 덧붙여진 廾자의 영향을 받아 그 음도 '공'이 되었다.

용례 共同 공동 · 共助 공조 · 共通 공통 · 共鳴 공명 · 共生 공생 · 共販場 공판장 · 共感帶 공감대 · 自他共認 자타공인 · 共存共榮 공존공영 · 天人共怒 천인공노 · 民主共和國 민주공화국 · 不共戴天之讎 불공대천지수

안악3호분 벽화 일부

732

歲 해 세

止[그칠 지]부 13획

중 岁 [suì]
일 歲 음독[さい·せい]
　　 훈독[とし]
영 year, age

갑골문 | 소 전

농사를 다 짓고 난 뒤 한 해를 마무리하면서 치르는 의식에 사용된 도끼가 달린 창을 나타낸 글자다. 그런 창으로 치르는 의식이 한 해를 마무리하면서 이뤄진다 하여 그 뜻이 '해'가 되었고, 해와 관련된 '연세·세월·세비'에서 보듯 그 음이 '세'가 되었다.[약자→岁]

용례 年歲 연세 · 歲費 세비 · 歲首 세수 · 歲拜 세배 · 歲饌 세찬 · 萬萬歲 만만세 · 維歲次 유세차 · 歲遣船 세견선 · 歲時風俗 세시풍속 · 二重過歲 이중과세 · 歲寒松柏 세한송백 · 虛送歲月 허송세월 · 歲歲年年 세세연년

창에 달린 도끼날

청동기의 사용과 함께 농경생활이 시작되면서 잉여농산물이 생기고 사람의 삶이 여유롭게 되자 즐거움을 찾는 유희가 생겨났다. 그러나 유희가 때때로 범죄로 이어지기도 하면서 형벌이 시행되기도 했다.

이 장에서는 유희나 형벌과 관련된 부수인 用[쓸 용]·色[빛 색]·白[흰 백]·靑[푸를 청]·赤[붉을 적]·黃[누를 황]·黑[검을 흑]·辛[매울 신]자 등을 중심으로 한 한자를 살펴본다.

• 유희 •

733

無 없을 무

火[불 화]부 12획

중 无 [wú]
일 無 음독[ぶ·む]
　훈독[ない]
영 none

갑골문 ｜ 소 전

새의 깃털을 든 사람이 춤추는 모습을 나타낸 글자다. 따라서 '춤추다'의 뜻을 지녔으나 후에 그 음이 '없다'를 뜻하는 말의 음과 같은 데서 '없다'의 뜻으로 빌려 쓰이게 되고, '춤추다'를 나타내는 데는 다시 아래를 향한 두 발에서 비롯된 舛[어그러질 천]자를 덧붙인 舞[춤출 무]자가 대신하고 있다. 음은 '없다'와 관련된 말인 '유무·무료·무자식'에서 보듯 '무'로 읽힌다.

팔일무(한국)

용례 無償 무상 · 無視 무시 · 無禮 무례 · 無關 무관 · 無心 무심 · 無子息 무자식 · 無病長壽 무병장수 · 有備無患 유비무환 · 眼下無人 안하무인 · 厚顔無恥 후안무치 · 孤立無援 고립무원

734

舞 춤출 무

舛[어그러질 천]부 14획

중 舞 [wǔ]
일 舞 음독[ぶ]
　훈독[まい·まう]
영 dance

갑골문 ｜ 소 전

사람이 손에 깃털로 만든 장식을 들고 춤추는 모습을 나타낸 글자는 無(무)자였다. 그러나 후에 無자가 '없다'의 뜻으로 빌려 쓰이게 되자, 다시 그 자형에 양쪽 발이 아래를 향해 어그러진 모습에서 비롯된 舛[어그러질 천]자를 덧붙인 舞자가 만들어져 '춤추다'를 대신하게 되었다. 그 음은 '춤추다'와 관련된 말인 '무용·무희·무대'에서 보듯 '무'로 읽힌다.

팔일무(중국)

용례 舞踊 무용 · 僧舞 승무 · 鼓舞 고무 · 舞臺 무대 · 亂舞 난무 · 舞童 무동 · 群舞 군무 · 舞姬 무희 · 舞蹈會 무도회 · 長袖善舞 장수선무 · 龍飛鳳舞 용비봉무 · 飮酒茄舞 음주가무

735

業 일업

木[나무 목]부 13획

중 业 [yè]
일 業 음독[ぎょう・ごう]
　　훈독[わざ]
영 work

금문　소전

종이나 북과 같은 악기를 매다는 틀을 나타낸 글자로 보인다. 종이나 북과 같은 악기를 다루어 생계를 잇는 일을 업으로 삼는다 하여 그 뜻이 '일'이 되었고, 일과 관련된 말인 '직업·취업·실업자'에서 보듯 그 음이 '업'이 되었다.

용례 事業 사업 · 業務 업무 · 企業 기업 · 職業 직업 · 就業 취업 · 罷業 파업 · 授業 수업 · 學業 학업 · 失業者 실업자 · 自業自得 자업자득 · 德業相勸 덕업상권 · 同業相仇 동업상구

특경

736

樂 풍류악

木[나무 목]부 15획

중 乐 [lè/yuè]
일 楽 음독[がく・らく]
　　훈독[たのしい・たのしむ]
영 enjoyable

금문

소전

나무통에 줄을 이어 만든 옛날의 악기를 나타낸 글자다. 따라서 그 악기와 연관 있는 음악을 예스럽게 이르는 말인 풍류와 관련해 그 뜻이 '풍류'가 되었고, 풍류와 관련된 '음악·악기·악단'에서 보듯 그 음이 '악'이 되었다. 또한 풍류는 사람을 즐겁게 해주므로 '즐겁다'의 뜻을 갖기도 하면서 '희락·안락·식도락'에서처럼 그 음을 '락'으로도 읽는다. 풍류는 사람들이 좋아하므로 '좋아하다'의 뜻을 지니기도 하면서 '요산요수'에서처럼 '요'로도 읽는다.[약자→楽]

용례 歌樂 가악 · 音樂 음악 · 樂器 악기 · 樂團 악단 · 快樂 쾌락 · 交響樂 교향악 · 食道樂 식도락 · 君子三樂 군자삼락 · 仁者樂山 인자요산 · 知者樂水 지자요수 · 樂山樂水 요산요수 · 安貧樂道 안빈낙도 · 琴瑟之樂 금슬지락 · 宗廟祭禮樂 종묘제례악

악기를 연주하는 사람

737

喜 기쁠 희

口[입 구]부 12획

중 喜 [xǐ]
일 喜 음독[き]
　　훈독[よろこばしい・よろこばす]
영 delightful

갑골문　소전

장식된 세워 놓은 북을 나타낸 효[세워 놓은 악기 주]자와 받침대를 나타낸 口의 형태가 합쳐진 글자다. 받침대[口] 위에 세워 놓은 북[효]을 치면서 기뻐한다 하여 그 뜻이 '기쁘다'가 되었고, '기쁘다'와 관련된 '희열·희비·희극'에서 보듯 그 음이 '희'가 되었다.

용례 喜悅 희열 · 喜悲 희비 · 喜壽 희수 · 歡喜 환희 · 喜捨 희사 · 喜消息 희소식 · 喜望峰 희망봉 · 三喜聲 삼희성 · 雙喜字 쌍희자 · 喜色滿面 희색만면 · 喜怒哀樂 희로애락

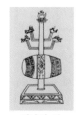
옛날의 북

<table>
<tr><td>738</td><td>用 쓸 용
用[쓸 용]부 5획</td><td>중 用 [yòng]
일 用 음독[よう]
훈독[もちいる]
영 use</td></tr>
</table>

갑골문 | 소 전

무늬가 있는 종(鐘) 모양을 나타낸 글자로 보인다. 옛날 나라에서 중요한 의식을 행할 때 연주되는 음악의 시작을 알리는데 종을 쓴 데서 그 뜻이 '쓰다'가 되었고, '쓰다'와 관련된 말인 '용기·용건·통용'에서처럼 그 음이 '용'이 되었다.

용례 用器 용기 · 用度 용도 · 用件 용건 · 通用 통용 · 雇用主 고용주 · 副作用 부작용 · 用兵術 용병술 · 一回用 일회용 · 用意周到 용의주도 · 用不用說 용불용설 · 利用厚生 이용후생 · 無用之物 무용지물 · 經世致用 경세치용

악기로 쓴 종

<table>
<tr><td>739</td><td>圖 그림 도
□[에울 위]부 14획</td><td>중 图 [tú]
일 図 음독[ず·と]
훈독[はかる]
영 picture</td></tr>
</table>

금 문 | 소 전

□[에울 위]자와 啚[고을 비]자가 합쳐진 글자다. 주어진 지경[□] 안에 고을[啚]의 형세를 그린 지도의 그림을 나타낸 데서 그 뜻이 '그림'이 되었고, 그림과 관련된 '지도·도면·미인도'에서 보듯 그 음이 '도'가 되었다.[약자→図]

용례 圖畵 도화 · 版圖 판도 · 圖面 도면 · 圖鑑 도감 · 試圖 시도 · 意圖 의도 · 圖謀 도모 · 圖章 도장 · 企圖 기도 · 版圖 판도 · 鳥瞰圖 조감도 · 各自圖生 각자도생 · 夢遊桃園圖 몽유도원도 · 大東輿地圖 대동여지도

남원관부도

<table>
<tr><td>740</td><td>畵 그림 화
田[밭 전]부 12획</td><td>중 画 [huà]
일 画 음독[え·かく·が]
훈독[えがく·くぎる]
영 picture</td></tr>
</table>

금 문 | 소 전

손에 붓을 들고 있는 모습을 나타낸 聿[붓 율]자와 그리는 도형을 나타낸 畵이 합쳐진 글자다. 손에 붓[聿]을 들고 교차된 도형을 그리는 모양에서 그 뜻이 '그림'이 되었고, 그림과 관련된 '화가·회화·화상'에서 보듯 그 음이 '화'가 되었다.[속자→畫, 약자→画]

용례 畵家 화가 · 繪畵 회화 · 畵像 화상 · 漫畵 만화 · 畵伯 화백 · 映畵 영화 · 揷畵 삽화 · 美人畵 미인화 · 山水畵 산수화 · 畵宣地 화선지 · 畵中之餠 화중지병 · 畵龍點睛 화룡점정 · 自畵自讚 자화자찬 · 畵蛇添足 화사첨족

화 가

금 문 | 소 전

741 書 글서

曰[가로 왈]부 10획

중 书 [shū]
일 書 음독[しょ]
　　훈독[かく]
영 writing

聿[붓 율]자와 者[놈 자]자가 어우러진 書자가 본자(本字)이다. 聿자로 인해 붓[聿]을 들고 글을 쓴다 하여 그 뜻이 '글'이 되었고, 者자로 인해 緒[실마리 서]·署[관청 서]·暑[더울 서]자처럼 그 음이 '자'에서 변하여 '서'가 되었다. 그러나 후에 聿자와 者자의 자형 일부가 생략되어 書자로 쓰이고 있다.

죽간에 글 쓰는 모습

용례 書籍 서적 · 六書 육서 · 書齋 서재 · 書堂 서당 · 讀書 독서 · 書生 서생 · 書翰 서한 · 祕書 비서 · 教科書 교과서 · 焚書坑儒 분서갱유 · 身言書判 신언서판 · 大書特筆 대서특필 · 能書不擇必 능서불택필 · 男兒須讀五車書 남아수독오거서

742 冊 책책

冂[멀 경]부 5획

중 冊 [cè]
일 冊 음독[さく·さっ·さつ·ざく]
　　훈독[ふみ]
영 book

갑골문 | 소 전

종이가 발명되어 쓰이기 전에 대쪽으로 묶어 만들었던 책을 나타낸 글자다. 따라서 그 뜻이 '책'이 되었고, 책과 관련된 '책상·책방·공책'에서처럼 그 음이 '책'이 되었다.

용례 冊子 책자 · 竹冊 죽책 · 冊床 책상 · 冊房 책방 · 空冊 공책 · 冊褓 책보 · 冊欌 책장 · 冊禮 책례 · 諺文冊 언문책 · 國語冊 국어책 · 漫畫冊 만화책 · 置簿冊 치부책 · 小說冊 소설책 · 冊題目 책제목 · 別冊附錄 별책부록

죽 간

743 典 법전

八[여덟 팔]부 8획

중 典 [diǎn]
일 典 음독[てん]
　　훈독[のり·ふみ]
영 regulation

갑골문 | 소 전

책을 나타낸 冊[책 책]자와 두 손을 나타낸 廾[손 맞잡을 공]자가 합쳐진 글자다. 책[冊]을 두 손[廾]으로 받들고 있는 모습을 나타내면서 받들고 있는 책이 중요한 법식이나 법도를 담고 있다 하여 그 뜻이 '법'이 되었고, '법'과 관련된 '사전·법전·제전'에서 보듯 그 음이 '전'이 되었다.

용례 典籍 전적 · 辭典 사전 · 法典 법전 · 祭典 제전 · 古典 고전 · 經典 경전 · 典範 전범 · 祝典 축전 · 典型的 전형적 · 典當鋪 전당포 · 典獄署 전옥서 · 百科事典 백과사전 · 經國大典 경국대전 · 康熙字典 강희자진

두 손에 죽간을 든 모습

744

色 빛 색
色[빛 색]부 6획

중 色 [sè]
일 色 음독[しき·しょく]
　　훈독[いろ]
영 color

소 전

두 사람이 서로 어르는 모습을 나타낸 글자다. 어르는 과정에서 그 희비가 얼굴빛으로 드러낸다 하여 '얼굴빛'을 뜻하면서 다시 얼굴빛의 '빛'을 뜻하게 되었고, '빛'과 관련된 말인 '색소·색맹·색상'에서 보듯 '색'의 음으로 읽히게 되었다.

용례 五色 오색 · 色素 색소 · 色盲 색맹 · 色相 색상 · 女色 여색 · 薄色 박색 · 獵色 엽색 · 好色漢 호색한 · 傾國之色 경국지색 · 萬古絶色 만고절색 · 天下一色 천하일색 · 巧言令色 교언영색 · 大驚失色 대경실색 · 形形色色 형형색색

남녀가 어르는
모습(신윤복 작)

745

白 흰 백
白[흰 백]부 5획

중 白 [bái]
일 白 음독[はく·びゃく]
　　훈독[しら·しろ·しろい]
영 white

갑골문　소 전

빛의 기운이 하늘로 솟구치는 막 떠오르는 해를 나타낸 글자로 보인다. 해가 막 떠오를 때의 빛이 희다 하여 그 뜻이 '희다'가 되었고, '희다'와 관련된 '흑백·백인·백마'에서 보듯 그 음이 '백'이 되었다.

용례 黑白 흑백 · 白人 백인 · 白馬 백마 · 自白 자백 · 告白 고백 · 獨白 독백 · 白丁 백정 · 白日夢 백일몽 · 白沸湯 백비탕 · 紅東白西 홍동백서 · 白手乾達 백수건달 · 和白會議 화백회의 · 靑天白日旗 청천백일기

빛의 삼원색

746

靑 푸를 청
靑[푸를 청]부 8획

중 靑 [qīng]
일 靑 음독[しょう·せい]
　　훈독[あお·あおい]
영 blue

금 문　소 전

땅에서 초목의 싹이 움트는 모양[生의 형태]과 우물의 모양[丼=井])이 어우러진 글자다. 초목의 싹이 물기가 많은 우물 주위에서 푸르게 자란다 하여 그 뜻이 '푸르다'가 되었고, '푸르다'와 관련된 말인 '단청·청년·청색'에서처럼 그 음이 '청'이 되었다.

용례 丹靑 단청 · 靑年 청년 · 靑色 청색 · 靑春 청춘 · 靑雲 청운 · 靑瓦臺 청와대 · 靑一點 청일점 · 靑眼視 청안시 · 靑出於藍 청출어람 · 靑天霹靂 청천벽력 · 獨也靑靑 독야청청 · 萬古常靑 만고상청 · 靑孀寡婦 청상과부

신라시대 우물

747

赤 **붉을 적**

赤[붉을 적]부 7획

중 赤 [chì]
일 赤 음독[しゃく・せき]
　훈독[あか・あかい・あからむ・
　あからめる]
영 red

갑골문　소 전

팔과 다리를 크게 벌리고 있는 사람을 나타낸 大[큰 대]자와 타오르는 불을 나타낸 火[불 화]자가 합쳐진 글자였다. 사람[大]이 불[火]로 인해 얼굴빛이 붉어진다 하여 그 뜻이 '붉다'가 되었고, '붉다'와 관련된 '적색·적자·적신호'에서 보듯 그 음이 '적'이 되었다.

사람이 불 앞에 선 모습

용례 赤色 적색 · 赤字 적자 · 赤道 적도 · 赤化 적화 · 赤血球 적혈구 · 赤十字 적십자 · 赤信號 적신호 · 赤裸裸 적나라 · 近朱者赤 근주자적 · 赤手空拳 적수공권 · 赤貧無依 적빈무의 · 赤子之心 적자지심

748

黃 **누를 황**

黃[누를 황]부 12획

중 黃 [huáng]
일 黃 음독[おう・こう]
　훈독[き・こ]
영 yellow

　黃

갑골문　소 전

고대의 황제(皇帝)처럼 높은 사람들의 예복에 늘어 차는 장신구인 패옥(佩玉)을 나타냈는데, 그 패옥의 색이 황제를 상징하는 누른색인 데서 그 뜻이 '누르다'가 되었다. 그 음은 '누르다'와 관련된 '황토·황사·황인종'에서 보듯 '황'이 되었다.

몸에 차는 패옥

용례 黃土 황토 · 黃疸 황달 · 黃砂 황사 · 黃泉 황천 · 卵黃 난황 · 黃昏 황혼 · 硫黃 유황 · 薑黃 강황 · 黃人種 황인종 · 黃粱之夢 황량지몽 · 黃金萬能 황금만능 · 天地玄黃 천지현황 · 黃口簽丁 황구첨정 · 黃色新聞 황색신문

749

黑 **검을 흑**

黑[검을 흑]부 12획

중 黑 [hēi]
일 黑 음독[こく]
　훈독[くろ・くろい]
영 black

黑　黑

금 문　소 전

옛날 죄인이나 포로들의 얼굴에 검은 먹물로 문신이 새겨진 모습을 형상화한 글자로 보인다. 그렇게 새겨진 문신이 검은 데서 그 뜻이 '검다'가 되었고, '검다'와 관련된 '흑백·흑조·암흑'에서 보듯 그 음이 '흑'이 되었다.[약자→黑]

먹으로 벌하는 모습

용례 黑色 흑색 · 黑白 흑백 · 黑字 흑자 · 黑鳥 흑조 · 黑海 흑해 · 漆黑 칠흑 · 暗黑 암흑 · 黑牛 흑우 · 黑點 흑점 · 黑幕 흑막 · 黑人種 흑인종 · 黑死病 흑사병 · 近墨者黑 근묵자흑 · 黑猫白猫 흑묘백묘 · 黑衣宰相 흑의재상

750

點 점점

黑[검을 흑]부 17획

중 **点** [diǎn]
일 **点** 음독[てん]
　　훈독[つく・つける・ともす]
영 dot

소 전

黑[검을 흑]자와 占[점칠 점]자가 합쳐진 글자다. 黑자로 인해 검은[黑] 빛의 작은 점과 관련해 그 뜻이 '점'이 되었고, 占자로 인해 店[가게 점] 자나 粘[차질 점=黏]자처럼 그 음이 '점'이 되었다.[약자→点]

용례 點點 점점 · 點心 점심 · 點字 점자 · 焦點 초점 · 點檢 점검 · 百點 백점 · 滿點 만점 · 弱點 약점 · 紅一點 홍일점 · 蒙古斑點 몽고반점 · 畵龍點睛 화룡점정 · 紅爐點雪 홍로점설

흑점의 그림
(〈조응〉, 이우환)

751

登 오를등

癶[걸을 발]부 12획

중 **登** [dēng]
일 **登** 음독[と・とう]
　　훈독[のぼる]
영 climb

갑골문　소 전

두 발을 나타낸 癶[걸을 발]자와 그릇을 나타낸 豆[콩 두]자와 두 손을 나타낸 廾[손 맞잡을 공]자가 합쳐진 글자다. 두 발로[癶] 음식 담은 그 릇[豆]을 두 손[廾]에 들고 제단으로 오르는 모습을 나타낸 데서 그 뜻이 '오르다'가 되었고, '오르다'와 관련된 '등산·등정·등극'에서 보듯 그 음 이 '등'이 되었다. 후에 두 손을 나타낸 廾자가 생략되었다.

용례 登山 등산 · 登壇 등단 · 登頂 등정 · 登極 등극 · 登校 등교 · 登場 등장 · 登龍門 등용문 · 等高 線 등고선 · 登記簿 등기부 · 登高自卑 등고자비

그릇을 들고 제단을
오르는 모습

752

寫 베낄사

宀[집 면]부 15획

중 **写** [xiě]
일 **写** 음독[しゃ]
　　훈독[うつす・うつる]
영 copy

소 전

宀[집 면]자와 舃[까치 작]자가 합쳐진 글자다. 宀자로 인해 집[宀]의 물 건을 다른 곳에 옮긴다 하면서 다시 옮겨서 베낀다 하여 그 뜻이 '베끼 다'가 되었고, 舃자로 인해 그 음이 '작'에서 변하여 '사'가 되었다.[약자 →写]

용례 複寫 복사 · 寫眞 사진 · 描寫 묘사 · 寫實 사실 · 筆寫本 필사본 · 謄寫機 등사기 · 聲帶模寫 성대모사 · 寫生大會 사생대회

베껴 쓰기

753 罪 허물 죄
罒[그물 망]부 13획

중	罪 [zuì]
일	罪 음독[ざい]
	훈독[つみ]
영	crime

소 전

罒[그물 망]자와 非[아닐 비]자가 합쳐지면서 그물[罒]에서 물고기가 빠져나오지 않게[非] 한다는 뜻을 지닌 글자였다. 그러나 후대에 辠[허물 죄]자와 그 음이 같은 데서 결국 '허물'의 뜻을 지니게 되었다. 辠자는 임금을 뜻하는 皇[임금 황]자와 소전 자형이 비슷하여 '皇帝(황제)'란 말을 처음 사용한 진시황이 이를 쓰지 못하게 했기 때문이다. 그 음은 '허물'과 관련된 '죄송·죄인·범죄'에서 보듯 '죄'로 읽힌다.

조선시대의 죄수들

용례 罪悚 죄송 · 罪人 죄인 · 犯罪 범죄 · 謝罪 사죄 · 贖罪 속죄 · 免罪符 면죄부 · 席藁待罪 석고대죄

754 刑 형벌 형
刀[칼 도]부 6획

중	刑 [xíng]
일	刑 음독[ぎょう·けい]
영	punishment

금 문　소 전

井[우물 정]자와 刀[칼 도]자에서 변형된 刂[선칼도]가 합쳐진 刱자가 본자(本字)이다. 刀자로 인해 죄인의 몸에 칼[刀]로 직접 상해를 가하는 형벌을 준다 하여 그 뜻이 '형벌'이 되었고, 井자로 인해 形[형상 형=形]자처럼 그 음이 '정'에서 변하여 '형'이 되었다. 刱자에 덧붙여진 井자는 후에 开자의 형태로 바뀌어 오늘날 刑자로 쓰이고 있다.

형벌을 받는 사람

용례 刑罰 형벌 · 死刑 사형 · 處刑 처형 · 笞刑 태형 · 墨刑 묵형 · 黥刑 경형 · 宮刑 궁형 · 斬刑 참형 · 銃殺刑 총살형 · 無期刑 무기형 · 絞首刑 교수형 · 禁錮刑 금고형 · 終身刑 종신형

755 辛 매울 신
辛[매울 신]부 7획

중	辛 [xīn]
일	辛 음독[しん]
	훈독[かのと·からい·つらい]
영	hot, pungent

갑골문　소 전

옛날 죄인이나 포로의 얼굴에 문신을 하는 도구의 모양을 본뜬 글자다. 그 도구로 문신을 당하는 이는 고통을 당하게 되는데, 그렇게 고통을 주는 맛이 매운 것이기 때문에 결국 그 뜻이 '맵다'가 되었다. 그 음은 '맵다'와 관련된 말인 '신랄·향신료·오신채'에서처럼 '신'이 되었다.

문신을 새기는
옛날 도구

용례 辛辣 신랄 · 辛酸 신산 · 辛勝 신승 · 香辛料 향신료 · 五辛菜 오신채 · 辛夷花 신이화 · 千辛萬苦 천신만고 · 艱難辛苦 간난신고 · 辛亥革命 신해혁명 · 辛未洋擾 신미양요

756

幸 다행 행
干[방패 간]부 8획

중 幸 [xìng]
일 幸 음독[こう]
　훈독[さいわい・さち・
　しあわせ]
영 luck, happy

갑골문 | 소 전

죄수의 손을 묶는 원시형태의 형구인 수갑을 나타낸 글자다. 그 수갑만 나타내고 사람은 없는 데서 수갑에 묶이는 처벌을 다행히 면했음을 나타내면서 그 뜻이 '다행'이 되었고, 다행과 관련된 말인 '행복·행운·불행'에서처럼 그 음이 '행'이 되었다.

용례 幸福 행복 · 幸運 행운 · 不幸 불행 · 天幸 천행 · 徼幸數 요행수 · 千萬多幸 천만다행 · 幸州大捷 행주대첩

두 손이 묶인 토우

757

執 잡을 집
土[흙 토]부 11획

중 执 [zhí]
일 執 음독[しつ・しゅう]
　훈독[とる]
영 grasp

갑골문 | 소 전

원시적 형태의 형구인 수갑을 나타낸 幸[다행 행]자와, 잡혀 수갑에 두 손이 묶인 사람을 나타낸 丮[잡을 극]자에서 변형된 丸의 형태가 합쳐진 글자다. 두 손이 수갑[幸]에 묶인 잡힌 사람[丸의 형태]을 나타낸 데서 그 뜻이 '잡다'가 되었고, '잡다'와 관련된 말인 '집행·집착·아집'에서 보는 바와 같이 그 음이 '집'이 되었다.

용례 執行 집행 · 執着 집착 · 我執 아집 · 執權 집권 · 執拗 집요 · 執念 집념 · 執筆 집필 · 執事 집사 · 執務 집무 · 執銃 집총 · 偏執症 편집증 · 執刀醫 집도의 · 執綱所 집강소 · 固執不通 고집불통

형벌을 받는 사람

758

報 갚을 보
土[흙 토]부 12획

중 报 [bào]
일 報 음독[ほう]
　훈독[しらせる・むくいる]
영 repay

금 문 | 소 전

죄인의 두 손을 묶는 형벌도구를 나타낸 幸[다행 행]자와 손으로 붙잡아 꿇어앉힌 사람을 나타낸 𠬝[일할 복]자가 합쳐진 글자다. 幸자로 인해 형벌도구[幸]에 묶이는 벌로 죄를 갚는다 하여 그 뜻이 '갚다'가 되었고, 𠬝자로 인해 그 음이 '복'에서 변하여 '보'가 되었다.

용례 報答 보답 · 報道 보도 · 朗報 낭보 · 情報 정보 · 弘報 홍보 · 通報 통보 · 豫報 예보 · 報告書 보고서 · 反哺報恩 반포보은 · 因果應報 인과응보 · 結草報恩 결초보은 · 陰德陽報 음덕양보 · 盡忠報國 진충보국 · 追遠報本 추원보본

형벌을 받는 사람

759

央 가운데 **앙**

大[큰 대]부 5획

중 央 [yāng]
일 央 음독[おう]
　　훈독[なか]
영 center

갑골문 | 소전

벌을 받고 있는 사람의 머리가 형틀 가운데에 끼워져 있는 모습을 나타낸 글자로 보인다. 머리가 형틀 가운데에 끼워져 있다 하여 그 뜻이 '가운데'가 되었고, '가운데'와 관련된 말인 '중앙'이나 '진앙지'에서 보듯 그 음이 '앙'이 되었다.

용례 中央중앙 · 震央地진앙지

형틀에 끼워진 사람

760

章 글 **장**

立[설 립]부 11획

중 章 [zhāng]
일 章 음독[しょう]
영 sentence

금문 | 소전

옛날 노예나 죄인에게 문신의 도구[辛]로 새긴 무늬[日의 형태]를 나타낸 글자로 보인다. 그렇게 새긴 무늬는 노예나 죄인임을 표시한 그림과 같은 것인데 그림에서 비롯된 것이 글이므로 결국 그 뜻이 '글'이 되었다. 음은 글과 관련된 말인 '문장·훈장·도장'에서처럼 '장'으로 읽힌다.

용례 文章문장 · 勳章훈장 · 圖章도장 · 徽章휘장 · 印章인장 · 指章지장 · 腕章완장 · 肩章견장 · 輓章만장 · 體力章체력장 · 奎章閣규장각 · 階級章계급장 · 日章旗일장기 · 約法三章약법삼장 · 國民教育憲章국민교육헌장

강제로 문신이 새겨지는 사람

761

童 아이 **동**

立[설 립]부 12획

중 童 [tóng]
일 童 음독[どう]
　　훈독[わらべ]
영 child

금문 | 소전

문신 새기는 도구를 나타낸 辛[매울 신]자와 자루를 나타낸 東[동녘 동]자가 합쳐진 글자였다. 辛자로 인해 옛날 죄인에게 문신 새기는 뾰족한 도구[辛]로 눈을 찔러 아이처럼 반항이 없는 사람으로 만든 데서 그 뜻이 '아이'가 되었고, 東자로 인해 그 음 그대로 '동'이 되었다. 후대에 이 자형에 土[흙 토]자가 추가되면서 오늘날처럼 쓰이고 있다.

용례 童子동자 · 兒童아동 · 童話동화 · 童心동심 · 童謠동요 · 童詩동시 · 舞童무동 · 雙童쌍동 · 牧童목동 · 惡童악동 · 神童신동 · 童僧동승 · 花童화동 · 學童학동 · 八朔童팔삭동 · 樵童汲婦초동급부 · 鶴髮童顔학발동안

문신이 새겨지는 사람

競 다툴 경

立[설 립]부 20획

중 竞 [jìng]
일 競 음독[きょう・けい]
　　　훈독[きそう・せる]
영 compete

갑골문　｜　소 전

형벌로 문신을 마친 노예나 죄인의 모습에서 비롯된 竟[마칠 경]자를 겹쳐 쓴 競자가 동자(同字)이다. 두 노예나 죄인[竟]이 다툰다 하여 그 뜻이 '다투다'가 되었고, '다투다'와 관련된 말인 '경기·경주·경매'에서처럼 그 음이 '경'이 되었다.

용례 競技 경기 · 競走 경주 · 競賣 경매 · 競選 경선 · 競馬 경마 · 競合 경합 · 競步 경보 · 競輪 경륜 · 競演 경연 · 競泳 경영 · 競艇 경정 · 競飮 경음 · 競爭 경쟁

노예 전사의 다툼
(글래디에이터)

3-5. 사람의 행정이나 지적 활동과 관련된 한자

부족사회가 국가체제로 발전하면서 좀 더 체계적인 시스템이 요구되었다. 그리고 인구가 증가하면서 여러 계급 간에 활발한 관계가 형성되었다.

이 장에서는 행정구역이나 다양한 지적활동을 통해 만들어진 부수인 里[마을 리]·行[다닐 행]·彳[자축거릴 척]·廴[길게 걸을 인]·邑[고을 읍]·一[한 일]·二[두 이]·八[여덟 팔]·十[열 십]자 등을 중심으로 한 한자를 살펴본다.

● 행정구역 ● ➤

763	里 마을 리	중 里 [lǐ]
	里[마을 리]부 7획	일 里 음독[り] 훈독[さと]
		영 village

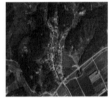

금문 | 소전

농사를 짓는 농토인 田[밭 전]자와 집을 짓는 땅인 土[흙 토]자가 합쳐진 글자다. 농토에서 농사를 지으면서 집을 지어 사는 마을을 나타낸 데서 그 뜻이 '마을'이 되었고, 마을과 관련된 '동리·향리·택리지'에서 보듯 그 음이 '리'가 되었다.

용례 洞里 동리 · 鄕里 향리 · 里長 이장 · 擇里志 택리지 · 里程標 이정표 · 九萬里 구만리 · 千里眼 천리안 · 一瀉千里 일사천리 · 五里霧中 오리무중 · 鵬程萬里 붕정만리 · 不遠千里 불원천리 · 萬里長城 만리장성

남원시 산동면 목동리

764	野 들 야	중 野 [yě]
	里[마을 리]부 11획	일 野 음독[や] 훈독[の]
		영 field

금문 | 소전

옛날에는 埜(야)자로도 썼으나 후대에 里[마을 리]자와 予[나 여]자가 합쳐진 野자로 바뀌었다. 野자는 里자로 인해 마을[里] 주변의 들판과 관련해 그 뜻이 '들'이 되었고, 予자로 인해 그 음이 '여'에서 변하여 '야'가 되었다.

용례 野外 야외 · 下野 하야 · 與野 여야 · 分野 분야 · 野黨 야당 · 視野 시야 · 平野 평야 · 廣野 광야 · 野球 야구 · 野獸 야수 · 野心 야심 · 野戰 야전 · 野蠻人 야만인 · 野生動物 야생동물

지리산 둘레길 들녘

765

行 다닐 행

行[다닐 행]부 6획

중 行 [xíng/háng]
일 行 음독[あん·ぎょう·こう]
　　훈독[いく·おこなう·ゆく]
영 go around

갑골문 　 소 전

사람이나 수레가 많이 다니는 사거리를 나타낸 글자다. 사거리는 사람이나 수레가 많이 다닌다 하여 그 뜻이 '다니다'가 되었고, '다니다'와 관련된 말인 '행인·행진·동행'에서처럼 그 음이 '행'이 되었다. 그 뜻이 '줄'이나 '항렬'과 관련될 때는 '항'으로도 읽는다.

용례 行人 행인 · 行進 행진 · 同行 동행 · 行動 행동 · 雁行 안행/안항 · 行列字 항렬자 · 行方不明 행방불명 · 知行一致 지행일치 · 錦衣夜行 금의야행 · 微服潛行 미복잠행 · 論功行賞 논공행상 · 急行無善步 급행무선보

예전의 광화문 사거리

766

街 거리 가

行[다닐 행]부 12획

중 街 [jiē]
일 街 음독[かい·がい]
　　훈독[まち]
영 street

소 전

行[다닐 행]자와 圭[홀 규]자가 합쳐진 글자다. 行자로 인해 많은 사람이 다닐 수 있도록 사방으로 통하는 큰 길[行]이 있는 '거리'를 뜻하고, 圭자로 인해 佳[아름다울 가]자처럼 그 음이 '규'에서 변하여 '가'가 되었다.

용례 商街 상가 · 市街 시가 · 街販 가판 · 街道 가도 · 街路樹 가로수 · 住宅街 주택가 · 大學街 대학가 · 繁華街 번화가 · 遊興街 유흥가 · 貧民街 빈민가 · 紅燈街 홍등가 · 街談巷說 가담항설

조선시대 육조거리

767

往 갈 왕

彳[자축거릴 척]부 8획

중 往 [wǎng]
일 往 음독[おう]
　　훈독[ゆく]
영 go

갑골문 　 소 전

발을 나타낸 止[그칠 지]자와 도끼를 나타낸 王[임금 왕]자가 합쳐진 글자였다. 止자로 인해 발[止]로 걸어서 간다 하여 그 뜻이 '가다'가 되었고, 王자로 인해 그 음이 '왕'이 되었다. 후에 止자와 王자는 서로 어우러져 主의 형태로 바뀌고, 그 뜻을 더욱 분명히 하기 위해 길에서 비롯된 彳(척)자를 덧붙여 오늘날 往자로 쓰이고 있다.

용례 往往 왕왕 · 往年 왕년 · 往來 왕래 · 來往 내왕 · 往復 왕복 · 旣往 기왕 · 往診 왕진 · 往十里 왕십리 · 說往說來 설왕설래 · 右往左往 우왕좌왕 · 已往之事 이왕지사 · 極樂往生 극락왕생 · 寒來暑往 한래서왕 · 馬往處牛亦去 마왕처우역거

여행을 가는 모습

768

彼 저 피

彳[자축거릴 척]부 8획

중 彼 [bǐ]
일 彼 음독[ひ]
　훈독[かの・かれ]
영 that

소 전

彳[자축거릴 척]자와 皮[가죽 피]가 합쳐진 글자다. 彳자로 인해 길[彳]을 따라 다른 저쪽으로 간다 하여 그 뜻이 '저'가 되었고, 皮자로 인해 被[입을 피]·疲[지칠 피]·披[헤칠 피]자처럼 그 음이 '피'가 되었다.

용례 彼岸 피안 · 彼我間 피아간 · 於此彼 어차피 · 此日彼日 차일피일 · 彼此一般 피차일반 · 知彼 知己百戰不殆 지피지기백전불태

피 안

769

待 기다릴 대

彳[자축거릴 척]부 9획

중 待 [dài]
일 待 음독[たい]
　훈독[まつ]
영 wait

금 문 ｜ 소 전

彳[자축거릴 척]자와 寺[절 사]자가 합쳐진 글자다. 彳자로 인해 길[彳]에서 누군가를 기다린다 하여 그 뜻이 '기다리다'가 되었고, 寺자로 인해 그 음이 '사'에서 변화되어 '대'가 되었다.

용례 期待 기대 · 優待 우대 · 忽待 홀대 · 待接 대접 · 待合室 대합실 · 刮目相對 괄목상대 · 守株待 兎 수주대토 · 鶴首苦待 학수고대 · 席藁待罪 석고대죄 · 盡人事待天命 진인사대천명

망부석

770

律 법률

彳[자축거릴 척]부 9획

중 律 [lǜ]
일 律 음독[りち・りつ]

갑골문 ｜ 소 전

彳[자축거릴 척]자와 聿[붓 율]자가 합쳐진 글자다. 彳자로 인해 길[彳]의 구획을 법에 따라 정해 긋는다 하여 그 뜻이 '법'이 되었고 聿자로 인해 그 음이 '율'에서 변하여 '률'이 되었다. 自律(자율)에서처럼 모음으로, 不文律(불문율)에서처럼 종성(終聲)이 'ㄴ'으로 끝나는 말 뒤의 律자는 '율'로 읽는다.

용례 法律 법률 · 軍律 군율 · 自律 자율 · 規律 규율 · 音律 음률 · 律動 율동 · 律士 율사 · 戒律 계율 · 一律的 일률적 · 他律的 타율적 · 不文律 불문율 · 黃金律 황금률 · 週期律 주기율 · 二律背 反 이율배반 · 千篇一律 천편일률

경부고속도로 건설현장

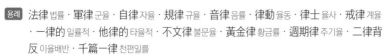

771

後 뒤 후

彳[자축거릴 척]부 9획

중 后 [hòu]
일 後 음독[こう·ご]
　훈독[あと·うしろ·おくれる]
영 behind, afterwards

금문　소전

길을 나타낸 彳[자축거릴 척]자와 줄을 나타낸 幺[작을 요]자, 아래를 향한 발을 나타낸 夂[천천히 걸을 쇠]자가 합쳐진 글자다. 길[彳]을 갈 때 줄[幺]에 묶인 발[夂]로 인해 남보다 뒤쳐져 걷는다 하여 그 뜻이 '뒤'가 되었고, 뒤와 관련된 '전후·후반·후미'에서 보듯 그 음이 '후'가 되었다.

쇠사슬에 발이 묶인
어린 노예

용례 前後전후 · 後半후반 · 後尾후미 · 後宮후궁 · 老後노후 · 後光效果후광효과 · 先公後私선공후사 · 後生可畏후생가외 · 雨後竹筍우후죽순 · 空前絶後공전절후 · 死後藥方文 사후약방문

772

得 얻을 득

彳[자축거릴 척]부 11획

중 得 [dé]
일 得 음독[とく]
　훈독[うる·える]
영 gain

갑골문　소전

옛날 화폐로 쓰였던 조개[貝]를 손[又]으로 줍는 모습을 나타낸 글자다. 물건을 줍는 것은 달리 얻은 것이기도 하기에 그 뜻이 '얻다'가 되었고, '얻다'와 관련된 '소득·습득·취득'처럼 그 음이 '득'이 되었다. 이 자형은 후에 길에서 비롯된 彳[자축거릴 척]자가 덧붙여지고, 貝자와 又자는 서로 어우러져 䍃[잡을 애]자로 바뀌어 오늘날 得자로 쓰이고 있다.

길거리 돈 줍기

용례 所得소득 · 拾得습득 · 習得습득 · 得點득점 · 取得취득 · 自業自得자업자득 · 一擧兩得일거양득 · 種豆得豆종두득두 · 得隴望蜀득롱망촉 · 乞兒得錦걸아득금 · 得意揚揚 득의양양

773

從 좇을 종

彳[자축거릴 척]부 11획

중 从 [cóng]
일 従 음독[しょう·じゅ·じゅう]
　훈독[したがう·したがえる]
영 follow

갑골문　소전

앞사람[人]을 뒷사람[人]이 좇는 모습을 나타낸 从자로 쓰이던 글자였다. 그렇게 앞사람을 뒷사람이 좇는 모습에서 그 뜻이 '좇다'가 되었고, '좇다'와 관련된 '추종·복종·순종'에서 보듯 그 음이 '종'이 되었다. 후에 그 뜻을 분명히 하기 위해 길을 나타낸 彳[자축거릴 척]자와 발을 나타낸 止[그칠 지]자가 덧붙여져 오늘날 從자로 쓰이고 있다.[약자→从]

수산리 고구려 고분벽화

용례 追從추종 · 服從복종 · 順從순종 · 從心종심 · 從業員종업원 · 面從腹背면종복배 · 白衣從軍백의종군 · 女必從夫여필종부 · 類類相從유유상종 · 三從之道삼종지도

774

德 덕 **덕**

彳[자축거릴 척]부 15획

중 德 [dé]
일 德 음독[とく]
영 virtue

| 금문 | 소전 |

直[곧을 직]자와 心[마음 심]자가 합쳐진 悳가 고자(古字)이다. 心자로 인해 바른 마음[心]으로 행동하는 덕을 갖추었다 하여 그 뜻이 '덕'이 되었고, 直자로 인해 그 음이 '직'에서 변하여 '덕'이 되었다. 후에 그 뜻을 분명히 하기 위해 행한다는 의미를 지닌 彳[자축거릴 척]자를 덧붙이면서 悳자는 惪자로 변해 결국 오늘날 德자로 쓰이고 있다.[약자→徳]

용례 德行 덕행 · 道德 도덕 · 美德 미덕 · 德澤 덕택 · 恩德 은덕 · 德不孤 덕불고 · 感之德之 감지덕지 · 背恩忘德 배은망덕 · 陰德陽報 음덕양보 · 汲水功德 급수공덕 · 德業相勸 덕업상권

몸소 덕을 행하는
테레사 수녀

775

徒 **무리 도**

彳[자축거릴 척]부 10획

중 徒 [tú]
일 徒 음독[ず·と]
훈독[いたずら·かち·ともがら]
영 crowd

| 갑골문 | 소전 |

흙덩이를 나타낸 土[흙 토]자와 발을 나타낸 止[그칠 지]자로 쓰이다가 길을 나타낸 彳[자축거릴 척]자가 합쳐진 글자다. 彳자와 止자로 인해 길[彳]을 발[止]로 걸어 다니는 사람의 무리를 나타낸 데서 그 뜻이 '무리'가 되었고, 土자로 인해 그 음이 '토'에서 변하여 '도'가 되었다. 辻자는 동자(同字)다.

용례 信徒 신도 · 暴徒 폭도 · 叛徒 반도 · 學徒兵 학도병 · 女生徒 여생도 · 淸敎徒 청교도 · 花郞徒 화랑도 · 無爲徒食 무위도식 · 徒勞無功 도로무공 · 徒步旅行 도보여행 · 文憲公徒 문헌공도

학도의용군

776

建 **세울 건**

廴[길게 걸을 인]부 9획

중 建 [jiàn]
일 建 음독[けん·こん]
훈독[たつ·たてる]
영 build

| 금문 | 소전 |

聿[붓 율]자와 廴[길게 걸을 인]자가 합쳐졌다. 길을 나타낸 廴자로 인하여 길[廴]을 발로 편하게 다닐 수 있도록 붓[聿]을 들어 계획을 세운다 하여 그 뜻이 '세우다'가 되었고, '세우다'와 관련된 말인 '건조·건물·창건'에서 보듯 그 음이 '건'이 되었다.

용례 建造 건조 · 建物 건물 · 創建 창건 · 建立 건립 · 土建 토건 · 建築 건축 · 再建 재건 · 建國 건국 · 建設的 건설적 · 封建時代 봉건시대 · 建陽多慶 건양다경

진직도

777

鄉 시골 향

邑[고을 읍]부 13획

중 乡 [xiāng]
일 鄉 음독[きょう·ごう]
　훈독[さと]
영 rural

| 갑골문 | 소 전 |

두 사람 가운데 밥을 놓고 추수를 끝낸 뒤 대접하는 모습을 나타낸 글자다. 따라서 본래 '대접하다'의 뜻을 지녔으나 후에 다시 食[밥 식]자를 덧붙인 饗[대접할 향]자가 그 뜻을 대신하고, 자신은 그런 풍습이 일어나는 곳인 시골과 관련해 뜻이 '시골'이 되었다. 그 음은 '시골'과 관련된 말인 '고향·타향·귀향'에서 보듯 '향'으로 읽히고 있다.[약자→郷, 鄉]

대접을 받는 사람

용례 鄉里 향리 · 故鄉 고향 · 他鄉 타향 · 歸鄉 귀향 · 鄉札 향찰 · 貫鄉 관향 · 同鄉 동향 · 鄉約 향약 · 鄉校 향교 · 落鄉 낙향 · 鄉村 향촌 · 理想鄉 이상향 · 錦衣還鄉 금의환향 · 鄒魯之鄉 추로지향

778

區 나눌 구

匸[감출 혜]부 11획

중 区 [qū]
일 区 음독[く]
　훈독[まち]
영 division

| 갑골문 | 소 전 |

구석진 곳[乚의 형태]에 많은 물건[品]을 나누어 감추어 둔 모양을 나타낸 글자다. 후대에 구석진 곳을 나타낸 乚의 형태를 대신해 匸[감출 혜]자를 써서 區자로 쓰고 있다. 그 뜻은 물건을 나누어 감추어 둔 모양에서 '나누다'가 되었고, 음은 '나누다'와 관련된 말인 '구분·구별·구역'에서 보듯 '구'가 되었다.[약자→区]

구석진 곳에 놓아둔 그릇

용례 區分 구분 · 區別 구별 · 區域 구역 · 區劃 구획 · 海區 해구 · 選擧區 선거구 · 全國區 전국구 · 解放區 해방구 · 投票區 투표구 · 自治區 자치구 · 經濟特區 경제특구 · 風致地區 풍치지구

779

市 저자 시

巾[수건 건]부 5획

중 市 [shì]
일 市 음독[し]
　훈독[いち]
영 market

| 금 문 | 소 전 |

금문(金文)으로 보면 止[그칠 지]자와 八[여덟 팔], 丂[공교할 교=巧]자가 합쳐진 글자였다. 공교하게[丂] 만든 물건을 서로 나누는[八] 저자를 나타낸 데서 그 뜻이 '저자'가 되었고, 止자로 인해 그 음이 '지'에서 변하여 '시'가 되었다. 후대로 오면서 止자는 亠의 형태로, 八자와 丂자는 합쳐져 巾의 형태로 바뀌어 결국 市자로 쓰이게 되었다.

옛날 대구 서문시장

용례 市場 시장 · 市販 시판 · 市民 시민 · 都市 도시 · 出市 출시 · 波市 파시 · 市勢 시세 · 市廳 시청 · 市長 시장 · 特別市 특별시 · 廣域市 광역시 · 門前成市 문전성시 · 市井雜輩 시정잡배

780	井 우물 정	중	井 [jǐng]
		일	井 음독[しょう・せい]
	二[두 이]부 4획		훈독[い]
		영	well

갑골문 　 소 전

사방에 흙이 무너지지 않도록 땅을 파서 물이 괴게 한 우물을 나타낸 글자다. 우물을 나타낸 데서 그 뜻이 '우물'이 되었고, 우물과 관련된 '관정·유정·정화수'에서 보듯 그 음이 '정'이 되었다. 우물 속에 괸 물을 점으로 나타낸 丼자도 井자와 같은 글자다.

용례 灌井 관정 · 井華水 정화수 · 天井川 천정천 · 井田法 정전법 · 井底之蛙 정저지와 · 甘井先竭 감정선갈 · 市井之臣 시정지신

모례가정
(신라시대 우물)

781	國 나라 국	중	国 [guó]
		일	国 음독[こく]
	囗[에울 위]부 11획		훈독[くに]
		영	nation

갑골문 　 소 전

囗[에울 위]자와 或[혹시 혹]자가 합쳐진 글자다. 원래 창[戈]을 들고 일정하게 경계 지은[一] 지역[囗]인 나라를 지키고 있는 모양을 나타낸 或자가 '나라'를 뜻하였다. 그러나 후대로 내려오면서 或자가 '혹시'란 뜻으로 빌려 쓰이자, 다시 囗자를 덧붙인 國자가 결국 나라를 뜻하는 글자가 되었다. 그 음은 或자의 영향을 받아 '혹'에서 변하여 '국'이 되었다. [약자→国]

용례 國家 국가 · 國民 국민 · 國土 국토 · 天國 천국 · 中國 중국 · 美國 미국 · 大韓民國 대한민국 · 傾國之色 경국지색 · 救國干城 구국간성 · 經國濟世 경국제세 · 庚戌國恥 경술국치 · 東方禮儀之國 동방예의지국

국토를 지키는
독도수비대

782	都 도읍 도	중	都 [dōu/dū]
		일	都 음독[つ・と]
	邑[고을 읍]부 12획		훈독[みやこ]
		영	capital city

금 문 　 소 전

者[놈 자]자와 邑[고을 읍]자에서 변형된 阝[우부방]이 합쳐진 글자다. 邑자로 인해 왕이 머무는 고을[邑]인 도읍과 관련해 그 뜻이 '도읍'이 되었고, 者자로 인해 屠[잡을 도]·堵[담 도]·睹[볼 도]·賭[도박 도]자처럼 그 음이 '자'에서 변하여 '도'가 되었다.

용례 都邑 도읍 · 都市 도시 · 首都 수도 · 港都 항도 · 遷都 천도 · 王都 왕도 · 都城 도성 · 都會地 도회지 · 都大體 도대체 · 都賣商 도매상 · 松都三絕 송도삼절 · 駙馬都尉 부마도위

한양 도성도

783	部 거느릴 부	중	部 [bù]
		일	部 음독[ぶ]
			훈독[べ]
	邑[고을 읍]부 11획	영	department

소 전

啇[비웃을 부]자와 邑[고을 읍]자에서 변형된 阝[우부방]이 합쳐진 글자
다. 邑자에 의해 천민들이 사는 여러 고을[邑]을 거느린다 하여 그 뜻이
'거느리다'가 되었고, 啇자에 의해 剖[쪼갤 부]자처럼 그 음이 '부'가 되
었다.

용례 部落 부락 · 部隊 부대 · 幹部 간부 · 部下 부하 · 恥部 치부 · 內部 내부 · 部首 부수 · 司令部
사령부 · 首腦部 수뇌부 · 安企部 안기부 · 六部組織 육부조직

산 속의 부락

784	告 알릴 고	중	告 [gào]
		일	告 음독[こく]
			훈독[つげる]
	口[입 구]부 7획	영	notify

갑골문 · 소 전

나뭇가지[止]로 짐승을 사냥하기 위해 파 놓은 구덩이[口의 형태] 위에
표지해 놓은 모양을 나타낸 글자로 보인다. 그렇게 표지를 해서 사람들
에게 알린다 하여 그 뜻이 '알리다'가 되었고, '알리다'와 관련된 말인
'고지·고백·신고'에서처럼 그 음이 '고'가 되었다.

용례 告知 고지 · 告白 고백 · 申告 신고 · 報告 보고 · 警告 경고 · 宣告 선고 · 勸告 권고 · 豫告 예고
· 告祀 고사 · 誣告罪 무고죄 · 以實直告 이실직고 · 不告知罪 불고지죄 · 宣戰布告 선전포고

제주도 노루 잡는 함정

• 숫자와 방향 •

785	一 한 일	중	一 [yī]
		일	一 음독[いち·いつ]
			훈독[ひ·ひと·ひとつ]
	一[한 일]부 1획	영	one

갑골문 · 소 전

반듯하게 그어진 선 하나를 나타낸 글자다. 선 하나를 나타냈기에 그
뜻이 '하나'가 되었고, 하나와 관련된 '일년·일점·일국'에서 보듯 그 음
이 '일'이 되었다. 一자는 자형이 단순하여 二[두 이]자나 十[열 십]자
등으로 잘못 사용될 가능성이 크므로 문서 등에는 壹[한 일]자로 바꿔
쓰이기도 한다.

마제잠두 一자

용례 一年 일년 · 一等 일등 · 一同 일동 · 一助 일조 · 一說 일설 · 一切 일절/일체 · 一等兵 일등병 ·
乾坤一擲 건곤일척 · 一目瞭然 일목요연 · 一網打盡 일망타진 · 一長一短 일장일단 · 千一夜
話 천일야화 · 一攫千金 일확천금 · 一刀兩斷 일도양단

二 두이	중 二 [èr]
二[두 이]부 2획	일 二 음독[じ·に]
	훈독[ふた·ふたつ]
	영 two

갑골문 · 소 전

일등병 · 이등병

계급장

가로로 반듯하게 그어진 선이 두 개 표현된 글자다. 선을 두 개 표현한 데서 그 뜻이 '둘(두)'이 되었고, 둘과 관련된 말인 '이중·이층·이세'에서처럼 그 음이 '이'가 되었다. 二자는 그 자형이 단순하여 貳[두 이]자로 바꿔 쓰이기도 한다.

용례 二重이중 · 二層이층 · 二世이세 · 二毛作이모작 · 二進法이진법 · 一石二鳥일석이조 · 一口二言일구이언 · 唯一無二유일무이 · 二律背反이율배반 · 身土不二신토불이

三 석삼	중 三 [sān]
一[한 일]부 3획	일 三 음독[さん]
	훈독[み·みっつ·みつ]
	영 three

갑골문 · 소 전

반듯하게 그어진 선 세 개로 나타낸 글자다. 선을 세 개로 나타낸 데서 그 뜻이 '셋(석)'이 되었고, 셋(석)과 관련된 '삼촌·삼군·삼류'에서 보듯 그 음이 '삼'이 되었다. '셋'은 석 냥, 석 달, 석 섬, 석 자 따위에서 보듯 'ㄴ·ㄷ·ㅅ·ㅈ'를 첫소리로 하는 말 앞에 쓰일 때는 '석'으로 읽는다. 따라서 三의 음도 'ㅅ'을 쓰는 '삼'이기에 그 뜻을 '석'으로 지칭하고 있다.

용례 三寸삼촌 · 三軍삼군 · 三流삼류 · 三足烏삼족오 · 三尺童子삼척동자 · 朝三暮四조삼모사 · 三顧草廬삼고초려 · 君子三樂군자삼락 · 張三李四장삼이사

고구려 각저총 삼족오

參 참여할 참	중 參 [cān]
厶[사사 사]부 11획	일 參 음독[さん·しん]
	훈독[まいる]
	영 participate

금문 · 소 전

별[晶]이 사람[人] 머리 위에 있는 모양을 나타낸 曑자가 본자(本字)이다. 따라서 본래 '별 이름'의 뜻을 지녔으나 후대에 셋(석)을 뜻하는 三[석 삼]자와 음이 통한 데서 三자의 갖은자가 되었다. 그렇게 '셋(석)'의 뜻을 지니고, 셋은 한자에서 '많다'의 의미를 지니므로 다시 많은 사람이 참여한다 하여 '참여하다'의 뜻을 지니기도 한다. 음은 후대에 덧붙여진 彡[터럭 삼]자에 의해 '삼'에서 변해 '참'이 되었다. 曑자는 후에 간략하게 參자로 쓰다가 다시 参자로 바꿔 쓰고 있다.[약자→参]

참정권 행사

용례 參席참석 · 參戰참전 · 參加참가 · 參考참고 · 參與참여 · 參拜참배 · 同參동참 · 不參불참 · 參謀참모 · 參政權참정권 · 情狀參酌정상참작

789

四 넉사

□[에울 위]부 5획

중 四 [si]
일 四 음독[し]
　　훈독[よ・よつ・よっつ・よん]
영 four

| 갑골문 | 소 전 |

소나 돼지 같은 짐승의 주둥이를 나타낸 글자로 보인다. 후대에 '넷(넉)'을 뜻하는 한자로 빌려 쓰이면서 그 뜻이 '넷(넉)'이 되었고, 넷(넉)과 관련된 '사촌·사방·사덕'에서 보듯 그 음이 '사'가 되었다. 우리말에서 '넷'이 '냥·달·섬·자' 따위의 말 앞에 쓰일 때는 '넉'으로 읽힌다.

용례 四寸 사촌 · 四方 사방 · 四德 사덕 · 四苦 사고 · 四君子 사군자 · 朝三暮四 조삼모사 · 四顧無親 사고무친 · 文房四友 문방사우 · 四面楚歌 사면초가 · 四海兄弟 사해형제

넷 짝의 윷

790

五 다섯오

二[두 이]부 4획

중 五 [wǔ]
일 五 음독[ご]
　　훈독[い・いつ・いつつ]
영 five

| 갑골문 | 소 전 |

실을 감아 놓는 실패를 나타낸 글자로 보인다. 그러나 후대로 내려오면서 자신의 뜻과 관련이 없이 '다섯'을 나타내는 데 빌려 쓰이면서 결국 그 뜻이 '다섯'이 되었고, 다섯과 관련된 말인 '오월·오목·오색'에서 보듯 그 음이 '오'가 되었다.

용례 五月 오월 · 五目 오목 · 五色 오색 · 五感 오감 · 五味子 오미자 · 五行說 오행설 · 旬五志 순오지 · 三三五五 삼삼오오 · 五里霧中 오리무중 · 三綱五倫 삼강오륜 · 五十步百步 오십보백보

실 패

791

六 여섯륙

八[여덟 팔]부 4획

중 六 [liù]
일 六 음독[りく・ろく]
　　훈독[む・むい・むっつ・むつ]
영 six

| 갑골문 | 소 전 |

땅 위에 세워진 집을 나타낸 글자이다. 그러나 후대로 내려오면서 숫자 여섯을 가리키는 데 빌려 쓰이면서 그 뜻이 '여섯'이 되었고, 여섯과 관련된 '쌍륙·망륙·오륙도'에서 보듯 그 음이 '륙'이 되었다. 六자가 말의 앞에 쓰일 때는 '육'으로도 읽는데, 六月(유월)에서처럼 '유'로도 읽거나 五六月(오뉴월)에서처럼 '뉴'로 읽기도 한다.

용례 雙六 쌍륙 · 望六 망륙 · 六月 유월 · 六書 육서 · 五六島 오륙도 · 五六月 오뉴월 · 死六臣 사육신 · 六曹判書 육조판서 · 四大六身 사대육신 · 五臟六腑 오장육부 · 六何原則 원칙 · 六十甲子 육십갑자

六 형태의 집

792	七 일곱 칠	중	七 [qī]
		일	七 음독[しち·しつ]
	一[한 일]부 2획		훈독[なな·ななつ·なの]
		영	seven

갑골문 | 소 전

긴 물체의 가운데를 끊는 모양을 나타냈기 때문에 원래 '끊다'의 뜻을 지녔던 글자였다. 후에 刀[칼 도]자를 덧붙인 切[끊을 절]자가 그 뜻 '끊다'를 대신하고, 자신은 '일곱'을 뜻하는 글자로 빌려 쓰이게 되었다. 그 음은 일곱과 관련된 '칠순·북두칠성·칠월칠석'에서 보듯 '칠'이 되었다.

용례 七旬 칠순 · 七七齋 칠칠재 · 七星板 칠성판 · 七縱七擒 칠종칠금 · 北斗七星 북두칠성 · 七月七夕 칠월칠석 · 七顚八起 칠전팔기 · 七去之惡 칠거지악 · 竹林七賢 죽림칠현 · 七寶丹粧 칠보단장 · 戰國七雄 전국칠웅

닭의 가운데를 끊는 모양

793	八 여덟 팔	중	八 [bā]
		일	八 음독[はち]
	八[여덟 팔]부 2획		훈독[や·やっつ·やつ·よう]
		영	eight

갑골문 | 소 전

무언가 좌우로 나뉘지는 모양을 나타내면서 '나누다'의 뜻을 지닌 글자였다. 후대에 여덟을 나타내는 데 빌려 쓰이면서 결국 그 뜻이 '여덟'이 되었고, 여덟와 관련된 '팔촌·팔자·팔등신'에서 보듯 그 음이 '팔'이 되었다.

용례 八寸 팔촌 · 八字 팔자 · 八旬 팔순 · 八等身 팔등신 · 八不出 팔불출 · 八方美人 팔방미인 · 七顚八起 칠전팔기 · 十中八九 십중팔구 · 四通八達 사통팔달 · 百八煩惱 백팔번뇌

사과 나누기

794	公 공평할 공	중	公 [gōng]
		일	公 음독[く·こう]
	八[여덟 팔]부 4획		훈독[おおやけ·きみ]
		영	equitable

갑골문 | 소 전

무언가 나누는 모양의 八[여덟 팔]자와 나뉘지는 물건을 나타낸 口의 형태가 합쳐진 글자다. 물건[口]을 공평하게 나눈다[八] 하여 그 뜻이 '공평하다'가 되었고, '공평하다'와 관련된 말인 '공개·공인·공무원'에서 보듯 그 음이 '공'이 되었다.

용례 公開 공개 · 公人 공인 · 公共 공공 · 公薦 공천 · 公僕 공복 · 公務員 공무원 · 主人公 주인공 · 公衆道德 공중도덕 · 愚公移山 우공이산 · 滅私奉公 멸사봉공 · 先公後私 선공후사

공평하게 나누기

795

九 아홉 구
乙[새 을]부 2획

중 九 [jiǔ]
일 九 음독[きゅう・く]
　훈독[ここの・ここのつ]
영 nine

금문 ｜ 소 전

구부러진 팔꿈치 부위까지 사람의 손을 나타낸 글자다. 따라서 애초에는 팔꿈치와 관련된 뜻을 지녔으나 후대에 숫자 아홉을 나타내는 데 빌려 쓰이면서 결국 그 뜻이 '아홉'이 되었고, 아홉과 관련된 말인 '구월·구십·구구단'에서 보듯 그 음이 '구'가 되었다.

[용례] 九十 구십 · 九月 구월 · 九泉 구천 · 九族 구족 · 九九段 구구단 · 九折草 구절초 · 九曲肝腸 구곡간장 · 十中八九 십중팔구 · 九牛一毛 구우일모 · 九折羊腸 구절양장 · 九死一生 구사일생 · 九重宮闕 구중궁궐 · 九萬里長天 구만리장천

팔의 모습

796

十 열 십
十[열 십]부 2획

중 十 [shí]
일 十 음독[じつ・じゅう]
　훈독[と・とお]
영 ten

갑골문 ｜ 소 전

처음에는 곧게 내려 그은 하나의 선으로 나타냈다가 이후 선 가운데에 두툼한 점을 덧붙이고, 나중에 그 점이 세로의 선으로 변해 결국 十 형태로 쓰이게 된 글자다. 세로로 내려 그은 하나로 십진법의 단위에서 하나와 관련된 열의 수(數)와 연계되어 그 뜻이 '열'이 되었고, 열과 관련된 '십일·십분·십장생'에서 보듯 그 음이 '십'이 되었다. 十月(시월)이나 十方淨土(시방정토)에서처럼 '시'로도 읽는다.

[용례] 十日 십일 · 十分 십분 · 十月 시월 · 十長生 십장생 · 十字架 십자가 · 十進法 십진법 · 十年減壽 십년감수 · 十方淨土 시방정토 · 十匙一飯 십시일반 · 權不十年 권불십년 · 十日之菊 십일지국

십자가가 보이는
서울 야경

797

協 도울 협
十[열 십]부 8획

중 协 [xié]
일 協 음독[きょう]
　훈독[かなう]
영 cooperate

갑골문 ｜ 소 전

十[열 십]자와 劦[힘 합할 협]자가 합쳐진 글자다. 十자로 인해 많은[十] 사람이 힘을 모아 돕는다 하여 그 뜻이 '돕다'가 되었고, 劦자로 인해 脅[갈빗대 협]자처럼 그 음이 '협'이 되었다.

[용례] 協力 협력 · 協助 협조 · 妥協 타협 · 協商 협상 · 協議 협의 · 協贊 협찬 · 協心 협심 · 協同 협동 · 協議會 협의회 · 不協和音 불협화음

가래질

798	世 세상 세	중 世 [shi]	
	一[한 일]부 5획	일 世 음독[せ·せい] 훈독[よ] 영 world	

갑골문 | 소 전

葉자 금문

葉[잎사귀 엽]자의 금문에서 보듯 예전에는 벌어진 나뭇가지를 나타낸 글자였다. 그러나 후에 그 나뭇가지를 세 개의 '十[열 십]'자로 보면서 삼십의 의미를 지니게 되었고, 삼십과 관련하여 다시 삼십년을 한 세대로 세상이 돌아간다 하여 결국 그 뜻이 '세상'이 되었다. 음은 세상과 관련된 말인 '후세·말세·세계'에서처럼 '세'가 되었다.

나뭇가지

용례 後世 후세 · 末世 말세 · 世界 세계 · 別世 별세 · 出世 출세 · 世宗市 세종시 · 世俗五戒 세속오계 · 隔世之感 격세지감 · 曲學阿世 곡학아세 · 絶世佳人 절세가인 · 經世濟民 경세제민

799	百 일백 백	중 百 [bǎi]	
	白[흰 백]부 6획	일 百 음독[ひゃく] 훈독[もも] 영 hundred	

갑골문 | 소 전

白[흰 백]자에 一[한 일]자를 덧붙인 글자다. 一자로 인해 백 단위 가운데 하나[一]의 숫자와 관련해 그 뜻이 '일백'이 되었고, 白자로 인해 伯[맏 백]·柏[잣나무 백]·帛[비단 백]자처럼 그 음이 '백'이 되었다.

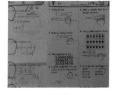

백 점

용례 百點 백점 · 百中 백중 · 百貨店 백화점 · 百歲人生 백세인생 · 百戰百勝 백전백승 · 百尺竿頭 백척간두 · 一罰百戒 일벌백계 · 百家爭鳴 백가쟁명 · 百折不屈 백절불굴

800	千 일천 천	중 千 [qiān]	
	十[열 십]부 3획	일 千 음독[せん] 훈독[ち] 영 thousand	

갑골문 | 소 전

사람을 나타낸 人[사람 인]자를 변형시킨 자형과 一[한 일]자가 합쳐진 글자다. 一자로 인해 천 단위 가운데 하나[一]의 숫자와 관련해 그 뜻이 '일천'이 되었고, 오늘날 약간 변형되어 쓰이고 있지만 人자로 인해 그 음이 '인'에서 변하여 '천'이 되었다.

걸자 천자문

용례 千萬 천만 · 千葉 천엽 · 千秋 천추 · 千古 천고 · 千字文 천자문 · 千里眼 천리안 · 一騎當千 일기당천 · 千載一遇 천재일우 · 千慮一失 천려일실 · 一瀉千里 일사천리 · 一攫千金 일확천금

801

萬　일만 만

艸[풀 초]부 13획

중	万 [wàn]
일	万 음독[ばん·まん]
	훈독[よろず]
영	ten thousand

갑골문 / 소 전

집게와 두흉부(頭胸部)와 배가 있는 전갈을 표현한 글자다. 그러나 전갈이 무리지어 많이 있다 하면서 다시 많은 수(數)와 관련되어 그 뜻이 결국 '일만'이 되었고, 일만과 관련된 말인 '만물·만금·만일'에서처럼 음이 '만'이 되었다. '전갈'을 뜻하는 데는 다시 벌레와 관련된 虫[벌레 훼]자를 덧붙인 蠆[전갈 채]자가 대신하고 있다.[약자→万]

용례 萬物 만물 · 萬金 만금 · 萬一 만일 · 萬感 만감 · 萬歲 만세 · 萬石君 만석군 · 萬壽無疆 만수무강 · 氣高萬丈 기고만장 · 萬古絶色 만고절색 · 鵬程萬里 붕정만리 · 萬頃蒼波 만경창파 · 家和萬事成 가화만사성

전 갈

802

億　억 억

人[사람 인]부 15획

중	亿 [yì]
일	億 음독[おく·おっ]
영	hundred million

소 전

人[사람 인]자에서 변형된 亻[인변]과 意[뜻 의]자가 합쳐진 글자다. 人자로 인해 원래 많은 사람[人]을 뜻했으나 후대에 많은 수(數)와 관련되면서 그 뜻이 '억'이 되었고, 意자로 인해 憶[기억할 억]자나 臆[가슴 억]자처럼 그 음이 '의'에서 변하여 '억'이 되었다.

용례 億丈 억장 · 億劫 억겁 · 億年 억년 · 億代 억대 · 億臺 억대 · 百億 백억 · 千億 천억 · 億萬金 억만금 · 數十億 수십억 · 億萬長者 억만장자 · 億兆蒼生 억조창생 · 億丈之城 억장지성

원고를 교정하는 모습

803

上　위 상

一[한 일]부 3획

중	上 [shàng]
일	上 음독[しょう·じょう]
	훈독[あがる·あげる·うえ·
	うわ·かみ·のぼす·のぼせる]
영	upper

갑골문 / 소 전

임의의 가로로 향한 긴 선 위에 짧은 선이 있음을 나타낸 글자다. 짧은 선이 긴 선 위에 있기에 그 뜻이 '위'가 되었고, 위와 관련된 말인 '상하·상승·상남자'에서 보듯 그 음이 '상'이 되었다. 소전에서 세로의 선이 덧붙여지고, 이후 오늘날과 같은 자형으로 쓰이고 있다.

용례 上下 상하 · 上昇 상승 · 三上 삼상 · 上梓 상재 · 聳上 용상 · 今上 금상 · 進上 진상 · 上男子 상남자 · 俎上之肉 조상지육 · 下石上臺 하석상대 · 錦上添花 금상첨화 · 雪上加霜 설상가상 · 下石上臺 하석상대

원고 교정을 지켜보는 모습

804	

下 아래 하
一[한 일]부 3획

중 下 [xià]
일 下 음독[か·げ]
훈독[した·しも·もと·さげる·
さがる·くだる·くだす·くださる]
영 under

갑골문　　소 전

임의의 긴 선 아래에 짧은 선이 있음을 나타낸 글자다. 짧은 선이 긴 선 아래에 있기에 그 뜻이 '아래'가 되었고, 아래와 관련된 '하강·하산·하인'에서 보듯 그 음이 '하'가 되었다.

하

용례 下降 하강 · 下山 하산 · 下女 하녀 · 陛下 폐하 · 下心 하심 · 下流 하류 · 下剋上 하극상 · 吳下阿蒙 오하아몽 · 南下政策 남하정책 · 眼下無人 안하무인 · 燈下不明 등하불명 · 不恥下問 불치하문 · 李下不整冠 이하부정관

805	

東 동녘 동
木[나무 목]부 8획

중 东 [dōng]
일 東 음독[とう]
훈독[あずま·ひがし]
영 east

갑골문　　소 전

물건을 담아 위와 아래를 묶어 놓은 자루를 나타낸 글자다. 그러나 후에 동녘을 가리키는 데 빌려 쓰이면서 결국 그 뜻이 '동녘'이 되었고, 동녘과 관련된 '동방·관동·동학'에서 보듯 그 음이 '동'이 되었다.

물건을 담고 있는 자

용례 東方 동방 · 關東 관동 · 東學 동학 · 極東 극동 · 東國 동국 · 正東津 정동진 · 東夷族 동이족 · 海東孔子 해동공자 · 東支那海 동지나해 · 聲東擊西 성동격서 · 征東行省 정동행성 · 安東都護府 안동도호부

806	

西 서녘 서
襾[덮을 아]부 6획

중 西 [xī]
일 西 음독[さい·せい]
훈독[にし]
영 west

갑골문　　소 전

까치와 같은 새가 깃들이는 둥지를 나타낸 글자다. 따라서 원래 '깃들다'의 뜻을 지녔으나 후에 '서녘'의 뜻으로 빌려 쓰이자, 자신은 새가 나무 둥지에 깃들인다고 하여 木[나무 목]자를 덧붙인 栖[깃들 서]자가 그 본래의 뜻을 대신하고 있다. 그 음은 '서녘'과 관련된 말인 '서산·서양·서해'에서 보듯 '서'로 읽히고 있다.

새의 둥지

용례 西山 서산 · 西洋 서양 · 西海 서해 · 東西 동서 · 西歐 서구 · 湖西 호서 · 西便制 서편제 · 西班牙 서반아 · 東奔西走 동분서주 · 西方淨土 서방정토 · 西印度諸島 서인도제도

807	南 남녘 남	중 南 [nán]	갑골문	소 전

807

南 남녘 남

十[열 십]부 9획

중 南 [nán]
일 南 음독[な·なん]
　　훈독[みなみ]
영 south

갑골문　소 전

종이 달린 악기

줄에 매달아 사용하는 종과 같은 악기를 나타낸 글자로 보인다. 악기로 쓰인 종은 옛날 나라에서 제사 의식을 행할 때 그 의식의 연주 시작을 알리는 역할을 했다. 그렇게 악기인 종이 여러 악기와 더불어 연주될 때는 남녘에 위치했기에 그 뜻이 '남녘'이 되었고, 남녘과 관련된 '남북·남산·삼남'에서 보듯 그 음이 '남'이 되었다.

용례　南北 남북 · 南山 남산 · 三南 삼남 · 以南 이남 · 南面 남면 · 指南鐵 지남철 · 南大門 남대문 · 南十字星 남십자성 · 南南葛藤 남남갈등 · 山南水北 산남수북 · 南柯一夢 남가일몽 · 南男北女 남남북녀 · 南橘北枳 남귤북지

808

北 북녘 북

匕[비수 비]부 5획

중 北 [běi]
일 北 음독[ほく]
　　훈독[きた]
영 north

갑골문　소 전

서로 등진 모습

두 사람이 서로 등지고 있는 모습을 나타낸 글자다. 따라서 '등지다'의 뜻을 지니는데, 사람이 집을 짓고 살면서 주로 등지는 방향이 북녘이 되기 때문에 결국 그 뜻이 '북녘'이 되었다. 음은 '북녘'과 관련된 '북한·북경·북벌'에서 보듯 '북'이 되었다. 또한 그 뜻이 상대를 등지고 달아난다고 하여 '달아나다'로 쓰일 때는 '패배(敗北)'에서처럼 '배'로도 읽힌다.

용례　北韓 북한 · 北京 북경 · 北伐 북벌 · 敗北 패배 · 北堂 북당 · 北學議 북학의 · 北半球 북반구 · 北斗七星 북두칠성 · 南橘北枳 남귤북지 · 北進政策 북진정책 · 泰山北斗 태산북두 · 南征北伐 남정북벌 · 北窓三友 북창삼우

한자 공부는 왜 필요한가

바른한자연구회 **양성모**

필자는 대학에서 법학을 공부한 후 줄곧 재무관료 등 공무원으로 일하다가 퇴직했다. 공직생활과 그에 뒤이은 사회활동 중에 얻은 노하우를 어떻게 사회에 조금이라도 전수할까 하는 고민을 거듭하다가 한자(漢字)에 심취하게 되었다. 그러는 과정에서 한자·한문 지도자자격증, 훈장자격증을 취득하여 10년째 후생(後生)들을 위한 자리를 마련해 지도하고 있다. 그렇게 현장에서 한자를 지도하면서 다음과 같은 생각을 갖게 되었다.

첫째, 한자를 모르면 공무원이나 좋은 직장에 취업하는데 어려움이 있다. 어느 입사시험에 "兎死狗烹(토사구팽)에 나오는 동물은?"이란 문제가 출제된 적이 있었다. 2018년 하반기 대졸 공개채용시장에서 최대 응시생이 몰렸던 삼성 직무적성검사(GSAT)에 출제된 문제였다. 이 시험이 끝난 10월 21

삼성 직무적성검사 관련 기사(중앙일보)

일 낮 12시 이후 네이버(Naver) 실시간 검색어 1위는 '토사구팽'이었다. 이 날 시험을 치른 수만 명의 응시자 가운데 이를 잘 몰랐던 사람들이 그 단어를 검색했기 때문이다.

LG그룹에서도 신입사원의 기본 직무역량을 검증하기 위해 평가영역에 10개 정도의 한자 문제를 출제했다. 이는 신문을 읽을 수 있는, 일상생활에 필요한 수준의 어휘력을 검증하는 데 초점을 두고 있는 것이다. 그 외 현대자동차그룹의 입사시험 문제나 공무원 시험에도 적지 않게 한자 관련 문제가 출제되고 있다.

둘째, 한자를 알아야 한자문화권 나라에서 의사소통이 용이하다. 지하철 신분당선 스크린 도어 안내문에는 우리말과 영문, 일본어에 이어 한자가 표기되어 있다. 이렇게 주위를 돌아보면 많은 곳에서 한자 표기를 볼 수 있기 때문에 이 정보를 알려면 반드시 한자를 알고 있어야 한다. 이는 한자문화권인 중국이나 일본에서도 통용된다.

신분당선 스크린 도어 안내문

셋째, 한자는 '논리적 사고'를 획기적으로 증대시켜 학교 공부에 도움을 준다. 포항의 한 중학교 연구팀은 한자를 이용해 공부한 학생들과 그렇지 않은 학생들을 비교 연구한 결과를 2014년 6월 9일자 조선일보에 발표했다. 연구팀은 "한 학기가 지나자 실험반은 한자어 공부를 통해 어휘력과 독해력이 향상됐고, 점차 자신감이 생겨 수업에 적극적으로 참여하게 됐다"며 "특히 하위권 학생들의 학업 성취에 큰 도움을 줬다"고 밝혔다.

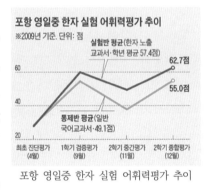
포항 영일중 한자 실험 어휘력평가 추이

환자는 훌륭한 의사를 만나야 병을 고칠 수 있고, 학생은 좋은 책을 만나야 재미있고 능률적으로 공부할 수 있다. 이 책을 통해 한자 공부에 흥미를 갖게 되고, 거기에서 습득한 논리적 사고로 학업과 사회생활 모두에서 큰 성취가 있기를 희망한다.

개념어 익힘 없이 학문 발전 없다

바른한자연구회 **이순용**

'**국**력(國力)'이란 '나라[國]의 힘[力]'을 뜻한다. 그럼 그 '나라의 힘'은 무엇으로 이뤄질까. 국방력과 경제력이 기본요소일 것이다. 뚜렷한 역사인식과 문화예술의 힘도 넓은 의미에서 '나라의 힘'에 포함되겠다. 그렇다면 나라의 힘을 구성하는 경제·정치·국방·문화예술을 밑에서부터 든든하게 받쳐주는 것은 무엇일까. 그것은 '기초학문의 정립'이라고 생각된다.

기초학문은 인문과학과 자연과학을 말한다. 인문과학에는 언어학·문학·역사학·철학 등이 포함된다. 자연과학에는 물리학·화학·생물학·지구과학 등이 속한다. 요즘은 이런 기초학문의 인기가 시들하지만, 1970년대까지만 하더라도 사뭇 달랐다. 지금은 의학계열 학과가 가장 들어가기 어렵지만, 당시에는 물리학과의 인기가 최고였다.

이야기를 조금 바꿔 기초학문 분야의 노벨상 이야기를 해보겠다. 우리나라를 강점했던 일제는 1948년에 노벨물리학상을 받은 유카와 히데키를 시작으로, 2019년까지 25명의 수상자를 배출했다. 미국에 이어 세계에서 두 번째로 많은 노벨상 수상자를 배출한 나라가 되었다. 동아시아에서 왜 유독 일본만 이렇게 기초학문의 성취가 높은 것일까.

또 다른 사례를 보자. 영어의 종주국인 영국은 1890년대부터 1910년대까지 29명이 노벨상을 받았다. 2018년까지 모든 분야의 수상자를 헤아려 보면 무려 115명에 이른다. 역사가 오랜 나라가 힘이 가장 강할까. 그렇다면 중국이나 이집트가 가장 강해야 할 것이다. 우리나라도 반 만 년의 역사가 있으니 전혀 뒤쳐지지 않아야겠지만 현실은 그렇지 않다.

미국, 일본, 그리고 영국은 어떤 점에서 우리와 다를까. 물론 노벨상 수상으로 기초학문 전체의 수준을 판가름할 수는 없다. 그러나 새로운 지식을 만들고, 세계 인류에게 기여한 힘을 추측할 수는 있다. 새로운 지식은 반석 같은 기초학문 위에서만 태어날 수 있다.

단언컨대 '기초학문의 기본'은 바로 '개념어'에 대한 이해라고 생각된다. 4차 산업혁명과 인공지능에 대한 연구가 진행되는 시대에 '개념어'를 강조하는 것이 낯설게 느껴질 수도 있다. 개념어는 '어원(語源)'에 대한 이해가 중요하다. '어휘(語彙)'를 단순히 암기하는 것은 이해가 아니다. 말의 뿌리가 되는 의미와 맥락을 파악해야 제대로 이해하는 것이다.

미국과 영국의 유수한 대학에서는 지금도 서구문명의 뿌리가 되는 그리스어와 라틴어를 깊게 공부하고 있다. 일본 출신의 노벨상 수상자가 많은 이유도 같은 연유이다. 서양의 기초과학을 가장 적극적으로 받아들인 나라는 바로 일본이었다. 서양의 과학 개념어를 번역한 말이 바로 한자였고, 그 개념어를 동아시아의 한국, 중국, 일본이 같이 사용하고 있다.

중국, 타이완, 일본은 한자를 상용하는 나라이니 논외로 하더라도, 주체사상을 강조하는 북한마저도 한자를 필수적으로 가르치고 있다. 일상의 언어생활만을 위해서라면 한글만 사용해도 충분하다. 그러나 국력을 증강시키고 국제경쟁력을 강화하고자 한다면 한글만 고집해서는 더 이상의 발전을 기대할 수 없다.

사실, 순우리말로 알려진 단어들 중에는 상당수가 한자어에서 유래된 것이 많다. 이는 수천 년 동안 언어생활을 이어오며 자연스럽게 이뤄진 우리의 언어문화이다. 이런 부분을 도외시한 채 단순히 한글만 쓰자고 주장하는 것은 폭넓고 다양한 언어생활은 물론, 정교하고 섬세한 문화생활을 스스로 포기하는 일이 될 것이다.

한글전용만 부작용이 있는 것은 아니다. 한자병기에도 아쉬운 부분이 있다. 한자 하나의 의미를 명확하게 밝히지 않은 채, 한문문장 공부에만 천착하여 잘못 해석하는 경우가 적지 않다. 많은 학자들이 의지하는 『설문해자』는 좋은 책이다. 그러나 『설문해자』는 2천 년 전의 책이다. 문자학적 근거가 분명한 해석이 대부분이나, 견해와 추측에 근거한 오류도 있다. 이에 의거해 많은 한자학습 서적이 뜻을 정밀하게 풀이하지 않고 '책의 역사'에 기대어 견강부회하는 일이 적지 않다.

국내 모 신문사에서 발행한 한중일 공용한자 학습서도 예외가 아니다. 그 책은 아홉 분의 교수가 집필하고 여섯 분의 교수가 감수했다고 한다. 우리는 이 책을 연구, 집필 하는 과정에서 그 학습서조차 도처에서 오류를 발견했다. 이것이 한자에 대한 우리나라의 인식수준을 드러내는 현상이 아닐까 싶어 부끄럽고 걱정스러웠다.

교육용 한자 1,800자가 한글전용론을 주장하는 학자들에 의해 무용지물이 되어가고 있다. 언론을 통해 발표된 연구결과나, 현직교사들의 증언에 따르면 현재 우리나라 학 생들의 어휘력은 대학 전공서적을 독해하지 못할 정도로 심각하게 떨어진 상황이라고 한다. 그런 와중에 발표된 '한·중·일 공용한자 808자'는 우리 주변국에게는 특별한 사 건이 아닐 것이지만, 우리에게는 천재일우의 기회이다.

이 기회를 잘 살려 젊은 세대들에게 한·중·일 삼국이 공통으로 사용하는 808자만이 라도 정확하고 제대로 가르친다면 학습효율을 극대화할 수 있다고 믿는다. 모든 지식 의 기본이 되는 개념어, 개념어의 80% 이상을 차지하는 한자를 이해한다면 기초학문 은 물론이고 나아가 국력까지 향상될 수 있다고 생각한다.

집필자별 해설 한자 목록

* 이 책에 수록된 808자의 한자에 대한 집필자별 책임 해설 목록은 아래와 같다.

● 총괄 지도 및 감수

▌김종혁

● 초고 집필

▌김명옥

暴 雨 山 水 洋 注 漁 金 末 樹 片
來 等 犬 責 借 骨 歌 姓 號 語 請
志 拾 進 運 續 者 農 富 店 閉 新
船 弓 致 我 古 祖 黃 刑 童 部

▌김보경

氣 均 陸 河 湖 溫 球 落 産 答 毛
虎 魚 賣 賞 休 傳 死 誤 誰 惜 速
科 合 春 守 度 容 間 園 曲 別 到
服 再 軍 兵 士 祝 福 無 圖 章 市
五 九 西

▌백현우

晚 波 留 菜 乘 舊 偉 大 身 次 久 如
相 恨 承 奉 最 左 數 正 遠 過 道 素
希 勢 方 己 安 客 序 庭 空 閑 利 更
史 父 用 競

서덕순

皆幼
順動待
長飲民
天約君
使足令
尾寸卒
稅接局
當謝就
活白窓
降每所
嚴卷宇
昨若以

양성모

小訓歸分往
喪記殺去執
私問改內色
柔名又官禁
界可爭室禮
全親擧男王
涼目扶盡車
浪妙憶紅至
洗交感練發下
場壽惡統族千
晝人育遺害六
時財聽遊初三
早形誠連列國

엄용숙

妹歷京世
衆寺關參
孝敗寒二
夫與家得
先授季罪
充打加點
依憂豐書
貴愛品示
貧愁益己
枝耳純刀
田呼給入
玉見終良上

유동열

冷欲話探豆樂
滿考言指然共
潔傷今慶常式
治賢知慈綠工
海貝鳴忘絶固
師非鼻心展門
危善眠脫送定十
基不姊音止宙鄕
城香印諸尊夏建
申權重調敬力德
望村文論有易央
晴未願課支由幸

유혜순

茶何辛
現伐皇
酒他輕
減貯判
江雄養
浮飛精
浴買屋
除解造
堅筆近
夜植許百
景林視七
昔生例井

■ 이미영

眼及
妻靜
威興協
字持行
化手戰
假恩醫
皮首完
穀聲線
種證迎
極齒起
理句救
泣直效

■ 이순용

立患歲
元怒午
停聞團
仰聖因
仁詩廣
修設勞
少甘布
年省製後
根婚走里
校病變寫
淨學教登
法子血畫

■ 이진남

錢便講政究拜
研作認敵勝祭
回質說故勇單
漢蟲舌放勉弟
限虛吹右眞引
崇羊母反會韓
堂革婦抱結中八
雲節比應表將野
朝柔須想達主赤
星橋孫快路事白
是案太肉射困典
暖藝兒議敢戶喜

■ 임성자

第忠的
村多短
果讓強
着觀才
苦題亡
鐵美則
破住察公
永代密青
混賀厚冊
增鳥燈業
露馬適必
明物通成

■ 지연옥

本識雨
葉居義
鐘體弱
銀價前
石佛舍
流伏圓
泰仙火
決鮮推南
雪處悟都
月算性宗
暑麥忍吉
暗裁讀壯

▌최희련

集看友商
番要尺各
能好失出
半笑採宿
科存惠耕
特歡投勤
朱免情熱
華光怨席北
深兄急細萬
防保面退彼
原低哀散街
電位唱取舞

▌허 문

竹億
榮告區
松烈旅
木米命
花餘量
氷揚飯
川胸選
陰談訪
地俗移
土習樂
外難針
暮角風

▌황수현

草老忙逆勸臣
清端試武務施
消備計步助平
淺個味對功同
油信和收盛巨四
陽驚始招食高徒
泉貨口受煙向一
島獨女技紙開從
在牛異意經實律
夕否領悲衣宅報
期氏頂思遇冬黑
日英頭念追秋神

찾아보기_가나다순

* 고유번호-학습한자[뜻 음]······페이지 순으로 본음만 표기함.